全国高等学校法学专业核心课程教材

法律职业伦理学

主编 石先钰 韩桂君 陈光斌

撰稿人（以撰写章节先后为序）

石先钰 武小川 韩桂君 崔 凯
彭 博 杨 瑞 慎先进 汤建华
陈光斌 李少波 苑立志 李云龙
李 蕾

高等教育出版社·北京

图书在版编目（CIP）数据

法律职业伦理学 / 石先钰，韩桂君，陈光斌主编
. -- 北京：高等教育出版社，2019.8（2024.8重印）
ISBN 978-7-04-052383-6

Ⅰ．①法… Ⅱ．①石… ②韩… ③陈… Ⅲ．①法伦理学-高等学校-教材 Ⅳ．①D90-053

中国版本图书馆 CIP 数据核字（2019）第 168662 号

FALÜ ZHIYE LUNLI XUE

策划编辑	程传省	责任编辑	程传省	封面设计	张 楠	版式设计	徐艳妮
责任校对	高 歌	责任印制	刘弘远				

出版发行	高等教育出版社	网 址	http://www.hep.edu.cn	
社 址	北京市西城区德外大街 4 号		http://www.hep.com.cn	
邮政编码	100120	网上订购	http://www.hepmall.com.cn	
印 刷	唐山市润丰印务有限公司		http://www.hepmall.com	
开 本	787 mm×1092 mm 1/16		http://www.hepmall.cn	
印 张	14.75			
字 数	350 千字	版 次	2019 年 8 月第 1 版	
购书热线	010-58581118	印 次	2024 年 8 月第 7 次印刷	
咨询电话	400-810-0598	定 价	39.00 元	

本书如有缺页、倒页、脱页等质量问题，请到所购图书销售部门联系调换
版权所有　侵权必究
物 料 号　52383-00

作 者 简 介
(以撰写章节先后顺序排列)

石先钰，男，1964年生，华中师范大学法学院教授，法学博士，硕士生导师。湖北省法学会诉讼法学研究会副会长，湖北省法学会法学教育研究会常务理事，中国法学会法律文书学研究会常务理事，中国法学会民事诉讼法学研究会理事，湖北省高等学校教师高级职务评审委员会评委，湖北省制度廉洁性评估专家，武汉市人民政府第一届法律专家咨询委员会委员。获得湖北省社会科学优秀成果奖二等奖、湖北省高等学校省级教学成果奖三等奖、曾宪梓教育基金会高等师范院校优秀教师奖三等奖、武汉市社会科学优秀成果奖二、三等奖。独著《法官道德建设研究》，合著《检察官职业道德建设研究》，编著《民事诉讼法学新编》，主编《强制执行法新论》与《研究型教学的理论与实践》等，发表论文60多篇。

武小川，男，1987年生，华中师范大学法学院讲师，法学博士。主持湖北省社会科学基金项目、教育部人文社会科学研究基金项目各一项，参与国家社科基金重大、重点项目多项。著有《公众参与社会治理的法治化研究》，参与编写、翻译多部著作，先后在《武汉大学学报（哲学社会科学版）》《法制与社会发展》《法学杂志》《中共中央党校学报》等刊物上发表多篇论文。

韩桂君，女，1970年生，中南财经政法大学法学院教授，法学博士。中国法学教育研究会诊所法律教育专业委员会常委，中国社会法学研究会理事，湖北省法学会法学教育研究会常务理事与秘书长。积极探索卓越法律人培养新模式，持续十年开展法学本科生博雅教育项目，获湖北省高校校园文化建设优秀成果一等奖和全国高校校园文化建设优秀成果二等奖；主导成立的博雅学社获湖北省"十佳青年书香号"称号；指导的法援团队获中国青少年基金会"希望工程激励行动"激励成果一等奖；被中国法学教育研究会评为"全国优秀诊所教师"。独著《自助行为研究——为了法和权利的实现》《劳动者权益保护实务》，编著《劳动法实验教程》《劳动者权益保护》，在《法学评论》《月旦民商法杂志》《原道》《法学教育研究》等期刊上发表论文50多篇。

崔凯，男，1981年生，湖北经济学院法学院副教授，法学博士。湖北省法学会诉讼法学研究会常务副秘书长，湖北省法学会行政法学研究会理事。获得最高人民检察院全国检察基础理论研究优秀成果三等奖、湖北省高等学校省级教学成果奖二等奖。独著《社会稳定视角下的刑事疑难案件处理方式研究》《刑事案件促进公众认同的程序选择》等，发表论文40余篇。

彭博，女，1987年生，长江大学法学院讲师，法学博士。主持及参与国家社会科学基金项目等，代表性论文有《近代接生制度变革与卫生行政法（1912—1948）》《传统与近现代：中医师执业准入制度的法律评析》《近代国家行政力量对中医医事纠纷的介入》《民国时期医师刑事犯罪与民事侵权之厘清——以医师业务过失行为为例》等。

作者简介

杨瑞，女，1977年生，华中农业大学文法学院副教授，法学博士。中国法学会民事诉讼法学研究会理事，湖北省法学会诉讼法学研究会理事，湖北省法学会农业法学研究会理事，湖北省法学会律师法学研究会理事等。独著《民事审级制约机制研究》，合著《国家司法考试考前考点速解速记》，译著《审判故事》，编著《基层司法行政工作创新机制研究》，主编《民法学》与《民事诉讼法案例》等，公开发表论文30余篇。主持省部级课题2项、校级课题4项。

慎先进，男，1971年生，三峡大学法学与公共管理学院副教授，硕士生导师。中共中央政法委员会和教育部"双千计划"人选，湖北省法学会婚姻家庭法学研究会理事，湖北省律师协会环境法专业委员会委员，湖北省宜昌市律师协会环境法专业委员会副主任，宜昌仲裁委员会仲裁员，荆州仲裁委员会仲裁员，长阳土家族自治县人民检察院特邀检察员，宜昌市西陵区法学会常务理事，中共宜昌市夷陵区委法律顾问团成员，宜昌市环保领域普法讲师团讲师。主持和参与各级纵向研究项目8项，主持横向研究项目6项，公开发表各级各类学术论文30多篇，合著出版著作5部。

汤建华，男，1976年生，华中农业大学文法学院讲师，法学博士。主持省部级项目5项，参编《中国法制史》《劳动与社会保障法》等教材，在《法学评论》《中国法学（英文版）》等期刊上发表学术论文20余篇。

陈光斌，男，1965年生，中南民族大学法学院教授，硕士生导师，研究方向为法理学、法制史学、民族法学。湖北法学会法理学会常务理事，湖北法学会法学教育研究会常务理事。多次被武警武汉指挥学院评为"优秀教员""学术研究先进个人"，2001年被武警部队评为"优秀教员"。2002年荣获中国人民解放军院校首届"育才奖"银奖。先后承担国家、省部级以上课题8项，参编《法理学》、《中国大百科全书》（军事卷）、《中国军事百科全书》（第一、二版）等教材或著作多部，在《法学杂志》《江汉论坛》等期刊上发表论文40多篇。获省部级学术奖励6项。主讲的"外国法制史"课程被评为湖北省"精品资源共享课程"。

李少波，男，1975年生，中南民族大学法学院讲师，法学院法学实践教学研究中心主任。湖北省法学会法学教育研究会，湖北省律师法学研究会、诉讼法学研究会理事。在法学核心期刊上发表论文多篇。

苑立志，男，1969年生，湖北文理学院讲师，法学硕士。湖北省第一届戒毒矫治研究会成员，襄阳市政府行政复议委员会委员。参编《职务犯罪心理分析及侦查对策》《外国刑法学概论》《犯罪学》《犯罪被害人及其补偿立法》等。

李云龙，男，1989年生，华中师范大学法学院讲师，法学博士。曾获第五届张晋藩法律史学基金会征文大赛二等奖、第二届"曾宪义先生法律史奖学金"优秀硕士论文奖、中国政法大学第十五届"学术新人"论文大赛学术新人奖等荣誉。出版专著《宋例研究》，在《华东政法大学学报》《法制史研究》（中国台湾）、《中国学报》（韩国）等海内外核心期刊上发表论文多篇。

李蕾，女，1981年生，华中科技大学法学院副教授，法学博士。研究方向为法理学、西方法哲学、人权法比较法学。出版专著《幸福的法哲学研究》。在《法学家》《法学评论》等期刊上发表论文十多篇。主持中国法学会、湖北省社会科学基金、教育部青年基金项目若干项。

序

  2017年5月3日,习近平在中国政法大学考察时强调,立德树人,德法兼修,抓好法治人才培养;励志勤学,刻苦磨炼,促进青年成长进步。并特别强调法治人才的法律职业伦理素养。其立意深远,内涵丰富,概括而言包含如下几层意思:一是把法律职业伦理素养纳入法治人才培养的目标。要求立德树人,德法兼修,抓好法治人才培养,促进青年成长进步,使其德智体美全面发展,培养大批高素质法治人才,建设一支高素质的法治工作队伍。二是指出中国特色社会主义法治道路的鲜明特点,就是坚持依法治国和以德治国相结合,强调法治和德治两手抓、两手都要硬。三是明确法律职业伦理体现在理想信念、精神状态、综合素质等诸方面。因而,研究"法律职业伦理学"就是探讨"法律人"的道德约束和法治要求的统一,是落实习近平指示的体现。

  法律职业伦理学以习近平新时代中国特色社会主义思想为指导,是研究以法官、检察官、律师为代表的从事法律职业的人员的道德现象及其发展规律、道德品质及其养成规律、道德规范的制定及其实施规律的科学。进行法律职业伦理修养和教育培训,就是培养法律人的道德素质,培养爱国为民的情怀。加强法律职业伦理课程及学科建设符合新时代德治和法治相结合的要求,是时代的感召,也是通过引导法律职业者树立正确的世界观、人生观和价值观,探索人才培养的中国特色之道。

  正是在上述背景下,湖北省法学会法学教育研究会提议并组织了华中师范大学、中南财经政法大学、华中科技大学、华中农业大学、中南民族大学、湖北经济学院、长江大学、三峡大学、湖北文理学院等高校的专家学者集体攻关,编写了本书,研究成效显著,成书特色鲜明。本书依据《2018年国家统一法律职业资格考试大纲》确立编写提纲,特别是其中关于"司法制度和法律职业道德"的要求精神。阐述了法律职业伦理学的基本概念等、中国特色社会主义司法制度、法官职业道德、检察官职业道德、律师职业道德、公证员职业道德、监察官职业道德以及其他法律职业人员职业道德等问题。作为发起者和见证人之一,我相信该书对于法律职业伦理学的发展、对于法科生专业思想的稳固及其良好职业习惯的养成将大有裨益。

  特作序。

湖北省法学会法学教育研究会会长 陈小君
2019年3月10日

目　录

绪论　法律职业伦理学概述

一、法律职业伦理学的研究对象 ··· 1
二、法律职业伦理的重要性 ··· 3
三、法律职业伦理学的课程地位 ··· 3
四、法律职业伦理学科建设的路径 ··· 4

第一章　中国特色社会主义司法制度

第一节　中国特色社会主义司法制度概述 ····························· 6
一、司法的概念和特征 ··· 6
二、司法功能 ··· 9
三、中国特色社会主义司法制度的历史沿革及特点 ··············· 11

第二节　司法公正、司法效率与司法改革 ··························· 14
一、司法公正 ··· 14
二、司法效率 ··· 16
三、司法改革 ··· 19

第三节　国家统一法律职业资格考试 ···································· 22
一、法律职业准入标准 ··· 22
二、中国法律职业资格考试的沿革 ··· 23

第二章　法官职业道德

第一节　法官与审判制度 ·· 25
一、法官的条件、遴选和任免 ··· 25
二、法官的权利和义务 ··· 28
三、法官的考核、奖励和惩戒 ··· 29
四、法官员额制管理 ··· 30

第二节　法官职业道德概述 ·· 32
一、法官职业道德的概念与基本特征 ······································· 32
二、法官职业道德与法官个人道德 ··· 34
三、法官职业道德与司法公正 ··· 35
四、我国的法官职业道德 ··· 35

第三节　外国法官职业道德简介 ·· 42

I

  一、英国的法官职业道德 42
  二、美国的法官职业道德 43
  三、加拿大的法官职业道德 45
  四、德国的法官职业道德 47
  五、俄罗斯的法官职业道德 49
第四节 法官职业道德之养成与践行 50
  一、法科学生公德之理念培养 50
  二、良好职业道德之践行 51

第三章 检察官职业道德

第一节 检察官与检察制度 53
  一、检察官 53
  二、检察官的任职条件 54
  三、检察官的任免 55
  四、检察机关工作人员的工作职责 56
  五、检察官的权利与义务 57
  六、检察官的考核与培训 57
  七、检察官的奖励与惩戒 58
  八、检察官的辞职辞退 59
  九、检察官的保障与退休 59

第二节 检察官职业道德概述 60
  一、检察官职业道德的内涵解读 60
  二、加强检察官职业道德建设的背景 60
  三、我国检察官职业道德建设的回顾与发展 64
  四、检察官职业道德的基本要求 67

第三节 检察官职业责任 85
  一、检察官职业责任概述 85
  二、检察官执行职务中违纪行为的责任 86
  三、检察官执行职务中犯罪行为的刑事责任 100

第四章 律师职业道德

第一节 律师与律师制度 104
  一、律师执业许可条件 104
  二、申请律师执业许可的程序 106
  三、律师宣誓制度 108
  四、律师的业务范围 108
  五、律师的权利和义务 109
  六、律师执业的基本原则 117

第二节 律师职业道德概述 119

一、律师职业道德的概念和特征 …………………………………………………… 119
二、律师职业道德基本准则 ………………………………………………………… 120

第三节　律师执业行为规范 …………………………………………………………… 122
一、律师与委托人关系的行为规范 ………………………………………………… 122
二、律师收费行为规范 ……………………………………………………………… 128
三、律师的保密义务 ………………………………………………………………… 129
四、利益冲突行为规范 ……………………………………………………………… 130
五、保管财产的行为规范 …………………………………………………………… 134
六、司法程序中的律师行为规范 …………………………………………………… 135
七、律师广告宣传行为规范 ………………………………………………………… 138
八、律师的同行关系和社会责任行为规范 ………………………………………… 139
九、律师与律师事务所的关系规范 ………………………………………………… 141
十、律师与律师协会的关系规范 …………………………………………………… 141

第五章　公证员职业道德

第一节　公证员与公证制度 …………………………………………………………… 143
一、公证的概念与特征 ……………………………………………………………… 143
二、公证制度的历史发展 …………………………………………………………… 145
三、公证机构 ………………………………………………………………………… 148
四、公证机构业务范围和公证程序 ………………………………………………… 149
五、公证员的基本条件 ……………………………………………………………… 153
六、公证员的权利和义务 …………………………………………………………… 154
七、公证员的执业禁止行为 ………………………………………………………… 156

第二节　公证员职业道德概述 ………………………………………………………… 159
一、公证员职业道德的概念 ………………………………………………………… 159
二、公证员职业道德的依据 ………………………………………………………… 160
三、公证员职业道德的内容 ………………………………………………………… 161

第三节　公证员职业责任 ……………………………………………………………… 163
一、公证员的纪律责任 ……………………………………………………………… 163
二、公证职业行政责任 ……………………………………………………………… 164
三、公证职业民事责任 ……………………………………………………………… 165
四、公证职业刑事责任 ……………………………………………………………… 165

第四节　公证员职业道德的培育 ……………………………………………………… 165
一、注意公证员职业自律意识的培育 ……………………………………………… 165
二、吸引高质量人才加入公证员职业队伍 ………………………………………… 166
三、完善公证员职业道德规范 ……………………………………………………… 167
四、建立健全公证员职业保障体系 ………………………………………………… 167
五、加强公证机构对公证员职业行为的监督机制，建立职业过错责任追究制度 …… 167
六、探索建立公证工作"两结合"管理体制，提高公证员的业务素质和道德修养 …… 168

七、建立公证执业责任保险制度 ………………………………………… 169
八、建立公证投诉制度 …………………………………………………… 169

第六章 监察官职业道德

第一节 监察制度概述 …………………………………………………… 170
一、监察制度的概念 ……………………………………………………… 170
二、监察权的特征 ………………………………………………………… 170
三、监察制度历史沿革 …………………………………………………… 173
四、监察制度的内容 ……………………………………………………… 175
五、监察制度的意义 ……………………………………………………… 177

第二节 监察官职业道德概述 …………………………………………… 177
一、监察官的概念 ………………………………………………………… 177
二、监察官职业道德的概念 ……………………………………………… 179
三、监察官职业道德的渊源 ……………………………………………… 180
四、监察官职业道德的内容 ……………………………………………… 188

第七章 其他法律职业人员职业道德

第一节 法律顾问职业道德 ……………………………………………… 196
一、法律顾问职业道德的概念 …………………………………………… 196
二、法律顾问职业道德的内容 …………………………………………… 198
三、法律顾问职业责任 …………………………………………………… 199

第二节 仲裁员职业道德 ………………………………………………… 199
一、仲裁员职业道德基本准则体系的构建 ……………………………… 199
二、提升仲裁公信力的道德对策 ………………………………………… 203
三、加强对仲裁员的多元监督 …………………………………………… 203

第三节 从事行政处罚决定审核、行政复议、行政裁决的公务员职业道德 …… 205
一、从事行政处罚决定审核、行政复议、行政裁决的公务员职业道德概述 …… 205
二、三类公务员职业道德的共同内容 …………………………………… 207
三、行政机关中从事行政处罚决定审核公务员的职业道德 …………… 209
四、行政机关中从事行政复议公务员的职业道德 ……………………… 213
五、行政机关中从事行政裁决公务员的职业道德 ……………………… 216

参考文献 ………………………………………………………………………… 219
后记 ……………………………………………………………………………… 225

绪论

法律职业伦理学概述

党的十九大报告①对"道德"和"职业道德"建设尤为重视，习近平在报告中有 4 个段落涉及"道德"和"职业道德"建设的内容，强调坚持依法治国和以德治国相结合，依法治国和依规治党有机统一，深化司法体制改革，提高全民族法治素养和道德素质。要求全体人民在理想信念、价值理念、道德观念上紧紧团结在一起。深入挖掘中华优秀传统文化蕴含的思想观念、人文精神、道德规范，结合时代要求继承创新，让中华文化展现出永久魅力和时代风采。加强思想道德建设，深入实施公民道德建设工程，推进社会公德、职业道德、家庭美德、个人品德建设。可见，加强法律职业道德②建设，是党的十九大提出的职业道德建设的重要任务之一。

一、法律职业伦理学的研究对象

探讨法律职业伦理学的研究对象，应从探讨道德的概念出发。

道德，原本是两个词，即"道"和"德"。"道"字最初的含义是道路。如《诗经·小雅·大东》中的"周道如砥，其直如矢"中的"道"就是这个意思。以后"道"逐步被引申为原则、道理、规律或学问等。孔子讲的"志于道，据于德"③和"朝闻道，夕可死矣"④中的"道"，就是指做人治国的根本原则和道理。东汉时刘熙根据"义以音生，字从音造"的传统，对"德"字作了很有意义的解释，他认为："德者，得也，得事宜也。"⑤可见，道德中"德"字的音，是从得到中的"得"而来的。因此，所谓德，就是人与人相处时，要把这种关系处理得合适，使他人和自己都能有所得。许慎在《说文解字》中对于"德"字的定义是："德，外得于人，内得于己也。"即一个有道德的人，

---

① 习近平：《决胜全面建成小康社会 夺取新时代中国特色社会主义伟大胜利——在中国共产党第十九次全国代表大会上的报告》，载《人民日报》2017 年 10 月 28 日。
② 需要说明的是，"法律职业伦理"与"法律职业道德"在本书中是作为可以通用的概念来使用的。
③ 《论语·述而》。
④ 《论语·里仁》。
⑤ 《释名·释言语》。

1

在同别人的相处中，对外，要使别人有所获得；对内，还要使自己有所获得。简言之，外得于人，是谓能够以善德施之他人，使众人各得其益；内得于己，是谓能够以善念存诸心中，使身心互得其益。"道""德"二字连用组成一个词，是指对于客观的人类伦理、事物的规律、道理、规则的一种获得和把握，是与道德主体联系在一起的具有普遍性的人生理则。周原冰认为，道德是一种特定的社会意识形态，属于社会上层建筑，"是通过在一定经济基础上产生和形成的社会舆论、人们的内心信念和传统习惯，对人们在处理人与人之间及个人与社会之间关系的态度和行为所作出的社会评价，以及通过这种评价来调整人们对社会和人们相互之间关系的各种观念、规范、原则、标准的总和"。① 马克思主义认为，道德是一种社会现象，道德的本质不应该从人的意识中去寻找，也不应该从社会生活之外去寻找，而只能从现实的人类物质生活中去探索。马克思主义将辩证唯物主义和历史唯物主义的基本原理运用于道德理论的研究，认为道德不是人主观自主的，也不是神的意志，更不能用抽象的人性论来说明，道德是由一定的经济基础决定的上层建筑、社会意识形态，是社会物质生活条件的反映，并受着社会关系特别是经济关系的制约。马克思主义伦理学认为，道德是由一定的社会经济关系决定的特殊意识形态，是以善恶为评价标准，依靠社会舆论、传统习惯和内心信念维系的调整人们之间以及个人与社会之间关系的行为规范的总和。② 这一定义，比较全面地揭示了道德的基本内涵：首先，道德是社会意识形态，属于特殊的上层建筑，是由一定的经济基础决定的上层建筑，它离不开社会的经济基础并受制于社会的经济基础；其次，道德是调整人们之间以及个人与社会之间关系的行为规范的总和；最后，揭示了道德的调整方式，即道德是通过善恶评价、社会舆论、传统习惯和内心信念等维系的。关于职业道德，恩格斯指出，"实际上，每一个阶级，甚至每一个行业，都各有各的道德"③。这里所说的"每一个行业"的道德，就是职业道德。职业道德是同人们的职业活动紧密相关的，具有不同职业特征的道德规范的总和。一般而言，从事某种特定职业的人们，由于有着共同的劳动方式，经受着共同的职业训练和职业熏陶，承担着共同的职责，因而形成了具有自身职业特征的道德观念、道德情感和道德品质。④

  法律职业是指以法官、检察官、律师为代表的，受过专门的法律专业训练，具有娴熟的法律技能与法律伦理的法律事务岗位从业人员所构成的共同体。法律职业伦理是指以法官、检察官、律师为代表的从事法律职业的人员应当具备的道德品质及应当遵循的道德规范的总和。从学科研究对象的角度看，法律职业伦理学是研究以法官、检察官、律师为代表的从事法律职业的人员的道德现象及其发展规律、道德品质及其养成规律、道德规范的制定及其实施规律的科学。法律职业伦理教育，就是培养法律人的道德素质，培养爱国为民的情怀。

---

① 周原冰：《道德问题论集》，上海人民出版社1980年版，第29—30页。
② 李春秋主编：《新编伦理学教程》，高等教育出版社2002年版，第26—29页。
③ 《马克思恩格斯选集》（第4卷），人民出版社1995年版，第240页。
④ 龙静云：《治化之本——市场经济条件下的中国道德建设》，湖南人民出版社1998年版，第182页。

二、法律职业伦理的重要性

从人才培养的角度看，我们强调"德才兼备"。打个比方，从产品生产的角度看，一般的"德才兼备"的人是合格品，优秀的"德才兼备"的人是优等品，而"有德无才"的人是次品，"有才无德"的人是废品乃至"危险品"。可见，"德行"的培养，"法律职业伦理"的培养，对法律人来讲，尤为重要，"法律职业伦理"对法律人才的评价具有一票否决的意义。

"法律职业伦理学"是法学理论体系的"思想政治理论课"，对法学一级学科具有指导、引领、整合的作用。"法律职业伦理学"包含马克思列宁主义、毛泽东思想、邓小平理论、"三个代表"重要思想、科学发展观，尤其是习近平新时代中国特色社会主义思想，对法学一级学科具有指导、引领的作用，还可以把法学的各二级学科的知识、理论、法律规定整合到合道德性上来，把社会主义核心价值观融入法治建设立法、修法以及法治实践中去。法安天下，德润人心。中国特色社会主义法治道路最鲜明的特点，就是坚持依法治国和以德治国相结合，坚持法治和德治两手抓、两手都要硬。这既是对治国理政规律的深刻把握，也是历史经验的深刻总结。社会主义核心价值观是全国各族人民在价值观念上的"最大公约数"，是社会主义法治建设的灵魂。法律法规体现鲜明的价值导向，直接影响人们对社会主义核心价值观的认知认同和自觉践行。只有把社会主义核心价值观融入法律规范、贯穿法治实践，法律才能契合全体人民的道德意愿，符合社会公序良俗，才能真正为人们所信仰、所遵守，实现良法善治。2019年3月18日，在主持召开学校思想政治理论课教师座谈会时，习近平强调："思想政治理论课是落实立德树人根本任务的关键课程。""思政课作用不可替代，思政课教师队伍责任重大。""党和国家高度重视学校思政课，今后只能加强不能削弱，而且必须提高水平。"[1]

三、法律职业伦理学的课程地位

国务院学位委员会办公室于2017年7月20日发布《关于转发〈法律硕士专业学位研究生指导性培养方案〉的通知》，在法律硕士专业学位研究生指导性培养方案（适用于非法学专业毕业生及法学专业毕业生）的课程设置中，将"法律职业伦理"设置为必修课，2学分。其培养基本要求强调：掌握中国特色社会主义理论体系，遵守宪法和法律，德法兼修，具有良好的政治素质和道德品质，遵循法律职业伦理和法律职业道德规范；全面掌握法学基本原理，特别是社会主义法学基本原理；自觉践行社会主义核心价值观。

2018年1月30日，教育部发布《普通高等学校本科专业类教学质量国家标准》[2]，法学专业核心课程采取"10+X"分类设置模式。其中，"10"指法学专业学生必须完成的10门专业必修课，包括法理学、宪法学、中国法律史、刑法、民法、刑事诉讼法、民

---

[1] 吴晶、胡浩：《一堂特殊而难忘的思政课——习近平总书记主持召开学校思想政治理论课教师座谈会侧记》，载《人民日报》2019年3月19日。

[2] 张烁：《高等教育教学质量"国标"发布》，载《人民日报》2018年1月31日。

事诉讼法、行政法与行政诉讼法、国际法和法律职业伦理。"X"指各院校根据办学特色开设的其他专业必修课，包括经济法、知识产权法、商法、国际私法、国际经济法、环境资源法、劳动与社会保障法、证据法和财税法，"X"选择设置门数原则上不低于5门。其中，将"法律职业伦理"首次设置为法学专业的10门核心课程之一。

2018年9月17日，教育部、中央政法委发布《关于坚持德法兼修 实施卓越法治人才教育培养计划2.0的意见》，强调"加大学生法律职业伦理培养力度，面向全体法学专业学生开设'法律职业伦理'必修课，实现法律职业伦理教育贯穿法治人才培养全过程。坚持'一课双责'，各门课程既要传授专业知识，又要注重价值引领，传递向上向善的正能量"。

2018年12月8日，2018—2022年教育部高等学校法学类专业教学指导委员会成立大会暨2018年年会在京正式举行。[①] 教育部高等教育司吴岩司长指出，法学教指委（即法学类专业教学指导委员会）要深入贯彻落实习近平在中国政法大学考察时的重要讲话精神，着力推进"新文科"建设、培养卓越法治人才，重点做好八件事：一是加快推进卓越法治人才教育培养计划2.0；二是积极推进一流专业建设；三是积极参与法学专业三级认证工作；四是打造法学"金课"；五是狠抓法律职业伦理教育；六是组织开展系列师资培训；七是推动国标落地落实；八是深入开展调研，提交高质量咨政报告。[②] 其中，把狠抓法律职业伦理教育作为八件事之一，将一门课程提到如此高度，可见，法律职业伦理教育多么重要。

上述课程设置，对法律硕士培养的基本要求，对法学本科生的培养目标、素质要求，实际上都是法律职业伦理的要求，在中国特色社会主义进入新时代之际，高度重视"法律职业伦理"的课程地位非常必要。

四、法律职业伦理学科建设的路径

法律职业伦理学科建设的首要路径是：在法学一级学科下增加设立"法律职业伦理学"二级学科。[③] 根据教育部公布的二级学科目录，法学一级学科下有10个二级学科，包括法学理论、法律史、宪法学与行政法学、刑法学、民商法学（含劳动法学、社会保障法学）、诉讼法学、经济法学、环境与资源保护法学、国际法学（含国际公法、国际私法、国际经济法）、军事法学。在法学一级学科下增加设立"法律职业伦理学"二级学科，可以在法学一级学科中起到统领、整合的作用。在具体操作层面，可以特事特办，立即开放申报，在全国首批遴选10个二级博士、硕士学位授权学科。法律职业伦理学科建设次之的路径是：发文鼓励在拥有法学（或者马克思主义理论、哲学）一级学科的大学及科研机构增加设立"法律职业伦理学"二级博士、硕士学位授权学科。

对于"法律职业伦理学"二级学科的人才培养方案，以博士层次为例，培养目标是：按照全面发展的教育方针要求，通过系统的学习和训练，使学生具备坚实的法学理论功底

---

① 陆娇：《2018年度法学教育十大新闻》，载《法制日报》2019年2月25日。
② 《2018年度法学教育十大新闻》，载《法制日报》2019年2月25日。
③ 石先钰：《推动"法律职业伦理"学科建设》，载《中国社会科学报》2019年3月13日。

和系统的法律职业伦理知识,熟练掌握一门外国语,培养独立从事科学研究、教学工作、司法工作等领域的高级人才。其具体要求如下:(1)熟练掌握马克思列宁主义、毛泽东思想、邓小平理论、"三个代表"重要思想、科学发展观,尤其是习近平新时代中国特色社会主义思想。(2)树立正确的世界观、人生观和价值观,掌握社会主义核心价值观,具有良好的职业道德、团结合作精神和坚持真理的科学品质,积极为社会主义现代化建设服务。(3)掌握坚实的法学基础理论和系统的法律职业伦理知识,对专业方向有比较深入的研究,具有从事本专业的理论研究与实践工作的能力。(4)掌握一门外语,能较熟练地阅读专业外文书刊资料。(5)养成理论联系实际的优良学风和实事求是、勇于探索和积极创新的科学精神。

第一章

中国特色社会主义司法制度

法律职业与司法活动密切相关。从立法民主来看,立法是一个民意汇集和表达的过程。它要求立法者广泛了解并尊重不同群体和不同职业的伦理道德。人民之治而非法律人之治,决定了立法者必须超越法律职业共同体的伦理。从执法效率来看,执法是一个运用国家公权力贯彻落实立法意志的活动。个人服从组织、下级服从上级是行政科层体制的内在要求,这也决定了行政执法者应遵循行政伦理。作为一种特殊类型的职业,法律职业着眼于运用法律而非制定法律,着眼于解决法律纠纷而非执行法律命令。虽然法律职业共同体成员的范围会因时因地而异,但是其核心活动都是围绕司法活动展开的。根据中国现行的国家统一法律职业资格考试要求,法律职业的从业者所从事的活动也都具有司法或准司法性质。了解中国特色社会主义司法制度的形成和现状,是学习和理解法律职业伦理的前提。

第一节 中国特色社会主义司法制度概述

一、司法的概念和特征

司法通常是指国家司法机关运用法律处理具体案件的专门活动。在现代法律观念中,司法是和立法、执法、守法等并列的法律活动。立法机关制定法律,行政机关执行法律,司法机关适用法律,所有组织和个人一律遵守法律。然而,从法律的起源来看,法律活动的上述阶段并非泾渭分明,而是混杂在一起的。

一般来说,存在法律时,就必然存在运用法律裁决纠纷的司法活动。在中国历史上,早在尧舜禹时期,就有了司法活动。舜任命皋陶为"士",处理刑法和教育事务。皋陶处理司法活动公正严明,广受人民敬仰爱戴。史书记载,皋陶有一只独角神兽,其名为"廌"。东汉思想家王充在《论衡》中认为獬廌乃"一角之羊也,性知有罪。皋陶治狱,其罪疑者,令羊触之,有罪则触,无罪则不触"。显然,皋陶所从事的活动就是司法审判。中国古代的"法"字又被写作"灋",《说文解字》对此字的解释是:"平之如水,从水；廌所以触不直者去之，从去。"这里的"廌"指的就是皋陶的獬豸。可见，中国古代对法律的认知就是建立在司法审判基础之上的。

虽然司法审判活动与法律几乎同时出现，但是"司法"作为一个概念却出现得较晚。有学者经过研究发现，"司法"一词在《汉书》中首次出现，但只是学理用词而非官职。直到隋朝时期，"司法"才成为一个专门职位。① 唐朝在隋朝的基础上，设立了"司法"一职。根据《旧唐书》记载，"司法"和"司功、司仓、司户、司兵、司士"共同被称为六曹参军事，司法也被称为司法参军。司法参军的品级很低，最多也只是从七品。在唐朝，司法参军事"掌鞫狱丽法、督盗贼、知赃贿没入"②。但是到了宋代，州级行政属官除了司法参军之外，还有录事参军、司理参军和司户参军。根据《宋史》记载，"司法参军掌议法断刑，司理参军掌讼狱勘鞫之事"③，即司理参军负责"审讯"，司法参军负责"判决"。但《宋会要辑稿》又记载，州属官中："录事、司理、司户参军，掌分典狱讼；司法参军，掌检定法律。"这意味着录事、司理和司户根据各自的职权对案件进行审判，司法只负责在录事、司理、司户等审理案件后查找相应的法律条文以供判决时适用，而不提供判决建议。④ 由上述内容可知，中国古代的"司法"主要是指官职。该官职不仅级别较低，而且主要从属于行政。司理、司法的上级首先是本官署长官知州、副职通判，其次是上级官署长官，如提点刑狱、转运使等监司。⑤ 这与现代的司法概念差距极大。

在西方，司法的概念和理念也经历了一个不断演化的过程。早在《荷马史诗》中，就出现了裁决纠纷的正义女神。在古希腊时期，审判程序就已经相当完备。审判苏格拉底（Socrates）的法庭就是由501个通过民主选举产生的法官组成的。柏拉图（Plato）曾明确指出："任何一个没有正式建立法庭的国家简直就不成其为一个国家。"⑥ 同时，柏拉图也构想出一个具有严格程序的审判程序，比如在死刑案件中："首先，公诉人应该作一个简单的发言，接着是被告人发言；资历最深的法官在两人发言之后作交叉询问，一直继续到非常详细地弄清了辩论各点。其余的法官一个接着一个随资历最深的法官之后彻底弄清双方当事人留下的由于错误或遗漏而不令人满意的各点。感到这种不满意的法官应该转问他的同事。所有法官都得在一致同意的论点上签字，而后把文件放在赫斯提神坛上。第二天，他们都得在老地方集合，在类似的询问和检查之后，再在文件上签字。这样的程序连续进行三次，在对证据和证人作了应有的考虑之后，每个法官投下神圣的一票，以赫斯提神的名义起誓，他所作出的判决是公正的和正确的。就这样，他们结束了这一审讯。"⑦ 亚里士多德（Aristotle）认为政体是由议事机能、行政机能、审判机能三个要素构成的，并详细论述了八种形式的法庭：行政法庭、侵犯城邦公益的法庭、宪法（政体）法庭、民事刑事法庭、契约纠纷、杀人案件、外侨案件、小额诉讼。与中国古代历史相比，西方对司法机构和司法程序的认识和实践较为成熟。但是司法与立法、行政三权分立制度的正

---

① 周永坤：《中国司法概念史研究》，载《法治研究》2011年第4期。
② 《新唐书·百官志》。
③ 《宋史·职官志七》。
④ 苗书梅：《宋代州级属官体制初探》，载《中国史研究》2002年第3期。
⑤ 霍存福：《宋代法官的职业操守——对府州司理参军、司法参军的履职考察》，载《北方论丛》2016年第6期。
⑥ [古希腊] 柏拉图：《法律篇》，张智仁、何勤华译，上海人民出版社2001年版，第179页。
⑦ [古希腊] 柏拉图：《法律篇》，张智仁、何勤华译，上海人民出版社2001年版，第179页。

式建立则是启蒙运动的产物。孟德斯鸠（Montesquieu）曾指出："如果司法权不同立法权和行政权分立，自由也就不存在了。如果司法权同行政权合而为一，则将对公民的生命和自由施行专断的权力，因为法官就是立法者。如果司法权同行政权合而为一，法官便将握有压迫者的力量。"① 这种权力分立的思想造就了近现代的司法理念和司法制度。在此影响下，1787年《美国宪法》就确立了立法、行政和司法三权分立制衡的资产阶级民主共和政体。

近现代意义上的司法概念是在清朝末年出现在中国的。1902年，清政府发布变法诏书，派出大臣前往欧美国家以及日本等了解法制状况，西方的法律思想和法律概念开始不断被引入中国。有学者认为近代意义上的"司法"概念受日本影响："虽然法学界究竟何时、谁最早在宪政意义上使用司法一词有待学界考证，但相信1891年《日本帝国宪法》公布以后，司法一词不久当传入中国。"② 但1906年12月，孙中山在东京《民报》创刊周年庆祝大会上做演讲时仍将孟德斯鸠的三权分为行政权、立法权、裁判权。严复在1904—1909年译成的《孟德斯鸠法意》中，将三权译为立法之权（宪权）、行政之权（政权）和刑法之权（刑权）。③ 到了1907年，"司法"一词的使用才逐渐增多。比如庆亲王奕劻在核议官职时就认为"立宪国官制，立法、行政、司法三权并峙，各有专属，相辅而行"④。《钦定宪法大纲》第10条也规定皇帝"总揽司法权，委任审判衙门，遵钦定法律行之"。虽然关于司法的具体含义和机构在之后仍处于变动之中，但它作为与立法、行政相对称的含义则一直沿用至今。

在中国当前的法治语境中，司法有时又被称为法律适用，指国家司法机关根据法定职权和程序，运用法律处理具体案件的专门活动。

司法和行政都属于法律实施活动，通常对司法特征的归纳都是从司法与行政进行对比的角度作出的。一般认为，司法具有以下特征：

第一，独立性。司法是由司法机关及其工作人员根据法律的规定解决社会纠纷。为了保证司法机关及其工作人员能够依据法律秉公裁决，就必须排除外在的不当干预。司法机关只应当服从法律，不受行政机关和其他组织、个人的干涉。当然这种独立性并非司法所独有。在立法、行政、司法的三权划分中，每个权力都保有相对的独立性，在各种职权范围内，都应当相互尊重和相互克制。

第二，被动性。司法遵循不告不理原则。司法作为纠纷裁决者，在纠纷发生后提供事后救济；而且在纠纷发生之后，如果当事人没有提起诉讼，法官也不能主动启动诉讼程序。相比而言，立法和行政就具有主动性。当立法机关认为条件成熟时，可以依职权启动法律制定、修改等活动。行政机关作为法律执行者，对于法律所要求的活动或者违反法律的活动，都应当依职权采取行动，否则就构成不作为和渎职。司法的被动性还体现在与其他纠纷解决方式的对比中，比如在人民调解中，人民调解委员会在发现矛盾纠纷后，就可以主动介入进行调解。在实践中，司法机关也会参与一些普法宣传活动或者社会服务活动，对于社会矛盾的产生和激化起到预防作用。但是这些职能只是司法机关附带的社会职

---

① ［法］孟德斯鸠：《论法的精神》（上册），张雁深译，商务印书馆1961年版，第156页。
② 周永坤：《中国司法概念史研究》，载《法治研究》2011年第4期。
③ ［法］孟德斯鸠：《孟德斯鸠法意》（上册），严复译，商务印书馆1981年版，第221页。
④ 《清史稿·选举八》。

能,这些活动本身并不是司法活动。

第三,交涉性。司法的交涉性主要是指司法活动是一个多方参与的过程。比如在民事诉讼和行政诉讼中,至少有法院、原告、被告三方;在刑事诉讼中,至少有被告人、检察院和法院三方。除此之外,公安机关、证人、律师等其他主体也都是司法活动的参与者。司法所要解决的是矛盾纠纷。既然是矛盾纠纷,就必然涉及不同利益之间的对抗和博弈。司法正是通过多方主体的参与和互动来查明事实和适用法律的。相比较而言,立法虽然也具有一定程度的交涉性,但是这种利益群体的交涉并不涉及具体个案,而且其规模也极为庞大。至于行政活动,虽然有一些具有交涉性,需要不同利益群体的参与,比如听证等,但是大多数的行政活动都是单向性的,这在行政处罚中体现得尤为明显。只要行政机关有证据表明行政相对人有违法行为,就可以依职权作出行政处罚。

第四,程序性。法律程序一般是指人们遵循法定的时限和过程并按照法定方式实施法律行为。无论立法活动、行政活动还是司法活动,都必须遵守严格的法律程序,否则就可能导致违法或者无效。相较于立法活动和行政活动的程序性,司法活动程序性的独特之处在于其遵循的法律主要是程序法。司法对程序正义的强调要远远高于立法和执法。司法的程序正义与实体正义之间存在着紧张关系,有时在程序正义的要求之下,实体正义可能无法实现,比如超过诉讼时效或者证据因非法被排除,都可能导致实体正义无法实现。

第五,普遍性。法律具有普遍性,在国家权力的管辖范围内,所有人都必须遵守。但是现实生活往往是复杂的,抽象的法律条文并不能有效解决个案问题,这时就需要通过司法来解释和适用法律。在成文法国家,司法的任务主要是将抽象和普遍的法律规则适用于具体个案,通过个案的司法裁断,使法律的普遍性得到实现;但是由于司法判决是针对个案作出的,所以判决本身并不具有普遍性。而在不成文法国家,司法往往还承担着造法功能,通过从大量不同的个案中抽象出一般规则,形成所谓的判例法。司法的普遍性还体现在其作为纠纷解决方式的普适性上。司法为矛盾纠纷提供最后的救济,大部分的纠纷都可以借助司法程序解决,法院是最主要的纠纷解决主体。但是这并不意味着司法是社会纠纷的唯一解决方式,在社会纠纷数量日益增加的情况下,大量的案件涌入法院已经给司法造成了巨大压力。应当综合运用调解、仲裁等替代性纠纷解决方式,缓解司法压力。

第六,终局性。司法是维护社会公平正义的最后一道防线。司法的终局性具有多种含义。首先,它意味着人们在选择司法途径解决纠纷之前,应尽可能地用尽其他救济措施,不能把司法放在解决纠纷的最前线。其次,它意味着司法判决一经作出,就应当得到执行和遵守。如果司法判决在作出后不停地被推翻或者不被遵守,那么司法权威就无法确立,其制度功能也将无法实现。

二、司法功能

司法在社会中承担着广泛的功能。在不同的历史时期和文化传统中,人们对司法功能的认知存在差异。比如在成文法国家,司法的功能就在于解释和判断,即阐明法律的含义并判断行为是否合法以及当事人应否承担责任。但在不成文法国家,司法还承担着造法功能。在美国这样强调司法独立的国家,司法还具有抗衡立法和行政权力的职能,可以对立法机关制定的法律进行违宪审查。在马克思主义法学中,司法作为上层建筑的一部分也发挥着维护阶级统治的功能。

结合司法的一般特点和中国的基本国情，我们认为司法应当包含以下功能：

第一，解决纠纷。解决纠纷是司法的最直接功能。在原始社会中，由于不存在一个权威的和常设的纠纷裁决者，人们在发生纠纷时往往采取血亲复仇以及其他私力的纠纷解决方式。当国家以及相应的司法机构建立以后，纠纷的最终裁决权就由国家所控制。通过建立权威的司法机构，纠纷解决的正当性得到了一定程度的保证，加之国家强制力的保障实施，纠纷解决的无序性和暴力性得到了有效控制。但是纠纷解决仅仅依靠程序和权威是不够的，如果司法裁决不能够保证基本的实体公正，就可能导致矛盾的进一步激化。

第二，维护权利。在专制国家，司法仅仅被视为维护秩序和保障专制统治的工具，所以司法关注的往往是惩罚犯罪和解决纠纷。在现代法治国家，司法应当以保护权利为己任。权利包含实体权利和诉讼权利两大类。当公民和组织的合法权益受到侵害时，就需要通过司法程序进行救济。通过司法的严格程序可以尽可能地还原事实，既让权利受到侵害的人能够得到补偿和救济，也能够避免无辜者被冤枉。除了实体权利外，公民和组织在司法中还享有一系列程序性权利。在诉讼过程中，国家要保障诉讼参与人的合法权益不受侵犯，使各项诉讼权利得到充分行使，强化当事人和其他诉讼参与人的知情权、辩论权、申诉权等权利，通过非法证据排除等制度预防刑讯逼供和冤假错案。

第三，惩罚违法犯罪。法律是维护社会秩序的重要手段。无论在刑事诉讼还是民事诉讼中，国家都要在准确及时查明案件事实的基础上制裁和惩罚违法犯罪行为。惩罚犯罪和保障人权之间也可能存在潜在冲突。如果单纯强调打击犯罪，有可能导致违反程序、滥捕滥刑，出现冤假错案；如果只讲保护人权，又可能导致违法犯罪分子利用法律逃避制裁，最终危及社会秩序。所以在司法程序中，必须将二者结合起来综合考虑。

第四，促进经济社会持续健康发展。服务大局是社会主义法治理念的内容之一，这对社会主义司法同样适用。服务大局要求社会主义法治的各项事业都必须紧紧围绕党和国家的中心任务和大政方针开展，各项工作都必须服从和服务于党和国家的根本利益以及社会发展的总体要求，各种具体实践都要充分考虑和重视对社会发展和运行全局的影响。司法要充分利用其定分止争、价值引领的作用，通过指导性案例、典型案例等为经济社会持续发展营造良好的司法环境，比如最高人民法院发布过涉"一带一路"建设典型案例、保护产权和企业家合法权益典型案例、知识产权典型案例、保障新时代生态文明建设典型案例等。

第五，推动法治宣传教育。法律语言通常比较抽象晦涩，要想让法律真正融入人民群众的日常生活，就应当结合现实案例进行法治宣传教育。司法通过将法律运用于个案，弥合了抽象的法律条文与丰富的社会现实之间的鸿沟。司法机关通过释案说法，可以让人民群众更直观、真实地理解法律条文和法律价值。为更充分地发挥司法的普法功能，司法机关应不断加强司法公开力度，通过庭审公开、裁判文书公开等多种途径，让人民群众有更多的机会认识和了解法律。

第六，解释和补充法律。在成文法国家，司法一般不具有造法功能，但这并不影响司法机关通过其他途径影响立法。法律相对于现实生活而言，总是具有滞后性，但是法官在面对法律没有规定的新型案件时又不能拒绝裁判。进入司法的新型案件增多时，立法机关就必须考虑通过立法制定统一的法律，司法机关的判决理由和判决结果就会为立法提供参考。同时，由于法律语言的抽象性，在具体适用时也会产生不同理解。在立法机关作出正式的立法解释前，司法机关就承担着对法律进行司法解释的任务。当然，法官在对法律进行解释或对案件进行判决时，应当合理地自由裁量，综合考虑法律原则、立法目的等因素。

三、中国特色社会主义司法制度的历史沿革及特点

（一）中国特色社会主义司法制度的历史沿革

一个国家的司法制度应当与其国情相适应。中国特色社会主义司法制度具有鲜明的中国特色，是中国传统司法文化、马克思主义司法思想和中国长期以来的司法实践相结合的产物。

早在新民主主义革命时期，中国共产党就开始在中国创建新型的司法制度。1931年中华苏维埃共和国成立后，在中央执行委员会下设立了人民委员会和最高法院，人民委员会下设的司法人民委员部负责司法行政工作，最高法院负责审判。虽然在中央层级实现了司法审判和司法行政的分立，但是在地方层面则由裁判部兼理审判和司法行政。此时检察机关尚未建立起独立的体系，而是在各级法院内部设立了一些检察机构，实行审检合署。抗日战争时期，因为国共两党合作，全国司法体制实现统一，在边区设高等法院，市设地方法院，县设司法处。从新民主主义革命到抗日战争时期，中国共产党领导下的司法制度具有明显的人民司法和大众司法特点，这在马锡武审判方式、人民陪审制和人民调解制中得到体现。

新中国成立之前，国民党的"六法全书"被废除，通过对革命战争时期的司法经验总结，对苏联司法体制的借鉴，中国开始逐步建立具有中国特色的人民司法制度。根据《中国人民政治协商会议共同纲领》的规定，在中央设立最高人民法院、最高人民检察署、公安部、司法部，实行审判、检察、侦查、司法行政的分立制。1950年，第一届全国司法会议召开，研究解决法院的组织建设问题。1953年，第二届全国司法会议着重研究解决基层人民法院问题，各县普遍建立巡回法庭、人民调解委员会和一部分专门法院。1954年《宪法》①颁布之后，中国正式确定了人民代表大会制度下的"一府两院"的政体结构，法院和检察院都不再是同级人民政府的组成部分。

从1957年下半年开始，中国的司法制度开始遭到错误批判。1959年4月，司法部和省级司法厅被撤销。"文革"期间，公、检、法被"砸烂"，由"军管会"统一行使司法职权。1969年检察机关被撤销，法院审判工作也基本停顿。

改革开放之后，中国开始重建司法制度，1978年《宪法》恢复了人民检察院。1982年《宪法》明确规定人民法院是国家的审判机关，人民检察院是国家的法律监督机关，它们均由全国人民代表大会产生并对其负责。此后，经过三十余年的改革完善，中国特色社会主义司法制度基本形成。中国特色社会主义司法制度包括侦查制度、检察制度、审判

---

① 全称为《中华人民共和国宪法》。为表述方便，本书涉及相关法律法规名称中带有"中华人民共和国"字样的，一律省略，如《刑事诉讼法》《公证法》《律师法》等。

制度、司法行政制度、律师制度、监狱制度、仲裁制度、公证制度、调解制度、司法鉴定制度等诸多内容。

(二) 中国特色社会主义司法制度的特点

中国特色社会主义司法制度内涵丰富，只有准确、全面、科学地把握"特色"所在，才能更好地坚持和完善中国特色社会主义司法制度。有学者指出，中国特色社会主义司法制度的特色体现在以下八个方面：①

第一，司法定位之特色。首先，审判权和检察权均由国家权力派生。根据我国宪法和法律规定，人民代表大会是国家权力机关，人民法院和人民检察院分别是国家审判机关和法律监督机关。各级人民法院和人民检察院均由各级人民代表大会产生并对它负责，受它监督。其次，中国的司法机关并不享有合宪性审查权。在中国，监督宪法实施的权力在全国人大及其常委会，全国人大常委会负责解释宪法。但在西方一些三权分立的国家，司法机关可以审查议会立法或行政法律是否违背宪法，宪法的解释权被司法机关所控制。

第二，司法架构之特色。首先，中国实行审检分署、检行分离的制度架构，审判、检察和司法行政都是相互分立的。但是在一些西方国家则有所不同。比如美国的审判和检察是分立的，但是检察职能由司法部行使，联邦总检察长兼任司法部部长，这就是检行一体化的模式。法国则采用审检合署的模式，检察机关附设于法院之内，但是司法部部长又直接领导检察机关，总检察长直接对司法部部长负责。其次，司法机构设置体系相对单一。我国为单一制国家，除了港澳台地区之外，司法机构基本与行政区划及其级别对应设立，这与联邦制国家既有联邦法院体系又有地方法院体系是不同的。我国的法院内部分别设置刑事、民事、行政案件审判庭，统一行使司法管辖。但在奥地利、德国、意大利、西班牙等国，则在普通法院体系之外，还设有独立的宪法法院、行政法院等。最后，我国采取四级两审终审制。我国在历史上曾采用过二级二审制、三级三审制、三级二审制等审级制度。1954年《人民法院组织法》将我国的审级制度固定为四级两审终审，二审法院既审事实问题，也审法律适用。美国、德国、法国则实行三审终审制，第三审只审法律适用问题。

第三，司法运行之特色。在刑事诉讼中，法院、检察院、公安机关分工负责、互相配合、互相制约，三者没有高低之分，只有分工不同。但在西方国家，检警关系和法检关系均有所不同。比如日本、德国、意大利和法国的检察机关都拥有广泛的侦查权，可以指挥和监督警察。在内部运行中，我国法院和检察院实行民主集中制，在法院设立审判委员会，在检察院设立检察委员会，这种带有集体决策性质的司法工作运行机制几乎为我国独有。在运行效果上，我国司法机关注重法律效果和社会效果的有机统一。司法机关办案一般都要统筹考虑是否符合国家大局，是否影响社会稳定，是否影响经济发展，是否符合社会公平正义。这与西方国家单纯追求法律效果的评价机制有明显区别。

第四，司法功能之特色。我国最高人民法院和最高人民检察院可以对审判或检察工作中具体应用法律问题进行解释。这不同于英美法系国家法官所具有的制定法律功能，也不同于大陆法系国家各级法院或检察院均享有的解释法律的权力。虽然我国并不认为司法案

---

① 虞政平：《中国特色社会主义司法制度的"特色"研究》，载《中国法学》2010年第5期。

例具有造法功能，但非常重视案例的指导功能，最高人民法院和最高人民检察院通常会发布一系列具有影响性的案例来指导司法实践。

第五，司法方式之特色。在刑事诉讼中，我国针对犯罪的不同情况，做到宽严区别对待，以最大限度地预防和减少犯罪。这不仅与中国古代"刑罚世轻世重"相契合，也体现在坦白从宽、抗拒从严，主犯从严、从犯从宽，惯犯从严、偶犯从宽等政策上。在党的十六届六中全会上，宽严相济被明确为促进社会主义和谐社会的重要政策之一。在民事诉讼中，我国既有"和为贵"的文化传统，在人民司法的指导下又总结出"能调则调，当判则判，调判结合，案结事了"的工作方针，这些都是我国民事司法的特色所在。此外，民事司法也重视多元化纠纷解决机制的建设。法院在诉讼案件不断增长的情况下，加大力度推动人民调解、行政调解、仲裁、律师调解等多元化纠纷机制的发展，最大限度地化解矛盾纠纷，实现社会和谐。

第六，司法为民之特色。人民司法是我国人民民主专政国家性质的必然要求。人民司法坚持走群众路线，贴近群众、相信群众、依靠群众，了解群众的司法需求，扩展人民参与司法的渠道，并通过司法对群众进行法治宣传教育。为最大限度地方便群众诉讼，减少诉讼成本，我国司法作出了许多制度创新。目前，我国已经普遍建立立案大厅，为人民提供一站式立案服务，还通过推广网上立案、远程立案、上门立案等方式不断提高立案便捷程度；广泛建立人民法庭，进行巡回审判，扩大和提高法律服务范围和质量；推行简易程序，不断降低人民的诉讼成本。

第七，司法队伍之特色。我国自2001年建立国家统一司法考试制度以来，法官、检察官、律师、公证员等法律工作者均需通过统一的司法考试。法官和检察官在任职待遇方面基本相同。大陆法系国家的法官一般采取选举制和募选制，检察官则采用任命制；英美法系国家的法官、检察官一般都采用任命制。我国各级法院院长、检察院检察长采用人民代表大会选举制，审判员、检察员采用人民代表大会任免制，助理审判员和助理检察员则采用募选制，由本院院长、本院检察长从符合法官、检察官条件的人员中择优任免。

第八，司法政治之特色。坚持党对司法工作的领导是中国司法在政治上的最大特色。无论在哪个国家，司法都不可能不受政治的影响和干预。就在鼓吹司法独立的美国，民主党和共和党也在为任命联邦最高法院大法官问题上针锋相对。中国共产党从中央到地方都设有政法委员会，负责协调公安机关、检察机关、审判机关和司法行政机关的工作。历史和事实证明，党的领导是中国特色社会主义事业取得伟大成功的重要保证。党和国家、人民在根本利益上是一致的，坚持党对司法工作的领导是我们引以为豪的特色。

中国特色社会主义司法制度是从中国国情出发创造和形成的，对中国建设社会主义法治国家起到了积极作用。当然，任何国家的司法制度都不是完美无缺的。中国特色社会主义司法制度虽然在实践中仍然存在许多问题，但是党和国家正在通过司法体制改革不断释放中国特色社会主义司法制度的活力，我们应当继续坚持和完善中国特色社会主义司法制度。

第二节 司法公正、司法效率与司法改革

一、司法公正

公正就是公平正义。自古以来，公正都是人们不断追求奋斗的目标。但是在不同的时代，人们对公正的含义理解并不相同。在现代，有关公正的定义和内涵仍然不胜枚举。实际上，公正的内涵与社会的发展程度和文化传统密切相关。中国当前语境中的公正既不同于中国古代的公正，也与其他国家的公正有所区别。党的十六届六中全会指出"社会公平正义是社会和谐的基本条件"。党的十八大更是把公正提高到社会主义核心价值体系的高度。在中国特色社会主义法治国家建设过程中，公正贯穿于立法、执法和司法活动中。

司法是实现社会正义的最后一道防线，公正于司法而言尤为重要。培根曾指出："一次不公正的判决比多次不公正的举动为祸尤烈，因为这些不公正的举动不过是弄脏了水流，而不公正的判决则把水源败坏了。"[1]《中共中央关于全面推进依法治国若干重大问题的决定》明确指出："公正是法治的生命线。司法公正对社会公正具有重要引领作用，司法不公对社会公正具有致命破坏作用。必须完善司法管理体制和司法权力运行机制，规范司法行为，加强对司法活动的监督，努力让人民群众在每一个司法案件中感受到公平正义。"

司法公正包括实体公正和程序公正两个方面。实体公正是指裁判结果符合事实和法律，即裁判查明的事实能够最大限度地还原客观真相，适用的法律能够准确地保护权利和实施制裁。如果裁判认定的事实不清楚或有错误，或者裁判所适用的法律有错误，这个裁判就不可能实现实体公正。程序公正则是指司法裁判的形成过程符合法律规定的步骤或时限。在理想状态下，司法公正就是实体公正和程序公正的统一。但是在现实中，实体公正和程序公正也会产生冲突。比如以刑讯逼供或其他违法方式取得的证据，就算客观真实，也会因违反程序公正而丧失证据资格，不能被用来认定案件事实。公正的程序并不必然实现实体公正，但程序公正并不能因此而被减损价值或被忽视。二者有独立的内涵和标准，不能互相代替。

早在 1215 年，英国的《自由大宪章》就体现了正当程序的原则。《自由大宪章》第 39 条规定："凡自由民，如未经其同级贵族之依法审判，或经国法判决，皆不得被逮捕和监禁，没收财产，剥夺法律保护权，流放，或加以任何其他损害。"1354 年，爱德华三世颁布的《伦敦西敏寺自由法》则首次明确规定了"正当程序"："未经法律的正当程序进行答辩，对任何财产和身份拥有者一律不得剥夺其土地或住所，不得逮捕或监禁，不得剥夺其继承权和生命。"美国继承了英国程序公正原则，把正当法律程序作为一项宪法原则。美国宪法第五修正案第 5 款规定："非经由法律正当程序，不得剥夺任何人之生命、自由或财产。"第十四修正案又规定："各州亦不得不经由法律正当程序，即剥夺任何人之生命、自由或财产。"美国学者戈尔丁（Golding）认为程序公正包括以下内容：第一，

---

[1] ［英］弗·培根：《培根论说文集》，水天同译，商务印书馆 1983 年版，第 193 页。

中立。包括：任何人不能作为有关自己案件的法官；冲突的解决结果中不包含解决者个人的利益；冲突的解决者不应有对当事人一方的好恶偏见。第二，冲突的疏导。包括：平等地告知每一方当事人有关程序的事项；冲突的解决者应听取双方的辩论和证据；冲突的解决者应在另一方当事人在场的情况下听取一方的意见；每一方当事人应有公平的机会回答另一方所提出的辩论和证据。第三，裁判。包括：解决的诸项内容应以理性推演为依据；分析推理应建立在当事人作出的辩论和提出的证据基础之上。①

受程序工具主义的影响，我国长期存在着"重实体、轻程序"的做法。程序往往被视为实现实体公正的工具，其本身并没有独立的价值。然而，程序具有独立于实体的内在价值。首先，司法程序具有秩序价值。程序通过连贯的时限与过程约束人们的行为，可以建立和维护一定的社会秩序。在司法过程中，正是严密的程序规则确保了司法的有序进行。其次，司法程序具有效率价值。司法案件类型多样，事实繁简不一，通过适用统一的程序规则，可以简化司法活动，提高审判效率。最后，司法程序具有人权价值。司法程序中的平等、公开、参与等内容并不一定必然实现判决的实体公正，但是体现了平等、公开、参与等内容的司法程序则意味着对人权和人的尊严的尊重。这些程序性安排把司法活动的当事人视作平等的理性的参与者。无论当事人的实体诉求是否得到实现和满足，平等公开透明的程序都可以让当事人感受到裁决的权威性，从而更有可能接受实体上可能并不公正的结果。

实体公正和程序公正相互补充，构成了司法公正的完整内涵。为了实现公正司法，党的十八届四中全会提出了非常全面的改革举措，主要包括如下内容：

第一，完善确保依法独立公正行使审判权和检察权的制度。司法权的独立行使是保障司法公正的前提。审判权和检察权的独立行使不仅意味着司法机关的个案裁判不受党政机关等外在干预，还意味着法官、检察官在承办案件过程中不受法院内部的不当干预。任何党政机关和领导干部都不得让司法机关做违反法定职责、有碍司法公正的事情，任何司法机关都不得执行党政机关和领导干部违法干预司法活动的要求。对干预司法机关办案的，给予党纪政纪处分；造成冤假错案或者其他严重后果的，依法追究刑事责任。非因法定事由，非经法定程序，不得将法官、检察官调离、辞退或者作出免职、降级等处分。中共中央办公厅、国务院办公厅印发的《领导干部干预司法活动、插手具体案件处理的记录、通报和责任追究规定》和中央政法委印发的《司法机关内部人员过问案件的记录和责任追究规定》都是对上述改革举措的细化。

第二，推进严格司法。坚持以事实为根据、以法律为准绳，健全事实认定符合客观真相、办案结果符合实体公正、办案过程符合程序公正的法律制度。推进以审判为中心的诉讼制度改革，确保侦查、审查起诉的案件事实证据经得起法律的检验。全面贯彻证据裁判规则，严格依法收集、固定、保存、审查、运用证据，完善证人、鉴定人出庭制度，保证庭审在查明事实、认定证据、保护诉权、公正裁判中发挥决定性作用。为贯彻落实《关于推进以审判为中心的刑事诉讼制度改革的意见》和《关于办理刑事案件严格排除非法证据若干问题的规定》，最高人民法院制定了《人民法院办理刑事案件庭前会议规程（试行）》《人民法院办理刑事案件排除非法证据规程（试行）》和《人民法院办理刑事案件

---

① ［美］戈尔丁：《法律哲学》，齐海滨译，生活·读书·新知三联书店1987年版，第240—241页。

第一审普通程序法庭调查规程（试行）》，健全落实证据裁判、非法证据排除、疑罪从无等法律原则和要求，通过法庭审判的程序公正实现案件裁判的实体公正。

第三，坚持人民司法为人民，依靠人民推进公正司法。人民群众参与司法是人民主权原则的直接体现，也是司法公正的必然要求。司法人员独立行使司法权并不意味着司法完全不受社会观念的影响，司法公正不能脱离社会公正而孤立存在。在严格遵循司法独立的美国，人们也开始反思司法的专业化和精英化。在许多具有极大社会争议的案件中，由非民主选举产生的几名大法官就可以决定某种行为是否合宪。2015年6月，美国最高法院以五比四的结果裁决同性婚姻合法。但是首席大法官约翰·罗伯茨（John G. Roberts）在判决异议书中就质疑法院能否根据五名大法官"更睿智的理解"来代替人民决定婚姻的意义。① 在司法运行中，司法人员必须充分考虑人民群众的一般观念，判决结果应当实现法律效果和社会效果的统一。让人民群众参与司法，可以实现司法人员和人民群众的互动，将人民群众朴素的社会正义感与司法人员的专业判断相结合，使裁决更易于得到人民群众的认同和尊重。人民群众参与司法还可以充分发挥监督作用，防止司法专断。为保障人民群众参与司法，我国建立了人民陪审员制度、人民监督员制度、司法调解制度、见证人制度。在不起诉、拟判处缓刑、司法赔偿等案件以及减刑、假释、暂予监外执行等程序中，我国也进行了司法听证的尝试。

第四，健全冤假错案有效防范、及时纠正机制。冤假错案是衡量司法公正的一个直观指标，冤假错案越多就表明司法越不公正。在改革开放以后的法治进程中，我国的司法制度和队伍建设逐渐从不完善走向完善。过去产生和积压的冤假错案随着技术手段的升级和司法监督的强化开始逐渐被披露、查明和纠正。2013年6月，公安部发布《关于进一步加强和改进刑事执法办案工作切实防止发生冤假错案的通知》。2013年9月，最高人民检察院发布《关于切实履行检察职能防止和纠正冤假错案的若干意见》，提出检察人员要始终坚持惩罚犯罪与保障人权并重、实体公正与程序公正并重、互相配合与依法制约并重，增强人权意识、程序意识、证据意识、时效意识、监督意识，并对办理职务犯罪案件、审查逮捕、提起公诉和监督刑事执法司法中存在的问题进行了重点规范。2013年10月，最高人民法院发布《关于建立健全防范刑事冤假错案工作机制的意见》，提出在刑事诉讼中要依法独立行使审判权，不能因为舆论炒作、当事方上访闹访和地方"维稳"等压力，作出违反法律的裁判；坚持审判公开和证据裁判等原则，强化证据审查机制，切实遵守法定诉讼程序。2014年2月，司法部发布《关于进一步发挥司法鉴定制度作用防止冤假错案的意见》，全面加强司法鉴定管理，进一步规范司法鉴定活动。2013—2017年，全国法院已依法纠正呼格吉勒图案、聂树斌案等重大冤假错案37件61人，共依法宣告4032名被告人无罪。② 随着司法队伍和司法制度的不断提升完善，冤错案件会越来越少。

二、司法效率

除了司法公正，司法效率也是司法的基本价值取向之一。最高人民法院原院长肖扬就

---

① *Obergefell v. Hodges*.
② 《中国人权法治化保障的新进展》，载http://politics.people.com.cn/n1/2017/1215/c1001-29709774-2.html，访问日期：2019年5月13日。

曾指出："人民法院在二十一世纪的主题就是公正与效率。……锲而不舍地追求司法的公正与效率应当成为新世纪人民法官最崇高最光荣的职责。"①

效率是指在特定时间内投入和产出之间的比率。高效率既意味着在单位时间内完成更多的工作量，也意味着以同样或更少的资源取得更多的成果。司法效率是指司法机关在司法活动中，通过优化司法资源配置，在法定时限内尽快审结案件。它一方面要求司法人员在司法个案中勤勉尽责，缩短案件审理时间；另一方面要求司法机关在不额外增加司法人员的情况下妥善应对日益增长的受案量。

司法公正和司法效率之间的关系较为复杂。一方面，司法公正和司法效率相互依存。迟到的正义就是不正义，司法公正内在地要求司法必须高效运行。案件久拖不决，会给当事人带来沉重的精神负担和经济负担。若为了查明真相而旷日持久地延长审判过程，即便最终实现了案件的实体公正，当事人所获得的救济和补偿也可能不足以弥补付出的成本和代价。同样，司法效率离开司法公正也毫无意义。在过去的司法实践中，司法人员除了有重实体轻程序的倾向外，在一段时间中也存在着重效率轻公正的倾向，过分追求办案量和结案率等考核指标。在不合理的考核指标下，一些法院出现了伪造办案数量、年底控制立案数量、强迫当事人撤诉甚至在未查清案件事实的情况下就草草结案等违背司法规律和司法公正的现象。另一方面，提高司法效率并不必然实现司法公正。在各种纠纷解决机制中，诉讼是最正式也是成本最高的一种方式，会消耗大量的时间、人力、财力。尽可能提高司法效率可以减少案件积压，节约司法资源，这有助于尽快实现司法公正。但是我们必须认识到效率只是一种工具性价值，高效率的结果可能符合司法公正，也可能背离司法公正，过分追求司法效率可能会导致更多的冤假错案。在处理司法公正和司法效率的关系时，我们应当在确保司法公正的前提下去提高司法效率，决不能为了司法效率而忽视司法公正，尤其是司法程序中的一些强行性和禁止性规定，不能因为司法效率而被突破。

近年来，我国在提高司法效率方面制定了一系列的改革措施，取得了显著成效。

第一，强化审限意识。1982年颁布的新中国首部《民事诉讼法》仅仅作出了"及时审理民事案件"和"及时判决"等原则性规定，并没有规定具体的程序规范。在1991年修改后的《民事诉讼法》中，审限制度才得以确立。2000年，最高人民法院制定了《关于严格执行案件审理期限制度的若干规定》，对各类案件的审限、计算、延长等作出了系统详细的规定。审限制度为确保最低限度的司法效率提供了制度保障。但是在实践中，案件久拖不决、超过审限的现象仍然存在。2018年4月，最高人民法院发布了《关于严格规范民商事案件延长审限和延期开庭问题的规定》（2019年3月修订），从内部监督和外部监督两个方面完善落实审限制度。在内部，通过规范相关程序报批手续，对审限进行全程监督管理；在外部，通过及时告知当事人扣除、延长、重新计算审限以及理由，实现外部监督。要进一步提高司法效率，仅仅停留在审限制度上是不够的，还需要在审限之内提前做到案结事了。

第二，推进案件繁简分流。作为社会正义的最后一道防线，诉讼往往比其他纠纷解决机制有更严格完备的程序设计。但是进入诉讼的案件繁简不一，如果不考虑案件的难易程度，统一按照完整的程序加以审理，可能会使原本简单的案件变得耗时费力，从而挤占大

---

① 肖扬：《公正与效率：新世纪人民法院的主题》，载《人民司法》2001年第1期。

量司法资源。为了使司法资源得到优化配置，提高司法效率，司法机关在普通程序的基础上，根据案件的不同情况探索出小额诉讼、速裁等多种程序，力争尽可能地快速审结案件。2016年9月，最高人民法院发布了《关于进一步推进案件繁简分流优化司法资源配置的若干意见》，提出要"根据案件事实、法律适用、社会影响等因素，选择适用适当的审理程序，规范完善不同程序之间的转换衔接，做到该繁则繁，当简则简，繁简得当，努力以较小的司法成本取得较好的法律效果"。

在民事诉讼中，民商事简易纠纷解决方式主要有先行调解、和解、速裁、简易程序以及简易程序中的小额诉讼、督促程序等。法院在登记立案后，要针对案件情况进行案件分流，引导当事人选择最符合司法效率和司法规律的程序。行政案件的繁简分流、先行调解和速裁也参照民事案件的操作规程进行。在刑事诉讼中，最高人民法院、最高人民检察院于2014年6月在北京、天津、南京等18个城市开展为期两年的刑事速裁程序改革试点工作。2016年9月，上述18个城市又按照"实体上从宽"和"程序上从简"的要求开展认罪认罚从宽制度试点工作。对于被告人认罪认罚的案件，探索简化庭审程序，但是应当听取被告人的最后陈述。2018年修订的《刑事诉讼法》吸收了上述试点成果，明确规定适用简易程序审理的案件不受法庭调查和法庭辩论等庭审程序的限制，适用速裁程序审理的案件一般不再进行法庭调查和法庭辩论。

第三，运用现代科技提高司法效率。在现代社会，科学技术日新月异，对社会生活的方方面面都产生了深远影响。在提高司法效率方面，现代科技对司法程序的优化作用也是全方位的。在立案阶段，各级法院广泛推行网上立案服务，人民群众足不出户就可以立案。在开庭方式方面，对于适用简易程序审理的民事、刑事案件，经当事人同意，可以采用远程视频方式开庭。证人、鉴定人、被害人可以使用视听传输技术或者同步视频作证室等作证。科技在立案和开庭中的运用极大地节省了当事人的时间成本和交通成本，也便于对司法活动进行有效监督。在庭审记录方面，司法机关开发利用智能语音识别技术，实现庭审语音同步转化为文字并生成法庭笔录，既简化了书记员的工作任务，也提高了庭审效率。在判决阶段，各级法院运用大数据、云计算等信息网络技术对各类审判信息资源进行规范化管理和统计分析，促进类案同判和量刑规范化。司法人员可以检索相关法律法规和类似案例，从而快速准确地作出裁决。在执行阶段，通过建立法院和国土、银行、房管、公安等部门的信息数据共享系统，提高法院在执行查询和执行实施过程中的效率。各地司法机关都在加快推进信息化与审判工作的深度融合，推行网上远程立案、现场批量立案、文书自动生成、案例智能推送、裁判结果预警等。2018年5月，最高人民法院发布《关于进一步加快推进电子卷宗同步生成和深度应用工作的通知》，提出全程网上阅卷、电子卷宗公开的要求，电子卷宗加盖法院电子签章后与卷宗原件具有同等效力，进一步提高了文件传输效率，降低了纸质成本。

第四，提高司法人员素质，加强审判团队建设。无论是制度的实施还是技术的运用，归根到底要依赖于人。根据党的十八届四中全会的部署，我国开始了员额制改革。截至2017年6月，我国从原有21万多名法官中遴选出12万多名入额法官，使法官在数量上减少了9万多人；从原有16万名检察官中遴选出8.7万多名入额检察官。员额制改革的目的在于改变过去许多法官不从事审判工作、人浮于事的状况。通过将原来的法官分为审判人员、审判辅助人员、司法行政人员，基本形成了司法人员各归其位、各尽其责的工作格局。经过员额遴选，相对优秀的法官被选拔出来并充实到办案一线。虽然法官的总人数减少了，审判力量却加强了。除了员额制改革之外，为了应对案多人少的局面，司法机关在精确测算人员、案件数量和工作量的基础上，动态调整不同法院、不同审判部门的审判力量。根据法院审级、案件繁简等相关因素，合理确定法官、法官助理、书记员的配置比例，科学界定各自职能定位及其相互关系，最大限度地发挥审判团队优势。此外，各地司法机关还在推广专业化审判。在充分考虑法官办案能力、经验及特长等因素的基础上，根据案件的不同类型确定审理类型化案件的专业审判组织，比如组建审判团队专门审理合同纠纷案件、道路交通事故案件、劳动争议案件等。专业化审判有助于提高司法人员的办案熟练程度与办案质量，进而提高司法效率。

提高司法效率并非一味追求速度和数量。司法领域中公正和效率的关系与经济领域有较大差别，必须在保证公正的前提下追求效率，在更高层次上实现司法公正与司法效率的统一。

三、司法改革

中国特色社会主义司法制度是在结合中国具体国情的基础上不断发展完善的。新中国成立以来，尤其是改革开放以来，我国司法改革进程一直没有停业。

1949年2月，中共中央发布《关于废除国民党的六法全书与确定解放区的司法原则的指示》，明确人民司法工作应当以人民的新法律为依据，并在颁布新法的基础上构建了新的司法体制。在新中国成立之初，我国在中央层面设立了最高人民法院和最高人民检察署，并在政务院下设立法制委员会、公安部、司法部等机构。1950年，最高人民法院、最高人民检察署、司法部和法制委员会共同召开了第一届全国司法会议，初步明确了审判、检察和司法行政的职权范围和组织制度。由于法律人才的匮乏，各地法院在创建时都广泛吸收了国民党政府时期的司法人员。在"三反""五反"运动中，有群众反映司法机关存在政治不纯、组织不纯和思想不纯等问题。为此，我国在1952年5月至1953年2月开始了司法改革运动。这次司法改革运动具有鲜明的政治性，从清除旧司法人员、肃清旧法思想、纠正司法作风等方面入手，对巩固新中国的司法制度和保证司法为民起到了重要作用。通过这次司法改革运动，党领导司法的体制也正式确立。1953年，第二届全国司法会议召开，除了总结司法改革运动的经验外，还将司法建设的重点放在基层人民法院建设上，提出建立巡回法庭、铁路法院等专门法院。1954年，新中国第一部宪法颁布实施，《人民法院组织法》和《人民检察院组织法》也同时颁布，确立了全国人民代表大会下的"一府两院"架构，将过去上下级法院的领导关系改为监督关系，并建立了两审终审制、合议制、陪审制、审委会制度等具有中国特色的司法制度。但是在"文革"中，这些司法制度又遭到了全面破坏。

党的十一届三中全会之后，我国开始司法体制的恢复与重建。十一届三中全会明确提出"检察机关和司法机关要保持应有的独立性；要忠实于法律和制度，忠实于人民利益，忠实于事实真相"。随后，三大诉讼法和法院、检察院组织法也都陆续出台和完善。1979年7月通过的新中国第一部刑法和刑事诉讼法为刑事审判工作提供了法治基础。十一届三中全会后对司法体制的重建并不是对新中国初期司法体制的照搬，而是进行了许多制度创新。比如党委对司法工作的领导是要保证司法机关独立行使司法权,取消了各级党委审批案件的制度;确立了检察机关的双重领导体制。

随着市场经济的深入推进,司法体制的弊端也日益显现。从20世纪80年代中期开始,中国又开始了以审判方式为主导的司法改革。1988年7月,最高人民法院在第十四次全国法院工作会议上,根据党的十三大精神,从改善司法活动、改革人事管理体制、改革教育培训管理体制、改革法院中的司法行政工作、加强基层人民法院建设、开展与外国法院的司法协助等六个方面提出了法院改革和建设的任务。

随着社会主义市场经济的发展和权利意识的增强,我国在20世纪90年代掀起了以审判方式改革为核心的司法改革。1991年4月,新的《民事诉讼法》颁布。新法弱化了职权主义的民事诉讼模式,引入"谁主张,谁举证"的举证责任,强调当事人在民事诉讼中的地位和权利平等,并规定了当事人委托代理人、申请回避、请求调解、自行和解等一系列诉讼权利。1996年,全国人大通过了《关于修改〈中华人民共和国刑事诉讼法〉的决定》。为贯彻修改后的《刑事诉讼法》,最高人民法院于1996年7月召开了全国法院审判方式改革工作会议,指出改革审判方式的指导思想是"以公开审判为重心,以强化庭审功能,强化公诉人、辩护人和当事人举证责任,强化合议庭和独任审判员职责为内容"[①]。这次改革为中国特色社会主义审判制度的建设积累了有益经验。

1997年,党的十五大报告提出了建设社会主义法治国家的目标,要求"推进司法改革,从制度上保证司法机关独立公正地行使审判权和检察权"。这是司法改革首次进入党的纲领性文件中。党的十五大以后,最高人民法院在1999年10月制定了第一个《人民法院五年改革纲要》,最高人民检察院于2000年1月制定了《检察改革三年实施意见》。法院的第一个五年改革纲要提出法院从1999年起至2003年改革的基本任务和具体目标是:以落实公开审判原则为主要内容,进一步深化审判方式改革;以强化合议庭和法官职责为重点,建立符合审判工作特点和规律的审判管理机制;以加强审判工作为中心,改革法院内设机构,使审判人员和司法行政人员的力量得到合理配备;坚持党管干部的原则,进一步深化法院人事管理制度的改革,建立一支政治强、业务精、作风好的法官队伍;加强法院办公现代化建设,提高审判工作效率和管理水平;健全各项监督机制,保障司法人员的公正、廉洁;对法院的组织体系、法院干部管理体制、法院经费管理体制等改革进行积极探索,为实现人民法院改革总体目标奠定基础。法院的"一五"改革取得了显著成效,但是还存在一些困难和问题,比如改革的进展还不够平衡,统一性和规范性还不够等。

2002年,党的十六大将司法改革的重心放在体制性问题上,提出了"司法体制改革"的要求,提出"完善司法机关的机构设置、职权划分和管理制度,进一步健全权责明确、相互配合、相互制约、高效运行的司法体制"。2003年5月,中央政法委牵头成立了中央司法体制改革领导小组。2004年12月,中央司法体制改革领导小组出台了《关于司法体制和工作机制改革的初步意见》,提出了改革和完善诉讼制度、诉讼收费制度、检察监督体制、劳动教养制度、监狱和刑罚执行体制、司法鉴定体制、律师制度、司法干部管理体制、司法机关经费保障机制等10个方面35项改革任务。为落实中央关于司法体制改革的

---

① 王卫:《全国法院审判方式改革工作会议》,载《中国法律年鉴》编辑部编:《中国法律年鉴》,中国法律年鉴社1997年版,第170页。

部署，最高人民法院又制定了第二个五年改革纲要，提出2004年至2008年人民法院司法改革的基本任务和目标是：改革和完善诉讼程序制度，实现司法公正，提高司法效率；改革和完善执行体制和工作机制，进一步解决"执行难"；改革和完善审判组织和审判机构，实现审与判的有机统一；改革和完善司法审判管理和司法政务管理制度；改革和完善司法人事管理制度，推进法官职业化建设进程；改革和加强人民法院内部监督和外部监督的各项制度，保持司法廉洁；推进人民法院体制和工作机制改革，建立现代司法制度。在上述任务的基础上，改革纲要提出了50项具体改革内容。这次改革触及了司法改革的体制性问题，但是由于时间短任务重，一些改革措施之间缺乏统一性和协调性，配套措施也还不完善，与人民群众的司法需求仍有差距。

在党的十六大以来司法体制改革成绩和问题的基础上，党的十七大提出了"深化司法体制改革"的要求。2008年12月，中央政法委发布了《关于深化司法体制和工作机制改革若干问题的意见》，指出司法体制改革的核心是调整司法职权配置，加强权力监督制约。改革的主要内容包括政法经费保障、司法职权重新配置、规范司法行为、落实宽严相济的刑事政策、加强政法队伍建设等。

党的十八大报告提出"进一步深化司法体制改革"的要求。党的十八届三中、四中全会从司法人员分类管理制度、司法责任制、司法人员职业保障制度和省以下地方法院、检察院人财物统一管理四个方面对新一轮司法改革作出了具体部署，确定了129项司改任务。截至2017年年底，由最高人民法院牵头的18项改革任务已经完成，全面深化人民法院改革意见提出的65项改革举措全面推开；由最高人民检察院承担的29项改革任务也全部完成或结项。

在深化法院组织体系改革方面，最高人民法院设立了6个巡回法庭，设立北京、上海、广州知识产权法院和天津、南京、武汉等15个知识产权法庭。在立案方面，从立案审查制到立案登记制的全面转变，使"告状难"成为历史。在司法责任制方面，除了完成员额法官的遴选外，还积极开展法官助理、书记员职务序列改革；完善法官、合议庭办案责任制，改革审判权力运行机制，实现"让审理者裁判，由裁判者负责"，法官对办案质量终身负责；完善司法人员依法履职保障机制。推进人财物省级统管改革。在推进以审判为中心的刑事诉讼制度改革方面，全国法院试行庭前会议、排除非法证据、法庭调查三项规程，完善侦查人员、鉴定人、证人出庭作证机制，依法保障律师阅卷、质证、辩论辩护等权利，推进庭审实质化。在陪审员制度改革方面，根据全国人大常委会授权，在黑龙江、广西、重庆等地50个法院实行人民陪审员制度改革试点，提高陪审员的广泛性和代表性。深入推进智慧法院建设，开放动态透明便民的阳光司法机制基本形成。司法公开覆盖法院工作各领域、各环节，开通了审判流程、庭审活动、裁判文书、执行信息四大公开平台。在解决"执行难"问题上，不断健全执行管理体制机制。在浙江、广东、广西等地开展审判权和执行权相分离的改革试点。建立执行指挥中心，推行执行案件全程信息化管理。与公安部、银保监会等十多个单位建立网络执行查控系统，通过信息化、网络化、自动化手段查控被执行人及其财产。建立失信被执行人名单制度，联合国家发改委等六十多个单位构建信用惩戒网络。

检察机关也开始全面实施司法责任制，检察官、检察辅助人员、司法行政人员分类管理格局基本形成。建立检察官办案组和独任检察官两种办案组织，制定检察官权力清单，检察官在职权范围内依法作出决定、承担责任。与检察人员职务序列相配套的履职保障制度逐步完善。2017年6月，全国人大常委会修改《民事诉讼法》和《行政诉讼法》，正式确立检察机关提起公益诉讼制度。为推进以审判为中心的刑事诉讼制度改革，最高人民检察院为严格排除非法证据，发布了50个常见罪名批捕、起诉证据指引。与建立跨行政区划法院相适应，检察机关也积极探索跨行政区划管辖范围和办案机制。在人财物统一管理方面，市县检察院检察长由省级党委管理，其他领导班子成员由省级党委或委托地市级党委管理。政法专项编制由省级统一管理。成立省级检察官遴选委员会，统一遴选入额检察官。吉林、广东等19个省份已实现省级财物统一管理，省市县检察院均为省财政部门一级预算单位。

党的十八大以来的司法体制改革力度之大、范围之广已经远超以前的司法改革，制约司法能力、影响司法公正的深层次、体制性问题逐步得到解决。在司法体制改革"四梁八柱"已经基本搭建好的基础上，党的十九大又提出"深化司法体制综合配套改革"。这是对我国二十年来，尤其是十八大以来司法改革方向和成就的确认，并以综合配套的方式进一步将司法改革推向深入。2017年8月29日，中共中央全面深化改革领导小组批准《关于上海市开展司法体制综合配套改革试点的框架意见》，在规范权力运行、深化科技应用、完善分类管理、维护司法权威四个方面提出了25项改革举措。同年11月2日，上海正式发布了司法体制综合配套改革的136项细化改革措施。2019年2月，最高人民法院发布《关于深化人民法院司法体制综合配套改革的意见》。该意见也是人民法院第五个五年改革纲要，包含10个方面65项改革举措，将进一步推动公正高效权威的中国特色社会主义司法制度更加成熟、更加定型。

改革只有进行时，没有完成时。时代的发展变化会给司法带来新的挑战。中国特色社会主义司法制度应当因应时代变化，通过改革不断发展完善。在未来的司法改革中，我们仍要坚持党的领导，坚持问题导向，尊重司法规律，把人民根本利益作为司法体制改革的根本评判标尺。

第三节　国家统一法律职业资格考试

一、法律职业准入标准

职业的形成是社会发展和社会分工的产物，其内涵也随着社会发展而变化。法律职业的形成以法律的发展和法律活动的增加为前提。虽然法律在人类历史上出现很早，但是法律职业及其职业群体的形成则相对较晚。在中国，虽然在蚩尤时代就有了"惟作五虐之刑曰法"[①]，唐朝制定了《唐律疏议》这种封建成文法典中集大成者，但是中国直到清朝灭亡都没有法律职业和法律职业群体。历代负责审判事务的官员并没有特定的准入标准，与行政官员也没有显著区分，司法基本从属于行政。在中国古代轻讼厌讼观念的影响下，传播诉讼技巧或提供诉讼服务长期被视为非法活动，所以中国古代也没有形成律师阶层。

---

① 《尚书·吕刑》。

辛亥革命之后，中国才引进西方的律师制度并使之合法化。

和中国相比，西方的法律职业形成更早。威尔金（Wilkin）认为"法律职业是第一种可称为专业的职业"①，并将其形成追溯到古罗马。在古希腊时，虽然法律制度和法律思想都有极大的发展，但是并不存在明显的法律职业分工。在审判苏格拉底的法庭上，"控告者""辩护者""审判者"都不是由专门的法律人士担任的，任何公民都可以向法庭提出控告，任何公民也都有可能被选举为审判者。在所有公民都是潜在的检察官、律师和法官的情况下，不可能存在相对独立的法律职业群体。到了古罗马时期，情况发生了改变，罗马法的发展促成了法律职业的形成。无论在内容的快速增加还是在法律语言的专业程度上，罗马法都已经大大超出了普通人的理解和使用能力，这时就涌现出一批从事律师和法律顾问的人，为其他人提供意见和建议。西塞罗（Cicero）从"罗马第一律师"到执政官的经历就可以反映出法律人在那个时代的荣耀。古罗马五大法学家的出现也昭示着法学研究和法学教育的蓬勃发展。《学说汇纂》的开篇语"法学乃善与正义之学"意味着法律已经成为需要专门学习研究的知识，一个新的阶层已经开始慢慢从全体公民中分化出来。经过漫长的发展，法律职业逐渐成为一种专业化程度很高的独立的职业。从发展的历程看，其形成的标志主要有：（1）系统的法学理论、法律知识；（2）正规的法学教育体系；（3）法律职业人员专职从事法律活动，具有相当大的自治性；（4）法律职业作为统一的共同体，内部传承其特有的职业伦理，从而维系着这一共同体成员及共同体的社会地位和声誉；（5）加入法律职业共同体，必须受到现有成员或行业协会的认真考核。② 为了确保法律职业的形象声誉和持续发展，进入法律职业共同体往往需要在职业知识、职业技术、职业伦理等方面符合一定的条件。在英美等国，取得律师资格需要通过律师资格考试，法官和检察官并没有专门的资格考试，通常从律师中选拔产生。德国和日本等国则实行统一的司法考试制度，法官、检察官和律师均需通过司法考试。

法律职业共同体在建设法治国家、实现公平正义方面发挥着重要作用。要建设一支正规化、专业化和职业化的法治工作队伍，除了加强法律教育外，还要严把法律职业共同体的入口关，建立科学合理的资格准入标准。

二、中国法律职业资格考试的沿革

新中国成立之后，在相当长的时期并没有建立法律职业资格考试制度。到1986年，我国才开始进行律师资格考试。1993年，司法部制定了《关于深化律师工作改革的方案》，提出将全国律师资格考试由两年一次改为一年一次，以及在律师资格考试之外建立考核授予律师资格制度。1996年10月和12月，司法部先后颁布了《律师资格考核授予办法》和《律师资格全国统一考试办法》。律师的考试和考核由司法部统一负责，考试、考核合格的由司法部授予律师资格。1995年8月，最高人民检察院印发了《初任检察员、助理检察员考试暂行办法》，规定初任检察员和助理检察员必须通过全国统一考试，由最

---

① ［美］罗伯特·N.威尔金：《法律职业的精神》，王俊峰译，北京大学出版社2013年版，第139页。
② 孙笑侠：《法律职业及其形成标志》，载霍宪丹主编：《中国法律硕士专业学位教育的实践与探索》，法律出版社2001年版。

高人民检察院检察官考评委员会组织考试,最高人民检察院政治部和干部教育局负责考试的管理和实施。1996年6月,最高人民法院印发了《初任审判员、助理审判员考试暂行办法》,要求初任审判员和助理审判员必须经过全国统一考试,由最高人民法院法官考评委员会负责组织全国考试。此外,法官和检察官相互调任不需要重新参加调入方初任考试。

2001年,随着《法官法》《检察官法》和《律师法》的先后修订,初任法官、初任检察官和律师都必须通过全国统一司法考试。最高人民法院、最高人民检察院和司法部于2001年10月共同制定了《国家司法考试实施办法(试行)》,从2002年1月1日起开始实施,国家司法考试由司法部负责组织。2001年11月,司法部发布了《关于从通过国家司法考试人员中录用公证员的通知》,决定取消全国公证员统一考试,从通过国家司法考试的人员中选用公证员。国家司法考试制度的建立改变了法官资格考试、检察官资格考试、律师资格考试、公证员资格考试各自为政的局面,促进了法律从业资质的统一,对法律职业共同体的形成起到了凝聚作用。

2014年,《中共中央关于全面推进依法治国若干重大问题的决定》提出要完善法律职业准入制度,健全国家统一法律职业资格考试制度。2015年9月,中共中央办公厅和国务院办公厅印发了《关于完善国家统一法律职业资格制度的意见》。从"国家司法考试"向"国家统一法律职业资格考试"的转变,反映了国家统一法律职业资格考试已经超出了司法的范围,将更多的与法律工作相关的人员纳入进来。法官、检察官、律师、公证员、法律顾问、仲裁员(法律类)及政府部门中从事行政处罚决定审核、行政复议、行政裁决的人员,均应当参加国家统一法律职业资格考试。从事法律法规起草的立法工作者、其他行政执法人员、法学教育研究工作者虽然并没有参加考试的强制要求,但国家仍鼓励他们参加考试取得职业资格。2017年9月,全国人大常委会修改了《法官法》《检察官法》《公务员法》《律师法》《公证法》《行政处罚法》等相关法律,将上述意见以法律的形式加以确认。2018年1月,司法部牵头成立了国家统一法律职业资格考试协调委员会,负责设计考试制度。2018年4月,司法部公布了《国家统一法律职业资格考试实施办法》,对考试组织、报名条件、考试内容和方式、违纪处理、资格授予和管理等作出了详细规定。国家统一法律职业资格考试的实施,对于推进法治工作队伍正规化、专业化、职业化,为建设社会主义法治国家提供人才保障具有重要意义。

思考题:

1. 中国特色社会主义司法制度有哪些特点?
2. 如何理解努力让人民群众在每一个司法案件中感受到公平正义?
3. 如何提高司法效率?
4. 法律职业资格证书适用于哪些职业?

拓展阅读

测试题及参考答案

第二章

法官职业道德

法官职业道德又称法官职业伦理，是法官履行审判职能、维护社会公平正义、维护司法公信力的根本保障。任何一个政治共同体都高度重视社会公正，通过谨慎立法和严格执法实现社会正义，促进社会个体之间的高效合作，以实现全体国民的幸福感、获得感和公平感。法官不仅需要具备法律专业理论、法律职业技能，更重要的是具备较高尚的职业伦理操守。因此，法官职业道德内容与法官选任、法官的职责与职权以及法官管理制度、奖励制度、惩戒制度紧密相连。一个优秀的法官都是从一个普通人逐步培养和成长起来的，如何使一个普通人具有较高标准的职业道德和职业操守，避免司法腐败，是所有国家努力解决的重要公共问题。一般来说需要法官自律和外部公共制度及社会监督的他律相结合，才能够较为妥当地解决法官保持高水准职业操守的问题。

第一节 法官与审判制度

一、法官的条件、遴选和任免

（一）担任法官的条件

法官是指依法行使国家审判权的审判人员，包括最高人民法院、地方各级人民法院以及军事法院等专门人民法院的院长、副院长、审判委员会委员、庭长、副庭长和审判员。法官必须忠实执行宪法和法律，维护社会公平正义，全心全意为人民服务。法官的根本职责是参加合议庭审判案件或者独任审判案件，依法办理引渡、司法协助等案件。法官在其职权范围内对所办理的案件负责。对于司法审判公正和效率的实现，法官起着决定性作用。而在很大程度上讲，只有高素质的法官队伍才能确保审判的公正和效率。为此，我国2019年修订的《法官法》从正反两个方面对担任法官的条件作了明确规定。

根据《法官法》第12条的规定，担任法官必须具备下列条件：(1) 具有中华人民共和国国籍。外国人和无国籍人不得在我国担任法官职务。(2) 拥护中华人民共和国宪法，拥护中国共产党领导和社会主义制度。宪法是规定国家的政治制度、经济制度和文化制度以及公民的基本权利和义务等重大问题的根本大法，所有人都应当高度自觉地遵守，从而实现宪法的立法目的。作为依法行使国家审判权的法官，不仅应当遵守宪法和法律，更应当坚决地拥护宪法所规定的社会主义制度、人民代表大会制度等各项制度，自觉地维护宪法的权威和尊严，这是担任法官的基本要求，也是法官政治素质的集中表现。（3）具有良好的政治、业务素质和道德品行。作为一个法官，不仅要精通法学理论和法律法规，具有很高的业务水平，还应具有良好的政治素质和道德品质，包括热爱祖国，热爱人民，作风正派，遵纪守法、廉洁奉公、品行端正等。只有这样，才能做到依法办案，公正司法。法官只有德才兼备才能胜任工作要求。（4）具有正常履行职责的身体条件。法官履行审判职责，身心负荷较重，必须具备强健的体魄，否则难以胜任处理复杂社会矛盾案件的工作。健康的身体不仅是法官能够正常工作、切实履行职责的必备条件，而且有利于法官树立良好的社会形象。因此，身患严重疾病的人，不能担任法官职务。（5）具备普通高等学校法学类本科学历并获得学士及以上学位；或者普通高等学校非法学类本科及以上学历并获得法律硕士、法学硕士及以上学位；或者普通高等学校非法学类本科及以上学历，获得其他相应学位，并具有法律专业知识。法学是一门高度复杂的学科，研究的是国家的公共治理规则，而法律是具有实践性、化解社会矛盾的重要行为规范，掌握法学理论和法律思维及其职业技能，需要专门的学科训练。相对于其他法律工作人员，在专业理论知识上对法官的要求更高。因此，法官必须具备符合要求的学历条件。（6）从事法律工作满5年。法律调整的是人与人之间的权利义务关系，而社会生活千姿百态，分辨事实、适用法律需要丰富的社会经验，因此，高等院校法律专业本科毕业或者高等院校非法律专业本科毕业具有法律专业知识，还不完全符合法官条件，必须从事法律工作满5年，通过处理真实的案件，在与各类社会人员互动中，获得理论指导实践的丰富经验和社会洞察力。对于获得法律硕士、法学硕士学位，或者获得法学博士学位的，从事法律工作的年限可以分别放宽至4年、3年。因为这些毕业生相对年长了，根据我国现在的学制，他们的年龄一般不低于25岁，并且社会生活经历相对丰富，对其从事法律工作的年限适当放宽有其合理性。除明确规定法官应当具备的条件外，《法官法》第13条还规定了不得担任法官的情形，第20条规定了免除法官职务的情形，如因违纪违法不宜继续任职的，应依法提请免除其法官职务。这是因为，法官作为司法人员，其自身必须是遵纪守法的楷模，执法者违纪违法对社会危害更为严重。因此凡是有过违法犯罪或严重违纪行为的，都不能担任法官或者应免除其法官职务。此外，《法官法》第12条第2款还规定："适用前款第五项规定的学历条件确有困难的地方，经最高人民法院审核确定，在一定期限内，可以将担任法官的学历条件放宽为高等学校本科毕业。"这主要是由于我国经济发展、民族发展等存在地区差异，为避免"一刀切"导致相对落后地区吸引不到硕士毕业生从事法官工作，而留出的法律适用空间。目前我国法学本科毕业一般在22岁，再从事法律工作满5年，年龄上达到27岁，经过考核遴选，如果德才兼备，是能够胜任法官工作的。这样也解决了相对落后地区选任法官的难题。（7）初任法官应当通过国家统一法律职业资格考试取得法律职业资格。

我国《法官法》第13条规定了不得担任法官的情形，主要包括四个方面：（1）因犯罪受过刑事处罚的；（2）被开除公职的；（3）被吊销律师、公证员执业证书或者被仲裁委员会除名的；(4) 有法律规定的其他情形的。总体上看，这四种情形都属于在品行上有严重不足，难以符合对法官较高的道德水平的要求，因此，具备上述任何一种情形的人，都不能担任法官职务。

(二) 法官的遴选

1. 有资格被遴选的人员范围

法官的遴选主要是指国家特定机构按照公开、合理、正当的程序在其权限范围内、遵循择优录用的原则挑选或选拔法官人选的活动。《法官法》第 14 条第 1 款规定："初任法官采用考试、考核的办法，按照德才兼备的标准，从具备法官条件的人员中择优提出人选。"第 15 条第 1 款规定："人民法院可以根据审判工作需要，从律师或者法学教学、研究人员等从事法律职业的人员中公开选拔法官。"第 17 条规定："初任法官一般到基层人民法院任职。上级人民法院法官一般逐级遴选；最高人民法院和高级人民法院法官可以从下两级人民法院遴选。参加上级人民法院遴选的法官应当在下级人民法院担任法官一定年限，并具有遴选职位相关工作经历。"根据这三个法条的规定可以看出，我国法官的遴选方式主要有三种：(1) 从具备法官条件的人员中遴选；(2) 从符合条件的律师、法学教学和研究人员中遴选；(3) 上级人民法院的法官一般从下级人民法院的优秀法官中遴选。

2. 遴选组织

《法官法》第 16 条第 1、2 款规定："省、自治区、直辖市设立法官遴选委员会，负责初任法官人选专业能力的审核。省级法官遴选委员会的组成人员应当包括地方各级人民法院法官代表、其他从事法律职业的人员和有关方面代表，其中法官代表不少于三分之一。"由此可知，法官遴选委员会履行遴选法官的职责，肩负着为我国法治事业选拔卓越法官的重任，遴选委员会委员同样要有高度的责任心和使命感，才能真正把好法官的入门关。

省级法官遴选委员会的日常工作由高级人民法院的内设职能部门承担。遴选最高人民法院法官应当设立最高人民法院法官遴选委员会，负责对法官人选专业能力的审核。

(三) 法官的任免

法官的任免，依照宪法和法律规定的任免权限与程序办理。《法官法》第 18 条规定了法官的任免。最高人民法院院长由全国人民代表大会选举和罢免，副院长、审判委员会委员、庭长、副庭长和审判员由最高人民法院院长提请全国人民代表大会常务委员会任免。最高人民法院巡回法庭庭长、副庭长，由院长提请全国人民代表大会常务委员会任免。

地方各级人民法院院长由本级级人民代表大会选举和罢免，副院长、审判委员会委员、庭长、副庭长和审判员由院长提请本级人民代表大会常务委员会任免。在省、自治区内按地区设立的和在直辖市内设立的中级人民法院的院长，由省、自治区、直辖市人民代表大会常务委员会根据主任会议的提名决定任免，副院长、审判委员会委员、庭长、副庭长和审判员由高级人民法院院长提请省、自治区、直辖市人民代表大会常务委员会任免。

新疆生产建设兵团各级人民法院、专门人民法院的院长、副院长、审判委员会委员、庭长、副庭长和审判员，依照全国人民代表大会常务委员会的有关规定任免。

在民族自治地方设立的地方各级人民法院院长，由民族自治地方各级人民代表大会选举和罢免，副院长、审判委员会委员、庭长、副庭长和审判员由本院院长提请本级人民代表大会常务委员会任免；人民法院的助理审判员由本院院长任免。

《法官法》第19条规定，法官在依照法定程序产生后，在就职时应当公开进行宪法宣誓。《法官法》第22条规定，法官不得兼任人民代表大会常务委员会的组成人员，不得兼任行政机关、监察机关、检察机关的职务，不得兼任企业或者其他营利性组织、事业单位的职务，不得兼任律师、仲裁员和公证员。这有利于保证法官的公正与廉洁，维护法官的良好形象。

为保证司法队伍的纯洁性，维护司法公正，提高司法效率，《法官法》第20条规定，法官有下列情形之一的，应当依法提请免除其职务：（1）丧失中华人民共和国国籍的；（2）调出所任职人民法院的；（3）职务变动不需要保留法官职务的，或者本人申请免除法官职务经批准的；（4）经考核不能胜任法官职务的；（5）因健康原因长期不能履行职务的；（6）退休的；（7）辞职或者依法应当予以辞退的；（8）因违纪违法不宜继续任职的。

此外，为确保法官的中立和公正，《法官法》第23、24条规定了法官任职回避制度。法官之间有夫妻关系、直系血亲关系、三代以内旁系血亲以及近姻亲关系的，不得同时担任下列职务：（1）同一人民法院的院长、副院长、审判委员会委员、庭长、副庭长；（2）同一人民法院的院长、副院长和审判员；（3）同一审判庭的庭长、副庭长、审判员；（4）上下相邻两级人民法院的院长、副院长。法官的配偶、父母、子女有下列情形之一的，法官应当实行任职回避：（1）担任该法官所任职人民法院辖区内律师事务所的合伙人或者设立人的；（2）在该法官所任职人民法院辖区内以律师身份担任诉讼代理人、辩护人，或者为诉讼案件当事人提供其他有偿法律服务的。

《法官法》第36条规定了法官离任后的回避制度。即法官从人民法院离任后2年内，不得以律师身份担任诉讼代理人或者辩护人。法官从人民法院离任后，不得担任原任职法院办理案件的诉讼代理人或者辩护人，但是作为当事人的监护人或者近亲属代理诉讼或者进行辩护的除外。法官被开除后，不得担任诉讼代理人或者辩护人，但是作为当事人的监护人或者近亲属代理诉讼或者进行辩护的除外。

发现违反《法官法》规定的条件任命法官的，任命机关应当撤销该项任命；上级人民法院发现下级人民法院的任命违反《法官法》规定的条件的，应当建议下级人民法院依法提请任命机关撤销该项任命。

二、法官的权利和义务

（一）法官的权利

根据我国《法官法》第11条的规定，法官享有下列权利：（1）履行法官职责应当具有的职权和工作条件；（2）非因法定事由、非经法定程序，不被调离、免职、降职、辞退或者处分；（3）履行法官职责应当享有的职业保障和福利待遇；（4）人身、财产和住所安全受法律保护；（5）提出申诉或者控告；（6）法律规定的其他权利。这一规定有利于法官依法维护自己的合法权益,从而更加有效地承担自己所应负的审判职责。

(二) 法官的义务

法官作为专门行使国家审判权的司法人员,其根本职责是依法参加合议庭审判案件或者独任审判案件,包括审判第一审案件、第二审案件、再审案件、减刑或假释案件、复核死刑案件等。此外,法官还应当承担法律规定的其他职责,如将生效的裁判交付或移送执行,执行民事、行政裁判和部分刑事裁判,以及宣传社会主义法制,提出司法建议,指导人民调解委员会的工作,领导书记员的工作等。

为了保证法官正确履行审判职责,客观公正地审理案件,《法官法》第10条规定,法官应当履行下列义务:(1)严格遵守宪法和法律;(2)秉公办案,不得徇私枉法;(3)依法保障当事人和其他诉讼参与人的诉讼权利;(4)维护国家利益、社会公共利益,维护个人和组织的合法权益;(5)保守国家秘密和审判工作秘密,对履行职责中知悉的商业秘密和个人隐私予以保密;(6)依法接受法律监督和人民群众监督;(7)通过依法办理案件以案释法,增强全民法治观念,推进法治社会建设;(8)法律规定的其他义务。需要指出的是,法官履行这些义务,不限于其进行司法审判工作期间,法官在工作之外的业余时间也不得违反这些义务。

三、法官的考核、奖励和惩戒

(一) 法官的考核

对法官的考核、奖励和惩戒是法官制度的重要内容。为加强对法官的考核,人民法院设法官考评委员会,负责对本院法官的考核工作。法官考评委员会的组成人员为5至9人,主任由本院院长担任。对法官的考核,应当全面、客观、公正,实行平时考核和年度考核相结合。对法官的考核内容包括以下五个方面:

第一,审判工作实绩。这是考核法官的重点。这方面主要考核法官履行职责的工作成绩,包括审判案件的质量数量、审判的效率、遵守案件审理时限的情况以及法官对其他审判工作所作的贡献。

第二,职业道德。这方面主要考核法官是否坚决拥护党的路线、方针和政策,是否坚决拥护《中华人民共和国宪法》,是否严格遵守党纪国法和社会公德,是否热爱祖国,热爱人民,全心全意为人民服务。

第三,专业水平。专业水平是指审判业务和法学理论水平。这方面主要考核法官的办案能力,法官对法律的熟悉程度、理解深度,以及对法学基础知识、法学基本理论的掌握程度。

第四,工作能力。这方面主要考核法官的事业心和进取心,看其是否爱岗敬业,是否刻苦钻研业务,对工作是否精益求精、任劳任怨,是否具有不断进取、开拓创新的精神,以及在履行审判职责的过程中是否秉公办案、清正廉洁,是否能够切实保障当事人的合法权益和诉讼参与人的诉讼权利。

第五,审判作风。法官应具备良好的审判作风。

根据《法官法》第42条的规定，法官的年度考核结果分为优秀、称职、基本称职和不称职4个等次。考核结果作为调整法官等级、工资以及法官奖惩、免职、降职、辞退的依据。第43条规定考核结果以书面通知法官本人。法官对考核结果如果有异议，可以申请复议。

（二）法官的奖励

根据《法官法》第45条的规定，法官有下列情形之一的，应当给予奖励：（1）公正司法，成绩显著的；（2）总结审判实践经验成果突出，对审判工作有指导作用的；（3）在办理重大案件、处理突发事件和承担专项重要工作中，做出显著成绩和贡献的；（4）对审判工作提出改革建议被采纳，效果显著的；（5）提出司法建议被采纳或者开展法治宣传、指导调解组织调解各类纠纷，效果显著的；（6）有其他功绩的。

对于法官来说，最根本的激励是其所审理判决的案件当事人，即使在败诉的情况下，仍然能够认识到法官的公正。这就需要法官不仅有高超的法律专业水平，更具有仁心仁术且淡泊名利、宁静致远。因此，对于激励措施，要避免引诱法官舍本逐末。

（三）法官的处分

根据《法官法》第46条的规定，法官有下列情形之一的，应当给予处分；构成犯罪的，依法追究刑事责任：（1）贪污受贿、徇私舞弊、枉法裁判的；（2）隐瞒、伪造、变造、故意损毁证据、案件材料的；（3）泄露国家秘密、审判工作秘密、商业秘密或者个人隐私的；（4）故意违反法律法规办理案件的；（5）因重大过失导致裁判结果错误并造成严重后果的；（6）拖延办案，贻误工作的；（7）利用职权为自己或者他人谋取私利的；（8）接受当事人及其代理人利益输送，或者违反有关规定会见当事人及其代理人的；（9）违反有关规定从事或者参与营利性活动，在企业或者其他营利性组织中兼任职务的；（10）有其他违纪违法行为的。

法官涉嫌违纪违法，已经被立案调查、侦查，不宜继续履行职责的，按照管理权限和规定的程序暂时停止其履行职务。

关于法官的惩戒规定将在第二节法官职业道德中具体说明，此不赘述。

四、法官员额制管理

（一）法官员额制的概念

法官员额制，是指法院按照案件数量、人口密度、法院设置等因素固定法官职数，集中行使国家审判权。在我国引入法官员额制之前，该制度基本上是国外法院的通行做法。在员额制模式下，主审法官拥有审判组合内案件裁判决定权、文书签署权，并担负着培养、管理司法辅助人员等职责；法官助理主要承担审查诉讼材料、庭前调解、接待当事人、起草部分法律文书等辅助工作；书记员负责庭审记录和案件整理归档。在实际运行中，书记员和法官助理在分工明确的前提下互相协助，互相补位。

(二) 法官员额制的引入及成效

2001年，全国人大常委会在修订《法官法》时首次提到法官员额制，《法官法》第50条规定："最高人民法院根据审判工作需要，会同有关部门制定各级人民法院的法官在人员编制内员额比例的办法。"2014年，中共中央全面深化改革领导小组出台《关于司法体制改革试点若干问题的框架意见》和《上海市司法改革试点工作方案》，法官员额制改革正式拉开了序幕。党的十八届四中全会审议通过的《中共中央关于全面推进依法治国若干重大问题的决定》也明确提出：推进法治专门队伍正规化、专业化、职业化，完善法律职业准入制度。

最高人民法院院长周强在2017年《最高人民法院关于人民法院全面深化司法改革情况的报告》中提到："全国法院按照以案定额、按岗定员、总量控制、省级统筹的原则，经过严格考试考核、遴选委员会专业把关、人大依法任命等程序，从原来的211 990名法官中遴选产生120 138名员额法官。最高人民法院坚持'从严掌握、宁缺毋滥'的选人导向，遴选产生367名员额法官，占中央政法专项编制的27.8%。通过这项改革，实现了85%以上法院人员向办案一线集中，资源配置更加合理，审判质效持续提升。"

2019年修订的《法官法》在第五章"法官的管理"中再次完善了法官员额制。第25条第1款规定："法官实行员额制管理。法官员额根据案件数量、经济社会发展情况、人口数量和人民法院审级等因素确定，在省、自治区、直辖市内实行总量控制、动态管理，优先考虑基层人民法院和案件数量多的人民法院办案需要。"这一规定使员额确定因素更加科学合理，使法官在工作负荷上有所均衡。法官员额出现空缺的，应当按照程序及时补充。最高人民法院法官员额由最高人民法院商有关部门确定。

(三) 法官员额制的意义

司法责任制改革是全面深化司法改革的重要一环，法官员额制作为此环节的重要步骤，对于推动法官的职业化精英化、突出法院的审判核心职能、提高审判质量与效率从而提升司法公信力等方面具有重要意义。具体来讲有以下三点。

1. 推行法官员额制，是倒逼法官提升素质、增强能力的重要途径

通过法官员额制改革，法官的数量减少，待遇提高，职业尊荣感增强，但是按照责权利相统一的原则，法官的办案责任也会随之加大，特别是办案质量终身负责制和错案责任倒查问责制的推行，给法官套上了"紧箍咒"。法官对于自己承办的案件，不仅要会审而且要敢判，更重要的是作出的裁判要让当事人信服，时刻接受社会公众的监督和评价。同时，为了确保办案任务的完成，对法官的考核也会更加严格，一旦办案绩效考核不达标、审判质量出现严重问题，将会面临退出法官员额的风险。因此，法官本身必然始终存在一种危机感，终身的办案责任、激烈的竞争压力将会迫使其持续"充电"，不断提高政治素质和业务素质，更加努力地钻研审判业务、提高审判技能，依法独立公正地办理好每一起司法案件，从而促进司法公信力的提升。法官助理作为法官的助手，作为未来法官的后备，与法官朝夕相处，必然会受到法官"正能量"的熏陶，产生强大的工作动力，积极进取，不断提升素质能力，使自己德才兼备，力争达到员额法官的条件。这样，法院内部

就会形成良性循环,随着时间的推移,整个法官队伍的素质和能力就会越来越高。① 法官对自己判决的案件终身负责,促使法官公正判决。

2. 确保司法资源实现合理配置,突出法院的审判核心职能

完善司法人员分类管理制度,是中央确定的司法改革举措之一,改革后法院工作人员将分为法官、法官助理和司法行政人员三类。员额制改革之前,制约人员分类管理的因素主要有两个:一是法官"混岗"现象突出。长期以来,法院内部法官职务序列与非法官职务序列界限不清,没有把审判工作与其他综合性工作进行合理划分,从事行政、人事、后勤等服务部门的人员都往法官职务序列上靠,导致法官职务非法官化。二是审判辅助人员即法官助理不足。作为法官员额制改革的配套举措,审判辅助人员的数量必须增加,当前审判辅助人员严重不足的情况需要引起重视。法官员额制改革的过程中,要着力解决法官职务非法官化的不正常状态,将现有法官进行重组,让优秀人才回归审判岗位办案,把其他人员剥离出来从事审判辅助工作或其他工作,同时探索以购买社会化服务的方式补充审判辅助人员,确保法院主要资源和力量投入到执法办案中去,从而实现司法资源的合理配置,更好凸显法院的审判职能。

3. 能够确保审判工作提质增效,促进司法公信力的提升

法官员额制改革带来了三个方面的变化:第一,法官群体的素质能力得到提高。他们都是从现任法官中经过严格程序择优遴选出来的,可以确保其具有较高的业务素质和政治素质。第二,法官的职责得到重大调整。法官员额制改革前,法官需要承担一些审判事务性工作。改革后增加法官助理,法官、法官助理、书记员之间职责更加清晰,大量的审判辅助性工作都是由法官助理和书记员完成的,法官的主要精力将集中在"审"和"判"上,有利于其作出正确的裁判。第三,当事人和法官之间建立起了"隔离带"。法官一般不在开庭前与当事人接触,庭前的一切准备工作由法官助理来做,而法官助理不会参与案件的审理与裁判,有利于法官中立地行使审判权,有助于维护司法的独立和公正。

第二节　法官职业道德概述

一、法官职业道德的概念与基本特征

(一) 法官职业道德的概念

所谓法官的职业道德,即法官的职业伦理,也称为司法道德或司法良心,是指从事审判工作的人员,在履行自身职责的活动中应该具备的道德操守。法官具有良好的职业道德或者坚守其良心就能形成高尚的人格,而法官的人格是唯一能够保障实现正义的东西。② 同时法官职业道德也是调整审判工作中各种社会关系和社会道德规范的总和③,有助于实

---

① 高憬宏:《法官员额制的制度价值和实现路径》,载《人民法院报》2015年7月15日。
② [美] 本杰明·卡多佐:《司法过程的性质》,苏力译,商务印书馆1998年版,第6页。
③ 王新明:《法官道德对司法公正的双向协调效应》,载《法学评论》2003年第1期。

现法官与法官助理以及其他司法行政和后勤工作人员的分工合作，高效率地实现司法公正，使司法正义及时呈现，为社会公众所坚信和信赖。正如《易经·乾卦》曰："云从龙，风从虎，圣人作而万物睹。"

法官的职业道德内在地需要有仁心，即仁爱每一个人。在办理案件中，首先用爱感动其心。《论语》记载，曾子告诫其将要做士师的弟子阳肤说："若得其情，则哀矜而勿喜。"① 就是要阳肤在查明民众的犯罪事实时，要有悲悯、哀怜之心，即使要处罚他，也要怀着促其改过自新的目的。这样可以避免处罚过重，引发后患。其次，要有仁术，真正实现惩恶扬善，通过公正而妥当的判决使当事人明白是非，引导社会大众自觉抑恶扬善，减少彼此伤害，促进社会合作。法官的判决是民众真切生动地体会法律本义的载体，对社会有导向作用。培根（Bacon）说："为法官者应当学问多于机智，尊严多于一般的欢心，谨慎超于自信……一个不公的判断比多次不平的举动为祸尤烈。因为这些不平的举动不过弄脏了水流，而不同的判断则把水源败坏了。"② 这句话很形象地说明了法官职业道德及其判决水平和质量对社会的重大影响。

（二）法官职业道德的基本特征

第一，价值追求的利他性。法官职业道德是调整人与社会、个人与他人利益关系的职业伦理，其最重要的基本特征是价值追求的利他性。由于法律在调整人与社会、人与他人的利益关系时，强调权利和义务的一致性，强调既要保护他人的合法权益，也要保护自己的合法权益，作为以实施法律、维护公平为天职的法官，尤其要树立良好的职业道德。因为，道德个体在道德实践中，往往要面临个体利益上的让渡甚至牺牲，会形成各种心理上的复杂反应。只有法官按照职业道德来规范法律适用行为，以价值追求的利他性去处理各类法律矛盾和社会纠纷，才能在意识层面和实践层面上，使法律裁定结果更好地实现法所追求的正当目的，从而即使当事人败诉，亦能理解和接受。

第二，道德规范的认同性。法官职业道德依靠道德个体内心对道德规范的认同而后自觉遵循，因此道德规范方面的认同性是法官职业道德的又一特征。从法官的职业特性来讲，中西方国家虽然宪法体制不同、社会制度不同、司法文化不同、司法方式不同，但法律职业的崇高地位，都要求法官有一个良好的职业道德。尽管不同司法制度下的法官职业道德规范内容存在差异，但法官职业道德的本质要求，都得到国家的认同、社会的认同、法官的认同。再从法官职业道德规范来讲，虽然不同国家的法官职业道德规范体现不同国情，具有不同的特点，但任何国家的法官职业道德规范均为本国法官群体所公认，这是法官职业道德规范得以实施的重要基础。法官群体对法官职业道德规范的认同，一般来自于法院的行政引导和行政推进，但更主要的还是来源于法官的职业责任、职业良知和职业荣誉。正是法官群体的这种职业自觉性，使得法官职业道德规范的认同性从根本上得到巩固和加强。

第三，道德标准的稳定性。法官职业道德规范不同于法律规范。由于法律规范来源于

---

① 孟氏使阳肤为士师，问于曾子。曾子曰："上失其道，民散久矣。若得其情，则哀矜而勿喜。"见《论语·子张第十九》。
② ［英］培根：《培根论说文集》，水天同译，商务印书馆1958年版，第193页。

统治阶级的意志，是社会占统治地位的统治阶级意志的集中体现，不同的阶级有着不同的统治意志，不同的历史时期有着不同的法律规范，法律规范伴随着统治阶级不同时期统治意志的变化而变化。而法官职业道德规范既包括统治阶级的意志，也包括被统治阶级的意志，由于其道德规范同时为统治阶级和被统治阶级所认同，因而在一般情况下，法官职业道德标准具有相对稳定性，不会因为统治阶级意志的变化而随意改变，往往在一定程度上还会受到被统治阶级即社会各阶层民众道德意识的制约与影响。

二、法官职业道德与法官个人道德

法官的道德主要包括两个基本层面，即个人道德和职业道德。两者对法律正义或法律确定性都有重要影响。

法官个人道德主要是就法官作为特定的个体而言的，具有个别性、内在性和自律性的特点；而法官职业道德则主要就法官作为法律职业者而言，具有群体性、外在性和他律性的特点，两者之间具有密切联系。

（一）法官个人道德和职业道德相互作用、相辅相成

个人道德因素不仅直接渗入司法过程，影响司法结论，而且由于个人道德决定了法官对待职业道德的态度，外在于法官个人的社会因素能否越过职业道德规范的藩篱，最终取决于法官的个人道德素养。如果法官洁身自好、品质卓越，就会严格遵循职业道德，不会随波逐流地迎合大众，更不会徇私枉法。另外，良好的职业操守，又反过来潜移默化地锻造法官个性，职业影响性格，严格的职业规范必然能够养成满足司法正义要求的法官个人品性。①

（二）法官个人道德修养是一个接受司法职业道德他律，并经过内在良心调整达到个人道德自律的过程

自律是法官将个人的言行自觉纳入个性规范。法官个性规范的实质在于权利和自由的理念与追求公正的强烈意识。法官只有具备追求公正与自由的坚强理念，才能有正确的道德价值取向，将法律信仰作为法官最基本的价值观念，真正在灵魂深处忠实于法律，始终保持良好的职业操守和司法人格。法官职业道德不仅规范法官行为，制衡审判权，实现司法公正与效率，还能够将法官从复杂的人际和社会关系中解脱出来，保护法官免受外部腐蚀和诱惑，使其做到"慎独"和自律，养成其现代社会道德政治共同体守护者的个性品质。② 正如《中庸》所说："博学之，审问之，慎思之，明辨之，笃行之。"慎思明辨才能避免利令智昏，而笃行才能扎扎实实地高质量地办理案件。

值得注意的是，法官个人道德属于私德，一般适用于其在私人活动中与其他私人之间的交往准则；法官职业道德则属于公德，两者之间有交叉部分，但是应注意其界限，避免追求私德而有损公德。私德好的人不一定是一个恪守法律职业道德的好法官。例如有官员

---

① 汪栋：《法官的道德自觉与法的确定性》，载《政法论坛（中国政法大学学报）》2013年第5期。
② 汪栋：《法官的道德自觉与法的确定性》，载《政法论坛（中国政法大学学报）》2013年第5期。

很孝顺父母，却贪污巨款。作为公德的职业道德要求更为严格，标准更高，因为法官处理案件不仅决定着当事人之间的权利义务，而且会影响社会公众对司法的信任度。因此，不能将个人道德和职业道德混为一谈。

三、法官职业道德与司法公正

现代司法强调法官的主观判断，即法官本人在自己的法律价值观念指导下对案件的事实进行认定并选择所应适用的法律，形成这种主观判断的过程既有客观证据和法定程序限制，又不可避免地需要发挥法官的主观能动性，这种能动性的存在会因为司法主体的差异而可能导致不同的结果。在具体的司法活动中，法官必须经常对相互冲突的利益加以权衡，并在两个或两个以上可供选择的、在逻辑上可以接受的判决中作出抉择。在作这种抉择时，法官必定会受到自身的本能、传统的信仰、后天的道德观念和社会道德伦理观念的影响，面临着受道德意识支配，认定事实、适用法律、作出决定的思维活动过程，即司法道德行为的选择过程。正如有的学者指出：面对缄死的法律条文，法官们无论是出于正义的目的还是出于私利，往往会通过裁剪事实来"制作"案子，使之表面看来符合法律。作为理性的个人，法官们会根据自己所受的约束条件选择自己的行为方式。他们不仅能够选择一定解释规则下的解释方案，而且能对解释规则本身作出选择，即虽然无法选择更改解释规则，但能规避这些规则。因此，当法官的道德选择以及他自身所具有的司法良知同善法标准相一致，符合法律的正当性与合法性时，就能促使立法道德与法官道德兼容为良性整合，从而构成了法官道德对司法公正的正协调效应。反之，当法官选取同善法标准相悖的道德标准去指导法律适用，致使法官的道德评价同善法标准相冲突，使立法道德与法官道德兼容为恶性整合，导致司法的天平发生倾斜，所形成的是冲击司法公正的负面协调效应。[①]

四、我国的法官职业道德

（一）我国法官职业道德建设的历史进程

1. 《法官法》的制定和修订历程

我国法官职业道德建设，伴随着我国社会主义司法制度的发展而发展和完善。在改革开放之前的相当长时期内，由于国家法制的不健全，法官职业道德长期处于发展滞后的状况。当时对法官行为的规范和约束，基本上是依照国家对普通干部即普通公务员的道德标准要求的，没有制定针对法官这一特殊职业群体的专门道德规范。虽然在改革开放初期，最高人民法院曾先后制定《人民法院监察工作暂行规定》《人民法院监察部门查处违纪案件的暂行办法》《人民法院审判纪律处分办法（试行）》等一系列涉及法官惩戒的规章制度，以及"八不准"等要求。但在这些规范中，禁止法官所从事的行为，一般均为违反法律或违反纪律的行为，而非需要法官普遍遵守的职业道德行为。1995年颁布的《法官

---

① 王新明：《法官道德对司法公正的双向协调效应》，载《法学评论》2003年第1期。

法》中有关法官应具有"良好的品行"的规定，启动了中国特色社会主义法官职业道德建设的新征程。

2001年6月，随着中国特色社会主义法治体系的逐步发展和完善，对法官提出了更多更高的要求，于是修正了《法官法》。修订内容主要围绕保障法院依法独立行使审判权、保障法官依法履行职责，通过具体规定法官的职责、业务、任职条件、任职回避、考核、惩戒等内容，初步实行了对法官职业道德的制度性约束。2017年9月1日第十二届全国人民代表大会常务委员会第二十九次会议对《法官法》作了第二次修正，修正了原来《法官法》的两个条款：(1) 将第12条第1款修改为"初任法官采用考试、考核的办法，按照德才兼备的标准，从通过国家统一法律职业资格考试取得法律职业资格并且具备法官条件的人员中择优提出人选"。(2) 将第51条修改为"国家对初任法官实行统一法律职业资格考试制度，由国务院司法行政部门商最高人民法院等有关部门组织实施"。这次修正内容较少，仅仅将原来的法官任职需要通过"司法考试"修改为法官任职需要通过"统一法律职业资格考试"。为了实现全面依法治国方略，强化公共领域的工作人员遵守和执行法律的意识和能力，有必要扩大需要通过法律职业资格考试的人员范围，因此将资格考试名称加以改变，符合社会进步的需要。

2019年4月23日，《法官法》由第十三届全国人民代表大会常务委员会第十次会议通过修订并发布。修订后的《法官法》共8章69条，自2019年10月1日起施行。此次修订的特点如下：

第一，总体框架结构更为合理。从原来的17章53条调整为8章69条，科学性和严谨性更强，结构更合理。例如，在总则部分增加了法官"应恪守职业道德"的明文规定，以强调职业道德的核心价值和要求；增加了"法官的管理"专门一章，改变了过去关于法官管理的内容零散分布的状态；增加了"法官的职业保障"专章，使法官职业安全更有保障；等等。

第二，完善员额制。《法官法》第五章"法官的管理"对员额制进行了完善，以推进法官正规化、专业化、职业化建设，提升法官职业尊荣感。同时，弱化法官科层制管理，以落实司法责任制。

第三，在具体制度上都有适应新时代的创新安排。例如规定任职法官需要"从事法律工作满五年"；不得担任法官的情形增加了"被吊销律师、公证员执业证书"的规定；新增了法官降职降级的规定；增加了法官不得在"营利性组织"兼职的情形；关于涉法官的配偶、子女的回避情形增多，达到从严管理队伍的要求；完善了法官奖惩制度；强化了对法官及其近亲属人身权益的保护措施；建立了法官与公务员工资同步增长机制；等等。

综上所述，从1995年《法官法》制定实施以来，历经三次修订，一方面强化了法官的正规化、专业化和职业化，使法官具备统一的法律理论和高超的法官职业技能，确保其能够独立行使审判权，达到全国司法统一的效果，增进国民对司法的信任；另一方面，强化了法官的职业道德，增强其职业荣誉感和责任心，并辅以外部制约和追责机制，以真正实现法治国家的目标。

2. 法官职业道德基本准则之成文化发展

2001年10月，最高人民法院为了造就一支政治坚定、业务精通、作风优良、清正廉洁、品德高尚的法官队伍，根据《法官法》和其他国家有关规定，制定了《法官职业道德基本准则》，分别从保障司法公正、提高司法效率、保持清正廉洁、遵守司法礼仪、加强自身修养和约束业外活动等方面，对法官职业道德基本准则作出了明确的、详细的规定，形成了我国第一个具有中国特色的法官职业道德成文规范。最高人民法院于2005年11月颁布了《法官行为规范（试行）》。这两个文件的颁布实施，对人民法院加强队伍建设、改进司法作风，发挥了重要作用。文件颁布以后，各级人民法院不断加强和改进队伍建设工作，取得了良好的效果。

2002年7月，最高人民法院发布《关于加强法官队伍职业化建设的若干意见》，从加强法官队伍职业化出发，明确要求法官以行使国家审判权为专门职业，具备独特的职业意识、职业技能、职业道德和职业地位，从而将培养法官职业道德列入了法官队伍职业化建设的重要内容，推动了我国法官职业道德建设的历史进程。

2010年12月最高人民法院修订了《法官职业道德基本准则》（7章30条）和《法官行为规范》（10部分96条）。这两个文件修订后，内容更加丰富，特别突出了"公正、廉洁、为民"司法核心价值观的核心和统领作用。《法官职业道德基本准则》将其确定为法官职业道德的核心，并分三章分别进行了具体阐释和说明。《法官行为规范》在"一般规定"中明确提出了"公正司法、清正廉洁、一心为民"的要求，并在对各个工作环节的具体规定中加以贯彻和体现。此外，修订前，两个文件均未涉及有关罚则的内容。修订后，两个文件均设置专章或专条明确规定了监督和惩戒措施，使文件的可操作性大大增强，为文件的贯彻落实提供了有力的制度保障。

2016年7月22日，《关于建立法官、检察官惩戒制度的意见（试行）》公布，并于2016年10月12日实施，要求坚持党管干部原则，尊重司法规律，体现司法职业特点，坚持实事求是、客观公正，坚持责任和过错相结合，坚持惩戒和教育相结合，规范法官、检察官惩戒的范围、组织机构、工作程序、权利保障等，发挥惩戒委员会在审查认定方面的作用。

2019年修订的《法官法》第48条规定，最高人民法院和省、自治区、直辖市设立法官惩戒委员会。法官惩戒委员会由法官代表、其他从事法律职业的人员和有关方面代表组成，其中法官代表不少于半数。最高人民法院法官惩戒委员会、省级法官惩戒委员会的日常工作，由相关人民法院的内设职能部门承担。

上述法律和文件的演进和变迁体现了法官职业道德的成文化和规范化的过程，为全面依法治国之实现提供了卓越的法官队伍保障。

（二）我国法官职业道德的核心内容

2010年修订的《法官职业道德基本准则》第2条规定，法官职业道德的核心是公正、廉洁、为民。基本要求是忠诚司法事业、保证司法公正、确保司法廉洁、坚持司法为民、维护司法形象。

1. 忠诚司法事业

我国是人民民主专政的社会主义国家，司法公正体现了社会主义制度的重大优越性。习近平要求法律界要努力让人民群众在每一个司法案件中都感受到公平正义。习近平强调，要坚持司法为民，改进司法工作作风，通过热情服务，切实解决好老百姓打官司难问题，特别是要加大对困难群众维护合法权益的法律援助。司法工作者要密切联系群众，规范司法行为，加大司法公开力度，回应人民群众对司法公正公开的关注和期待。法官必须具有忠诚党和国家司法事业的职业道德，在职业生涯中应当做到以下几个方面的要求：（1）牢固树立社会主义法治理念，忠于党、忠于国家、忠于人民、忠于法律，为中国特色社会主义事业的建设提供可靠的司法保障。（2）坚持和维护中国特色社会主义司法制度，认真贯彻落实依法治国基本方略，尊崇和信仰法律，模范遵守法律，严格执行法律，自觉维护法律的权威和尊严。（3）热爱司法事业，珍惜法官荣誉，坚持职业操守，恪守法官良知，牢固树立司法核心价值观，以维护社会公平正义为己任，认真履行法官职责。（4）维护国家利益，遵守政治纪律，保守国家秘密和审判工作秘密，不从事或参与有损国家利益和司法权威的活动，不发表有损国家利益和司法权威的言论。

2. 保证司法公正

坚持和维护人民法院依法独立行使审判权的原则，客观公正审理案件，在审判活动中独立思考、自主判断，敢于坚持原则，不受任何行政机关、社会团体和个人的干涉，不受权势、人情等因素的影响。坚持以事实为根据，以法律为准绳，努力查明案件事实，准确把握法律精神，正确适用法律，合理行使裁量权，避免主观臆断、超越职权、滥用职权，确保案件裁判结果公平公正。牢固树立程序意识，坚持实体公正与程序公正并重，严格按照法定程序依法办案，充分保障当事人和其他诉讼参与人的诉讼权利，避免办案中的随意行为。严格遵守法定办案时限，提高审判执行效率，及时化解纠纷，注重节约司法资源，杜绝玩忽职守、拖延办案等行为。认真贯彻司法公开原则，尊重人民群众的知情权，自觉接受法律监督和社会监督，同时避免司法审判受到外界的不当影响。自觉遵守司法回避制度，审理案件保持中立公正的立场，平等对待当事人和其他诉讼参与人，不偏袒或歧视任何一方当事人，不私自单独会见当事人及其代理人、辩护人。尊重其他法官对审判职权的依法行使，除履行工作职责或者通过正当程序外，不过问、不干预、不评论其他法官正在审理的案件。

徒法不足以自行。法官良好司法是实现立法目的的根本保障。司法公正是司法的生命和灵魂，是法官首要的职业道德素质，它要求法官在履行审判职权时，必须坚持实体公正和程序公正并重的原则，在审理案件时依法保持中立，自觉遵守诉讼法中规定的回避制度，保持情感的自控性，同时，还应当谨言慎行，对尚未审结的案件不随意下结论、定调子，避免因个人不当的言行导致公众对司法的公正性产生怀疑。

恪守司法公正的职业道德，首先要求法官具有信仰法律的品质。正如美国法学家伯尔曼（Berman）所说："法律必须被信仰，否则它将形同虚设。"[①] 在法治社会，如果作为法律适用者的法官不信仰法律，必将难以塑造社会公众信仰法律的品质，因此，法官必须尊重法律、崇尚法律，视法律为其第二生命，通过公正司法捍卫法律尊严，弘扬法治精神。这就要求法官不仅自己要信仰法律，不以身试法，还要身体力行地促使他人信仰法律。法官只有具备法律信仰的职业道德品质，才能够在物欲横流的复杂司法环境中保持淡定的职业心态，将一切私心杂念抛诸脑后，一心一意地公正司法，法官职业操守能够保证

---

① ［美］伯尔曼：《法律与宗教》，梁治平译，生活·读书·新知三联书店1991年版，第28页。

法官正确处理外部诱惑，在面对个人的种种得失时做到"不以物喜，不以己悲"。

恪守公正的职业道德还要求法官具有刚正不阿的品质，在审判中，做到不偏不倚、不谋取私利、不徇私情、不畏权势。首先，法官要保持独立的地位，与案件没有任何直接的或者间接的利害关系，在案件的审判和执行中不将其个人的偏见、爱好、憎恶等情感带入司法活动中，保持情感的自控，以公正的司法立场和态度认定事实、适用法律。其次，法官应保持中立的立场，不带有色眼镜审理和执行案件。正如培根所说："听证的耐心和庄重是司法工作的基本功，而一个讲话太多的法官就好比是一只胡敲乱响的铜鼓。"在司法活动中，法官只有保持中立的司法地位，才能够确保裁判的公信力。司法活动也是一项社会性活动，法官难免会受到来自社会上的各种不当影响甚至干预。这就要求法官敢于铁面无私，具有正气凛然、无私无畏的司法品质和气魄，敢于抵制各种威逼利诱，在司法活动中始终做到富贵不能淫、威武不能屈、贫贱不能移。

同时，法官之外的人，不论是各级公职人员还是普通民众，都不能去诱导或者腐蚀法官以达到让法官偏袒的目的。绝大部分法官都是能够恪守法律职业道德的，极个别法官失守职业道德底线，与外部胁迫或者利诱有很大关系。

3. 确保司法廉洁

树立正确的权力观、地位观、利益观，坚持自重、自省、自警、自励，坚守廉洁底线，依法正确行使审判权、执行权，杜绝以权谋私、贪赃枉法行为。严格遵守廉洁司法规定，不接受案件当事人及相关人员的请客送礼，不利用职务便利或者法官身份谋取不正当利益，不违反规定与当事人或者其他诉讼参与人进行不正当交往，不在执法办案中徇私舞弊。不从事或者参与营利性的经营活动，不在企业及其他营利性组织中兼任法律顾问等职务，不就未决案件或者再审案件给当事人及其他诉讼参与人提供咨询意见。妥善处理个人和家庭事务，不利用法官身份寻求特殊利益。按规定如实报告个人有关事项，教育督促家庭成员不利用法官的职权、地位谋取不正当利益。

司法廉洁既是司法公正的保证，也是司法具有权威性和公信力的标志，是法官必须具有的职业道德，它包括清正和廉洁两个方面。清正要求法官在司法活动中做到不计得失，淡泊名利，两袖清风，具有出污泥而不染的品德风尚。廉洁要求法官在司法工作中做到不谋私利，克勤克俭。为了保持清正廉洁，法官在履行职责时首先应当做到克私、克欲、克己。克私就是要克服各种私心杂念，不能利用司法权图谋个人私利；克欲则要求法官克服物质和情感私欲，切忌贪得无厌的心理；克己要求法官务必克服损人利己的行为，以正当的方式处理好与当事人和其他司法人员的关系。

清正廉洁还要求法官做到防微杜渐、慎独和慎欲。就防微杜渐而言，它要求法官自从业之日起就应当廉洁奉公，时刻铭记"千里之堤，溃于蚁穴""勿以恶小而为之"等廉洁职业品行养成的道理。在司法工作中，面对各种不利影响和诱惑，具有拒绝威逼利诱的坚定信念。慎独是指法官在个人独处没有外界监督的时候，也应当恪守司法职业道德，自觉地依法办事、文明行事。具体到司法工作，要求法官不得单方或私下会见当事人以及当事人委托的人，以免发生权钱交易或权色交易。慎欲则要求法官不得有贪图享乐的欲望，不得利用司法权进行权力寻租或交易，不取不义之财。

4. 坚持司法为民

2019年2月27日，广东省高级人民法院法官罗某担任审判长公开审理一起刑事案件，在法庭调查阶段提醒辩护律师发言时，三次用语不当，有失规范。该案庭审时间共计4小时58分钟，总体情况正常，该案审判长用语不当问题，是最近网民浏览中国庭审公开网时发现的，罗某已认识到不妥，并向有关律师道歉。该案出庭律师和检察员均表示，虽然审判长个别用语有不规范的情况，但全案不存在不公正问题，辩护律师依法充分发表了辩护意见。根据上述情况，经征求检察机关和司法行政机关意见，广东省高级人民法院研究决定，按照《法官行为规范》，对法官罗某进行诫勉，责成有关部门对工作中暴露出的问题予以重视并认真进行整改。此事例具体而又真切地揭示了法官遵守职业行为规范的重要性。

我国是人民民主专政的社会主义国家，司法为民是社会主义司法制度的本质要求。人民法院的司法权源于人民、属于人民，服务于人民，受人民监督。党的十八大以来，习近平对深化司法体制改革，保障司法公正作出了一系列决策部署，强调全面落实司法责任制，进一步提高审判质量效率和司法公信力，要让人民在每一个案件中感受到公平正义。要进一步把以人为本、执政为民贯彻落实到党和国家全部工作中。对人民法院来说，就是要把以人为本、执政为民落实到执法办案中，切实维护人民群众根本利益。具体而言，坚持司法为民要求法官做到：（1）牢固树立以人为本、司法为民的理念，重视群众诉求，关注群众感受，自觉维护人民群众的合法权益。（2）注重发挥司法的能动作用，积极寻求有利于案结事了的纠纷解决办法，努力实现法律效果与社会效果的统一。（3）坚持执行司法便民原则，努力为当事人和其他诉讼参与人提供必要的诉讼便利，尽可能降低其诉讼成本。（4）尊重当事人和其他诉讼参与人的人格尊严，避免盛气凌人等不良工作作风。同时，法官还应当尊重律师，依法保障律师参与诉讼活动的权利。

5. 维护司法形象

法官应自觉维护司法形象。坚持学习，精研业务，忠于职守，秉公办案，惩恶扬善，弘扬正义，保持昂扬的精神状态和良好的职业操守。坚持文明司法，遵守司法礼仪，在履行职责过程中行为规范、着装得体、语言文明、态度平和，保持良好的职业修养和司法作风。加强自身修养，培育高尚道德操守和健康生活情趣，杜绝与法官职业形象不相称、与法官职业道德相违背的不良嗜好和行为，遵守社会公德和家庭美德，维护良好的个人声誉。法官退休后应当遵守国家相关规定，不利用自己的原有身份和便利条件过问、干预执法办案，避免因个人不当言行对法官职业形象造成不良影响。

维护司法形象要求法官必须奉行司法礼仪。司法礼仪是指司法人员在司法活动中所应当表现出来的礼节和仪式。司法礼仪不只是一种看上去很美的仪式，它通过庄严的法庭、法官、律师、公诉人的法袍，法庭中其他人对法官表示出高度尊重等，营造出一种气氛，所唤起的不仅仅是人们对于法官、法院以及法律的敬重，更唤起人们对生活于其中的国家的自豪感。同时，不断重演的这类庄重而严格的礼仪也使得身处其中的人们在潜移默化之中养成了对于秩序的热爱。司法礼仪代表了法院的尊严和法官的良好形象，同时也是司法具有权威性和公信力的外在要求。作为法官职业道德的应有成分，司法礼仪要求法官在司法活动中首先应当保持良好的仪表和文明的举止，尤其是在法庭上和执行活动中，法官应当衣冠端正，保持良好的精神状态，既严肃端庄，又文明得体。其次，要尊重当事人和其他诉讼参与人的人格尊严。司法活动中，法官在待人接物方面既要严格依法行事，也应当注意平等对待双方当事人以及他们所聘请的代理人，充分尊重他们的人格。尤其是对于情绪冲动的当事人、经济状况不佳以及维权能力弱的当事人，更应当做到以礼相待、以诚相待，不能表现出不耐烦的情绪，也不能有差别对待的举止。法官要通过文明的行为取信于当事人及其委托的人，以司法的庄重礼仪塑造司法的权威性和公信力。

法官也是社会的一员，有权利参加社会活动，同社会打交道。但是司法的公正性、司法人员的情感自控性、保证司法公信力则要求法官不宜或者不应涉足一些社会活动或者社会场合，否则，既容易被腐蚀，也容易降低司法在公众心目中的严肃性。因此，约束业外活动也是法官职业道德的重要内容，它要求法官做到：（1）不得从事与社会公德、公共秩序、公共利益以及公序良俗相悖的各种活动，如不得参与封建迷信、宗教活动，不得赌博、酗酒等。（2）法官在职期间应当谨言慎行，谨慎交友。法官应当自觉遵守职业道德，不出入社交场合，自觉避免与所审案件的当事人、律师或者相关人员单独见面等，从而避免给公众造成不公正或者不廉洁的印象，进而损害司法公信力。（3）法官不得参加带有邪教性质的组织。（4）不得参加营利性社团组织或者可能借法官影响力营利的社团组织，也不得担任任何营利性社会组织的法律顾问或者其他不利于职业的社会兼职。（5）法官参加有助于法制建设和司法改革的学术研究和其他社会活动，应当以符合法律规定、不妨碍司法权威、不影响审判工作为前提。（6）法官发表文章或者接受媒体采访时，应当保持谨慎的态度，不得针对具体案件和当事人进行不适当的评论，避免因言语不当使公众对司法公正产生合理的怀疑。

（三）法官惩戒制度与法官监督制度

1. 对法官的惩戒

我国《法官法》第六章用 14 个条款专门规定了法官的考核、奖励和惩戒。第 41 条规定对法官的考核内容包括审判工作实绩、职业道德、专业水平、工作能力、审判作风。重点考核审判工作实绩。第 48—51 条规定了法官惩戒委员会的设置、职责、程序等，以落实对法官的奖惩。

法官惩戒对象仅限于法官涉嫌故意违反法律法规办理案件或者涉嫌因重大过失导致裁判结果错误并造成严重后果的情形。法官惩戒委员会从专业角度审查认定法官是否存在违反审判职责的行为，提出构成故意违反职责、存在重大过失、存在一般过失或者没有违反职责等审查意见。法官惩戒委员会提出审查意见后，人民法院依照有关规定作出是否予以惩戒的决定，并给予相应处理。

《法官法》第 49 条规定："法官惩戒委员会审议惩戒事项时，当事法官有权申请有关人员回避，有权进行陈述、举证、辩解。"第 50 条规定："法官惩戒委员会作出的审查意见应当送达当事法官。当事法官对审查意见有异议的，可以向惩戒委员会提出，惩戒委员会应当对异议及其理由进行审查，作出决定。"这两条规定非常有必要，使当事法官能够有辩解的机会，避免惩戒出现偏差。

由此可见，对法官的惩戒不同于对法官的处分，对法官的处分涉及的行为范围更大，情形更多，而对法官的惩戒仅限于法官涉嫌违反审判职责的行为。

2. 对法官的监督

人民法院依照法律规定独立进行审判，不受行政机关、社会团体和个人的干涉，这是一项基本原则。但是，不能因此而排斥社会的多元监督。我国对法官多元监督的体系概括起来包括以下三个方面：首先，人民法院必须坚持党的领导和人大的监督；其次，内部监督机制，包括本院审判委员会及上级法院的监督以及纪律检查监督；最后，外部监督，包括检察监督、舆论监督、群众监督等。

第三节 外国法官职业道德简介

一、英国的法官职业道德

（一）英国法官职业道德的缘起

英国是世界上最早提出法官职业道德建设的国家。12世纪以后，英国的法律制度发生了革命性变化，开始建立专职法庭并采用令状制、陪审制、抗辩制等诉讼程序，法官职业化要求由此成为历史的必然。13世纪中叶后，英国开始产生职业法庭，英国法庭审判席上已看不到行政官员的影子，法官必须从精通法律的专门人才即刚刚兴起的律师中任命，并作为一条不成文的习惯性原则被确定。

在法官职业化过程中，法官的道德约束同时被逐步制度化，17世纪60年代英国大法官马修·黑尔（Matthew Hale）爵士提出"自我警示录"，以提醒和约束自己在司法裁判方面的活动。

（二）英国法官自我警示内容

其内容包括：（1）我为上帝、国王和国家职司裁判，伸张正义；（2）审判案件时应当做到诚实正直、深思熟虑、坚决果断；（3）我应依赖上帝的指引和力量，而非个人的理解与力量；（4）为实现正义，我必须摒弃个人私欲，在任何情况下都不允许私欲主宰自己；（5）我应将全部精力投身于事业之中，不可分心于不当烦扰；（6）在聆讯全案和双方当事人辩论之后方作判断；（7）开始听审案件时不可有先入之见，且应在整个听审过程中保持中立；（8）人之天性可能使我对当事人心怀同情，但我从不敢忘记自己对国家所负之责；（9）如果案件之是非只能以良知为标准作出判断，我便不应过于苛求与刻板；（10）在正义面前，我不应因怜悯而偏袒穷人，也不应因好感而偏袒富人；（11）不论公众是否喜欢，也不论法庭上出现的是掌声还是嘘声，我都应公正裁判而不受其左右；（12）只要完全依照公正原则行事，则不必考虑旁人说长道短；（13）对于普通刑事案件，我的原则是首先考虑宽恕和无罪释放；（14）在只有言辞伤害而无其他伤害的刑事案件中，温和处置未必就是不公正；（15）在恶性刑事案件中，如果事实清楚，则应严惩以求实现正义；（16）任何人以任何方式私下过问与案件相关之事项，只能得到我的蔑视；（17）我的助手和工作人员应遵守以下准则：不许介入任何诉讼事项；不许收取额外费用；不许对诉讼给予不公之偏袒；不许为当事人介绍律师；（18）饮食有度，保持健康，以便更好地工作。①

---

① 于秀艳：《英国法官"自我警示录"》，载《人民法院报》2001年4月30日。

英国大法官马修·黑尔爵士提出的"自我警示录",可以说在世界各国提出了法官职业道德制度性约束的先例,为现代法治国家的法官职业道德制度建设开了先河。

(三) 通过任命制度考评法官

英国法官的道德考评是通过任命制度进行的。英国大部分的高级法官由女王根据首相的提名任命。但在实际中,只有宪法事务大臣是女王根据首相的提名来任命的,其他高级职位,女王直接接受事务大臣的建议进行任命。而更多的初级职位,则由事务大臣直接作出任命决定。任命程序中,宪法事务部官员将咨询那些能够对申请人是否适合被任命为法官作出评价的人的意见,面试委员会中,法官成员的主要职责是考察候选人的法律知识;而委员会中的其他非法律人士询问的问题,则主要与候选人的个人品质相关。英国法官任命委员会负责法官的遴选与任命,任命的主要依据是候选人的优点和良好品质。①

二、美国的法官职业道德

(一)《美国法官行为准则》(Model Code of Judicial Conduct) 的制定及修改

美国是世界上法官职业道德较为完善的国家。美国在1924年就制定了《法官职业道德准则》。1972年,美国律师协会修改《司法职业道德准则》,使之成为约束法官行为的基本职业道德准则。1973年9月,联邦司法议会通过《美国法官司法行为准则》。1987年3月,联邦司法议会删除名称中的"司法"一词,将"准则"约束范围从法官的职业行为扩展到了日常行为。该"准则"又先后于1990年7月、1997年6月、1999年8月、2003年8月、2007年2月、2010年8月经历了6次修改。

(二)《美国法官行为准则》的内容

现行的《美国法官行为准则》共有7条,主要包括:一是法官应该维护司法的正直和独立;二是法官在所有活动中应该避免不当的行为或可能被视为不当的行为;三是法官应该公平和勤勉地履行职务;四是法官可以参与司法以外的活动以改进法律、法律制度和司法行政;五是法官应该约束司法以外的活动,尽量降低与法官职务冲突的风险;六是法官应该定时申报他与法律有关及司法以外活动所得的酬劳;七是法官应该克制自己的政治活动。② 在制定《美国法官行为准则》的同时,美国司法议会还不断出台和完善其他配套监督制度。例如,1980年联邦司法议会通过《司法理事会改革及司法行为与丧失司法资格法案》,明确规定法官不良行为的检查主体和检查程序。在法官职业道德制度建设方面,联邦司法理事会还先后颁布了一系列法律规范,如1978年的《政府文明法》、1989年的《道德改革法案》,对法官履行职务过程中的利害冲突、收受礼品、职务外服务的报酬、家庭财产的申报甚至酒后驾驶等都作了规定。美国法官职业道德制度建设还有两个突出特点:一是强调司法部门对法官不良操守的独立处理;二是强调法官培训必须将法官职

---

① 田玉玺:《英国法官任命制度改革》,载《人民法院报》2005年1月14日。
② 冯军、刘涛:《德性、知识、理性、经验——法官的素质解读》,载《学习与探索》2004年第1期。

业道德作为必修内容。

（三）美国对法官业外活动的约束

根据《美国法官行为准则》，美国法官的业外活动约束制度包括如下内容：（1）法官应当在其全部活动中避免不适当的行为和不适当的表现。法官应尊重和遵守法律，在任何时候的行为都要增强公众对司法机构的独立和正直的信心。法官不应让家庭、社会或其他关系影响其司法行为和裁判，法官不应将司法机构在公众中的威信用于为他人谋取个人利益，也不能表示或让他人认为他们能以其特殊地位影响法官；法官不应主动为他人之品行作证；法官不应拥有任何基于种族、性别、宗教、国籍等歧视性组织的会员资格。（2）法官应避免对于正在审理或即将审理的案件进行公开评论。这一限制也同样适用于法院内受该法官领导的其他司法人员，但这一限制并不延及法官在履行其司法职责过程中所作出的公开陈述、法庭程序解释，以及出于司法教育目的而作出的学术论证。（3）法官可以向不受其上诉管辖和监督的其他法官征募基金。如果征募可以被合理地视为强迫性的或本质上是一种募捐机器的话，则法官不应参与该招揽活动。法官不应在实质上利用法官办公室、司法资源或人员从事准则所不允许的活动。（4）法官应定期申报与法律有关的以及司法外活动之所得。在准则准许的范围内，法官可以因其法律和司法外活动接受报酬和补偿，只要这些支付款项的来源不产生影响法官履行司法职责或出现其他不适当之情况即可。但应受如下限制：报酬不应超过合理的数额，也不应超过非法官者为同一活动之所得。开支报销应限于法官交通、食宿等合理的支出及在适当情形下法官配偶和亲属的开支，任何超出该项数额的支出则属报酬的范畴。法官应依有关法律规则及指令公开其财产申报文书。（5）法官应避免参与政治活动。法官不应在政治组织中担任领导或任职为政治组织或候选人演说，公开支持或反对某公职候选人；不应为政治组织或候选人募集资金、偿还债务或捐助款项、参与政治聚会或购买政党晚餐会或其他宴会的门票。如果法官成为普选或预选任何职位的候选人，那么就应辞去司法职位。

（四）美国通过考绩竞选和弹劾考评法官

美国法官的道德考评是通过考绩竞选和弹劾制度进行的。上诉法官定期参加非竞争性的选举，这一过程叫作考绩竞选。在选举中未能获得多数票的法官将被解职。巡回区的法官要定期参加竞争性的选举。如果一个法官在选举中受到挑战，而且挑战者获胜，那么该法官也要被解职。地区法官不参加选举，但是要面对每年一次的州参议院的确认。未能获得参议院确认的地区法官将被解职。其他解职方法有：如果一个法官在法庭上被确认不称职、故意渎职、职务行为不当或其他罪行，由州长解除其职务；如果在州议会的评议中，两院议员的2/3一致同意解除一个法官的职务，则由州长解除其职务；对于患有身体或是精神上疾病的法官，由州议会一致决定，或是两院的2/3通过经州长同意，由州议会通过弹劾程序解除法官职务；上诉法院也可根据法官资格丧失认定委员会的建议解除法官职务或令其退休。另外，如果一个法官被确认接受贿赂且已影响其职责的履行，将使其丧失在本州担任任何营利性职位的资格，因此也会被解职。① 关于弹劾制度，美国宪法规定了对

---

① 李晓波：《美国法官制度》，载《人民法院报》2002年9月5日。

法官的弹劾程序，但它仅限于联邦法院法官。按照美国宪法规定，联邦法院法官只能因诉讼原因，且必须通过弹劾程序，才能被撤销职务。审理弹劾案件由参议院听证和审讯。事实上，在美国，对联邦法官的弹劾案是很少的，只有涉及严重刑事犯罪时才启动弹劾程序，弹劾程序以法官终身制或非因重大或经常之疏忽不得免职原则为前提。①

（五）媒体和公众对法官的监督

尽管法官在美国体制中是独立的，法官不受行政官员干涉，但他们对道德法则的违反则受到纪律的约束和公众的监督。首先，法官所承担的道德义务事先以书面文字的形式被明确规定，因此，对于必须达到什么样的标准，法官已经被充分地告知了。其次，任何公民都可以向司法审查委员会或专家小组就违反司法道德的现象进行投诉。这些委员会和专家小组由法官和一般公众组成。再次，司法审查委员会的意见将被公之于众。最后，媒体和公众监督。在现代民主政治下，司法过程是相当公开的。言论自由和监督权都是宪法规定的公民的基本权利，加强大众传媒的监督是这两种权利结合行使的最好方式。

三、加拿大的法官职业道德

（一）法官职业道德主要内容

加拿大司法委员会于1988年11月公布了《加拿大法官职业道德准则》②。根据该文件，加拿大法官职业道德的主要内容包括：

1. 司法独立

一支独立的司法队伍是实现法律公平正义的保障。因此，无论是从个人还是从机构的角度，法官都应支持司法独立，并在行动中做维持司法独立原则的表率。法官必须独立地不受外界影响地履行其司法职能。法官必须严厉拒绝法庭上正当程序以外的任何形式的对其判案的干扰企图。对于旨在维持和提高法官队伍在机构上和运作中独立性的安排和保障措施，法官都应给予鼓励并支持。法官有义务展现并促进司法行为的高水准，以此来加强公众的信心，这是司法独立的基础所在。

2. 正直

法官应力求行为公正无私，以维护和加强公众对法官队伍的信任。法官应尽一切努力做到，在合理、无偏见并了解具体个案情况的人们眼中，其行为无可挑剔。法官除自身遵守这一高标准的人格要求外，还应鼓励和支持他们的同僚们遵守这一标准。

3. 勤勉

在履行司法职责过程中，法官应做到勤勉。法官的职业活动应服务于广义的司法职责，它既包括主持庭审、作出判决，也包括与法院的活动有实质关联的其他司法任务。法官应采取合理步骤，保持和提高服务于司法机关所必需的知识、技能和个人素质。法官应

---

① 李克杰：《别误读法官弹劾制度》，载《中国青年报》2003年5月30日。
② 《加拿大法官职业道德准则》，载苏泽林主编：《法官职业化建设指导与研究》（2004年第1辑），人民法院出版社2004年版。

尽力合理快捷地履行所有司法职责，包括公布预定判决。法官不得从事与勤勉履行司法职责不相符的行为，或者在同僚中姑息纵容这类行为。

4. 平等

法官的自身表现和对案件的处理都应是为了保障法律上的平等。法官履行职责时应毫无偏见地恰当地考虑到所有各方（例如当事人、证人、法庭工作人员和同僚）。法官应尽力去认识并理解源自社会各方面的差异，比如，性别差异、种族差异、宗教信仰差异、文化差异、民族背景差异或者残疾引起的差异。如果法官了解某组织目前从事与法律相违背的带有歧视内容的活动，无论这种歧视表现为何种形式，法官都应避免参加任何该类组织。在案件审理过程中，对于法院其他工作人员、律师或任何其他人作出的评论或行为，那些明显与案件无关的带有性别、种族或其他法律禁止的歧视色彩的部分，法官应将其分别看待，并不作认同。

5. 公正

法官所作判决及其过程必须是公正的，而且，表面上在人们看来也应该是公正的。法官应力求确保他们庭内庭外的行为都是为了维持和增强公众对法官的公正和整个司法队伍的信任。法官应在合理可能的限度内，处理好个人事务，减少使其丧失庭审资格的可能性。对公正的外在表现进行评价的标准，采用的是合理、无偏见并了解具体个案情况的人的判断标准。司法仪态方面，法官在行动果断、有力地控制庭审进程和保证快捷的同时，应礼貌地对待所有出庭的人。法官可以自由参加与公民身份有关的慈善和宗教活动，但是要有下述几项顾忌：任何与法官的公正有冲突的活动或组织，法官都应避免参与；法官不得募集资金（除非是向同事或出于正当的司法目的）或者将其法官声望借予他人进行资金募集活动；法官应避免卷入可能进行诉讼的事由或组织；法官不得出具法律或投资意见。

6. 关于利害冲突

如果法官认为在某案件审理过程中无法保证做到公正裁决，那么，应自认对该类案件无审理资格。如果法官认为，在案件中，合理、无偏见并了解具体个案情况的人，将对法官个人利益或者法官近亲属或亲密朋友或组织的利益和法官职责间的冲突存有疑问，那么法官应自认对该类案件无审理资格。

（二）对法官业外活动的约束

根据《加拿大法官职业道德准则》，加拿大法官业外活动约束制度的主要内容包括：（1）政治活动。如果用合理、无偏见并了解具体个案情况的人心目中的标准衡量，认为法官作为某群体或组织的会员，或者参加某项公众争议发表观点，在相关的争议提交法庭裁判时，该法官公正性的可信赖程度将遭减弱，那么，法官就应禁止作出该类行为。一经任命为法官，所有以党派成员身份进行的活动，必须停止。法官禁止出现下列行为：作为政党成员和为募集政治资金出席政治集会和政治资金募集活动；帮助政党或政治竞选公开参与对立的政治辩论，但当这种辩论直接关系到法庭运作、司法独立或者司法行政的基本内容时除外；签署会影响政治决定的请愿书。尽管法官的家人享有政治表现积极的权利，但是法官自己应意识到，近亲属的这些表现可能对公众就法官公正的评断产生负面影响，即使这不是事实，但毕竟这种认识也已经产生了。在法庭上的任何案件，如果有该种疑虑，法官就应回避。（2）不准吃请受礼、不准索贿受贿、不准经商牟利、不准泄露机密。（3）不能做其他有偿工作。

四、德国的法官职业道德

（一）法官职业道德主要内容

根据1993年《德国法官法》[①]，德国法官职业道德的主要内容包括：（1）遵循《联邦德国基本法》和该法行使法官职权，尽我所知、依我所信进行裁判，一视同仁，仅服务于真理和公正的事业。（2）独立性的保持。在本职工作内外，法官的行事应确保有关政治活动不会危及其独立性。（3）审议的保密。法官应对审议过程和投票的情况保守秘密，即使在其任期结束之后亦不例外。（4）名誉法官的独立性和特殊义务。名誉法官应与职业法官具有同等程度的独立性。名誉法官应对审议过程保密，在第一次就任法定职位之前，名誉法官应由主审法官主持在法院的公开场所宣誓。州法院的名誉法官在誓言或者保证中可包括效忠于州宪法的内容。（5）对法官业外活动的约束。

（二）法官独立性之保障

《德国法官法》在法官之特别义务中对法官之誓词、独立性之保障以及法律上之鉴定等问题作了规定。例如，在誓词中，"余誓以至诚，恪遵德意志联邦共和国基本法及法律，忠实执行法官职务，全凭良知良心，摒除人事关系。惟真实及正义是从"，充分体现了法官的职业道德，每当公开开庭时就提醒法官。每次宣誓都是对法官心灵的一次洗礼，使法官在内心深处进行自我约束。特别是在其独立性之保障一条中明确规定："法官于其职务内及职务外之行为及政治活动中，应保持人民对其独立性之信任不受损害之态度"。

（三）对法官职业道德的监督

德国法官职业道德监督制度主要围绕司法部部长和院长职务监督、职业自律、对法官的惩戒、职业表现考核和职务的晋升、国会弹劾五个方面展开。

1. 司法部部长和院长职务监督

司法部部长作为司法部门行政长官，对整个司法部门负有行政领导责任，他负责法官任命、培训和晋升。法院院长是法院的行政领导，对其所在法院负有管理上的责任。因此，他们都对法官的操行负有监督的职责，但这种监督只能在不损害法官的独立性的前提下进行。《德国法官法》第26条第1款规定："法官只在不影响其独立性的范围内接受职务监督。"职务监督的范畴主要限于法官的失职行为，如工作拖延、违反职业行为准则等。职务监督对于法官的失职和违规行为采取的措施只能是敦促其纠正，提出批评和警告，但没有处罚权。要对法官进行惩戒，必须提请纪律法庭进行审理和裁决。职务监督受到法官独立的严格限制，即使法官有失职和违规行为，如果批评会损害法官的独立性，院长就不能批评。相反，如果法官认为，这种监督损害了其独立性，他就可以向纪律法庭提

[①] 《德国法官法》，载苏泽林主编：《法官职业化建设指导与研究》（2003年第1辑），人民法院出版社2003年版。

起诉讼。由纪律法庭裁决职务监督是否正当。

2. 职业自律

纪律法庭就其性质来说，属于自律性质的机构，它具有双重功能：一方面，它维护法官独立性，使其免受不当职务监督的侵害；另一方面，它又是维护法官职业纪律的惩戒法庭。在德国历史上，德国法官曾被看作普通的公务员，因此，对法官的纪律惩戒也根据公务员法由特设之惩戒法院审理，但对其惩戒程序，基于司法独立性的特殊考虑，作了一些特别的规定。1962年《德国法官法》颁布后，《公务员惩戒法》中有关法官的特别规定，全部被取消，而在联邦最高普通法院内设立了对所有联邦法官都享有管辖权的纪律法庭。该法庭由审判长1人、常任陪席法官2人与非常任陪席法官2人组成。审判长及常任陪席法官均为联邦最高普通法院法官，非常任陪席法官则为任职于与被告属同一系统法院之终身法官。法院院长、副院长都被禁止担任纪律法庭的法官，因为，提请纪律法庭对法官失职和违规行为进行惩戒的诉讼通常就是法院院长、副院长依职权提起的，他们就是惩戒案件的原告。纪律法庭之审判权限颇为广泛，主要集中于两个方面：一是法官违纪违规案件；二是法官提起的涉及法官独立性是否受到伤害的案件，如法官之转调、任命、免职、命令退休、借调、派任兼职以及上级机关之命令违反审判独立等发生的争议，均由其负责审理、裁判。依《德国法官法》第61条之规定，联邦纪律法庭对下列案件享有终审裁判权：（1）惩戒案件，包括退休法官之惩戒案件。（2）因司法方面之利益而命令法官转调的案件。（3）对终身职或定期职法官之任命效力产生争议的案件、撤销案件、免职案件、因不胜任其职务而命令退休的案件。（4）诉请撤销下列处分的案件：因法院组织变更所为的调职处分；借调终身职法官或定期职法官代理其他法官职务之处分，而期间未逾3个月并且审级相同者；对于试用期法官或备用法官所为撤职、撤销任命、宣告任命无效或因法官不胜任其职务而命令其退休之处分；法官认为上级法官所为职务之处分侵害其独立性等案件。在程序上，审理惩戒案件时，视为刑事案件，适用公务员惩戒法之程序；转调或审核等案件，视为民事案件，准用行政诉讼程序。

3. 对法官的惩戒

战后德国吸收历史上德意志帝国和第三帝国专制统治者经常蛮横借口司法公正，随意干预司法，对不服从法官进行政治迫害和强制处罚的教训，在惩戒制度上尽量减少对法官独立性的影响，确保在维护法官职业纪律的同时，不伤害法官的独立性。为此，德国在惩戒制度上采取了两个保护性的措施：（1）除构成犯罪和违宪受到国会弹劾外，任何人和任何机构都不能对法官施加任何处罚，对法官的失职和违反职业纪律行为的惩戒权属纪律法庭所专有，将惩戒权的行使控制在司法系统内部；（2）在程序上，法官享有正当程序的保障，惩戒程序适用一般的民事和行政诉讼程序，只有经过纪律法庭审理确认后方可决定是否对法官进行惩戒。纪律法庭惩戒适用的法律有法官法和公务员法，惩戒措施主要有警告、罚款、降级乃至开除公职。将惩戒权集中于司法系统内部的纪律法庭，并必须通过诉讼程序来行使，是为了在维护法官职业纪律的同时，避免伤害法官的独立性。

4. 职业表现考核和职务的晋升

法院院长和庭长对法官职业上的表现进行定期的考核和评定，并将考核评定结果制作成"职务鉴定书"。职务鉴定书是法官职业表现的记录，通常是法官晋升时必备的材料。职务鉴定是公开进行的，整个过程和结果都要向法官本人公开，作出这种鉴定的领导有责任将鉴定书向法官本人宣布并通知他。鉴定书属于法官个人档案,该档案包括所有关于法官个人职业生涯的材料,法官可以随时查阅和复制。如果法官认为鉴定损害了其独立性,他可以向纪律法庭进行申诉。该措施有助于防止利用职务考核作为手段影响或迫使法官按照长官意志判案。

5. 国会弹劾

国会弹劾与纪律法庭惩戒性质不同且目的各异。纪律法庭惩戒,从性质上来说,是自律性质的,而国会弹劾乃宪法上的制度,是国会对司法部门的监督和制约,具有他律性质。从弹劾适用的条件来看,它早已超出了职业伦理的范畴,它的主要目标是维护宪法秩序,而不是维护法官的职业伦理。根据《联邦德国基本法》第98条规定,联邦法官违背基本法之原则或各邦之宪法秩序时,联邦宪法法院可以根据联邦众议院的提案,以2/3多数通过,判令法官调职或退休;如其违反系故意者,得予撤职。

五、俄罗斯的法官职业道德

(一)法官职业道德的主要内容

根据2000年《俄罗斯联邦法官地位法》[①],法官职业道德的主要内容包括:(1)法官必须无条件地遵守俄罗斯联邦宪法和其他法律。(2)法官要忠心耿耿、勤勤恳恳地履行自己的职责,行使司法权,只服从法律,公正、正直,受法官职责和良心支配。(3)法官职权的终止。法官职权根据以下理由被终止:从事与法官职业相悖活动的;法院对法官作出有罪判决或者对法官采取强制措施,且司法判决发生法律效力的;实施了玷污法官名誉和尊严或者其他有损司法权威的行为的。(4)对法官业外活动的约束。

(二)法官的业外活动约束

根据《俄罗斯联邦法官地位法》和2004年《俄罗斯法官道德规范》[②],法官的业外活动约束制度的主要内容包括:(1)法官在行使职权时以及在公务以外的其他场合都应当避免一切可能有损于司法权威、法官尊严或者引起对其客观性、公正性和公平性产生怀疑的行为;法官无权当选为议员,无权加入任何政党和运动,无权从事企业活动,也无权兼职从事法官职务以外的其他给付报酬的工作,但科研、教学、文学和其他创作性活动除外。1999年7月17日通过的联邦法律对此进行了补充:离任法官和任职满20年的法官或者年龄已满55岁(女已满50岁)的法官,有权在国家权力机构、地方自治机构、国家和市政机关、工会和其他社会团体工作,也可以担任国家杜马议员的助手和俄罗斯联邦议会联邦委员会成员或者俄罗斯联邦主体立法代表机构议员的助手,但无权担任检察官、侦查员和调查员等职务。离任法官在从事该项活动期间,对其不再适用有关保障其活动不受侵犯的规定,其在法官联合会的成员资格在这一时期暂时中止。(2)法官需申报个人收

---

① 《俄罗斯联邦法官地位法(2000年6月20日修订本)》,载苏泽林主编:《法官职业化建设指导与研究》(2003年第2辑),人民法院出版社2003年版。

② 王志华:《解读第六届全俄法官代表大会》,载《法制日报》2005年1月20日。

入和财产。(3) 不得参与政治活动和加入政党,实行法官非党化。(4) 不得参加具有政治色彩的示威、游行和集会。(5) 不得对正在审理的案件和未发生法律效力的判决和其他法官的活动加以评论等。

(三) 对法官的监督

俄罗斯的法官监督形式有两种:一是案件公开审理。案件公开审理是俄罗斯普通法院组织与活动的一项重要原则,是指审判庭上的一切诉讼行为,都向愿意出庭旁听审判的公民公开。同时,公开庭审的结果和其他有关材料,还可以通过新闻媒体向社会传递。其价值在于,使法院的审判活动受到社会的监督,促进其活动的合法性,有助于维护法制。因此,俄罗斯联邦宪法明文规定了审判案件公开进行,同时允许在联邦法律规定的情况下在秘密会议上听取案件。这些案件大体涉及国家秘密、案件内容不利于维护社会公德以及诉讼当事人是未成年人等。二是人民陪审员或陪审团参加审判。人民陪审员或陪审团参加审判,是保证审判公正的重要措施。这不仅可以吸取人民陪审员或陪审团的智慧,而且后者的参与对职业法官也是一种制约。依照联邦宪法的规定,在联邦法律规定的情况下,诉讼活动在陪审员参加下进行。①

第四节　法官职业道德之养成与践行

一、法科学生公德之理念培养

党的十八大以来,高压反腐成效显著,上至副国级高官,下至科员基层公务员,老虎苍蝇一起打,起到了震慑腐败分子、改善公务员作风、提振民心的作用。同时,也引起深入的思考:如何避免手握公共权力的人不再堕入腐败深渊?这些被查处的犯罪人在其大学时期和青年时期,大多都是怀揣梦想、追求真善美的,为什么在进入社会若干年以后变成了危害社会的人呢?如何使青少年时期的理想和价值观能够奉行终身呢?习近平在视察中国政法大学时要求高等法学教育应当"立德树人,德法兼修",无疑是希望法科学生德才兼备,在未来的职业生涯中以德驭才,从而在其毕业后不论选择做法官、检察官、律师、仲裁员、公证员、企业法务还是从事法学教育工作、法学研究工作,都能一生奉行在大学时所培养的价值观,见利思义、见贤思齐,抵御各种诱惑,不致堕落成犯罪分子。将法科学生培养成信念坚定、品质高洁的法律专业人士,是实现全面依法治国的关键。

(一) 明白公域与私域、公事与私事之界限

大学四年是法科学生最重要的培养公德阶段,在教师的引领下,法科学生不仅要学习法律理论、法律知识和法律职业技能,更重要的是要充分认知现代社会中公共领域和私人领域的界限,从而明白对待公事和对待私事方面的规则与具体要求,并养成习惯,禁止以公职谋私利。例如学校规章制度应严禁甚至严惩学生干部以职权谋私利,败坏学校风气的

---

① 肖扬主编:《当代司法体制》,中国政法大学出版社1998年版,第191—192页。

不良行为；教职工更应该严格要求自己和学生干部，力戒以名利诱惑学生追名逐利，以公德和正义促进学生良好信念的形成，并付诸实践。

（二）明白传统与现代、特权与平等之变迁

法者，天下之公器。大学本科阶段法科学子需要"博览群书，学贯中西"，从而实现司马迁所说的"究天人之际，通古今之变，成一家之言"，进而"立终身之志"，终身奉行法治。中华学人士子有志向远大的传统，例如孟子的"仁民爱物"①、范仲淹的"先天下之忧而忧，后天下之乐而乐"②、张载的"为天地立心、为生民立命、为往圣继绝学、为万世开太平"、③ 朱柏庐的"读书非图科第、志在圣贤"④ 等。钱理群先生批评当前的大学培养的都是"精致的利己主义者"，其根本原因就在于既丢失了中华学人"正人先正己"的优良传统而保留了特权傲慢之恶果，又不明白现代教育中公共理念与"士以天下为己任"之共通之处而仅仅接受了"经济人""人性都是自私"的说法，更未领会人人平等之生命人格尊严的崇高价值。

所有查处的贪污腐败犯罪人都是公权私用的结果，这些人聪明才智当属一流，在大众面前说一些冠冕堂皇的话，一旦涉及利益却巧言令色、花样百出地捞取个人及家族的私利。2019年5月爆出的云南孙小果案涉及的法官、警察、监狱管理人员以及其他参与人，都是混淆了公域与私域的界限，把公事当作私事来对待，徇私枉法，丝毫不尊重他人的生命和尊严，视现代法治为无物，而把传统中的糟粕特权思想贯彻遵循到极致，严重地损害了司法的公信力。避免此类事情的再次发生，迫在眉睫。

在现代法治社会，人人都享有平等的生命权、人格尊严权、财产权和追求幸福的权利，所以从宪法到各个法律部门都是服务于这一根本理念的，而对于身体或者心智上的弱者，通过国家救助或者社会公益组织进行特殊照顾和帮助，则属于特权性质，必须彻底改变古代官僚特权的陋习。

二、良好职业道德之践行

善要行得出来，才是真善。朱熹认为，知而不行，与不知同。王阳明同样强调知行合一。职业道德必须通过践行才能有客观价值，纸面上或者口头上的表述并无实际意义。而践行法官职业道德不仅需要理性认知，需要内在价值认同，还需要有勇气付诸行动，因为坚持公平正义，必然会面对不公平和不正义的人和事，甚至有可能面临职业风险，因此，践行美好的法治理念，需要仁、智、勇。⑤

（一）外部环境支持法官践行职业道德

法科毕业生胸怀法治理想，抱有践行公平正义之信念，毕业后进入法院工作，在其按

---

① 《孟子·尽心上》。
② （宋）范仲淹：《岳阳楼记》。
③ （宋）张载：《张子全集·张子语录》。
④ （明）朱柏庐：《朱子家训》。
⑤ "子曰：仁者不忧，智者不惑，勇者不惧。"——《论语·宪问第十四》。

照理想信念工作时，上级、前辈、同事和长辈都要支持和肯定，并鼓励其做得更好，而不是以不符合中国现实、不能有书生意气等理由孤立他，或者批评他，甚至打击他，逼迫其放弃理想信念。

（二）当事人不试图通过不正当方式影响法官践行职业道德

由于一些不实传言或者传统思维的影响，当事人或多或少希望代理律师或者其他人托关系以得到自己希望的判决结果，这是不正当的想法和行为。双方当事人都应该在程序法的规范下，通过公开公正公平的开庭审理，出示证据和提出法律依据，以支持自己的主张，而不是走旁门左道。这样，法官就能够不受干扰地以事实为根据，以法律为准绳，独立地居中裁判。

（三）法官高度自律

法官作为执法者，首先对自己的言行要有高标准，明白自己什么该做什么不该做。在遇到一些模糊场合或者变相收买行为时，要能够自我回避或者严词拒绝。在法治文明程度较高的国家，法官在任职期间，往往会主动减少社会交往，甚至主动断绝一些私人来往，以行为宣示其独立性和公正性。

（四）案件信息全部公开

"阳光之下无新事"，"阳光是最好的反腐剂"。所有案件，除非涉及国家机密的，从立案到审理再到最后判决，应全部通过庭审直播网和裁判文书网公开，供社会公众监督和评判。

思考题：

1. 法官职业道德基本特征如何？
2. 法官职业道德与法官个人道德区别何在？
3. 如何理解法官忠诚司法事业？
4. 如何理解法官保证司法公正？
5. 如何理解法官坚持司法为民？

拓展阅读

测试题及参考答案

第三章

检察官职业道德

第一节 检察官与检察制度

一、检察官

检察官是代表国家依法行使检察权的检察人员。鉴于检察官职责的重要性，我国于1995年专门出台《检察官法》，全面规定检察官职责、义务和权利、条件、任免、任职回避、等级、考核、培训、奖励、惩戒、工资保险福利、辞职辞退、退休、控告申诉等制度。该法于2001年6月30日和2017年9月1日两次被修正，2019年4月23日被较大幅度修订。根据最高人民检察院的权威解读，《检察官法》的立法、修改与施行，对于加强和规范检察官管理，促进检察官队伍正规化、专业化、职业化建设，提升检察队伍素质能力具有十分重要的意义。随着全面依法治国的深入推进，检察工作和检察官队伍建设面临新的形势，对检察队伍建设和管理体制提出了新的更高要求，确有必要进一步修改完善检察官法。[1]

第一，修改完善检察官法，是贯彻落实党中央重大决策部署，巩固深化司法体制改革成果的必然要求。党的十八大以来，以习近平同志为核心的党中央对深化司法体制改革和保障司法公正作出一系列重大决策部署，检察人员分类管理、员额制、检察官办案责任制等司法改革取得重大成果。修改检察官法，对于巩固改革成果，提高司法质量效率和公信力，具有十分重要的意义。

第二，修改完善检察官法，是推进检察队伍正规化、专业化、职业化建设的客观需要。党中央对政法队伍建设提出了新的要求。修改检察官法，对于提高检察队伍专业素养、职业保障和规范化管理水平，保障依法履职，具有十分重要的意义。

---

[1] 关于《检察官法》修订意义的表述，参见《检察官法修订草案权威解读》，载中国人大网 http://www.npc.gov.cn/npc/xinwen/lfgz/2017-12/27/content_2035502.htm，访问时间：2018年9月15日。

第三，修改完善检察官法，是完善中国特色社会主义法律体系的重要内容。近年来，《刑事诉讼法》《民事诉讼法》《行政诉讼法》相继得以修改完善，《人民检察院组织法》修订已取得阶段性成果。各项法律的修改紧密关联，相辅相成。《检察官法》的修改作为其中重要的一环，对完善中国特色社会主义法律体系具有十分重要的意义。

近年来，加强检察队伍建设是党中央和最高人民检察院共同关注的重要改革，中共中央印发《关于新形势下加强政法队伍建设的意见》，对包括检察队伍在内的政法队伍建设提出了加强思想政治建设、加强履职能力建设、加强纪律作风建设、加强政法领导班子和领导干部队伍建设、健全职业保障体系五个方面的具体要求。最高人民检察院通过《关于加强和改进新形势下检察队伍建设的意见》《关于认真贯彻落实中共中央〈关于新形势下加强政法队伍建设的意见〉全面推进检察队伍建设的实施意见》等文件，从加强思想政治建设、领导班子建设、人才队伍建设、专业化建设、职业化建设、纪律作风建设和反腐倡廉建设七个方面提出了新时期检察队伍的主要任务、工作措施和具体要求，这些政策都进一步落实在新修订的《人民检察院组织法》《检察官法》等法律文件中。

二、检察官的任职条件

检察官需要较高的综合素质，故而国家对检察官设置了较为严格的任职条件。

1995年通过的《检察官法》第10条规定了检察官任职的一般性条件，随着法治的进步，司法实践对检察官的要求越来越高，国家对检察官的任职门槛也提出了更高的要求，这就从"入口"较好地保证了检察官的专业素质水平。2019年修订的《检察官法》第12条规定："担任检察官必须具备下列条件：（一）具有中华人民共和国国籍；（二）拥护中华人民共和国宪法，拥护中国共产党领导和社会主义制度；（三）具有良好的政治、业务素质和道德品行；（四）具有正常履行职责的身体条件；（五）具备普通高等学校法学类本科学历并获得学士及以上学位；或者普通高等学校非法学类本科及以上学历并获得法律硕士、法学硕士及以上学位；或者普通高等学校非法学类本科及以上学历，获得其他相应学位，并具有法律专业知识；（六）从事法律工作满五年。其中获得法律硕士、法学硕士学位，或者获得法学博士学位的，从事法律工作的年限可以分别放宽至四年、三年；（七）初任检察官应当通过国家统一法律职业资格考试取得法律职业资格。适用前款第五项规定的学历条件确有困难的地方，经最高人民检察院审核确定，在一定期限内，可以将担任检察官的学历条件放宽为高等学校本科毕业。"

除了上述规定，法律还对某些情况下检察官的任职资格设置了禁止性条款。《检察官法》第13条规定，因犯罪受过刑事处罚的；被开除公职的；被吊销律师、公证员执业证书或者被仲裁委员会除名的；以及有法律规定的其他情形的，均不得担任检察官。第23条规定，检察官不得兼任人民代表大会常务委员会的组成人员，不得兼任行政机关、监察机关、审判机关的职务，不得兼任企业或者其他营利性组织、事业单位的职务，不得兼任律师、仲裁员和公证员。《检察官法》还规定了"任职回避"等条款，这也是对检察官任职的限制："检察官之间有夫妻关系、直系血亲关系、三代以内旁系血亲以及近姻亲关系的，不得同时担任下列职务：（一）同一人民检察院的检察长、副检察长、检察委员会委员；（二）同一人民检察院的检察长、副检察长和检察员；（三）同一业务部门的检察员；

(四)上下相邻两级人民检察院的检察长、副检察长。"第 25 条规定:"检察官的配偶、父母、子女有下列情形之一的,检察官应当实行任职回避:(一)担任该检察官所任职人民检察院辖区内律师事务所的合伙人或者设立人的;(二)在该检察官所任职人民检察院辖区内以律师身份担任诉讼代理人、辩护人,或者为诉讼案件当事人提供其他有偿法律服务的。"

出于公平正义的考量,法律对检察官离任后从业等问题进行了规范。《检察官法》第 37 条规定:"检察官从人民检察院离任后两年内,不得以律师身份担任诉讼代理人或者辩护人。检察官从人民检察院离任后,不得担任原任职检察院办理案件的诉讼代理人或者辩护人,但是作为当事人的监护人或者近亲属代理诉讼或者进行辩护的除外。检察官被开除后,不得担任诉讼代理人或者辩护人,但是作为当事人的监护人或者近亲属代理诉讼或者进行辩护的除外。"

三、检察官的任免

《检察官法》第 14 条规定:"初任检察官采用考试、考核的办法,按照德才兼备的标准,从具备检察官条件的人员中择优提出人选。人民检察院的检察长应当具有法学专业知识和法律职业经历。副检察长、检察委员会委员应当从检察官、法官或者其他具备检察官条件的人员中产生。"此外,《检察官法》还规定了从律师和法学教学研究人员中选拔检察官制度:"人民检察院可以根据检察工作需要,从律师或者法学教学、研究人员等从事法律职业的人员中公开选拔检察官。除应当具备检察官任职条件外,参加公开选拔的律师应当实际执业不少于五年,执业经验丰富,从业声誉良好,参加公开选拔的法学教学、研究人员应当具有中级以上职称,从事教学、研究工作五年以上,有突出研究能力和相应研究成果。"

根据最高人民检察院《关于深化检察改革的意见(2013—2017 年工作规划)》,我国对检察官的任免进行了重大修改,按照规划将实行检察人员分类管理。将检察人员划分为检察官、检察辅助人员和司法行政人员三类,完善相应的管理制度。建立检察官员额制度,合理确定检察官与其他人员的比例。2018 年《最高人民检察院工作报告》中写明,检察官、检察辅助人员、司法行政人员分类管理格局基本形成。检察官员额制全面推开,从原有 16 万名检察官中遴选出员额内检察官 8.7 万名,入额检察官全部配置在办案一线,实行员额动态管理。下一步,我国还将深化改革,充分吸收本轮司法体制改革中关于员额制、检察官单独职务序列、任职回避等成果,明确员额制和检察官单独职务序列管理,检察官等级分为 4 等 12 级,实行按期晋升、择优选升和特别选升,明确任职回避情形,完善辞退、降职等规定。目前,修订的《人民检察院组织法》已经将改革的成果法律化。《人民检察院组织法》第 40 条规定:"人民检察院的检察官、检察辅助人员和司法行政人员实行分类管理。"第 41 条规定:"检察官实行员额制。检察官员额根据案件数量、经济社会发展情况、人口数量和人民检察院层级等因素确定。最高人民检察院检察官员额由最高人民检察院商有关部门确定。地方各级人民检察院检察官员额,在省、自治区、直辖市内实行总量控制、动态管理。"

《关于深化检察改革的意见(2013—2017 年工作规划)》还提出适当提高初任检察官

的任职年龄、法律工作年限。根据检察院不同层级，设置检察官不同的任职条件。健全检察官统一招录、有序交流、逐级遴选机制。初任检察官由省级检察院统一招录，一律在基层检察院任职，上级检察院的检察官一般从下一级检察院的优秀检察官中遴选。建立检察官遴选委员会制度。建立从符合条件的律师、法学专家中招录检察官制度。建立军事检察官转任地方检察官衔接制度，畅通具备条件的军队转业干部进入检察队伍的通道。健全检察机关和法学教育研究机构人员的双向交流与互聘机制。上述构想在《人民检察院组织法》和《检察官法》修订时均已经落实。如，《人民检察院组织法》第42条规定："检察官从取得法律职业资格并且具备法律规定的其他条件的人员中选任。初任检察官应当由检察官遴选委员会进行专业能力审核。上级人民检察院的检察官一般从下级人民检察院的检察官中择优遴选。检察长应当具有法学专业知识和法律职业经历。副检察长、检察委员会委员应当从检察官、法官或者其他具备检察官、法官条件的人员中产生。检察官的职责、管理和保障，依照《中华人民共和国检察官法》的规定。"

《检察官法》第18条规定了检察官职务的任免权限和程序。最高人民检察院检察长由全国人民代表大会选举和罢免，副检察长、检察委员会委员和检察员，由检察长提请全国人民代表大会常务委员会任免。地方各级人民检察院检察长由地方各级人民代表大会选举和罢免，副检察长、检察委员会委员和检察员由检察长提请本级人民代表大会常务委员会任免。地方各级人民检察院检察长的任免，须报上一级人民检察院检察长提请本级人民代表大会常务委员会批准。省、自治区、直辖市人民检察院分院检察长、副检察长、检察委员会委员和检察员，由省、自治区、直辖市人民检察院检察长提请本级人民代表大会常务委员会任免。省级人民检察院和设区的市级人民检察院依法设立作为派出机构的人民检察院的检察长、副检察长、检察委员会委员和检察员，由派出的人民检察院检察长提请本级人民代表大会常务委员会任免。新疆生产建设兵团各级人民检察院、专门人民检察院的检察长、副检察长、检察委员会委员和检察员，依照全国人民代表大会常务委员会的有关规定任免。

《检察官法》第20条规定了应当依法提请免除检察官职务的情形："（一）丧失中华人民共和国国籍的；（二）调出所任职人民检察院的；（三）职务变动不需要保留检察官职务的，或者本人申请免除检察官职务经批准的；（四）经考核不能胜任检察官职务的；（五）因健康原因长期不能履行职务的；（六）退休的；（七）辞职或者依法应当予以辞退的；（八）因违纪违法不宜继续任职的。"法律还规定，对于不具备《检察官法》规定条件或者违反法定程序被选举为人民检察院检察长的，上一级人民检察院检察长有权提请本级人民代表大会常务委员会不批准。发现违反《检察官法》规定的条件任命检察官的，任命机关应当撤销该项任命；上级人民检察院发现下级人民检察院检察官的任命违反《检察官法》规定的条件的，应当要求下级人民检察院依法提请任命机关撤销该项任命。

四、检察机关工作人员的工作职责

检察官的工作职责原本与检察机关职能范围直接对接，但在人民检察院的检察官、检察辅助人员和司法行政人员实行分类管理之后，检察机关工作人员的工作职能有了更加清晰的划分。

检察官实行员额制管理。检察官员额根据案件数量、经济社会发展情况、人口数量和人民检察院层级等因素确定，在省、自治区、直辖市内实行总量控制、动态管理，优先考虑基层人民检察院和案件数量多的人民检察院办案需要。检察官员额出现空缺的，应当按照程序及时补充。

人民检察院的检察官助理在检察官指导下负责审查案件材料、草拟法律文书等检察辅助事务。符合检察官任职条件的检察官助理，经遴选后可以按照检察官任免程序任命为检察官。

人民检察院的书记员负责案件记录等检察辅助事务。

人民检察院的司法警察负责办案场所警戒、人员押解和看管等警务事项。司法警察依照《中华人民共和国人民警察法》管理。

人民检察院根据检察工作需要，可以设检察技术人员，负责与检察工作有关的事项。

五、检察官的权利与义务

检察官的义务与权利规定于《检察官法》中第二章"检察官的职责、义务和权利"。

《检察官法》第10条为义务条款："检察官应当履行下列义务：（一）严格遵守宪法和法律；（二）秉公办案，不得徇私枉法；（三）依法保障当事人和其他诉讼参与人的诉讼权利；（四）维护国家利益、社会公共利益，维护个人和组织的合法权益；（五）保守国家秘密和检察工作秘密，对履行职责中知悉的商业秘密和个人隐私予以保密；（六）依法接受法律监督和人民群众监督；（七）通过依法办理案件以案释法，增强全民法治观念，推进法治社会建设；（八）法律规定的其他义务。"

《检察官法》第11条为权利条款："检察官享有下列权利：（一）履行检察官职责应当具有的职权和工作条件；（二）非因法定事由、非经法定程序，不被调离、免职、降职、辞退或者处分；（三）履行检察官职责应当享有的职业保障和福利待遇；（四）人身、财产和住所安全受法律保护；（五）提出申诉或者控告；（六）法律规定的其他权利。"

检察官因工作需要，经单位选派或者批准，可以在高等学校、科研院所协助开展实践性教学、研究工作，并遵守国家有关规定。

除此之外，控告也是检察官的重要权利，根据《检察官法》第65条的规定，对于国家机关及其工作人员侵犯《检察官法》第11条规定的检察官权利的行为，检察官有权提出控告。行政机关、社会团体或者个人干涉检察官依法履行检察职责的，应当依法追究其责任。

对检察官处分或者人事处理错误的，应当及时予以纠正；造成名誉损害的，应当恢复名誉、消除影响、赔礼道歉；造成经济损失的，应当赔偿。对打击报复的直接责任人员，应当依法追究其责任。

六、检察官的考核与培训

考核是检察官日常管理的重要内容。对检察官的考核，由所在人民检察院组织实施。应当客观公正，实行平时考核和年度考核相结合。《检察官法》第42条规定："对检察官的考核内容包括：检察工作实绩、职业道德、专业水平、工作能力、工作作风。重点考核检察工作实绩。"年度考核结果分为优秀、称职、基本称职和不称职四个等次。考核结果作为调整检察官等级、工资以及检察官奖惩、免职、降职、辞退的依据。考核结果以书面形式通知检察官本人。检察官对考核结果如果有异议，可以申请复核。

为了让检察官的考核工作更加准确反映工作成绩，2019年修订的《检察官法》对考核主体等关键内容进行了重要完善，人民检察院设立检察官考评委员会，负责对本院检察官的考核工作。检察官考评委员会的组成人员为5—9人。检察官考评委员会主任由本院检察长担任。

培训是检察人员提升能力、保障检察工作顺利开展的必要组成部分。最高人民检察院在《关于深化检察改革的意见（2013—2017年工作规划）》中专门提出建立完善专业化的检察教育培训体系。具体措施包括：配合法律职业人员统一职前培训制度改革，建立预备检察官训练制度，提高检察官法律信仰、职业操守和职业能力。制定实施检察人员岗位素能基本标准，完善以检察教育培训机构体系、运行体系、课程体系、师资体系、管理体系为主要内容的检察教育培训体系。

根据《检察官法》的要求，我国目前对检察官应当有计划地进行理论培训和业务培训。检察官的培训，贯彻理论联系实际、按需施教、讲求实效的原则。国家检察官院校和其他检察官培训机构按照有关规定承担培训检察官的任务。检察官在培训期间的学习成绩和鉴定，作为其任职、晋升的依据之一。

七、检察官的奖励与惩戒

检察官在检察工作中有显著成绩和贡献的，或者有其他突出事迹的，应当给予奖励。《检察官法》第46条第1款规定了奖励的具体情形："检察官有下列表现之一的，应当给予奖励：（一）公正司法，成绩显著的；（二）总结检察实践经验成果突出，对检察工作有指导作用的；（三）在办理重大案件、处理突发事件和承担专项重要工作中，做出显著成绩和贡献的；（四）对检察工作提出改革建议被采纳，效果显著的；（五）提出检察建议被采纳或者开展法治宣传、解决各类纠纷，效果显著的；（六）有其他功绩的。"检察官的奖励按照有关规定办理。

惩戒委员会是2019年《检察官法》修订的重点内容之一。为了让惩戒行为更加规范，要求最高人民检察院和省、自治区、直辖市设立检察官惩戒委员会，并且"负责从专业角度审查认定检察官是否存在本法第四十七条第四项、第五项规定的违反检察职责的行为，提出构成故意违反职责、存在重大过失、存在一般过失或者没有违反职责等审查意见。检察官惩戒委员会提出审查意见后，人民检察院依照有关规定作出是否予以惩戒的决定，并给予相应处理"。

检察官惩戒委员会由检察官代表、其他从事法律职业的人员和有关方面代表组成，其中检察官代表不少于半数。

最高人民检察院检察官惩戒委员会、省级检察官惩戒委员会的日常工作，由相关人民检察院的内设职能部门承担。

在惩戒的基本程序上，检察官惩戒委员会审议惩戒事项时，当事检察官有权申请有关人员回避，有权进行陈述、举证、辩解。检察官惩戒委员会作出的审查意见应当送达当事检察官。当事检察官对审查意见有异议的，可以向惩戒委员会提出，惩戒委员会应当对异议及其理由进行审查，作出决定。

《检察官法》第47条规定了对检察官惩戒的具体情形，检察官有下列行为之一的，应当给予处分；构成犯罪的，依法追究刑事责任：（1）贪污受贿、徇私枉法、刑讯逼供的；（2）隐瞒、伪造、变造、故意损毁证据、案件材料的；（3）泄露国家秘密、检察工作秘密、商业秘密或者个人隐私的；（4）故意违反法律法规办理案件的；（5）因重大过失导致案件错误并造成严重后果的；（6）拖延办案，贻误工作的；（7）利用职权为自己或者他人谋取私利的；（8）接受当事人及其代理人利益输送，或者违反有关规定会见当事人及其代理人的；（9）违反有关规定从事或者参与营利性活动，在企业或者其他营利性组织中兼任职务的；（10）有其他违纪违法行为的。检察官的处分按照有关规定办理。

检察官涉嫌违纪违法，已经被立案调查、侦查，不宜继续履行职责的，按照管理权限和规定的程序暂时停止其履行职务。

八、检察官的辞职辞退

在出现法定条件时，检察官可以辞职、辞退，解除与检察机关的关系。《检察官法》第35条规定了检察官辞职的内容：检察官申请辞职，应当由本人提出书面申请，经批准后，依照法律规定的程序免除其职务。

辞退检察官应当依照法律规定的程序免除其职务。辞退检察官应当按照管理权限决定。辞退决定应当以书面形式通知被辞退的检察官，并列明作出决定的理由和依据。

九、检察官的保障与退休

2019年《检察官法》修订时对检察官的保障作出了较大修改。人民检察院设立检察官权益保障委员会，维护检察官合法权益，保障检察官依法履行职责。为了保障检察官的利益，《检察法官》第54条规定，除下列情形外，不得将检察官调离检察业务岗位，（1）按规定需要任职回避的；（2）按规定实行任职交流的；（3）因机构调整、撤销、合并或者缩减编制员额需要调整工作的；（4）因违纪违法不适合在检察业务岗位工作的；（5）法律规定的其他情形。

任何单位或者个人不得要求检察官从事超出法定职责范围的事务。对任何干涉检察官办理案件的行为，检察官有权拒绝并予以全面如实记录和报告；有违纪违法情形的，由有关机关根据情节轻重追究有关责任人员、行为人的责任。

《检察官法》还对检察官及其近亲属的尊严和安全进行了保护。法律明文规定检察官的职业尊严和人身安全受法律保护。任何单位和个人不得对检察官及其近亲属打击报复。对检察官及其近亲属实施报复陷害、侮辱诽谤、暴力侵害、威胁恐吓、滋事骚扰等违法犯罪行为的，应当依法从严惩治。

检察官因依法履行职责遭受不实举报、诬告陷害、侮辱诽谤，致使名誉受到损害的，人民检察院应当会同有关部门及时澄清事实，消除不良影响，并依法追究相关单位或者个人的责任。

检察官因依法履行职责，本人及其近亲属人身安全面临危险的，人民检察院、公安机关应当对检察官及其近亲属采取人身保护、禁止特定人员接触等必要保护措施。

检察官的工资保险福利以及退休制度等是检察官日常管理制度的重要内容，对此，我国法律法规均有明确规定。检察官实行与其职责相适应的工资制度，按照检察官等级享有国家规定的工资待遇，并建立与公务员工资同步调整机制。检察官实行定期增资制度。经年度考核确定为优秀、称职的，可以按照规定晋升工资档次。检察官享受国家规定的津贴、补贴、奖金、保险和福利待遇。检察官因公致残的，享受国家规定的伤残待遇。检察官因公牺牲、因公死亡或者病故的，其亲属享受国家规定的抚恤和优待。

检察官的退休制度，根据检察工作特点，由国家另行规定。检察官退休后，享受国家规定的养老保险金和其他待遇。

第二节 检察官职业道德概述

一、检察官职业道德的内涵解读

作为职业道德中的重要组成部分，检察官职业道德就是检察官在依法行使检察权的过程中，以公正为首要评价标准，依靠社会舆论、传统习惯和内心信念维系的，调整检察官之间、检察官与当事人之间以及检察官与社会其他主体之间关系的行为规范的总和。2016年《检察官职业道德基本准则》共有5条：第1条为坚持忠诚品格，永葆政治本色。第2条为坚持为民宗旨，保障人民权益。第3条为坚持担当精神，强化法律监督。第4条为坚持公正理念，维护法制统一。第5条为坚持廉洁操守，自觉接受监督。

二、加强检察官职业道德建设的背景

检察官职业道德是行为规范和道德要求的总和，既包括检察官在依法行使检察权的过程中，以公正为首要评价标准，依靠社会舆论、传统习惯和内心信念维系的，调整检察官之间、检察官与当事人之间以及检察官与社会其他主体之间关系的一切行为规范；也包括与检察官职业活动紧密联系，符合检察官职业特点要求的道德准则、道德情操、道德态度、道德品质的总体要求。检察官职业道德既是对检察官职业活动的行为要求，又是检察职业对社会所担负的道德责任与义务。

检察官职业道德建设的背景可以从以下几个方面分析。

（一）加强检察官职业道德建设是现实的需要

党的十九大报告对"道德"和"职业道德"建设尤为重视，有四个段落涉及"道德"和"职业道德"建设的内容。[1] 强调坚持依法治国和以德治国相结合，依法治国和

---

[1] 习近平：《决胜全面建成小康社会 夺取新时代中国特色社会主义伟大胜利——在中国共产党第十九次全国代表大会上的报告》，载《人民日报》2017年10月28日。

依规治党有机统一，深化司法体制改革，提高全民族法治素养和道德素质。要求全体人民在理想信念、价值理念、道德观念上紧紧团结在一起。深入挖掘中华优秀传统文化蕴含的思想观念、人文精神、道德规范，结合时代要求继承创新，让中华文化展现出永久魅力和时代风采。加强思想道德建设，深入实施公民道德建设工程，推进社会公德、职业道德、家庭美德、个人品德建设。可见，加强检察官职业道德建设，是党的十九大报告提出的职业道德建设的重要任务之一。

党的十八大报告10次提到"道德"一词：一些领域存在道德失范、诚信缺失现象。强调提高人民思想道德素质。全面提高公民道德素质，这是社会主义道德建设的基本任务。要坚持依法治国和以德治国相结合，加强社会公德、职业道德、家庭美德、个人品德教育，弘扬中华传统美德，弘扬时代新风。推进公民道德建设工程，弘扬真善美、贬斥假恶丑，引导人们自觉履行法定义务、社会责任、家庭责任，营造劳动光荣、创造伟大的社会氛围，培育知荣辱、讲正气、作奉献、促和谐的良好风尚。深入开展道德领域突出问题专项教育和治理，加强政务诚信、商务诚信、社会诚信和司法公信建设。加强和改进思想政治工作，注重人文关怀和心理疏导，培育自尊自信、理性平和、积极向上的社会心态。深化群众性精神文明创建活动，广泛开展志愿服务，推动学雷锋活动、学习宣传道德模范常态化。教育引导党员、干部牢固树立正确的世界观、权力观、事业观，坚定政治立场，明辨大是大非。抓好道德建设这个基础，教育引导党员、干部模范践行社会主义荣辱观，讲党性、重品行、作表率，做社会主义道德的示范者、诚信风尚的引领者、公平正义的维护者，以实际行动彰显共产党人的人格力量。

2014年10月23日，党的十八届四中全会通过的《中共中央关于全面推进依法治国若干重大问题的决定》（下称《决定》）中，"道德"一词出现13次，对检察官职业道德建设具有重要的指导意义。《决定》强调：坚持依法治国和以德治国相结合。国家和社会治理需要法律和道德共同发挥作用。必须坚持一手抓法治、一手抓德治，大力弘扬社会主义核心价值观，弘扬中华传统美德，培育社会公德、职业道德、家庭美德、个人品德，既重视发挥法律的规范作用，又重视发挥道德的教化作用，以法治体现道德理念、强化法律对道德建设的促进作用，以道德滋养法治精神、强化道德对法治文化的支撑作用，实现法律和道德相辅相成、法治和德治相得益彰。加强公民道德建设，弘扬中华优秀传统文化，增强法治的道德底蕴，强化规则意识，倡导契约精神，弘扬公序良俗。发挥法治在解决道德领域突出问题中的作用，引导人们自觉履行法定义务、社会责任、家庭责任。全面推进依法治国，必须大力提高法治工作队伍思想政治素质、业务工作能力、职业道德水准，着力建设一支忠于党、忠于国家、忠于人民、忠于法律的社会主义法治工作队伍，为加快建设社会主义法治国家提供强有力的组织和人才保障。规范律师执业行为，监督律师严格遵守职业道德和职业操守。

党的十八大提出，倡导富强、民主、文明、和谐，倡导自由、平等、公正、法治，倡导爱国、敬业、诚信、友善，积极培育和践行社会主义核心价值观。富强、民主、文明、和谐是国家层面的价值目标，自由、平等、公正、法治是社会层面的价值取向，爱国、敬业、诚信、友善是公民个人层面的价值准则，这24个字是社会主义核心价值观的基本内容。

可见，加强检察官职业道德建设是落实党的十八大、十八届四中全会、十九大精神的体现，是依法治国的必然要求。

2013年5月，最高人民检察院发布《关于加强和改进新形势下检察队伍建设的意见》，要求强化职业道德培育，把职业道德教育作为经常性思想教育的重要内容，深入学习、践行检察官职业道德基本准则、职业行为基本规范；开展职业精神、职业信仰教育，强化职业素质培育，建立和完善检察机关树立良好执法形象和加强执法公信力建设的措施制度；完善检察职业道德教育培训、监督制约、考核评价等长效机制，推动检察职业道德建设制度化、常态化、实效化。

（二）加强检察官职业道德建设是历史经验的总结

从历史的角度看，"百行德为首"，古往今来，历代统治者都十分重视司法职业道德建设。

中国历史上有政治头脑的封建统治者都懂得道德对权力的调节作用，认为道德是巩固其权力的一种手段。孔子讲过："为政以德。""政者，正也。子帅以正，孰敢不正？"[①]"其身正，不令而行；其身不正，虽令不从。"[②] 历代统治者，特别是一些开明的君主，从"国之乱臣，家之败子"的历史教训中，认识到"治国就是治吏"的重要性，从而强调把"德""功""能"作为选拔考核官吏的重要标准。各个朝代的统治者为维护其统治，都或多或少地对官吏的行为进行监控，采取奖励良吏、惩罚污吏的措施，使一些品德高尚、为官清廉的官吏励精图治，使一些品行恶劣、为官不正的贪官污吏有所收敛。[③] 在社会主义市场经济时代的今天，仍然要强调检察官职业道德，发挥检察官职业道德的调节作用，规范检察官的行为。

（三）加强检察官职业道德建设是解决人民检察工作主要矛盾的需要

党的十九大报告指出，中国特色社会主义进入新时代，我国社会主要矛盾已经转化为人民日益增长的美好生活需要和不平衡不充分的发展之间的矛盾。相应地，人民检察工作的主要矛盾就是人民群众日益增长的检察司法的需求同检察功能的发挥不平衡不充分的矛盾。这种矛盾具体可以表现为三个方面：一是"司法资源稀缺性"与"司法需求扩张性"之间的矛盾。二是"司法专业化"与"司法亲民化"之间的矛盾。三是"司法正当程序"与"诉讼成本"之间的矛盾。

矛盾的解决不能靠削弱人民群众对司法的期望，根本的办法就是通过深化改革强化司法功能，增强司法能力，提高司法水平。

深入开展职业道德建设，是检察队伍满足人民群众新期待、新要求的客观要求，加强检察官职业道德建设是社会公众的期望。广大社会公众当然希望检察权掌握在有道德、值得信赖的检察官手中，如果检察官职业道德高尚、值得信赖，社会公众就会从他身上逐步获得法律安全感；如果整个检察官群体都值得信赖，则可以逐步培养起社会的法律信仰，反之则会摧毁检察官的职业形象。司法公正的实现，当然需要法律法规和制度的保障，但

[①] 《论语·颜渊第十二》。
[②] 《论语·子路第十三》。
[③] 沈忠俊、刘同华编著：《司法职业道德》，中国政法大学出版社1999年版，第39—40页。

是，从检察司法的角度讲，法律毕竟是由检察官运用的，因此，司法公正的实现还必须有检察官职业道德作为支撑。只有"德""法"并用，双管齐下，司法公正才能真正实现。

(四) 加强检察官职业道德建设是推进检察队伍职业化建设的需要

2016年9月1日，最高人民检察院发布《"十三五"时期检察工作发展规划纲要》（下称《纲要》）。《纲要》提出：要推进基层队伍专业化职业化建设。加大省、市两级检察院直训基层检察人员力度，组织开展讲师团赴基层巡回培训活动。力争到2020年，基层检察官队伍中法律专业本科以上学历人员达到100%，研究生以上学历人员达到30%左右。健全基层优秀检察人才、少数民族地区检察人员跨地区、跨层级交流任职和挂职锻炼机制，出台鼓励优秀检察人才尤其高层次人才和急需专门人才到边远贫困地区基层检察院任职的优惠政策。开展"职业信仰在基层"等主题实践活动，加强职业信仰、职业精神、职业道德、职业纪律教育。

检察官职业道德建设对检察队伍建设具有重要意义。加强检察官职业道德建设是由检察官职业的特点决定的。随着检察官职业化进程的深化，检察官拥有的权力越来越大，如果没有相应的制约，将会是无法想象的。没有制约的权力必然导致腐败。对检察官检察权的制约，除了法律规定、法定途径的制约外，还需要道德的制约。法律规定是具有普遍适用性的，用于解决具体案件时，还需要检察官的解释，如何对这个弹性空间进行把握，检察官的道德起着非常重要的作用。司法工作不仅要具有合法性，还要具备合道德性，这是由法律和道德之间的一致性、互动性决定的。检察官不仅要具有渊博的法律知识和强烈的法律意识，还应具备良好的道德素质和道德能力，特别是在行使"检察裁量权"时，检察官包括道德意志力、道德判断力等因素在内的司法伦理道德水准就起着决定性作用，检察官只有严守职业道德，才能实现司法公正。

随着形势的发展，必须进一步提高检察官的素质，而提高检察官的职业道德水平是提高检察官素质的一项重要措施。职业道德水平提高了，个人的思想品德水平必然会提高，检察官的形象和公信力都会提高。

检察官职业道德建设对检察官职业具有重要意义。有检察官职业就有检察官职业道德，没有检察官职业道德，就不会有现代检察官职业。检察官职业道德对检察官职业的重要意义包括如下几个方面：

第一，检察官职业道德是检察官职业区别于其他职业的重要标志。《中华人民共和国职业分类大典》将我国职业归为8个大类、66个中类、413个小类、1838个细类（职业）。一个职业被称为职业的要件有职业活动、职业技能、职业知识、职业功能和职业地位、职业规范和职业道德等，职业道德决定着从事该职业的工作人员在工作中的努力程度、积极态度和奉献精神，是知识、技能和其他一切综合或特殊能力发挥的基本条件，是一个职业区别于其他职业的重要标志。作为检察官职业有其特殊的职业活动、职业技能、职业知识、职业功能、职业规范，同时也有其特殊的职业道德，如忠诚、公正、清廉、文明等。

第二，检察官职业道德是检察官职业的基本要素，也是检察官的基本素质。检察官职业道德是检察官知识体系的重要组成部分，检察官职业道德内化于心，对检察官的思维、决策、行为模式等起着十分重要的作用。2014年1月，习近平在中央政法工作会议上指出，政法机关要完成党和人民赋予的光荣使命，必须严格执法、公正司法。"公生明，廉生威。"要坚守职业良知、执法为民，教育引导广大干警自觉用职业道德约束自己，做到对群众深恶痛绝的事零容忍、对群众急需急盼的事零懈怠，树立惩恶扬善、执法如山的浩然正气。①

第三，检察官职业道德建设是检察官享有崇高社会地位的前提条件。"德不配位，必有灾殃"②。我们强调"厚德载物"，只有厚德才能承载万物。检察官只有职业道德高尚，社会美誉度高，得到社会的广泛认可，才能享有崇高的社会地位。

建设一支政治坚定、业务精通、作风优良、纪律严明的检察队伍，让人民群众对检察机关认可和信赖，树立检察机关的良好形象和执法公信力，关键还是要靠检察官的职业信念、职业素养、职业品德和职业风貌。

（五）加强检察官职业道德建设是反腐倡廉、促进司法公正的需要

检察官职业道德建设对治理司法腐败具有重要意义。我们都知道，司法腐败现象由来已久，而且现在仍然不时暴露一些司法腐败案件，我们的基本治国方略是依法治国，那么如果司法者出了问题，我们用什么办法治理呢？方法措施多种多样，其中有效的方法之一就是提高检察官职业道德水平。改革开放以来，我国经济发展很快，人民生活水平普遍得到了提高，但社会的道德水准却有普遍下降的趋势，官员腐败现象越来越严重，特别是司法腐败的现象，成为社会公众所关注和痛恨的问题。例如，检察机关作为法律监督机关和反腐败重要职能部门，自身是否清正廉洁，不仅关乎检察机关整体形象和检察公信力，而且影响案件公平公正，影响社会公平正义。因此，检察官要以社会主义核心价值观为根本的职业价值取向，不贪名，不贪利，严格自律，遵纪守法，拒腐防变。

加强检察官职业道德建设可以促进司法公正。"检察官是公平正义的守护者"③ 检察官的职业素质和道德素养高低直接决定了公平正义这一司法目标能否实现。制定检察官职业道德基本准则，规范检察官职业行为，提升检察官职业道德水平，是检察机关严格执法、公正司法的必然要求。检察官职业道德建设对推进检察队伍建设、全面提高检察官素质、树立检察官良好职业形象具有不可或缺的积极意义。

三、我国检察官职业道德建设的回顾与发展

（一）检察官职业道德建设的沿革

检察机关一贯高度重视检察官职业道德建设，检察官职业道德建设的发展可以分为三个阶段。

第一阶段：人民检察院建院以来到 2002 年，属于探索、摸索阶段。这一阶段，检察官职业道德的规范在《宪法》、《人民检察院组织法》、诉讼法（尤指《刑事诉讼法》）、

---

① 《习近平出席中央政法工作会议并发表重要讲话》，载《人民日报》2014 年 1 月 9 日。
② 《周易·系辞下》。
③ 于世平：《当法律监督排头兵，做公平正义守护者》，载《检察日报》2017 年 4 月 26 日。

检察官法以及最高人民检察院颁布的诸多操作规程等规范性文件中都有所体现。特别是1995年2月28日,第八届全国人大常委会第十二次会议审议通过了《中华人民共和国检察官法》,同年7月1日正式实施。《检察官法》明确规定,检察官必须忠实执行宪法和法律,全心全意为人民服务;担任检察官必须有良好的政治、业务素质和良好的品行。人民检察院依法独立行使检察权,保障司法公正,检察官应当履行下列义务:严格遵守宪法和法律;履行职责必须以事实为根据,以法律为准绳,秉公执法,不得徇私枉法;维护国家利益、公共利益,维护公民、法人和其他组织的合法权益;清正廉明,忠于职守,遵守纪律;保守国家秘密和检察工作秘密;接受法律监督和人民群众监督。检察官不得有下列行为:散布有损国家声誉的言论,参加非法组织,参加旨在反对国家的集会、游行、示威等活动,参加罢工;贪污受贿;徇私枉法;刑讯逼供;隐瞒证据或者伪造证据;泄露国家秘密或者检察工作秘密;滥用职权,侵犯公民、法人或者其他组织的合法权益;玩忽职守,造成错案或者给当事人造成严重损失;故意拖延办案,贻误工作;利用职权为自己或者他人谋取私利;从事营利性的经营活动;私自会见当事人及其代理人,接受当事人及其代理人的请客送礼;其他违法乱纪的行为。这些虽然不是以专门的规范性文件的形式规定,但都是对检察官职业道德的基本要求。

第二阶段:2002—2009年,为职业道德规范阶段。2002年,最高人民检察院制定了《检察官职业道德规范》和《人民检察院基层建设纲要》,2005年又出台了《关于进一步深化检察改革的三年实施意见》。其中,出台的《检察官职业道德规范》尤其具有文本价值,《检察官职业道德规范》全文内容仅包括如下内容:忠诚——忠于党、忠于国家、忠于人民,忠于事实和法律,忠于人民检察事业,恪尽职守,乐于奉献。公正——崇尚法治,客观求实,依法独立行使检察权,坚持法律面前人人平等,自觉维护程序公正和实体公正。清廉——模范遵守法纪,保持清正廉洁,淡泊名利,不徇私情,自尊自重,接受监督。严明——严格执法,文明办案,刚正不阿,敢于监督,勇于纠错,捍卫宪法和法律尊严。这些规定对规范检察人员职业行为,促进检察队伍建设发挥了重要作用,但也存在相对原则抽象、操作性不强的缺憾。

第三阶段:2009年以来,为职业道德《准则》阶段。2009年9月,《检察官职业道德基本准则(试行)》(下称《准则(试行)》)颁布,包括6章48条。2016年12月,最高人民检察院召开第十二届检察委员会第五十七次会议,通过了《检察官职业道德基本准则》(下称《准则》),要求全体检察官遵照执行,检察辅助人员参照执行。《准则》从印发之日起实施,《检察官职业道德基本准则(试行)》同时废止。[1]

需要特别说明的是,2019年4月23日,第十三届全国人民代表大会常务委员会第十次会议修订了《检察官法》,自2019年10月1日起施行《人民检察院组织法》已由第十三届全国人民代表大会常务委员会第六次会议于2018年10月26日修订通过,自2019年1月1日起施行。

(二)《准则》的重大发展

2016年11月,最高人民检察院第十二届检察委员会第五十七次会议,通过《中华人

---

[1] 徐盈雁:《最高检印发检察官职业道德基本准则》,载《检察日报》2016年12月5日。

民共和国检察官职业道德基本准则》。《准则》共有5条：第1条为坚持忠诚品格，永葆政治本色。第2条为坚持为民宗旨，保障人民权益。第3条为坚持担当精神，强化法律监督。第4条为坚持公正理念，维护法制统一。第5条为坚持廉洁操守，自觉接受监督。

1. 修订《准则（试行）》的考虑

修订《准则（试行）》主要基于以下三个方面考虑[①]：第一，这是深入贯彻以习近平同志为核心的党中央重要指示的重大举措。党的十八大以来，习近平对政法队伍建设和检察队伍建设作出了许多具有深远影响的重要指示，阐明了新形势下政法队伍建设和检察队伍建设一系列带有方向性、根本性的重大问题，为修订《准则（试行）》指明了方向。第二，这是适应司法体制改革新形势的现实需要。司法责任制确立检察官有职有权、相对独立的办案主体，如何保证检察权依法正确行使，除了加强监督制约外，更重要的是提升检察官职业道德修养。第三，这是推进检察队伍正规化、职业化、专业化的必然选择。长期以来，由于种种原因，我国检察队伍缺乏职业传统和职业气质，尤其在职业伦理、职业操守、职业精神等方面缺乏深厚积淀。推进检察官职业道德建设，有利于逐步形成检察官特有的职业传统和职业气质，加速提升检察队伍正规化、职业化、专业化水平。

2. 修订《准则（试行）》的原则

修订《准则（试行）》主要把握以下原则：一是以习近平重要论述为根本遵循。坚持把习近平关于"建设一支信念坚定、执法为民、敢于担当、清正廉洁的政法队伍"等重要论述结合检察工作实际从道德层面进行具体化，真正用习近平重要论述指导和统领检察官职业道德建设。二是紧扣"道德"。坚持道德与纪律分开，坚持正面倡导，树立高线，开列"正面清单"。三是突出"职业"。将个人品德、家庭美德、社会公德与职业道德区别开来，与职业无直接关系的道德不再列入。四是紧贴司法体制改革。深入研究司法体制改革特别是司法责任制改革对检察官职业道德提出的更高要求，坚持权力、责任与道德相统一，增加相关职业道德规范。五是坚持删繁就简。把握"准则"的定位，努力做到精准、简洁、凝练、易记。

3. 《准则》的主要修改内容

《准则》比《准则（试行）》在篇幅上大为减少，不仅是文字的精练，更是内涵的丰富和思想的提升。

一是体例有突破。《准则（试行）》采取章节结构，围绕忠诚、公正、清廉、文明独立成章，每一章细化为若干条。《准则》不分章节，一共5条，简洁明了地规定了忠诚、为民、担当、公正、廉洁的检察官职业道德基本要求，易记好懂。

二是内容有创新。核心内容由忠诚、公正、清廉、文明四个关键词调整为忠诚、为民、担当、公正、廉洁五个关键词，保留了忠诚、公正两个关键词，增加了为民、担当两个关键词，将清廉改为廉洁，体现了继承与发展的统一。

三是内涵有拓展。《准则（试行）》对检察官忠诚、公正、清廉、文明四个方面的基本职业道德要求进行了细化，在便于操作的同时，也难免有所疏漏。客观地说，随着检察机关职能任务的变化，检察官职业道德要求也应当随之调整。职业道德基本准则作为相对

---

① 徐盈雁：《职业道德流淌在每名检察官的血液里——最高检政治部负责人就〈中华人民共和国检察官职业道德基本准则〉答记者问》，载《检察日报》2016年12月6日。

固定的规范,如果规定得过细,就难以同步作出修改。《准则》通过概括性的表述,扩大了职业道德的内涵,较好地克服了这些弊端。

四是思想有提升。《准则》对《准则(试行)》的核心要义进行了提炼,不仅文字更加精准,思想也得到了新的提升。

四、检察官职业道德的基本要求

"忠诚、为民、担当、公正、廉洁"是检察官职业道德的基本要求。"忠诚",在强调忠于党、坚定维护以习近平同志为核心的党中央权威的基础上,突出忠于法律、信仰法治;"为民",突出让人民群众在每一个司法案件中都感受到检察机关在维护公平正义;"担当",突出敢于对司法执法活动进行监督,坚守防止冤假错案的底线;"公正",突出维护法制的统一、权威和尊严;"廉洁",突出监督者更要接受监督。

(一)忠诚

忠诚是检察官职业道德的基石。"坚持忠诚品格,永葆政治本色",旨在对检察官的"忠诚"道德作出明确规范,不仅高度概括了《准则(试行)》中的"五个忠于",而且涵盖了坚决维护以习近平同志为核心的党中央权威、坚持"四个自信"、严守政治纪律和政治规矩、强化"四个意识"等内容,落脚点放在"永葆政治本色",突出了检察官的政治属性。

1. 坚决维护以习近平同志为核心的党中央权威

党的十九大关于《中国共产党章程(修正案)》的决议指出[1],党的十八大以来,以习近平同志为主要代表的中国共产党人,顺应时代发展,从理论和实践结合上系统回答了新时代坚持和发展什么样的中国特色社会主义、怎样坚持和发展中国特色社会主义这个重大时代课题,创立了习近平新时代中国特色社会主义思想。习近平新时代中国特色社会主义思想是对马克思列宁主义、毛泽东思想、邓小平理论、"三个代表"重要思想、科学发展观的继承和发展,是马克思主义中国化最新成果,是党和人民实践经验和集体智慧的结晶,是中国特色社会主义理论体系的重要组成部分,是全党全国人民为实现中华民族伟大复兴而奋斗的行动指南,必须长期坚持并不断发展。在习近平新时代中国特色社会主义思想指导下,中国共产党领导全国各族人民,统揽伟大斗争、伟大工程、伟大事业、伟大梦想,推动中国特色社会主义进入了新时代。大会一致同意,在党章中把习近平新时代中国特色社会主义思想同马克思列宁主义、毛泽东思想、邓小平理论、"三个代表"重要思想、科学发展观一道确立为党的行动指南。大会要求全党以习近平新时代中国特色社会主义思想统一思想和行动,增强学习贯彻的自觉性和坚定性,把习近平新时代中国特色社会主义思想贯彻到社会主义现代化建设全过程、体现到党的建设各方面。我们要把习近平新时代中国特色社会主义思想作为自己的行动指南,坚定"两个维护",坚决维护习近平总书记党中央的核心、全党的核心地位,坚决维护党中央权威和集中统一领导。

---

[1] 《中国共产党第十九次全国代表大会关于〈中国共产党章程(修正案)〉的决议》,载《人民日报》2017年10月25日。

2. 坚持"四个自信",强化"四个意识"

高举中国特色社会主义伟大旗帜,坚定道路自信、理论自信、制度自信、文化自信,贯彻党的基本理论、基本路线、基本方略。用习近平新时代中国特色社会主义思想统一思想、统一行动,牢固树立政治意识、大局意识、核心意识、看齐意识,坚定维护以习近平同志为核心的党中央权威和集中统一领导。

3. 做到"五个忠于"

党的十八届四中全会通过的《中共中央关于全面推进依法治国若干重大问题的决定》指出:"全面推进依法治国,必须大力提高法治工作队伍思想政治素质、业务工作能力、职业道德水准,着力建设一支忠于党、忠于国家、忠于人民、忠于法律的社会主义法治工作队伍,为加快建设社会主义法治国家提供强有力的组织和人才保障。"

一个伟大的民族,只有首先具有了伟大的精神、高尚的品质,才谈得上伟大复兴。中华民族悠久灿烂的古代文明,给我们留下了取之不尽的精神财富。先辈们的人格魅力和品格素养经过千年的积淀,形成了今天中华民族伟大的精神和高尚的品格。这伟大的精神、高尚的品质,就是忠诚。

忠诚对于我们并不陌生。"忠"为尽职、尽责。子曰:"居之无倦,行之以忠。"意思是说在位的时候不要疲倦怠惰,执行政令时要保持忠心。为了民族的整体利益,为了国家的整体利益,"鞠躬尽瘁,死而后已",不惜牺牲自己的利益,甚至生命。"诚"为坦率、守约,言必信、行必果,襟怀坦白、光明磊落。所以,忠诚凝聚力量,忠诚焕发活力,忠诚促进社会和谐,忠诚确保社会明朗健康、蓬勃向上。

忠诚是人形成自我意识和世界观的主要内容。因此,一个国家需要忠诚,一个集体需要忠诚,一个组织需要忠诚,一个人需要忠诚。其中,国家的忠诚表现为:(1)国家对人民负责,具体体现为诚信守诺,维护人民利益;(2)人民对国家忠诚,具体体现为具有爱国主义精神和集体主义精神,自觉维护国家利益和社会和谐。一个国家,具有忠诚的品质,必定众志成城;一个集体,具有忠诚的品质,必定战无不胜、攻无不克;一个人,具有忠诚的品质,必定奋发有为。

忠诚是人走向信仰的前提,一个"忠",一个"诚",对国家的强盛和民族振兴起着基础性的作用。我国宋代著名史学家、政治家司马光在总结中国历代盛衰存亡的经验教训时说:"夫信者,人君之大宝也。国保于民,民保于信。非信无以使民,非民无以守国。是故古之王者不欺四海,霸者不欺四邻,善为国者不欺其民,善为家者不欺其亲。不善者反之:欺其邻国,欺其百姓,甚者欺其兄弟,欺其父子。上不信下,下不信上,上下离心,以至于败。"[1] 那么,国之兴于什么呢?司马光很赞同荀子的观点:"国者,天下之利势也。得道以持之,则大安也,大荣也,积美之源也","国者义立而王,信立而霸"。这里的"义立",就是对"义"的坚守,即"忠";这里的"信立",就是对"信"的坚守,即"诚"。"义"与"信"两者合起来就是忠诚。可见,在中国历史上,思想家们早就看到了忠诚的作用和力量。

在新时代中国特色社会主义制度下,忠诚是检察官职业道德的基石,也是检察官的职业本色。只有忠诚,才能不负党的重托,才能取信于人民。其内容包括以下几点:

---

[1] (北宋)司马光:《资治通鉴·周纪·卷二》。

（1）忠于党。中国共产党是中国工人阶级和中华民族的先锋队，代表中国先进生产力的发展要求，代表中国先进文化的前进方向，代表中国最广大人民的根本利益。忠于党是检察官的政治义务，要求检察官坚定共产主义信念，坚定对党的事业的信心，接受和服从党的领导，与党中央保持高度一致，始终遵循党的路线，自觉贯彻党的方针，坚决执行党的政策，努力维护党的声誉和检察工作的正确政治方向。

（2）忠于国家。2019年《检察官法》第2条规定，检察官是依法行使国家检察权的检察人员，包括最高人民检察院、地方各级人民检察院和军事检察院等专门人民检察院的检察长、副检察长、检察委员会委员和检察员。第7条规定，检察官对刑事案件进行审查逮捕、审查起诉，代表国家进行公诉。第10条规定，检察官应当维护国家利益、社会公共利益，维护个人和组织的合法权益，保守国家秘密和检察工作秘密，对履行职责中知悉的商业秘密和个人隐私予以保密。检察官要具有强烈的爱国主义精神，保持自尊、自信、自强的民族精神，依法忠实履行法律监督职能，切实维护国家利益和国家尊严，在任何情况下，不说有损于国家形象的话，不做有损于国家利益的事。

（3）忠于人民。《检察官法》第3条规定，检察官必须全心全意为人民服务。检察官手中的权力来自人民，也必须服务于人民。忠于人民，在思想上，就必须牢固地树立"人民利益高于一切"和"立检为公、执法为民"的观念；在行动上，必须始终把人民利益作为检察工作的出发点和落脚点，切实做到权为民所用、法为民所执、情为民所系、利为民所谋，为人民用好权，切实保障宪法和法律赋予人民的权利得到充分实现，为人民的工作、生产、学习和生活创造良好的法治环境。

（4）忠于宪法和法律。《检察官法》第3条规定，检察官必须忠实执行宪法和法律，维护社会公平正义，全心全意为人民服务。忠于法律必须首先做到忠于事实，落实到检察官的职务行为中，就是要注意查明并忠实于案件事实真相；处理案件，要切实做到事实清楚，证据确实、充分。忠于事实又必须同时忠于法律，要求检察官在查明事实真相的基础上，准确理解和执行法律，处理案件做到程序合法，适用法律无误，做到"以事实为根据，以法律为准绳"。"忠于法律"与"忠于事实"紧密联系，相辅相成，缺一不可。

（5）忠于人民检察事业，恪尽职守，乐于奉献。忠于人民检察事业，关键是要做到恪尽职守。这不仅要求为民执法时忠于职守、严肃认真、积极勇敢的工作态度，爱检敬业、勤奋工作、甘于奉献的工作精神，公正无私、尽心尽责、舍身护法的工作责任心，而且要求自觉维护检察权行使的正当性。牢固树立依法治国、执法为民、公平正义、服务大局、党的领导的社会主义法治理念，做中国特色社会主义事业的建设者、捍卫者和社会公平正义的守护者。

忠诚，不仅是一项重要的道德品质，还是一切美德的根基。只有培养忠诚的好习惯、好品德，才能成为一个值得信赖的人、一个可委以重任的人、一个富有职业成就的人。对于检察官来说，忠诚，既是检察官职业道德的第一项基本要求，也是一种决定职业责任感、敬业精神和职业成就的人格素质和政治品格。检察官只有保持高度的职业忠诚，树立对检察事业的责任感和使命感，才能做到敢于监督、善于监督，做到公正、廉洁、文明执法。

(二) 为民

检察权来源于人民，人民性是检察机关的根本属性，人民检察官首先承担的是对人民的责任。习近平强调指出，"要坚持司法为民，改进司法工作作风"①。党的十八大以来，党中央一再强调坚持以人民为中心的发展思想，要求司法机关恪守司法为民的职业良知。这些都要求在检察官职业道德中把"为民"突出出来。"坚持为民宗旨，保障人民权益"，旨在对检察官的"为民"道德作出明确规范，充分体现了习近平的指示精神，同时也涵盖了《准则（试行）》中"亲民为民利民便民""依法维护和保障诉讼当事人参与人及其他有关人员的合法权益"等内容，鲜明而简洁地强调了检察官的人民性。

1. 为人民服务的含义

《为人民服务》是毛泽东同志在1944年中央警卫团追悼张思德同志会议上的讲演稿，其核心就是确立为人民服务的宗旨。其具体内容主要包括：一是我们共产党是为人民的利益工作的。"我们的共产党和共产党所领导的八路军、新四军，是革命的队伍，我们这个队伍完全是为着解放人民的，是彻底地为人民的利益工作的。"二是树立正确的生死观。"为人民利益而死，就比泰山还重；替法西斯卖力，替剥削人民和压迫人民的人去死，就比鸿毛还轻；张思德同志是为人民利益而死的，他的死是比泰山还要重的。"三是与时俱进，修正错误，不断前进。"我们是为人民服务的，我们为人民的利益坚持好的，为人民的利益改正错的，我们这个队伍就一定会兴旺起来。"

2. 为人民服务作为我国检察官职业道德基本要求的依据

把为人民服务作为我国检察官职业道德的基本要求，可以从如下几个方面来分析：

首先，从讲政治的角度看。社会主义道德建设要以为人民服务为核心，在党的十九大报告中，"人民"二字一共出现了203次，直抵人心，激发共鸣。"不忘初心，牢记使命"是中国共产党人始终不变的心系人民的初心和情怀。"永远把人民对美好生活的向往作为奋斗目标"是党的十九大再次向人民作出的庄严承诺。② 为人民服务是社会主义道德的集中体现，也是社会主义权力道德的最基本原则。习近平在十九大报告中强调，全党一定要自觉维护党的团结统一，保持党同人民群众的血肉联系，中国共产党人的初心和使命，就是为中国人民谋幸福，为中华民族谋复兴。这个初心和使命是激励中国共产党人不断前进的根本动力。全党同志一定要永远与人民同呼吸、共命运、心连心，永远把人民对美好生活的向往作为奋斗目标。作为人民检察官，不仅应当悦纳为人民服务的道德原则，还要把全心全意为人民服务作为检验工作的试金石，时刻对照自己的行为，检验自己的思想，真正做到权为民所用。

其次，从职业特点看，服务是职业道德的一致性原则。各行各业都属于服务，我们的检察官是人民的检察官，检察官职业同样是服务，从检察官的产生、权力来源上就可以找到根据。我国《宪法》规定，检察机关都由人民代表大会产生，对它负责，受它监督。最高人民检察院对全国人民代表大会和全国人民代表大会常务委员会负责。地方各级人民

---

① 《习近平在中共中央政治局第四次集体学习时强调 依法治国依法执政依法行政共同推进 法治国家法治政府法治社会一体建设》，载《人民日报》2013年2月25日。

② 李海霞：《十九大代表热议报告：203次提到"人民"二字说明了什么》，载《人民日报》2017年10月20日。

检察院对产生它的国家权力机关和上级人民检察院负责。2019年《检察官法》第18条规定，最高人民检察院检察长由全国人民代表大会选举和罢免，副检察长、检察委员会委员和检察员，由检察长提请全国人民代表大会常务委员会任免。地方各级人民检察院检察长由本级人民代表大会选举和罢免，副检察长、检察委员会委员和检察员，由检察长提请本级人民代表大会常务委员会任免。地方各级人民检察院检察长的任免，须报上一级人民检察院检察长提请本级人民代表大会常务委员会批准。省、自治区、直辖市人民检察院分院检察长、副检察长、检察委员会委员和检察员，由省、自治区、直辖市人民检察院检察长提请本级人民代表大会常务委员会任免。省级人民检察院和设区的市级人民检察院依法设立作为派出机构的人民检察院的检察长、副检察长、检察委员会委员和检察员，由派出的人民检察院检察长提请本级人民代表大会常务委员会任免。新疆生产建设兵团各级人民检察院、专门人民检察院的检察长、副检察长、检察委员会委员和检察员，依照全国人民代表大会常务委员会的有关规定任免。通过人民的代议机构产生的检察院和检察官，当然要为人民服务。

最后，为人民服务是我国人民司法的优良传统和根本宗旨。自有人民司法以来，在中国共产党领导下，人民司法工作始终秉承为人民服务的宗旨，应当予以继承和发扬光大。

3. 为人民服务是检察官职业道德的基本要求

检察官在工作中贯彻为人民服务的基本要求，必须做到如下几点：

第一，牢固树立司法为民的理念。习近平在十九大报告中指出，坚持以人民为中心。人民是历史的创造者，是决定党和国家前途命运的根本力量。必须坚持人民主体地位，坚持立党为公、执政为民，践行全心全意为人民服务的根本宗旨，把党的群众路线贯彻到治国理政全部活动之中，把人民对美好生活的向往作为奋斗目标，依靠人民创造历史伟业。我国《宪法》"总纲"规定："中华人民共和国是工人阶级领导的、以工农联盟为基础的人民民主专政的社会主义国家。""中华人民共和国的一切权力属于人民。""人民依照法律规定，通过各种途径和形式，管理国家事务，管理经济和文化事业，管理社会事务。""国家行政机关、监察机关、审判机关、检察机关都由人民代表大会产生，对它负责，受它监督。"人民是国家的主人，人民检察院由人民的代议机构——人民代表大会产生，检察官由人民代表大会及其常务委员会任免，因此，检察院和检察官都必须维护人民的合法权益，全心全意为人民服务。

第二，树立正确的价值观、道德观，为人民服务应当成为人民检察官的基本价值观与人生的永恒追求。我国《公民道德建设实施纲要》明确要求，从我国历史和现实的国情出发，社会主义道德建设要坚持以为人民服务为核心，以集体主义为原则，为人民服务作为公民道德建设的核心，是社会主义道德区别和优越于其他社会形态道德的显著标志。它不仅是对共产党员和领导干部的要求，也是对广大群众的要求。每个公民不论社会分工如何、能力大小，都能够在本职岗位，通过不同形式做到为人民服务。在新时代，必须继续大张旗鼓地倡导为人民服务的道德观，把为人民服务的思想贯穿于各种具体道德规范之中。

第三，树立正确的权力观，真正代表人民掌好权、用好权。树立正确的权力观必须强化"公仆"意识。"公仆"意识实际就是党的宗旨意识。党的宗旨是全心全意为人民服务，因此权力就是为人民服务的工具，绝不能把手中的权力私有化甚至商品化。在任何时候、任何情况下,都要为人民掌好权,用好权。绝不允许以言代法、以权压法、逐利违法、徇私枉法。要加强对权力运行的制约和监督,让人民监督权力,让权力在阳光下运行,把权力关进制度的笼子。强化自上而下的组织监督,改进自下而上的民主监督,发挥同级相互监督作用,加强对党员领导干部的日常管理监督。

第四,做到"亲民为民利民便民"。强化群众观念,重视群众诉求,关注群众感受,依法维护和保障诉讼当事人、参与人及其他有关人员的合法权益。人民检察院和人民检察官要想人民群众之所想,急人民群众之所急,充分体现全心全意为人民服务的核心原则。人民检察官要用人民群众的利益来衡量自己的工作,以民为本、热爱人民、忠于人民、服务人民。检察官对工作要谨慎勤恳、不辞辛劳、任劳任怨,重视程序,一丝不苟,做到"亲民为民利民便民"。

(三) 担当

1. "担当"的含义

《朱子语类》曰"岂不可出来为他担当一家事?"唐顺之《与俞总兵虚江书》曰:"若夫为国家出气力,担当大任,有虚江辈在,山人可以安枕矣。"老舍《四世同堂》记载:"每一个有点知识的人都应当挺起胸来,担当这个重任。"可见,担当的基本意思就是敢于承担责任,有魄力。

2. 检察官"担当"的要求

(1) 敢于监督。我国《宪法》明确规定,人民检察院是国家的法律监督机关。人民检察院依照法律规定独立行使检察权,不受行政机关、社会团体和个人的干涉。法律监督是宪法赋予检察机关的基本职责。党的十八届四中全会通过的《中共中央关于全面推进依法治国若干重大问题的决定》强调检察机关加强对司法活动的监督。检察官作为专司法律监督职责的司法人员,如果对执法不严、司法不公问题不闻不问、当老好人,不敢监督、不愿监督,就失去了最起码的职业道德。因此,检察官要履行好职责,首先必须要有担当精神。

(2) 坚守防止冤假错案件底线。《准则》第3条要求"坚持担当精神,强化法律监督",旨在对检察官"担当"道德作出明确规范,充分体现了习近平反复强调的"敢于担当"要求,更加强调了担当的重要性,包含了勇于行使权力清单规定的决定权或其他权限、勇于承担司法责任、坚守防止冤假错案件底线等内容,更加突出时代特点和检察官职业特色,是对《准则(试行)》的重大突破,有着很强的现实针对性。

(3) 不搞"老好人主义",不"怕得罪人"。《人民日报》批评过这样一种现象:到基层调研采访,听闻有基层纪检干部在约谈出现苗头性问题的干部时,开场白便"直抒胸臆":"兄弟,对不住了,让我找你谈话是领导的意思。"还有的则说:"约谈你,是上级纪委的安排,请多理解。"这种以"领导"为托辞,搬"上级"当"救兵"的做法,实则是少数纪检干部极力撇清责任,努力装"老好人"的"障眼法"。约谈提醒、谈话函询本该严肃庄重,被约谈人也只有在严肃而又紧张的谈话氛围中才能红脸出汗,达到提神醒脑或悬崖勒马的效果。相反,如果谈话人一开始就撇清责任,谈话就可能纯粹沦为

"喝杯茶""聊聊天",也就自然达不到教育提醒干部的效果了。① 勇于担当,是共产党人自身应具备的鲜明特征。习近平指出,是否具有担当精神,是否能够忠诚履责、尽心尽责、勇于担责,是检验每一个领导干部身上是否真正体现了共产党人先进性和纯洁性的重要方面。承担重任,就应勇于担当、敢于作为,纪检干部必须在执纪问责、较真碰硬中淬炼本色。

(四) 公正

党的十九大报告指出,深化司法体制综合配套改革,全面落实司法责任制,努力让人民群众在每一个司法案件中感受到公平正义。公正是检察官职业道德的价值取向,是司法的生命,恪守客观公正义务是对检察官的根本要求。《准则》第4条,即"坚持公正理念,维护法制统一",旨在对检察官"公正"道德作出明确规范,涵盖了《准则(试行)》中正确行使检察权、遵守证据裁判规则、严格遵循法定程序、支持律师履行法定职责等内容,是对《准则(试行)》"公正"一章的高度凝练。

1. 对"公正"含义的学术探讨

公正是诉讼制度得以存在的不变基础,它历来为人类社会所追求和崇尚。自有诉讼制度以来,人类社会就为追求司法公正作出了不懈努力并付出了沉重的代价。

公正,在英语中对应的单词是 justice,该词具有公正、正义、正当、公平等含义。公正和正义在大多数情况下是同义语。"正义"一词来源于拉丁语 justitia,它是由 jus 一词演变而来的,从字面上看,它同样具有正直、公平、公正、不偏不倚等含义。

庞德 Pound、罗尔斯(Rawls)、博登海默(Bodenheimer)对公正或正义的论述分别选取了不同的角度,有一定的代表性。庞德指出:"在伦理上,我们可以把它看成一种个人美德或是对人类的需要或者要求的一种合理、公平的满足。在经济和政治上,我们可以把社会正义理解为一种与社会理想相符合,足以保证人们的利益与愿望的制度。在法学上,我们所讲的执行正义(执行法律)是指在政治上有组织的社会中,通过这一社会的法律来调整人与人之间关系及安排人们的行为,现代法哲学的著作家们也一直将它解释为人与人之间的理想关系。"② 博登海默认为:"如果用最为广泛和最为一般的术语来谈论正义,人们就可能会说,正义所关注的是如何使一个群体的秩序或社会的制度适合于实现其基本目的和任务……满足个人的合理需要和要求,并与此同时促进生产进步和社会内聚性的程度——这是维持文明社会生活方式所必需的——就是正义的目标。"③ 美国当代哲学家罗尔斯认为:"正义的主要问题是社会的基本结构,或者准确地说,是社会主要制度分配基本权利和义务,决定由社会合作产生的利益之划分的方式。"④ 可见,庞德是从哲学的角度,博登海默是从实体的角度,罗尔斯是从程序的角度对公正或正义分别进行论述的,由于思考角度的不同,只能揭示某一方面的内涵。

综合关于公正的各种理解,可以看出公正的基本内涵:公正是指人们之间权利或利益

---

① 孟祥夫:《人民日报批"兄弟对不住,找你谈话是领导意思"》,载《人民日报》2016年10月25日。
② [美] 罗·庞德:《通过法律的社会控制 法律的任务》,沈宗灵、董世忠译,商务印书馆1984年版,第55页。
③ [美] E. 博登海默:《法理学——法哲学及其方法》,邓正来、姬敬武译,华夏出版社1987年版,第238页。
④ [美] 约翰·罗尔斯:《正义论》,何怀宏等译,中国社会科学出版社1988年版,第5页。

的合理分配关系，如果人们之间的权利或利益分配——分配过程、分配方式和分配结果——是合理的，则被称为公正；反之，则被称为不公正。公正是指人们之间分配关系上的合理状态。① 本书同意这种观点，这一概括包含三层意思：一是高度抽象，即公正是指人们之间权利或利益的合理分配关系，是人们之间分配关系上的合理状态；二是程序公正，即人们之间的权利或利益的分配过程、分配方式的合理性；三是实体公正，即分配结果的合理性。公正就是这三个方面的有机统一。

关于司法公正，学术探讨同样十分热烈，呈现出见仁见智的状态，典型观点有如下几种：第一种典型观点是双重含义说。如王利明认为，所谓司法公正，分为实体的公正和程序的公正。就实体的公正而言，是指裁判在认定事实和适用法律方面都是正确的。对诉讼当事人的合法权益提供了充分的保障，并对违法犯罪者给予了应有的惩罚和制裁。所谓程序的公正，又称为形式的公正，是指司法程序必须符合公正、公开、民主、对当事人的诉讼权利的基本保护、切实保障检察官的独立公正以及充分体现效率的原则。同时，司法机关在检察活动中应依据国家法律规定的职权和程序，依法独立地行使检察权。② 第二种典型观点是分类说。何家弘认为，司法公正还包括一般的公正和个别的公正。所谓一般的公正，是指从全社会范围来看，司法所体现的公正性；所谓个别的公正，是指在个案的裁判中所体现的公正。一般而言，立法更注重一般的公正，而司法更注重个别的公正，因为一般民众往往是从个案的裁判结果中对司法公正问题作出评判的。正如他所指出的："如果从司法活动的总体上来看，一个法院办了一百个案子，其中只有一个错案，那么错案率是百分之一；但是如果就那件错案的当事人而言，他涉及的案件是一，错案也是一，错案率是百分之百。"③ 第三种典型观点是三重含义说。曹刚认为，正义理念具有三种具体形式，即分配正义、矫正正义和程序正义。④ 本节认为，司法公正是指诉讼构成之公正，即诉讼过程的公正和诉讼结果的公正两方面的有机结合，也就是程序公正和实体公正的结合。诉讼过程的公正即指诉讼程序的公正或正当，诉讼结果的公正也就是裁判公正、实体公正。上述三重含义说的分配正义和矫正正义可以划入实体公正，也可以纳入双重含义说。

2. 司法公正价值取向的重要作用

之所以把司法公正作为检察官职业道德建设的价值取向，是因为司法公正具有多方面的重要作用。

（1）司法公正对实体法律正义性的保障作用。如前所述，我国社会主义市场经济法律体系已经建立起来了，这些法律都是由全国人民代表大会及其常务委员会经过严格的立法程序制定的，它们体现和反映了全国人民的意志和要求，是公正和正义的集中体现。那么，如何把这些法律中的公正、正义以及对市场各主体合法利益的保护落到实处呢？司法是其中最重要的一种途径。马克思指出："审判程序和法律二者之间的联系如此密切，就像植物的外形和植物的联系，动物的外形和血肉的联系一样。审判程序和法律应该具有同样的精神，因为审判程序只是法律的生命形式，因而也是法律的内部生命的表现。"⑤ 在

---

① 陈桂明：《诉讼公正与程序保障——民事诉讼程序之优化》，中国法制出版社1996年版，第1—2页。
② 王利明：《司法改革研究》，法律出版社2001年版，第11—12页。
③ 何家弘：《司法公正论》，载《中国法学》1999年第2期。
④ 曹刚：《法律的道德批判》，江西人民出版社2001年版，第54—55页。
⑤ 《马克思恩格斯全集》第1卷，人民出版社1956年版，第178页。

诉讼中,"与以心证为核心的实体合成相对应,由诉讼行为构成的关于诉讼进行的作用机制称为程序合成,程序合成能够成为实体合成的基础和催化因素。……可以说:实体法正义是通过一环扣一环的程序行为链而逐步充实、发展的"。① 因此,司法是实现实体法正义的重要形式,只有公正的司法才能忠实地完整地体现实体法的正义性;反之,如果歪曲实体法的内涵和精神,则是司法不公的表现。所以,只有司法公正,才能不折不扣地实现我国法律中体现的全体人民的意志,保护主体的合法权益和全体人民的根本利益,因此,司法公正是实现实体法正义性的本质要求,公正的司法保障实体法律正义性的落实。

(2) 司法公正对检察官形象的提升作用。所谓检察官形象,是指检察官在社会公众心目中的印象、感受、评价和地位。检察官形象是检察官在长期的司法实践中形成的,是司法理想与目标、价值追求、意志品质、行动准则、司法效果、司法智慧、司法水平、司法公信以及检察官为追求司法公正而长期形成的健康向上的群体意识等因素的综合体现。其中,司法公正是树立、提升检察官形象的关键,司法公正的最大受益者是人民群众,司法不公的最大受害者也是人民群众,老百姓心中都有一杆秤,公正的司法会逐步提升检察官的形象,反之,司法不公则会损害检察官的形象。人民检察官应该以人民群众的根本利益为出发点,为民执法,公正司法。

(3) 司法公正对市场经济秩序的维系作用。诉讼属于法律的范畴,是上层建筑的重要组成部分,是由经济基础决定的。马克思曾明确指出:"社会不是以法律为基础的。""相反的,法律应该以社会为基础。法律应该是社会共同的,由一定物质生产方式所产生的利益和需要的表现……"② 同时,上层建筑对经济基础又有反作用。"政治、法、哲学、宗教、文学、艺术等等的发展是以经济发展为基础的。但是,它们又都互相作用并对经济基础发生作用。并非只有经济状况才是原因,才是积极的,其余一切都不过是消极的结果。"③ 把马克思主义关于经济基础与上层建筑相互关系的原理应用到司法工作上来,就是司法工作作为上层建筑的重要组成部分,一方面,它必须反映当代中国经济改革的实际和成果;另一方面,通过司法工作,又可以促进市场经济各项法律的贯彻落实,从而维系社会主义市场经济新秩序,促进其健康发展。

我国已形成了以宪法为核心和基础的,包括一系列有关国家机构的、民商的、刑事的、诉讼程序的、经济的、行政的重要法律在内的社会主义法律体系,这些法律构成了我国市场经济的骨架。但是,徒法不能自行,法律的生命在于它的实施,司法是法的实施的最重要的方式。通过司法工作落实市场经济法律,带动全社会自觉遵守法律,从而把各个市场主体的行为纳入社会主义市场经济法制的轨道。公正的司法增强了它自身的吸引力,大量的民事、经济案件的解决,使我国社会主义市场经济法律的触角深入到民事行为、经济行为的方方面面,使市场经济法律落到实处,从而保障、促进市场经济新秩序的建立、完善和发展;反之,如果司法不公,则会阻碍甚至破坏社会主义市场经济秩序。

(4) 司法公正对社会风气的引导作用。社会风气,是一定时期和一定范围内,大量社会成员相近或相同的思想意识、价值判断、行为意向、行为方式等的总称,或者说是社

---

① 季卫东:《法律程序的意义——对中国法制建设的另一种思考》,载《中国社会科学》1993年第1期。
② 《马克思恩格斯全集》第6卷,人民出版社1961年版,第291—292页。
③ 《马克思恩格斯选集》第4卷,人民出版社1995年版,第732页。

会成员的共同的行为模式。① 社会风气的好转需要全社会的共同努力，人民法院和人民检察院在其中扮演着重要的角色，因为司法具有最终解决纠纷的意义，司法是公正和正义的最终保障手段。如果司法工作中不正之风泛滥，将会对社会信心产生严重打击，进一步败坏社会风气。如果检察官在司法工作中正气凛然，司法公正，则对社会风气可以起到示范、感召和促进的作用，从而引导社会风气的好转。

总之，司法公正对司法活动具有基石作用，对实体法律正义具有保障作用，对检察官形象具有提升作用，对市场经济秩序具有维系作用，对社会风气具有引导作用，所以，我们要把司法公正作为检察官职业道德建设的价值取向加以确立。

3. 实现司法公正应当坚持的原则

（1）秉公办案原则。秉公办案要求检察官树立忠于职守、秉公办案的观念，坚守惩恶扬善、伸张正义的良知，保持客观公正、维护人权的立场，养成正直善良、谦抑平和的品格，培育刚正不阿、严谨细致的作风。

"树立忠于职守、秉公办案的观念"要求检察官有正确的职业素养和职业精神，忠于党、忠于国家、忠于人民、忠于宪法和法律、忠于人民检察事业，做到对自己的职业负责、对自己的良心负责、对社会负责、对广大人民群众负责，恪尽职守。"坚守惩恶扬善、伸张正义的良知，保持客观公正、维护人权的立场"要求检察官树立正确的职业立场，崇尚法治；坚持公民在法律面前一律平等，维护社会公平正义；尊重和保障人权，依法保证全体社会成员平等参与、平等发展的权利。"养成正直善良、谦抑平和的品格，培育刚正不阿、严谨细致的作风"则要求检察官树立正确的职业品德、职业态度以及职业作风，做到有法必依、严格执法、依法办案、文明办案。正如北京市原宣武区人民检察院民行处检察官董世敏要求自己始终做到"堂堂正正做人、清清白白处事、规规矩矩用权、真真诚诚社交"。强调检察官的政治素养，要求检察官严格要求自己，做到自觉、自律、自爱、自尊、自重，真正实现有利于促进工作、有利于凝聚队伍、有利于提升形象、有利于坚定方向、依法履职的目标。

（2）依法履行检察职责原则。检察官要依法履行检察职责，不受行政机关、社会团体和个人的干涉，敢于监督，善于监督，不为金钱所诱惑，不为人情所动摇，不为权势所屈服。

针对检察官开展检察工作容易发生问题的环节，在办案过程中比较薄弱的环节，如人情催使、物质诱惑、权力压迫等问题隐患，检察官在履行职责时必须严格自律、清正廉洁；淡泊名利，不徇私舞弊；杜绝耍特权、谋私利、徇私枉法，始终用自我监督和自觉接受监督的双重标准严格要求自己；在执法办案过程中遇到困难绝不退缩，依法履行职责。公正执法的理念不能扭曲，检察机关作为法律监督机关和反腐败重要职能部门，自身清正廉洁与否关系到检察机关整体形象和检察公信力。检察官自身腐败，不但会影响整个检察机关的形象，还会影响案件的公平公正以及社会的公平正义。党的十八届四中全会通过的《中共中央关于全面推进依法治国若干重大问题的决定》指出，司法公正对社会公正具有重要引领作用，司法不公对社会公正具有致命破坏作用；必须完善司法管理体制和司法权力运行机制，规范司法行为，加强对司法活动的监督，努力让人民群众在每一个司法案件

---

① 刘长海、杜时忠：《论转型期社会风气与美德培养的关系》，载《当代教育论坛》2006年第5期。

中感受到公平正义。这就要求检察官做到"一身正气,两袖清风",具体到不收受案件当事人及其亲友、案件利害关系人或者单位及其所委托的人以任何名义馈赠的任何礼品礼金等,真正成为公民利益的维护者和公平正义的捍卫者。

（3）回避原则。回避原则要求检察官自觉遵守法定回避制度,存在法定回避事由以外可能引起公众对办案公正产生合理怀疑的情形的,应当主动请求回避。

检察官的回避包括两类事由：一是法定回避事由。以《刑事诉讼法》为例,该法第29条规定,审判人员、检察人员、侦查人员有下列情形之一的,应当自行回避,当事人及其法定代理人也有权要求他们回避：① 是本案的当事人或者是当事人的近亲属的；② 本人或者他的近亲属和本案有利害关系的；③ 担任过本案的证人、鉴定人、辩护人、诉讼代理人的；④ 与本案当事人有其他关系,可能影响公正处理案件的。当检察官有法定回避事由时,检察官必须自行回避,当事人及其法定代理人也有权要求他们回避。二是法定回避事由以外的事由。此类事由不是法定回避事由,检察官可以申请回避也可以不回避。但由于此类事由可能引起公众对办案公正产生合理怀疑,检察官出于维护公正的需要,应当主动请求回避。

检察官作为法律的监督者,应当比被监督者更加公正,作为回避制度重要组成部分的检察官回避制度在刑事诉讼中具有深远的意义。

第一,检察官回避制度的确立有利于促进检察官依法办案,维护司法公平和正义。司法公正就意味着司法机关的各项制度、具体的司法行为及其结果所产生的社会效果和社会评价最大限度地体现了公众利益和社会利益,是全面性、科学性、制度性的,而非片面性、个别化、人为化的。司法体制应是公正的,也只有制度上的公正,才能保证行为和结果的公正。因此,司法机关必须从制度上保证其执法行为的公正,以确保司法行为和司法结果的公正。但是检察官具有双重人格身份：一方面代表国家行使司法监督权,对案件的侦查、审判、执行等全过程进行监督；另一方面,作为个人又参与广泛的社会关系,与社会具有千丝万缕的联系。人是感性和理性的结合体,难免受感情影响,所以法律特设检察官回避制度,禁止检察官在行使职权过程中遇到特定情形执行职务,以维护司法正义。实行检察官回避制度的根本目的,在于客观公正地处理案件,防止先入为主和徇私舞弊。因此,检察官回避制度是确保诉讼公正不可或缺的一项重要制度。正义包括实体正义和程序正义,回避制度对其都有裨益。首先,回避制度有利于实现诉讼的实体正义。众所周知,案件事实是过去发生过的客观事实,由于时间的不可逆性,人类探究逝去的往事,只能借助已经收集到的有关证据材料,依赖人们的逻辑思维能力和经验知识来判断。为了保证对案件判断的正确性,法律规定了一系列制度,即所谓的程序规则。回避制度就是其中一种,其功效发挥的基础在于隔离了可能带有倾向性观点、不能中立的裁判者,不允许或停止其参与刑事诉讼活动,从而避免某些人员基于主观偏向徇私舞弊、枉法裁判等,造成冤假错案。其次,回避制度有利于实现诉讼中的程序公正。程序公正和实体公正共同构成司法公正,是刑事诉讼追求的重要目标。程序公正有其独立的不依赖于实体公正的价值。回避制度的价值意义很大程度上体现于程序意义上的公正,回避制度实现了古老的法谚"正义不仅要实现,而且要以看见的方式实现"的理想。大众的正义感也因回避规则而得到满足。

第二,检察官回避制度有利于消除当事人的思想疑虑,公正程序的设计安排极大地增强了结果公正性的说服力。如果检察官有应当回避的情形而仍行使职权，即使案件得到公正的处理，也难以消除当事人对执法人员是否公正处理的怀疑，其直接结果是出现不必要的讼累和执行障碍，最终会损害公众对法院的信任和对法治的信心。

第三，检察官回避制度是与我国的人事制度相适应的，它的确立有利于推动检察院内部的科学管理。现代科学的人事管理目标在于通过严格、完善的管理制度，明确每个人的职、权、责，规范约束每个人的行为，充分调动和发挥每个人的积极性、主动性和创造性，进而使工作取得最佳效果。而在中国，亲属聚集于同一个单位，人事关系复杂等情况很是普遍，往往导致正常的组织原则受到侵蚀，单位的规章制度执行受阻，实行严格的科学管理步履维艰。检察官回避制度的确立，可以净化检察院内部的人际关系，促进检察院内部规章制度的顺利实施，推动检察院内部的科学管理。

第四，检察官回避制度的确立有利于提高检察队伍素质。实行检察官回避制度，可以打破检察官录用、任职、晋升方面的关系网，提高检察官录用、任职、晋升的公平性，进而提高检察官工作的积极性、主动性和创造性；同时，实施检察官回避制度可以使检察官排除亲属因素的干扰，全身心地投入工作，不断提高思想政治素质和业务素质。

第五，检察官回避制度有利于诉讼效率的提高。回避制度不仅使基本案件的处理更加合乎人们对诉讼效率所期望的基本目标，而且人们基于对裁判过程、结果的信赖和满意，使得上诉、抗诉、申诉现象大大减少，诉讼进程加快，司法成本降低，案件处理质量和数量也随之大幅度提高，节约了司法资源。①

综上，检察官回避制度是由我国诉讼理论和法律制度决定的，对于案件得到公正的判决有着重要的意义，因而有其存在的必要性。

（4）以事实为根据，以法律为准绳原则。检察官办案要以事实为根据，以法律为准绳，不偏不倚，不滥用职权和漠视法律，正确行使检察裁量权。这是检察官执行职务的基本要求。"以事实为根据"，即案件的处理应当以客观存在的事实为基础，忠于事实真相。这不但要求检察官必须客观、全面地调查收集证据，查明案件事实，防止主观臆断，还要求检察官敢于坚持真理，忠于事实真相。"以法律为准绳"，是指检察官在诉讼中必须严格遵守法律规定。检察机关应该在查明案件事实的基础上，以法律为尺度，衡量案件的具体事实和情节，按照法律的规定对案件作出正确处理。检察机关及其工作人员应严格按照《刑事诉讼法》规定的原则、制度和程序办案，在办案过程中，切实保障公民的人身权利。"不滥用职权和漠视法律"，即检察机关在起诉时应当遵循公平、公正的原则，不能武断，检察官必须正确地行使检察裁量权。

自从公诉制度产生以来，在刑事诉讼中，主要由国家专门机关（检察机关）取代私人以国家的名义或人民的名义行使追诉犯罪的职能。检察官是客观的法律守护人，这不仅要求检察官监督法院等其他司法机构实施法律，而且要求检察官自己在执行职务时严格遵守合法和客观义务。所谓检察官客观义务，是指检察官在执行职务过程中有义务保持客观公正的立场，要以客观事实为根据，既要注意不利于犯罪嫌疑人、被告人的证据、事实和法律，又要注意有利于犯罪嫌疑人、被告人的证据、事实和法律，要不偏不倚。② 这一概

---

① 张品泽：《外国刑事回避制度比较研究》，载《比较法研究》2004年第3期。
② 陈永生：《论检察官的客观义务》，载《人民检察》2001年第9期。

念最早确立于19世纪中后期的德国，德国一直把检察官作为审判前程序的主持人，和主持审判程序的法官一道被赋予"司法机关"的地位。之后，检察官客观义务传播至欧洲和亚洲其他大陆法系国家，继而影响到了英美法系国家的司法实践。联合国《关于检察官作用的准则》确认了检察官客观义务的基本内容。检察官客观义务在我国拥有充分的理论基础和明确的法律规定，是我国检察官应有的内在品质。

检察官履行客观义务的首要要求是检察官在执行职务中必须以事实为根据。检察官应当履行全面审查和忠实于事实真相的义务。我国有关法律文件也对检察官执行职务以事实为根据作出了规定。如《人民检察院刑事诉讼规则（试行）》第363条规定，人民检察院审查起诉案件，必须查明犯罪嫌疑人身份状况是否清楚，犯罪事实、情节是否清楚，是否具有从重、从轻、减轻或者免除处罚的情节，证据是否确实、充分，是否属于不应当追究刑事责任等十二个方面的情形。《刑事诉讼法》第53条规定，人民检察院起诉书必须忠实于事实真象。如果检察官不服从上述法律规范，应当受到制裁。《刑事诉讼法》第53条、第54条第4款规定，人民检察院起诉书"故意隐瞒事实真象的，应当追究责任"；"凡是伪造证据、隐匿证据或者毁灭证据的，无论属于何方，必须受法律追究"。2019年《检察官法》第47条规定，检察官隐瞒、伪造、变造、故意损毁证据、案件材料的，应当给予处分，构成犯罪的，依法追究刑事责任。

同时，检察官在执行职务时必须以法律为根据，具体指以《刑事诉讼法》和《刑法》为根据，不仅要求实体合法，还强调程序合法。"以事实为根据"和"以法律为准绳"两者紧密联系，相互依存，不能忽视其中任何一个方面。只有以事实为根据，才能查明案件真实情况，准确认定案件事实，并在此基础上正确适用法律，对案件作出正确处理。如果事实不清、情况不明，适用法律就无从谈起，"以法律为准绳"便失去意义。反之，如果忽视"以法律为准绳"，立案、起诉就没有标准，诉讼活动就难以进行；如果不严格遵守法律程序，不依法办案，案件事实就有可能查不清；如果不能以刑法为准绳，定罪量刑便失去标准，即使查明了案件事实，案件也得不到正确处理。所以，"以事实为根据"和"以法律为准绳"两者是一个统一整体，在检察官执行职务中必须全面贯彻执行。

4. 实现司法公正应当注意的问题

（1）严格遵守检察纪律。检察官要严格遵守检察纪律，不违反规定过问、干预其他检察官、其他人民检察院或者其他司法机关正在办理的案件，不私自探询其他检察官、其他人民检察院或者其他司法机关正在办理的案件情况和有关信息，不泄露案件的办理情况及案件承办人的有关信息，不违反规定会见案件当事人、诉讼代理人、辩护人及其他与案件有利害关系的人员。这是对检察机关工作人员工作的具体要求。保持检察工作的独立性，要求检察官在检察工作过程中，自始至终都要做到独立检察，检察工作人员之间不能相互干涉；检察工作人员同其他司法机关工作人员之间不能相互干涉。这对于检察工作的公正性具有十分重要的意义。

在我国，检察独立是在宪法中被明确规定的。《宪法》第136条规定："人民检察院依照法律规定独立行使检察权，不受行政机关、社会团体和个人的干涉。"可见，我国人民检察院的独立地位是由宪法保护的。党的十八届四中全会通过的《中共中央关于全面推进依法治国若干重大问题的决定》强调，任何组织和个人都必须尊重宪法法律权威，都必须在宪法法律范围内活动，都必须依照宪法法律行使权力或权利、履行职责或义务，都不得有超越宪法法律的特权；必须维护国家法制统一、尊严、权威，切实保证宪法法律有效实施，绝不允许任何人以任何借口任何形式以言代法、以权压法、徇私枉法；必须以规范和约束公权力为重点，加大监督力度，做到有权必有责、用权受监督、违法必追究，坚决纠正有法不依、执法不严、违法不究行为。宪法作为国家的根本大法，具有至高无上的权威，其内容涵盖了国家制度以及国家权力的分配。宪法赋予包括检察机关在内的一切司法机关对所有具有司法性质的问题的管辖权，并且，这种管辖权不因行政机关、社会团体以及个人的影响而发生变动。这就是司法独立的具体表现。但是，我国检察独立并不像西方国家那样完全的独立，而且也没有哪一个国家能真正做到检察绝对独立。我国的检察独立，是相对的独立。首先，中国各族人民都在中国共产党的领导下，进行社会主义建设。只有坚持党的领导，才能保证国家的社会主义性质，才能保持正确的社会主义建设方向，才能有稳定的社会环境，才能搞好社会主义建设。因此，党的领导具有必然性。人民检察机关属于国家机关，由人民产生，对人民负责。那么，人民检察机关必然要接受党的领导，这是由我国的国家性质决定的。

（2）提高案件质量。案件质量是衡量检察工作的重要标准，检察官要努力提高案件质量和办案水平，严守法定办案时限，提高办案效率，节约司法资源。党的十八届四中全会通过的《中共中央关于全面推进依法治国若干重大问题的决定》强调，明确各类司法人员工作职责、工作流程、工作标准，实行办案质量终身负责制和错案责任倒查问责制，确保案件处理经得起法律和历史检验。为落实检察官办案责任制，加强对检察官司法办案的监督管理，促进公正司法，最高人民检察院印发了《人民检察院案件质量评查工作规定（试行）》，对案件质量评查工作的定义、基本要求、评查方式、评查程序与结果运用等作出规定。该规定共5章29条，自2018年1月1日起试行。办案质量的评判应当围绕证据采信、事实认定、法律适用、办案程序等方面进行客观、公正、全面的评查，切实保证办案质量。

（3）实行过错责任追究制度。严格执行检察人员执法过错责任追究制度，对于执法过错行为，要实事求是，敢于及时纠正，勇于承担责任。《中共中央关于全面推进依法治国若干重大问题的决定》强调，完善主审法官、合议庭、主任检察官、主办侦查员办案责任制，落实谁办案谁负责。"检察官"的特殊称谓，饱含了人民群众对检察执法办案的期盼和要求，老百姓一方面希望检察机关能够保护自身的合法权益，另一方面也希望检察机关能够维护整个社会的公平正义。当前，各类社会矛盾增多，上访事件频发，说明老百姓心中有不满，有委屈，这其中也不乏涉检信访案件，其主要原因还在于执法办案有瑕疵，存在有不规范、不严谨、不到位的地方，也有个别的徇私枉法现象，导致部分老百姓对司法的不信任和对执法群体的不信赖，检察队伍的形象在群众心中打了折扣，最后造成很多正常的执法行为都遭受到不应有的质疑、猜测，甚至非议。要真正赢得人民群众的理解、信任和支持，提高执法公信力，就必须树立起老百姓对检察官职业的敬重感，对检察干警执法办案的认同感。执行检察人员执法过错责任追究制度，对提高办案质量、提高检察公信力具有重要意义。

（五）廉洁

廉洁是检察官职业道德的底线。习近平在十九大报告中要求树立清正廉洁的价值观，

《准则》也将《准则（试行）》中的"清廉"改为"廉洁"。廉洁是检察官履行法定职责的重要保障，也是检察官最基本的职业操守。《准则》第5条要求"坚持廉洁操守，自觉接受监督"，旨在对检察官"廉洁"道德作出明确规范，充分体现了习近平关于清正廉洁是好干部五项标准之一的思想，既涵盖了《准则（试行）》中的"负面清单"，又包含了监督者要接受监督、增强法纪意识等内容；将落脚点放在"自觉接受监督"，增强了针对性，是对《准则（试行）》"清廉"一章的发展和完善。将《准则（试行）》中的"清廉"改为"廉洁"，看似一字之差，实质上内涵更为丰富。

1. 检察官的廉洁及其根据

《中共中央关于全面推进依法治国若干重大问题的决定》强调，深入开展党风廉政建设和反腐败斗争，严格落实党风廉政建设党委主体责任和纪委监督责任，对任何腐败行为和腐败分子，必须依纪依法予以坚决惩处，决不手软。

廉洁是检察官职业道德的基本要求。所谓廉洁，是清廉洁白的意思，与贪污一词相对立。《楚辞·招魂》中说："朕幼清以廉洁兮。"东汉著名学者王逸注释为"不受曰廉，不污曰洁"①。可见，廉洁是指不受贿、不贪财、立身洁白。廉洁是中华民族的传统美德，我们常说"清介自守""清白无瑕""两袖清风""一尘不染"，赞美的就是廉洁的品德。

保持廉洁的根据可以从如下几个方面分析。②

首先，检察官保持清正廉洁是由我国社会主义的经济基础和人民检察官的人民性决定的。不同的时代，对检察官的要求是不一样的，检察官能否真正清正廉洁也不一样。中国历史上有些开明的君主出于维护封建统治阶级利益的需要，曾主张过为官清廉。《汉书》记载："孝文皇帝时，贵廉洁，贱贪污。"但是，封建社会的官吏当官多是为了发财，能在贪污成风、贿赂横行的封建官府中做到清正廉洁的只是凤毛麟角。在社会主义社会，权力的来源和性质决定着掌权者必须以清正廉洁的道德规范约束自己的行为，以保持社会主义权力的纯洁性。在当前社会主义市场经济的时代背景下，掌权者时时面临着金钱的诱惑与考验，如果没有清正廉洁的高尚节操，包括检察官在内的国家工作人员就很容易被金钱的"魅力"所吸引，成为金钱的奴隶和俘虏。其实，面对金钱诱惑的首要防线是自身心灵和道德的防线。如果掌权者（包括检察官）既有远大的抱负，又有高尚的节操，就必定能战胜金钱的诱惑，正确处理权力与金钱之间的关系，不受不贪，从而在广大人民群众心目中真正树立起清正廉洁的崇高形象。人民检察官应当牢固树立公仆意识，把检察权当作为人民服务的机会，而不是捞取好处甚至贪污受贿的条件。

其次，检察官保持清正廉洁是我国优秀的道德传统。"吏不畏吾严而畏吾廉，民不服吾能而服吾公。公则民不敢慢，廉则吏不敢欺。公生明，廉生威。"③ 这一古代《官箴》，真可谓字字警策，句句药石。古往今来，人们之所以景仰包公式的人物，原因之一就在于包公的公正清廉。现代检察官的道德修养，应当更加提高一层境界，加强修养，慎独自律，拒绝诱惑，清正廉洁。

最后，检察官保持清正廉洁具有广泛的社会意义。清正廉洁作为检察官职业道德的基

---

① 《楚辞·招魂》。
② 石先钰：《秉持清正廉洁 促进司法公正》，载《检察日报》2010年5月12日。
③ 刘建武主编：《廉洁从政：中华传统清廉文化与当代共产党人的廉洁操守》，人民出版社2018年版，第31页。

本要求，是调整检察官与当事人及各种物质利益、人际关系的道德规范，是检察官在政治上的坚定性、思想上的纯洁性的基础，是忠于党、忠于国家、忠于人民、忠于宪法和法律的保证。只有廉洁，处事公平，才能做老百姓的表率，才能得到人民的支持和拥护。检察官恪守职业道德是实现司法公正的重要基础，清正廉洁不仅可以促成司法公正的实现，还会对社会风气产生良好的影响。

2. 检察官廉洁原则的意义

一方面，检察官廉洁原则对于检察官提高职业道德素质具有一定的导向作用。如果仅依靠一些外在的约束力，很难保证所有检察官一直遵纪守法、严格自律，因为任何制度都不可能做到尽善尽美，都会被一些人钻空子。要让检察官能够一直遵纪守法，必须让检察官内心有所觉悟，有牢固坚定的价值观念。检察官廉洁原则能够帮助检察官树立正确的职业理想，正确把握国家和人民的要求，从内心出发自觉抵制各种不良思潮价值观念的影响，做一个为人民服务、清正廉洁的官员。

另一方面，检察官作为行使国家检察权、对其他权力进行监督的人，是建设法治社会的主力军。在检察官廉洁原则的引导下，检察官的职业道德素质会得到大大的提高，检察官会公正、高效、文明、廉洁执法，维护社会公正，并且能够以自己的行动为他人做榜样，教育更多的人清正廉洁。如此一来，把中国建设成社会主义法治国家也就指日可待了。

3. 检察官廉洁原则的实现

如何使检察官遵守廉洁原则？需要从以下几个方面入手：

第一，提高检察官职业道德素质。《中共中央关于全面推进依法治国若干重大问题的决定》指出，全面推进依法治国，必须大力提高法治工作队伍思想政治素质、业务工作能力、职业道德水准，着力建设一支忠于党、忠于国家、忠于人民、忠于法律的社会主义法治工作队伍，为加快建设社会主义法治国家提供强有力的组织和人才保障。所以，要使每位检察官都能遵守《准则》的规定，遵纪守法，廉洁自律，提高检察官的职业道德素质就显得十分必要。近年来，检察官的职业道德素质有了很大的提高，但仍落后于社会主义法治建设的要求，检察官职业道德素质不高的例子时有发生。提高检察官职业道德素质不是一项简单的工程，而是一个系统化的工程。

第二，要严格对检察官的学历要求。2019年《检察官法》规定，担任检察官必须具备的学历条件是：具备普通高等学校法学类本科学历并获得学士及以上学位；或者普通高等学校非法学类本科及以上学历并获得法律硕士、法学硕士及以上学位；或者普通高等学校非法学类本科及以上学历，获得其他相应学位，并具有法律专业知识。学历是任职资质的重要评判标准，我们要适当提高检察官任职的门槛，2019年《检察官法》规定的担任检察官的学历条件是实事求是的。

第三，提供完善的经济保障。综观一些检察官廉洁建设做得比较好的国家和地区，几乎都为检察官提供了一个非常完善的经济保障制度。为了保证检察官的公正廉洁，这些国家和地区普遍实行高薪制，十分注重对检察官的物质保障。在日本，最高检察厅检事总长的月薪为154.1万日元，一级检事的月薪为123.2万日元，检察官的平均工资高于公务员平均工资的 40%。在我国香港地区，律政司的检察官平均年薪在 60 万港元以上。① 在我国，由于种种原因并没有实行高薪制，然而借鉴国外的检察官高薪制是十分必要的。一方面，可以通过高薪来吸引许多优秀的法律人才，提高检察官的整体素质。长期以来，检察官的工资不高，导致许多有能力的法律人才选择去当律师，从而导致检察队伍人才流失。另一方面，高薪制度会让检察官增加工作的积极性，促使检察官珍惜这份来之不易的工作，从而严于律己，公正执法。检察官贪污腐败之事频发，固然与检察官的职业道德素质欠缺有关，但检察官的待遇过低也是其中重要原因之一。丰厚的待遇可以让检察官对生活没有后顾之忧，能够抵挡住金钱的诱惑，做到洁身自好。

第四，做到检察官廉洁的"五个不准"：(1) 不以权谋私。检察官不准以权谋私、以案谋利、借办案插手经济纠纷。检察官应秉持清正廉洁的情操，树立清廉意识，模范遵纪守法，不徇私情、淡泊名利、自尊自重、接受监督；要具有不为钱所诱、不为利所惑的坚定立场，做到"拒腐蚀，永不沾"，严格维护法律的公正性和权威性。(2) 不准利用职务便利谋取不正当利益。具体包括：不利用职务便利或者检察官的身份、声誉及影响，为自己、家人或者他人谋取不正当利益；不从事、参与经商办企业、违法违规营利活动，以及其他可能有损检察官廉洁形象的商业、经营活动；不参加营利性或者可能借检察官影响力盈利的社团组织。检察官应当明确自己的职务性质和内容，避免从事某些业外活动而给检察官的形象带来损害。(3) 不准收受各种非法利益。包括：不收受案件当事人及其亲友、案件利害关系人或者单位及其所委托的人以任何名义馈赠的礼品礼金、有价证券、购物凭证以及干股等；不参加其安排的宴请、娱乐休闲、旅游度假等可能影响公正办案的活动；不接受其提供的各种费用报销、出借的钱款、交通通信工具、贵重物品及其他利益。作为检察人员，应当秉着从严治检的态度进行检察工作。(4) 不兼任相关职务。2019 年《检察官法》第 23 条规定，检察官不得兼任人民代表大会常务委员会的组成人员，不得兼任行政机关、监察机关、审判机关的职务，不得兼任企业或者其他营利性组织、事业单位的职务，不得兼任律师、仲裁员和公证员。因为这些兼职都违反检察官的基本职责。(5) 不披露秘密。2019 年《检察官法》第 10 条规定，检察官应当保守国家秘密和检察工作秘密，对履行职责中知悉的商业秘密和个人隐私予以保密。第 47 条规定，检察官泄露国家秘密、检察工作秘密、商业秘密或者个人隐私的，应当给予处分；构成犯罪的，依法追究刑事责任。保守秘密是对检察官的职业道德要求，也是法律义务，违反相关规定要承担相应的纪律责任和法律责任。

第五，要遵守习近平为党员干部做人做事划出的"四条底线"。② "四条底线"包括法律底线、纪律底线、政策底线和道德底线。这里重点分析道德底线。关于道德底线，习近平指出，中国共产党始终代表着中国先进生产力的发展要求、中国先进文化的前进方向、中国最广大人民的根本利益。对党员和党的干部来说，不仅有明确的法律底线、纪律底线和政策底线要坚守，人民群众心中的道德底线也必须坚守。由数千年中华文明积淀而成的一般性社会公德就是党员干部必须坚守的道德底线，党员特别是党的干部的道德修养

---

① 肖扬主编：《当代司法体制》，中国政法大学出版社 1998 年版，第 340 页。
② 《习近平为党员干部做人做事划出的四条底线》，载人民网 http://politics.people.com.cn/nl/2016/0410/c1001-28264053.html，访问日期：2019 年 4 月 20 日。

应在社会公德的一般性要求之上，应该成为普通大众的道德标杆。"目失镜，则无以正须眉；身失道，则无以知迷惑。"① 中华民族崇德尚道。做官先做人，做人先立德；德乃官之本，为官先修德。《中国共产党廉洁自律准则》提出，中国共产党全体党员和各级党员领导干部必须自觉培养高尚道德情操，努力弘扬中华民族传统美德。党员要"坚持公私分明，先公后私，克己奉公"；"坚持崇廉拒腐，清白做人，干净做事"；"坚持尚俭戒奢，艰苦朴素，勤俭节约"；"坚持吃苦在前，享受在后，甘于奉献"。党员领导干部要"廉洁从政，自觉保持人民公仆本色"；"廉洁用权，自觉维护人民根本利益"；"廉洁修身，自觉提升思想道德境界"；"廉洁齐家，自觉带头树立良好家风"。习近平说："道德问题是做人的首要的基本问题。古人说'百行以德为首'，讲的就是这个道理。道德情操与生活情趣是密切联系在一起的。许多腐败分子走上犯罪道路，大多是从操守不严、品行不端、道德败坏开始的。"② 2014年5月，习近平在河南考察时指出："面对纷繁复杂的社会现实，党员干部特别是领导干部务必把加强道德修养作为十分重要的人生必修课，以严格标准加强自律、接受他律，努力以道德的力量去赢得人心、赢得事业成就。各级党组织要加强对党员干部的教育、管理、监督，用好选人用人考德这根杠杆，引导党员干部堂堂正正做人、老老实实干事、清清白白为官。"③ 党员干部必须用社会公德、职业道德、家庭美德等一系列道德规范来约束自己的言行，坚守最基本、最朴素的做人做事道德底线。习近平指出："全党同志特别是领导干部一定要讲修养、讲道德、讲廉耻，追求积极向上的生活情趣，养成共产党人的高风亮节，做到富贵不能淫、贫贱不能移、威武不能屈。"④ 习近平强调："在当前复杂的社会环境下，各级领导干部要加强思想道德修养，注重培养健康的生活情趣，正确选择个人爱好，慎重对待朋友交往，明辨是非，克己慎行，讲操守，重品行，时刻检点自己生活的方方面面，始终保持共产党人的政治本色。"⑤ 党员干部还要有官德，清清白白做官，踏踏实实做事。习近平指出："所谓官德，也就是从政道德，是为官当政者从政德行的综合反映，包括思想政治和品德作风等方面的素养。"⑥ 2016年3月4日，习近平在参加全国政协十二届四次会议的民建、工商联委员联组会时提出新型政商关系，对官德进行了具体化和深化。他强调："新型政商关系，概括起来说就是'亲''清'两个字。对领导干部而言，所谓'亲'，就是要坦荡真诚同民营企业接触交往，特别是在民营企业遇到困难和问题情况下更要积极作为、靠前服务，对非公有制经济人士多关注、多谈心、多引导，帮助解决实际困难。所谓'清'，就是同民营企业家的关系要清白、纯洁，不能有贪心私心，不能以权谋私，不能搞权钱交易。"⑦ 明底线、守底

---

① 《韩非子·观行》。
② 《习近平：党员干部要有高尚道德情操健康生活情趣》，载人民网 http://politics.people.com.cn/GB/1026/10401112.html，访问日期：2019年7月2日。
③ 《习近平：老老实实干事　清清白白为官》，载《每日商报》2014年5月11日。
④ 周宇：《习近平重回当年延安插队村庄》，载《北京青年报》2015年2月14日。
⑤ 《习近平为党员干部做人做事划出的四条底线》，载人民网 http://politics.people.com.cn/n1/2016/0410/c1001-28264053.html，访问日期：2019年4月20日。
⑥ 《习近平为党员干部做人做事划出的四条底线》，载人民网 http://politics.people.com.cn/n1/2016/0410/c1001-28264053.html，访问日期：2019年4月20日。
⑦ 《习近平为党员干部做人做事划出的四条底线》，载人民网 http://politics.people.com.cn/n1/2016/0410/c1001-28264053.html，访问日期：2019年4月20日。

线是党员干部修身正德、干事创业的必修课。习近平在党的十八届中央纪委二次全会上指出："只要能守住做人、处事、用权、交友的底线，就能守住党和人民交给自己的政治责任，守住自己的政治生命线，守住正确的人生价值观。"①

第三节 检察官职业责任

党的十九大明确提出了"全面依法治国是国家治理的一场深刻革命，必须坚持厉行法治，推进科学立法、严格执法、公正司法、全民守法"和"任何组织和个人都不得有超越宪法法律的特权，绝不允许以言代法、以权压法、逐利违法、徇私枉法"②的科学论断。自党的十八届三中全会以来，检察官职业道德建设在国家治理和检察改革体制中的地位日益突出。加强检察官职业道德建设必须与司法改革的价值目标相一致，与各项检察业务发展俱进，同时需要在新时期国情的基础上发展创新，在认罪认罚从宽、检察官员额制改革、国家监察体制改革等各项司法实践中建立起一套灵活性强、可操作性大、适用面广的职业道德保障机制。司法改革背景下的检察制度改革顺势呼之欲出，为检察权松绑的呼声也越来越高，在呼吁为检察权松绑的同时也需要有配套的监督、问责、惩戒制度，以切实推动建设公正、高效、权威的社会主义司法制度，全面推进检察官队伍建设。

一、检察官职业责任概述

检察官职业责任，是指检察官违反法律法规、职业道德规范和检察工作纪律所应当承担的不利后果，包括检察官执行职务中违纪行为的责任和检察官执行职务中犯罪行为的刑事责任两类。根据2019年《检察官法》第47条规定，检察官有下列行为之一的，应当给予处分；构成犯罪的，依法追究刑事责任：（1）贪污受贿、徇私枉法、刑讯逼供的；（2）隐瞒、伪造、变造、故意损毁证据、案件材料的；（3）泄露国家秘密、检察工作秘密、商业秘密或者个人隐私的；（4）故意违反法律法规办理案件的；（5）因重大过失导致案件错误并造成严重后果的；（6）拖延办案，贻误工作的；（7）利用职权为自己或者他人谋取私利的；（8）接受当事人及其代理人利益输送，或者违反有关规定会见当事人及其代理人的；（9）违反有关规定从事或者参与营利性活动，在企业或者其他营利性组织中兼任职务的；（10）有其他违纪违法行为的。

检察官职业责任的性质：

第一，检察官职业责任是一种义务性责任。从字面意义上来看，《现代汉语词典》对"责任"二字的解释为：一是分内应做的事；二是没有做好分内应做的事，因而应当承担的过失。据此，对责任的通常理解可以分为两层意义：一是指社会道德上，个体分内应做的事，如职责、尽责任、岗位责任等。二是指没有做好自己的工作而应承担的不利后果或强制性义务。可见，对于责任的阐释可分为两个层面：一是积极的，强调对职责或者义务

---

① 《习近平为党员干部做人做事划出的四条底线》，载人民网 http://politics.people.com.cn/nl/2016/0410/c1001-28264053.html，访问日期：2019年4月20日。
② 习近平：《决胜全面建成小康社会 夺取新时期中国特色社会主义伟大胜利——在中国共产党第十九次全国代表大会上的报告》，载《人民日报》2017年10月28日。

的履行，对行为的自控；二是消极的，侧重于行为脱轨后对不利后果的承担。毋庸置疑，检察官的责任首先是一种责任，通常来说既包括检察官职业责任范围内的应尽义务（主要内容包含在检察官职业伦理规范当中），也包括检察官在职务过程中因违法乱纪而应承担的不利后果。

第二，检察官职业责任是一种职业责任。一个人在纷繁的社会关系中所扮演的角色决定了他相应的角色责任，可以是亲情意义上的，可以是职业意义上的，也可以是社团意义上的，也还可以是公民意义上的。正是个人角色责任的切实履行，才使这些角色有血有肉，没有失去其存在的意义。① 毫无疑问，检察官的责任是一种职业责任，只有达到了与检察官这一职业相对应的要求，比如履行某些职责或义务，不从事某些有违身份的活动，才是完成了责任，才能与检察官这一身份相符，否则将承担不利益。

第三，检察官职业责任主要是法律责任。法律责任有广义和狭义之分，广义的法律责任指任何组织和个人均负有的遵守法律，自觉地维护法律尊严的义务；狭义的法律责任指违法者对违法行为所应承担的具有强制性的法律上的责任。法律责任同违法行为紧密相连，只有实施某种违法行为的人（包括法人），才承担相应的法律责任。承担法律责任的特点是：在法律上有明确具体的规定；由国家强制力保证其执行，由国家授权的机关依法追究法律责任、实施法律制裁，其他组织和个人无权行使此项权力。检察官职业责任，是检察官违反法律法规、职业道德规范和检察工作纪律所应当承担的不利后果，是一种法律责任。

二、检察官执行职务中违纪行为的责任

为增强检察人员"立检为公、执法为民"的自觉性，提高办案质量和执法水平，推动检察机关廉政建设、队伍建设，对检察官执行职务中的违纪行为应当追究责任。检察官执行职务中违纪行为的责任，是指检察官违反法律法规、职业道德规范和检察工作纪律所应当承受的纪律处分。《检察官法》《检察人员纪律处分条例》等对此作了全面的规定（见表3-1）。

（一）检察官执行职务中违纪行为责任的形式

根据2019年《检察官法》第47条规定，检察官有下列行为之一的，应当给予处分；构成犯罪的，依法追究刑事责任：① 贪污受贿、徇私枉法、刑讯逼供的；② 隐瞒、伪造、变造、故意损毁证据、案件材料的；③ 泄露国家秘密、检察工作秘密、商业秘密或者个人隐私的；④ 故意违反法律法规办理案件的；⑤ 因重大过失导致案件错误并造成严重后果的；⑥ 拖延办案，贻误工作的；⑦ 利用职权为自己或者他人谋取私利的；⑧ 接受当事人及其代理人利益输送，或者违反有关规定会见当事人及其代理人的；⑨ 违反有关规定从事或者参与营利性活动，在企业或者其他营利性组织中兼任职务的；⑩ 有其他违纪违法行为的。检察官的处分按照有关规定办理。而根据《检察人员纪律处分条例》第7条的规定，检察纪律处分分为：警告、记过、记大过、降级、撤职、开除。第8条规定，纪律处分期间分别为：（1）警

---

① 沈晓阳：《论责任的内涵、根据与原则》，载《重庆师院学报（哲学社会科学版）》2002年第1期。

告，6个月；(2) 记过，12个月；(3) 记大过，18个月；(4) 降级、撤职，24个月。

表 3-1 检察官执行职务违纪行为责任简表

责任种类	责任内容		
警告			
记过			
记大过			
降级	自处分的下个月起降低一个级别；级别为对应的国家公务员最低级别的，给予记大过处分		1. 在处分期间不得晋升职务、级别。2. 对于违纪行为所获得的经济利益，应当收缴或者责令退赔。3. 对于违纪行为所获得的职务、职称、学历、学位、奖励等其他利益，应当建议有关组织、部门、单位按规定予以纠正
撤职	受撤职处分的，在处分影响期内不得担任领导职务，自处分的下个月起按降低一个以上的职务层级重新确定非领导职务	在处分期间不得晋升工资档次	
撤职	办事员应当给予撤职处分的，给予降级处分		
撤职	受撤职处分的，可以同时撤销其行政职务和法律职务，也可以单独撤销其行政职务或者法律职务；对于担任两个以上行政职务的人员给予撤职处分的，其所担任的所有行政职务一并撤销		
开除	自处分生效之日起解除其与检察机关的人事关系，其行政职务、级别自然撤销		
开除	其法律职务依法罢免或者免除，不得再被录用为检察机关工作人员		

(二) 检察官执行职务中违纪行为责任的适用

检察官的权利和其他合法权益受法律保护。非因法定事由、非经法定程序，检察官不受纪律处分。执行检察纪律处分，应坚持实事求是的原则、纪律面前人人平等的原则、宽严相济的原则、惩戒与教育相结合的原则。对违反检察纪律的检察人员，应根据其违纪行为的事实、性质和情节，依照《检察人员纪律处分条例》的规定，给予纪律处分；情节轻微，经批评教育确已认识错误的，可以免予处分；情节显著轻微，不认为构成违纪的，不予处分。纪律处分决定作出后，应当在 1 个月内向受处分人所在单位及其本人宣布，并由干部人事管理部门按照干部管理权限将处分决定材料归入受处分人档案；对于受到降级以上处分的，还应当在 1 个月内办理职务、工资等相应变更手续。

1. 免予处分与不予处分

非因法定事由、非经法定程序，检察官不受纪律处分。情节轻微，经批评教育确已认识错误的，可以免予处分。情节显著轻微，不认为构成违纪的，不予处分。应当给予警告或者记过处分，又有减轻处分情形的，可以免予处分。

2. 纪律处分的作出

检察人员有贪污贿赂、渎职侵权等刑法规定的行为，涉嫌犯罪的，应当给予撤职或者开除处分；检察人员有刑法规定的行为，虽不构成犯罪或者不以犯罪论处，但须追究纪律责任的，应当视具体情节给予警告直至开除。警察人员有刑法规定的行为，虽不构成犯罪或者不以犯罪论处，但须追究纪律责任的，应当视具体情节给予警告直至开除处分。

（1）因犯罪被判处刑罚的，应当给予开除处分。因犯罪情节轻微，被检察院依法作出不起诉决定的，或者被法院免予刑事处罚的，给予降级、撤职或者开除处分。根据司法机关生效裁判、决定及其认定的事实、性质和情节，给予纪律处分。

（2）受到党纪处分或者行政处罚，应当追究纪律责任的，可以根据生效的党纪处分决定、行政处罚决定认定的事实、性质和情节，经核实后依照《检察人员纪律处分条例》规定给予纪律处分。

（3）纪律处分决定作出后，应当在1个月内向受处分人所在单位及其本人宣布，并由干部人事管理部门按照干部管理权限将处分决定材料归入受处分人档案；对于受到降级以上处分的，还应当在1个月内办理职务、工资等相应变更手续。

3. 从轻或者减轻纪律处分的情况

有下列情形之一的，依照《检察人员纪律处分条例》，可以从轻或者减轻处分：（1）主动交代本人应当受到纪律处分的问题的；（2）检举他人应当受到纪律处分或者法律追究的问题，经查证属实的；（3）主动挽回损失，消除不良影响或者有效阻止危害结果发生的；（4）主动上交违纪所得的；（5）有其他立功表现的。

《检察人员纪律处分条例》规定的只有开除处分一个档次的违纪行为，不适用减轻处分的规定。

4. 从重、加重纪律处分的情况

有下列情形之一的，依照《检察人员纪律处分条例》，应当从重或者加重处分：（1）在集中整治过程中不收敛、不收手的；（2）强迫他人违纪的；（3）本条例另有规定的。故意违纪受处分后又因故意违纪应当受到纪律处分的，应当从重处分。

5. 纪律处分的变更和解除

受处分人在处分期间获得三等功以上奖励的，可以缩短处分期间，但缩短后的期间不得少于原处分期间的1/2。

受处分人在处分期间，发现其另有应当受到纪律处分的违纪行为，应当根据新发现违纪行为的事实、性质、情节和已经作出的处分，重新作出处分决定，处分期间依照《检察人员纪律处分条例》第14条的规定重新计算，已经执行的处分期间应当从重新确定的处分期间中扣除。

受处分人在处分期间又犯应当受到纪律处分的违纪行为，应当依照前述规定重新作出处分决定，处分期间为原处分期间尚未执行的期间与新处分期间之和。处分人在处分期间确有悔改表现，处分期满后经所在单位或者部门提出建议，由处分决定机关作出解除处分的决定。

解除处分决定应当在1个月内书面通知受处分人，并在一定范围内宣布。

解除处分决定应当在作出后的 1 个月内，由干部人事管理部门归入受处分人档案。

解除降级、撤职处分，不得恢复原职务、级别和工资档次，但以后晋升职务、级别、工资档次不受原处分的影响。

（三）检察机关执行职务中违纪行为的责任

《检察人员纪律处分条例》规定了 17 种违反政治纪律的行为、16 种违反组织纪律的行为、25 种违反办案纪律的行为、24 种违反廉洁纪律的行为、7 种违反群众纪律的行为、19 种违反工作纪律的行为以及 6 种违反生活纪律的行为。

1. 违反政治纪律行为的责任

政治纪律是党的各级组织和全体党员在政治方向、政治立场、政治言论和政治行为方面必须遵守的行为规则，是维护党的团结统一的根本保证。在党的纪律中，政治纪律是最重要、最根本、最关键的纪律，是打头、管总的纪律，遵守党的政治纪律是遵守党的全部纪律的重要基础。党的十八大以来，党中央高度重视严明政治纪律和政治规矩。习近平多次强调："政治纪律是最重要、最根本、最关键的纪律，遵守党的政治纪律是遵守党的全部纪律的重要基础"，"严明党的纪律，首要的就是严明政治纪律"。[①] 检察官违反政治纪律行为责任的内容包括：

（1）通过信息网络、广播、电视、报刊、书籍、讲座、论坛、报告会、座谈会等方式，公开发表坚持资产阶级自由化立场、反对四项基本原则，反对党的改革开放决策的文章、演说、宣言、声明等的，给予开除处分。发布、播出、刊登、出版上述所列文章、演说、宣言、声明等或者为上述行为提供方便条件的，对直接责任者和领导责任者，给予记大过或者降级处分；情节严重的，给予撤职或者开除处分。

（2）通过信息网络、广播、电视、报刊、书籍、讲座、论坛、报告会、座谈会等方式，有下列行为之一，情节较轻的，给予警告、记过或者记大过处分；情节较重的，给予降级或者撤职处分；情节严重的，给予开除处分：① 公开发表违背四项基本原则，违背、歪曲党的改革开放决策，或者其他有严重政治问题的文章、演说、宣言、声明等的；② 妄议中央大政方针，破坏党的集中统一的；③ 丑化党和国家形象，或者诋毁、诬蔑党和国家领导人，或者歪曲党史、军史的。发布、播出、刊登、出版前款所列内容或者为上述行为提供方便条件的，对直接责任者和领导责任者，给予记过、记大过或者降级处分；情节严重的，给予撤职或者开除处分。

（3）制作、贩卖、传播《检察人员纪律处分条例》第 43 条、第 44 条所列内容之一的书刊、音像制品、电子读物、网络音视频资料等，情节较轻的，给予警告、记过或者记大过处分；情节较重的，给予降级或者撤职处分；情节严重的，给予开除处分。私自携带、寄递《检察人员纪律处分条例》第 43 条、第 44 条所列内容之一的书刊、音像制品、电子读物等入出境，情节较重的，给予警告、记过或者记大过处分；情节严重的，给予降级、撤职或者开除处分。

（4）组织、参加反对党的基本理论、基本路线、基本纲领、基本经验、基本要求或

[①] 中共中央纪律检查委员会、中共中央文献研究室编：《习近平关于严明党的纪律和规矩论述摘编》，中国方正出版社、中央文献出版社 2016 年版，第 18、30 页。

者重大方针政策的集会、游行、示威等活动的,或者以组织讲座、论坛、报告会、座谈会等方式,反对党的基本理论、基本路线、基本纲领、基本经验、基本要求或者重大方针政策,造成严重不良影响的,对策划者、组织者和骨干分子,给予开除处分。对其他参加人员或者以提供信息、资料、财物、场地等方式支持上述活动者,情节较轻的,给予警告、记过或者记大过处分;情节较重的,给予降级或者撤职处分;情节严重的,给予开除处分。对不明真相被裹挟参加,经批评教育后确有悔改表现的,可以免予处分或者不予处分。对未经组织批准参加其他集会、游行、示威等活动,情节较轻的,给予警告、记过或者记大过处分;情节较重的,给予降级或者撤职处分;情节严重的,给予开除处分。

(5)组织、参加旨在反对党的领导、反对社会主义制度或者敌视政府等组织的,对策划者、组织者和骨干分子,给予开除处分。对其他参加人员,情节较轻的,给予警告、记过或者记大过处分;情节较重的,给予降级或者撤职处分;情节严重的,给予开除处分。

(6)组织、参加会道门或者邪教组织的,对策划者、组织者和骨干分子,给予开除处分。对其他参加人员,情节较轻的,给予警告、记过或者记大过处分;情节较重的,给予降级或者撤职处分;情节严重的,给予开除处分。对不明真相的参加人员,经批评教育后确有悔改表现的,可以免予处分或者不予处分。

(7)搞团团伙伙、结党营私、拉帮结派、培植私人势力或者通过搞利益交换、为自己营造声势等活动捞取政治资本的,给予记过、记大过或者降级处分;情节严重的,给予撤职或者开除处分。

(8)有下列行为之一的,对直接责任者和领导责任者,给予记过、记大过或者降级处分;情节严重的,给予撤职或者开除处分:① 拒不执行党和国家的方针政策以及决策部署的;② 故意作出与党和国家的方针政策以及决策部署相违背的决定的;③ 擅自对应当由中央决定的重大政策问题作出决定和对外发表主张的。

(9)挑拨民族关系制造事端或者参加民族分裂活动的,对策划者、组织者和骨干分子,给予开除处分。对其他参加人员,情节较轻的,给予警告、记过或者记大过处分;情节较重的,给予降级或者撤职处分;情节严重的,给予开除处分。对不明真相被裹挟参加,经批评教育后确有悔改表现的,可以免予处分或者不予处分。有其他违反党和国家民族政策的行为,情节较轻的,给予警告、记过或者记大过处分;情节较重的,给予降级或者撤职处分;情节严重的,给予开除处分。

(10)组织、利用宗教活动反对党的路线、方针、政策和决议,破坏民族团结的,对策划者、组织者和骨干分子,给予撤职或者开除处分。对其他参加人员,情节较轻的,给予警告、记过或者记大过处分;情节较重的,给予降级或者撤职处分;情节严重的,给予开除处分。对不明真相被裹挟参加,经批评教育后确有悔改表现的,可以免予处分或者不予处分。有其他违反国家宗教政策的行为,情节较轻的,给予警告、记过或者记大过处分;情节较重的,给予降级或者撤职处分;情节严重的,给予开除处分。

(11)组织、利用宗族势力对抗党和政府,妨碍党和国家的方针政策以及决策部署的实施,或者破坏党的基层组织建设的,对策划者、组织者和骨干分子,给予撤职或者开除处分。对其他参加人员,情节较轻的,给予警告、记过或者记大过处分;情节较重的,给予降级或者撤职处分;情节严重的,给予开除处分。对不明真相被裹挟参加,经批评教育后确有悔改表现的，可以免予处分或者不予处分。

（12）对抗组织调查，有下列行为之一的，给予警告、记过或者记大过处分；情节较重的，给予降级或者撤职处分；情节严重的，给予开除处分：① 串供或者伪造、销毁、转移、隐匿证据的；② 阻止他人揭发检举、提供证据材料的；③ 包庇同案人员的；④ 向组织提供虚假情况，掩盖事实的；⑤ 其他对抗组织调查行为的。

（13）组织迷信活动的，给予降级或者撤职处分；情节严重的，给予开除处分。参加迷信活动，造成不良影响的，给予警告、记过或者记大过处分；情节较重的，给予降级或者撤职处分；情节严重的，给予开除处分。

对不明真相的参加人员，经批评教育后确有悔改表现的，可以免予处分或者不予处分。

（14）在国（境）外、外国驻华使（领）馆申请政治避难，或者违纪后逃往国（境）外、外国驻华使（领）馆的，给予开除处分。在国（境）外公开发表反对党和政府的文章、演说、宣言、声明等的，依照上述规定处理。故意为上述行为提供方便条件的，给予撤职或者开除处分。

（15）在涉外活动中，其言行在政治上造成恶劣影响，损害党和国家尊严、利益的，给予降级或者撤职处分；情节严重的，给予开除处分。

（16）领导干部对违反政治纪律和政治规矩等错误思想和行为放任不管，搞无原则一团和气，造成不良影响的，给予警告、记过或者记大过处分；情节严重的，给予降级或者撤职处分。

（17）有其他违反政治纪律和政治规矩行为的，应当视具体情节给予警告直至开除处分。

2. 违反组织纪律行为的责任

违反组织纪律行为，是指党的组织和党员违反党章、《关于党内政治生活的若干准则》和其他党内法规以及国家法律法规中所规定的有关党和国家组织工作方面的原则、规定和制度，依照党内法规的有关规定，应当受到党的纪律追究的行为。检察官违反组织纪律行为责任的内容包括：

（1）违反民主集中制原则，拒不执行或者擅自改变组织作出的重大决定，或者违反议事规则，个人或者少数人决定重大问题的，给予警告、记过或者记大过处分；情节严重的，给予降级或者撤职处分。

（2）下级检察机关拒不执行或者擅自改变上级检察机关决定的，对直接责任者和领导责任者，给予警告、记过或者记大过处分；情节严重的，给予降级或者撤职处分。

（3）拒不执行组织的分配、调动、交流等决定的，给予警告、记过、记大过或者降级处分。在特殊时期或者紧急状况下，拒不执行组织决定的，给予撤职或者开除处分。

（4）离任、辞职或者被辞退时，拒不办理公务交接手续或者拒不接受审计的，给予警告、记过或者记大过处分；情节较重的，给予降级或者撤职处分；情节严重的，给予开除处分。

（5）不按照有关规定或者工作要求，向组织请示报告重大问题、重要事项的，给予警告、记过或者记大过处分；情节严重的，给予降级或者撤职处分。不按要求报告或者不如实报告个人去向，情节较重的，给予警告、记过或者记大过处分。

（6）有下列行为之一，情节较重的，给予警告、记过或者记大过处分：① 违反个人有关事项报告规定，不报告、不如实报告的；② 在组织进行谈话、函询时，不如实向组织说明问题的；③ 不如实填报个人档案资料的。篡改、伪造个人档案资料的，给予记过或者记大过处分；情节严重的，给予降级或者撤职处分。

（7）领导干部违反有关规定组织、参加自发成立的老乡会、校友会、战友会等，情节严重的，给予警告、记过、记大过或者降级处分。

（8）诬告陷害他人意在使他人受纪律追究的，给予警告、记过或者记大过处分；情节较重的，给予降级或者撤职处分；情节严重的，给予开除处分。

（9）有下列行为之一的，给予警告、记过或者记大过处分；情节较重的，给予降级或者撤职处分；情节严重的，给予开除处分：① 对检察人员的批评、检举、控告进行阻挠、压制，或者将批评、检举、控告材料私自扣压、销毁，或者故意将其泄露给他人的；② 对检察人员的申辩、辩护、作证等进行压制，造成不良后果的；③ 压制检察人员申诉，造成不良后果的，或者不按照有关规定处理检察人员申诉的；④ 其他侵犯检察人员权利行为，造成不良后果的。对批评人、检举人、控告人、证人及其他人员打击报复的，依照上述规定从重或者加重处分。单位或者部门有上述行为的，对直接责任者和领导责任者，依照上述规定处理。

（10）有下列行为之一的，给予警告、记过或者记大过处分；情节较重的，给予降级或者撤职处分；情节严重的，给予开除处分：① 在民主推荐、民主测评、组织考察和选举中搞拉票、助选等非组织活动的；② 在法律规定的投票、选举活动中违背组织原则搞非组织活动，组织、怂恿、诱使他人投票、表决的；③ 在选举中进行其他违反法律和纪律规定活动的。

（11）在干部选拔任用工作中，违反干部选拔任用规定，对直接责任者和领导责任者，情节较轻的，给予警告、记过或者记大过处分；情节较重的，给予降级或者撤职处分；情节严重的，给予开除处分。用人失察失误造成严重后果的，对直接责任者和领导责任者，依照上述规定处理。

（12）违反有关规定在人员录用、考评考核、职务晋升和职称评定等工作中，隐瞒、歪曲事实真相，或者利用职权、职务上的影响为本人或者他人谋取利益的，给予警告、记过或者记大过处分；情节较重的，给予降级或者撤职处分；情节严重的，给予开除处分。弄虚作假、骗取职务、职级、职称、待遇、资格、学历、学位、荣誉或者其他利益的，依照上述规定处理。

（13）违反有关规定取得外国国籍或者获取国（境）外永久居留资格、长期居留许可，非法出境，或者违反规定滞留境外不归的，给予开除处分。

（14）违反有关规定办理因私出国（境）证件、港澳通行证、大陆居民来往台湾通行证，或者未经批准出入国（边）境，情节较轻的，给予警告、记过或者记大过处分；情节较重的，给予降级处分；情节严重的，给予撤职处分。

（15）在临时出国（境）团（组）中擅自脱离组织，或者从事外事、机要等工作的检察人员违反有关规定同国（境）外机构、人员联系和交往的，给予警告、记过、记大过、降级或者撤职处分。

（16）在临时出国（境）团（组）中脱离组织出走的，给予撤职或者开除处分。故意为他人脱离组织出走提供方便条件的，给予记过、记大过、降级或者撤职处分。

3. 违反办案纪律行为的责任

检察官办理案件中须严格执行办案纪律，如出现下列违反办案纪律的行为，将依法承担相应的法律责任。

（1）故意伪造、隐匿、损毁举报、控告、申诉材料，包庇被举报人、被控告人，或者对举报人、控告人、申诉人、批评人打击报复的，给予记过或者记大过处分；情节较重的，给予降级或者撤职处分；情节严重的，给予开除处分。

（2）泄露案件秘密，或者为案件当事人及其近亲属、辩护人、诉讼代理人、利害关系人等打探案情、通风报信的，给予记过或者记大过处分；造成严重后果或者恶劣影响的，给予降级、撤职或者开除处分。

（3）擅自处置案件线索、随意初查或者在初查中对被调查对象采取限制人身自由强制性措施的，给予记过或者记大过处分；情节较重的，给予降级或者撤职处分；情节严重的，给予开除处分。

（4）违反有关规定搜查他人身体、住宅，或者侵入他人住宅的，给予记过或者记大过处分；情节较重的，给予降级或者撤职处分；情节严重的，给予开除处分。

（5）违反有关规定采取、变更、解除、撤销强制措施的，给予记过或者记大过处分；情节较重的，给予降级或者撤职处分；情节严重的，给予开除处分。

（6）违反有关规定限制、剥夺诉讼参与人人身自由、诉讼权利的，给予警告、记过或者记大过处分；情节较重的，给予降级或者撤职处分；情节严重的，给予开除处分。

（7）违反职务犯罪侦查全程同步录音录像有关规定，情节较重的，给予警告、记过或者记大过处分；情节严重的，给予降级或者撤职处分。

（8）殴打、体罚虐待、侮辱犯罪嫌疑人、被告人及其他人员的，给予记过或者记大过处分；造成严重后果或者恶劣影响的，给予降级、撤职或者开除处分。

（9）采用刑讯逼供等非法方法收集犯罪嫌疑人、被告人供述，或者采用暴力、威胁等非法方法收集证人证言、被害人陈述的，给予记过或者记大过处分；情节较重的，给予降级或者撤职处分；情节严重的，给予开除处分。

（10）故意违背案件事实作出勘验、检查、鉴定意见的，给予降级或者撤职处分；情节严重的，给予开除处分。

（11）违反有关规定，有下列行为之一的，对直接责任者和领导责任者，给予记过或者记大过处分；情节较重的，给予降级或者撤职处分；情节严重的，给予开除处分：①在立案之前查封、扣押、冻结涉案财物的；②超范围查封、扣押、冻结涉案财物的；③不返还、不退还扣押、冻结涉案财物的；④侵吞、挪用、私分、私存、调换、外借、压价收购涉案财物的；⑤擅自处理扣押、冻结的涉案财物及其孳息的；⑥故意损毁、丢失涉案财物的；⑦其他违反涉案财物管理规定的。

（12）违反有关规定阻碍律师依法行使会见权、阅卷权、申请收集调取证据等执业权利，情节较重的，给予警告、记过或者记大过处分；情节严重的，给予降级或者撤职处分。

（13）违反有关规定应当回避而故意不回避，或者拒不服从回避决定，或者对符合回避条件的申请故意不作出回避决定的，给予警告、记过或者记大过处分；情节严重的，给予降级或者撤职处分。

（14）私自会见案件当事人及其近亲属、辩护人、诉讼代理人、利害关系人、中介组织，或者接受上述人员提供的礼品、礼金、消费卡等财物，以及宴请、娱乐、健身、旅游等活动的，给予记过或者记大过处分；情节较重的，给予降级或者撤职处分；情节严重的，给予开除处分。

（15）有重大过失，不履行或者不正确履行司法办案职责，造成下列后果之一的，给予警告、记过或者记大过处分；情节较重的，给予降级或者撤职处分；情节严重的，给予开除处分：① 认定事实、适用法律出现重大错误，或者案件被错误处理的；② 遗漏重要犯罪嫌疑人或者重大罪行的；③ 错误羁押或者超期羁押犯罪嫌疑人、被告人的；④ 犯罪嫌疑人、被告人串供、毁证、逃跑的；⑤ 涉案人员自杀、自伤、行凶的；⑥ 其他严重后果或者恶劣影响的。

（16）负有监督管理职责的检察人员因故意或者重大过失，不履行或者不正确履行监督管理职责，导致司法办案工作出现错误，情节较重的，给予警告、记过或者记大过处分；情节严重的，给予降级或者撤职处分。

（17）故意伪造、隐匿、损毁证据材料、诉讼文书的，给予降级或者撤职处分；情节严重的，给予开除处分。

（18）丢失案卷、案件材料、档案的，给予警告、记过或者记大过处分；情节严重的，给予降级或者撤职处分。

（19）违反有关规定，有下列行为之一的，给予记过或者记大过处分；情节较重的，给予降级或者撤职处分；情节严重的，给予开除处分：① 体罚虐待被监管人员的；② 私自带人会见被监管人员的；③ 给被监管人员特殊待遇或者照顾的；④ 让被监管人员为自己提供劳务的。

（20）违反有关规定对司法机关、行政机关违法行使职权或者不行使职权的行为不履行法律监督职责，造成严重后果或者恶劣影响的，给予警告、记过或者记大过处分；情节严重的，给予降级或者撤职处分。

（21）违反有关规定干预司法办案活动，有下列行为之一的，给予警告或者记过处分；情节较重的，给予记大过或者降级处分；情节严重的，给予撤职处分：① 在初查、立案、侦查、审查逮捕、审查起诉、审判、执行等环节为案件当事人请托说情的；② 邀请或者要求办案人员私下会见案件当事人或者其辩护人、诉讼代理人、近亲属以及其他与案件有利害关系的人的；③ 私自为案件当事人及其近亲属、辩护人、诉讼代理人传递涉案材料的；④ 领导干部授意、纵容身边工作人员或者近亲属为案件当事人请托说情的；⑤ 领导干部为了地方利益或者部门利益，以听取汇报、开协调会、发文件等形式，超越职权对案件处理提出倾向性意见或者具体要求的；⑥ 其他影响司法人员依法公正处理案件的。

（22）对领导干部违规干预司法办案活动、司法机关内部人员过问案件，两次以上不记录或者不如实记录的，给予警告或者记过处分；情节严重的，给予记大过处分。授意不记录、不如实记录的，依照上述规定处理。对如实记录的检察人员打击报复的，依照《检察人员纪律处分条例》第68条第2款处理。

（23）利用检察权或者借办案之机，借用、占用案件当事人、辩护人、诉讼代理人、利害关系人或者发案单位、证人等的住房、交通工具或者其他财物，或者谋取其他个人利益的，给予警告、记过或者记大过处分；情节较重的，给予降级或者撤职处分；情节严重的，给予开除处分。利用职权或者职务上的影响，借用、占用企事业单位、社会团体或者个人的住房、交通工具或者其他财物，给予警告、记过或者记大过处分；情节较重的，给予降级或者撤职处分；情节严重的，给予开除处分。

（24）违反办案期限或者有关案件管理程序规定，情节较重的，给予警告、记过或者记大过处分；情节严重的，给予降级或者撤职处分。

（25）有其他违反办案纪律规定行为的，应当视具体情节给予警告直至开除处分。

4. 违反廉洁纪律行为的责任

（1）利用职权或者职务上的影响为他人谋取利益，本人的配偶、子女及其配偶等亲属和其他特定关系人收受对方财物，情节较重的，给予警告、记过或者记大过处分；情节严重的，给予降级、撤职或者开除处分。

（2）相互利用职权或者职务上的影响为对方及其配偶、子女及其配偶等亲属、身边工作人员和其他特定关系人谋取利益搞权权交易的，给予警告、记过或者记大过处分；情节较重的，给予降级或者撤职处分；情节严重的，给予开除处分。

（3）纵容、默许配偶、子女及其配偶等亲属和身边工作人员利用本人职权或者职务上的影响谋取私利，情节较轻的，给予警告、记过或者记大过处分；情节较重的，给予降级或者撤职处分；情节严重的，给予开除处分。检察人员的配偶、子女及其配偶未从事实际工作而获取薪酬或者虽从事实际工作但领取明显超出同职级标准薪酬，检察人员知情未予纠正的，依照上述规定处理。

（4）收受可能影响公正执行公务的礼品、礼金、消费卡等，情节较轻的，给予警告、记过或者记大过处分；情节较重的，给予降级或者撤职处分；情节严重的，给予开除处分。收受其他明显超出正常礼尚往来的礼品、礼金、消费卡等的，依照上述规定处理。

（5）向从事公务的人员及其配偶、子女及其配偶等亲属和其他特定关系人赠送明显超出正常礼尚往来的礼品、礼金、消费卡等，情节较重的，给予警告、记过或者记大过处分；情节严重的，给予降级或者撤职处分。

（6）利用职权或者职务上的影响操办婚丧喜庆事宜，在社会上造成不良影响的，给予警告、记过或者记大过处分；情节严重的，给予降级或者撤职处分。在操办婚丧喜庆事宜中，借机敛财或者有其他侵犯国家、集体和人民利益行为的，依照前款规定从重或者加重处分，直至给予开除处分。

（7）接受可能影响公正执行公务的宴请或者旅游、健身、娱乐等活动安排，情节较重的，给予警告、记过或者记大过处分；情节严重的，给予降级或者撤职处分。

（8）违反有关规定取得、持有、实际使用运动健身卡、会所和俱乐部会员卡、高尔夫球卡等各种消费卡，或者违反有关规定出入私人会所、夜总会，情节较重的，给予警告、记过或者记大过处分；情节严重的，给予降级或者撤职处分。

（9）违反有关规定从事营利活动，有下列行为之一，情节较轻的，给予警告、记过或者记大过处分；情节较重的，给予降级或者撤职处分；情节严重的，给予开除处分：① 经商办企业的；② 拥有非上市公司（企业）的股份或者证券的；③ 买卖股票或者进行其他证券投资的；④ 兼任律师、法律顾问、仲裁员等职务，以及从事其他有偿中介活动的；⑤在国（境）外注册公司或者投资入股的；⑥其他违反有关规定从事营利活动的。利用职权或者职务上的影响，为本人配偶、子女及其配偶等亲属和其他特定关系人的经营活动谋取利益的，依照上述规定处理。违反有关规定在经济实体、社会团体等单位中兼职，或者经批准兼职但获取薪酬、奖金、津贴等额外利益的，依照上述规定处理。

（10）领导干部的配偶、子女及其配偶，违反有关规定在该领导干部管辖的区域或者业务范围内从事可能影响其公正执行公务的经营活动，或者在该领导干部管辖的区域或者业务范围内的外商独资企业、中外合资企业中担任由外方委派、聘任的高级职务的，该领导干部应当按照规定予以纠正；拒不纠正的，其本人应当辞去现任职务或者由组织予以调整职务；不辞去现任职务或者不服从组织调整职务的，给予撤职处分。领导干部或者在司法办案岗位工作的检察人员的配偶、子女及其配偶在其本人任职的检察机关管辖区域内从事案件代理、辩护业务的，适用上述规定处理。

（11）检察机关违反有关规定经商办企业的，对直接责任者和领导责任者，给予警告、记过或者记大过处分；情节严重的，给予降级或者撤职处分。

（12）领导干部违反工作、生活保障制度，在交通、医疗等方面为本人、配偶、子女及其配偶等亲属和其他特定关系人谋求特殊待遇，情节较重的，给予警告、记过或者记大过处分；情节严重的，给予降级或者撤职处分。

（13）在分配、购买住房中侵犯国家、集体利益，情节较轻的，给予警告、记过或者记大过处分；情节较重的，给予降级或者撤职处分；情节严重的，给予开除处分。

（14）利用职权或者职务上的影响，侵占非本人经管的公私财物，或者以象征性地支付钱款等方式侵占公私财物，或者无偿、象征性地支付报酬接受服务、使用劳务，情节较轻的，给予警告、记过或者记大过处分；情节较重的，给予降级或者撤职处分；情节严重的，给予开除处分。利用职权或者职务上的影响，将本人、配偶、子女及其配偶等亲属应当由个人支付的费用，由下属单位、其他单位或者他人支付、报销的，依照上述规定处理。

（15）利用职权或者职务上的影响，违反有关规定占用公物归个人使用，时间超过6个月，情节较重的，给予警告、记过或者记大过处分；情节严重的，给予降级或者撤职处分。占用公物进行营利活动的，给予警告、记过或者记大过处分；情节较重的，给予降级或者撤职处分；情节严重的，给予开除处分。将公物借给他人进行营利活动的，依照上述规定处理。

（16）违反有关规定组织、参加用公款支付的宴请、高消费娱乐、健身活动，或者用公款购买赠送、发放礼品，对直接责任者和领导责任者，情节较轻的，给予警告、记过或者记大过处分；情节较重的，给予降级或者撤职处分；情节严重的，给予开除处分。

（17）违反有关规定滥发津贴、补贴、奖金等，对直接责任者和领导责任者，情节较轻的，给予警告、记过或者记大过处分；情节较重的，给予降级或者撤职处分；情节严重的，给予开除处分。

（18）有下列行为之一，对直接责任者和领导责任者，情节较轻的，给予警告、记过或者记大过处分；情节较重的，给予降级或者撤职处分；情节严重的，给予开除处分：①用公款旅游、借公务差旅之机旅游或者以公务差旅为名变相旅游的；②以考察、学习、培训、研讨、参展等名义变相用公款出国（境）旅游的。

（19）违反公务接待管理规定，超标准、超范围接待或者借机大吃大喝，对直接责任者和领导责任者，情节较重的，给予警告、记过或者记大过处分；情节严重的，给予降级或者撤职处分。

（20）违反有关规定配备、购买、更换、装饰、使用公务用车或者有其他违反公务用车管理规定的行为，对直接责任者和领导责任者，情节较重的，给予警告、记过或者记大过处分；情节严重的，给予降级或者撤职处分。

（21）违反会议活动管理规定，有下列行为之一，对直接责任者和领导责任者，情节较重的，给予警告、记过或者记大过处分；情节严重的，给予降级或者撤职处分：① 到禁止召开会议的风景名胜区开会的；② 决定或者批准举办各类节会、庆典活动的。擅自举办评比达标表彰活动或者借评比达标表彰活动收取费用的，依照上述规定处理。

（22）违反办公用房管理规定，有下列行为之一，对直接责任者和领导责任者，情节较重的，给予警告、记过或者记大过处分；情节严重的，给予降级或者撤职处分：① 决定或者批准兴建、装修办公楼、培训中心等楼堂馆所，超标准配备、使用办公用房的；② 用公款包租、占用客房或者其他场所供个人使用的。

（23）搞权色交易或者给予财物搞钱色交易的，给予记过或者记大过处分；情节较重的，给予降级或者撤职处分；情节严重的，给予开除处分。

（24）有其他违反廉洁纪律规定行为的，应当视具体情节给予警告直至开除处分。

5. 违反群众纪律行为的责任

（1）在检察工作中违反有关规定向群众收取、摊派费用的，给予警告、记过或者记大过处分；情节严重的，给予降级、撤职或者开除处分。

（2）在从事涉及群众事务的工作中，刁难群众、吃拿卡要的，给予警告、记过或者记大过处分；情节严重的，给予降级、撤职或者开除处分。

（3）对群众合法诉求消极应付、推诿扯皮，损害检察机关形象，情节较重的，给予警告、记过或者记大过处分；情节严重的，给予降级或者撤职处分。

（4）对待群众态度恶劣、简单粗暴，造成不良影响，情节较重的，给予警告、记过或者记大过处分；情节严重的，给予降级或者撤职处分。

（5）遇到国家财产和人民群众生命财产受到严重威胁时，能救而不救，情节较重的，给予警告、记过或者记大过处分；情节严重的，给予降级、撤职或者开除处分。

（6）不按照规定公开检察事务，侵犯群众知情权，对直接责任者和领导责任者，情节较重的，给予警告、记过或者记大过处分；情节严重的，给予降级或者撤职处分。

（7）有其他违反群众纪律规定行为的，应当视具体情节给予警告直至开除处分。

6. 违反工作纪律行为的责任

（1）在工作中不负责任或者疏于管理，有下列情形之一的，对直接责任者和领导责任者，给予警告、记过或者记大过处分；造成严重后果或者恶劣影响的，给予降级、撤职或者开除处分：① 不传达贯彻、不检查督促落实党和国家，以及最高人民检察院的方针政策和决策部署，或者作出违背党和国家，以及最高人民检察院方针政策和决策部署的错误决策的；② 本系统和本单位发生公开反对党的基本理论、基本路线、基本纲领、基本经验、基本要求或者党和国家，以及最高人民检察院方针政策和决策部署行为的；③ 不正确履行职责或者严重不负责任，致使发生重大责任事故，给国家、集体利益和人民群众生命财产造成较大损失的。

（2）不履行全面从严治检主体责任或者履行全面从严治检主体责任不力，造成严重后果或者恶劣影响的，对直接责任者和领导责任者，给予警告、记过或者记大过处分；情节严重的，给予降级或者撤职处分。

（3）有下列行为之一，对直接责任者和领导责任者，情节较重的，给予警告、记过或者记大过处分；情节严重的，给予降级或者撤职处分：① 检察人员违反纪律或者法律、法规规定，应当给予纪律处分而不处分的；② 纪律处分决定或者申诉复查决定作出后，不按照规定落实决定中关于受处分人职务、职级、待遇等事项的；③ 不按照干部管理权限对受处分人开展日常教育、管理和监督工作的。

（4）因工作不负责任致使所管理的人员叛逃的，对直接责任者和领导责任者，给予警告、记过或者记大过处分；情节严重的，给予降级或者撤职处分。因工作不负责任致使所管理的人员出走，对直接责任者和领导责任者，情节较重的，给予警告、记过或者记大过处分；情节严重的，给予降级或者撤职处分。

（5）在上级单位检查、视察工作或者向上级单位汇报、报告工作时对应当报告的事项不报告或者不如实报告，造成严重后果或者恶劣影响的，对直接责任者和领导责任者，给予警告、记过或者记大过处分；情节严重的，给予降级或者撤职处分。

（6）违反有关规定干预和插手市场经济活动，有下列行为之一，造成不良影响的，给予警告、记过或者记大过处分；情节较重的，给予降级或者撤职处分；情节严重的，给予开除处分：① 干预和插手建设工程项目承发包、土地使用权出让、政府采购、房地产开发与经营、矿产资源开发利用、中介机构服务等活动的；② 干预和插手国有企业重组改制、兼并、破产、产权交易、清产核资、资产评估、资产转让、重大项目投资以及其他重大经营活动等事项的；③ 干预和插手经济纠纷的；④ 干预和插手集体资金、资产和资源的使用、分配、承包、租赁等事项的；⑤ 其他违反有关规定干预和插手市场经济活动的。

（7）违反有关规定干预和插手执纪执法活动，向有关地方或者部门打招呼、说情，或者以其他方式对执纪执法活动施加影响，情节较轻的，给予记过或者记大过处分；情节较重的，给予降级或者撤职处分；情节严重的，给予开除处分。违反有关规定干预和插手公共财政资金分配、项目立项评审、奖励表彰等活动，造成严重后果或者恶劣影响的，依照前款规定处理。

（8）泄露、扩散、窃取关于干部选拔任用、纪律审查等尚未公开事项或者其他应当保密的信息的，给予警告、记过或者记大过处分；情节较重的，给予降级或者撤职处分；情节严重的，给予开除处分。

（9）在考试、录取工作中，有泄露试题、考场舞弊、涂改考卷、违规录取等违反有关规定行为的，给予警告、记过或者记大过处分；情节较重的，给予降级或者撤职处分；情节严重的，给予开除处分。

（10）以不正当方式谋求本人或者他人用公款出国（境），情节较轻的，给予警告或者记过处分；情节较重的，给予记大过处分；情节严重的，给予降级或者撤职处分。

（11）临时出国（境）团（组）或者人员中的检察人员，擅自延长在国（境）外期限，或者擅自变更路线的，对直接责任者和领导责任者，给予警告、记过或者记大过处分；情节严重的，给予降级或者撤职处分。

（12）临时出国（境）团（组）中的检察人员，触犯所在国家、地区的法律、法令或者不尊重所在国家、地区的宗教习俗，情节较重的，给予警告、记过或者记大过处分；情节严重的，给予降级、撤职或者开除处分。

（13）违反枪支、弹药管理规定，有下列行为之一的，给予记过、记大过或者降级处分；造成严重后果或者恶劣影响的，给予撤职或者开除处分：① 擅自携带枪支、弹药进入公共场所的；② 将枪支、弹药借给他人使用的；③ 枪支、弹药丢失、被盗、被骗的；④ 示枪恫吓他人或者随意鸣枪的；⑤ 因管理使用不当，造成枪支走火的。

（14）违反有关规定使用、管理警械、警具的，给予警告、记过或者记大过处分；造成严重后果或者恶劣影响的，给予降级、撤职或者开除处分。

（15）违反有关规定使用、管理警车的，给予警告、记过或者记大过处分；造成严重后果或者恶劣影响的，给予降级、撤职或者开除处分。违反有关规定将警车停放在餐饮、休闲娱乐场所和旅游景区，造成不良影响的，应当从重处分。警车私用造成交通事故并致人重伤、死亡或者重大经济损失的，给予开除处分。

（16）违反有关规定，有下列行为之一的，给予警告、记过或者记大过处分；情节严重的，给予降级、撤职或者开除处分：① 工作时间或者工作日中午饮酒，经批评教育仍不改正的；② 承担司法办案任务时饮酒的；③ 携带枪支、弹药、档案、案卷、案件材料、秘密文件或者其他涉密载体饮酒的；④ 佩戴检察标识或者着司法警察制服在公共场所饮酒的；⑤ 饮酒后驾驶机动车辆的。

（17）旷工或者因公外出、请假期满无正当理由逾期不归，造成不良影响的，给予警告、记过或者记大过处分；情节较重的，给予降级或者撤职处分；情节严重的，给予开除处分。

（18）违反有关规定对正在办理的案件公开发表个人意见或者进行评论，造成不良影响的，给予警告、记过或者记大过处分，情节严重的，给予降级或者撤职处分。

（19）有其他违反工作纪律行为的，应当视具体情节给予警告直至开除处分。

7. 违反生活纪律行为的责任

（1）生活奢靡、贪图享乐、追求低级趣味，造成不良影响的，给予警告、记过或者记大过处分；情节严重的，给予降级或者撤职处分。

（2）与他人发生不正当性关系，造成不良影响的，给予警告、记过或者记大过处分；情节较重的，给予降级或者撤职处分；情节严重的，给予开除处分。利用职权、教养关系、从属关系或者其他相类似关系与他人发生性关系的，依照上述规定从重处分。

（3）违背社会公序良俗，在公共场所有不当行为，造成不良影响的，给予警告、记过或者记大过处分；情节较重的，给予降级或者撤职处分；情节严重的，给予开除处分。

（4）实施、参与或者支持下列行为的，给予撤职或者开除处分：① 卖淫、嫖娼、色情淫乱活动的；② 吸食、注射毒品的。组织上述行为的，给予开除处分。

（5）参与赌博的，给予警告或者记过处分；情节较重的，给予记大过或者降级处分；情节严重的，给予撤职或者开除处分。为赌博活动提供场所或者其他方便条件的，给予记过、记大过或者降级处分；情节严重的，给予撤职或者开除处分。在工作时间赌博的，给予记过、记大过或者降级处分；经批评教育仍不改正的，给予撤职或者开除处分。组织赌博的,给予撤职或者开除处分。

(6)有其他严重违反职业道德、社会公德、家庭美德行为的,应当视具体情节给予警告直至开除处分。

三、检察官执行职务中犯罪行为的刑事责任

根据我国《刑法》分则第四章(侵犯公民人身权利、民主权利罪)、第八章(贪污贿赂罪)和第九章(渎职罪)的有关规定,检察官执行职务行为构成犯罪的,依法追究其刑事责任。

检察机关作为法律的监督机关,肩负着维护法律公平正义的神圣职责。然而,近年来,检察干警自身违法犯罪的案例也见诸媒体,十分引人注意,也为我们敲响了警钟。2013年,最高人民检察院的工作报告中显示:从2008年到2012年,最高人民检察院共查处了违法违纪检察人员1 122人,依法追究刑事责任124人;2014年,最高人民法院的工作报告中表明:"全国检察机关共立案查办违法违纪检察人员210人,其中移送追究刑事责任26人,同比分别上升26.2%和13%";2015年,全国检察机关共立案查处违纪违法检察人员404人,同比上升86.2%。

2014年9月最高人民检察院通报的12起检察人员严重违纪违法典型案件中,贪污贿赂案件共9件,占总数的75%。9起案件中,受贿案件6件,占总数的50%;贪污受贿案件3件,占总数的25%。2014年2月中央政法委通报的10起政法干警违纪违法典型案件中,检察干警犯罪的2起,其中1起为受贿案;2014年7月中央政法委通报的12起政法干警违纪违法典型案件中,检察干警犯罪的占2起,且均为受贿案;2014年9月,中央政法委通报的13起政法干警违纪违法典型案件中,检察干警犯罪的占3起,同样也都为受贿案。2019年2月13日,中央政法委通报的16起政法干警违纪违法典型案件中,3起涉及检察机关干警违法犯罪,其中1起为受贿案,1起为贪污受贿案,占总数的2/3。

(一)检察人员执行职务中犯罪的特点

检察人员执行职务中犯罪有如下特点:一是领导干部和中层干部居多。例如,2014年9月最高人民检察院通报的12起检察人员严重违纪违法案件中有9件贪污贿赂案件,涉案人员中,有检察长3人、反贪污贿赂局局长1人,领导干部占总数的33%;有中层干部5人,占总数的42%。二是中年犯罪突出。例如,2014年9月最高人民检察院通报的12起检察人员严重违纪违法案件中,40岁以上的约占70%。三是大要案突出。根据2014年9月最高人民检察院通报的12起检察人员严重违纪违法案件来看,涉案金额100万元以上的3起,占总数的近38%;涉案金额50万元以上的4起,占总数的50%。

(二)检察人员执行职务中犯罪的主要原因

1. 因侥幸心理铤而走险

涉嫌职务犯罪的人员都不是法盲,作为法律工作者的检察人员更清楚实施犯罪将面临的严重后果,他们之所以明知故犯、铤而走险,一个很重要的原因就是特权思想严重,心存侥幸,认为自己即便犯罪,也不会出事。有的认为自己作案手段高明,隐藏得很深,不

会留下犯罪痕迹；有的认为攻守同盟很牢靠，同案犯或对向性犯罪嫌疑人不会讲；有的认为自己懂得如何规避法律，甚至认为出了事，自己也能摆平；等等，从而放任自己、放纵自己，走上犯罪道路。如，成都市金牛区检察院原检察长冯明成贪污案。1995年，时任金牛区检察院检察长的冯明成授意会计李某在交通银行成都市分行城北支行设立账户，其账号的会计、出纳均由李某一人负责，所有收支均由冯明成一人说了算。2001年4月，眼见成都市金牛区政府开始清理辖区各单位的"小金库"，冯明成授意李某将交通银行账户销掉，分4次取出了账户里的全部余额40余万元。2001年8月17日，冯明成提议，与李某两人一人一半共同分掉上述款项。2001年8月21日，李某按要求将20万元现金送到了冯明成办公室，冯明成将20万元据为己有，铸成了大错。2002年3月，成都市审计局审计小组前往金牛区检察院，对刚刚离任的原检察长冯明成进行经济责任审计时，发现了上述经济问题，冯明成的贪污行为随之暴露了出来。2002年11月8日，四川省德阳市旌阳区人民法院以贪污罪一审判处冯明成有期徒刑10年、没收财产2万元，并追缴其所获赃款20万元。审判庭上，冯明成老泪纵横，忏悔道："我原以为伸一次手，做得神不知鬼不觉，没想到天网恢恢、疏而不漏。"

2. 追求奢侈、贪图享受的消极思想作祟

在市场经济不断发展的今天，个别检察人员受西方拜金主义、享乐主义和个人主义等腐朽思想的影响、侵蚀，放松了学习，"耐不住寂寞，守不住清贫"，贪图享受、追求奢侈生活，利用手中的权力攫取非法利益，从而导致了贪腐的发生。如内蒙古自治区检察院兴安盟检察分院原检察长王秀春涉嫌贪污受贿案。2001年年底，王秀春被提任兴安盟检察分院检察长。从2003年夏天开始，王秀春就不停为自己购置豪车。在兴安盟任检察长10年间，王秀春更换用车5辆，平均每两年换一辆，从丰田4500到奥迪，再到美国古普等，车辆越换越高档。兴安盟阿尔山市有温泉美景，王秀春成了那里的常客。有人戏称："如果办公室找不到王秀春，就一定在阿尔山或在去阿尔山的路上。"住的方面，王秀春更是追求奢靡。2004年，王秀春借单位建住宅楼的机会，给自己另外建了400平方米的别墅。2007年，借乌兰浩特市搞"光亮工程"补偿给检察院一块土地的机会，王秀春又给自己新建占地3000平方米、建筑面积1200余平方米的豪宅。经查，为了个人奢侈生活，王秀春在担任兴安盟检察院检察长期间，接受他人请托，为他人谋取利益，收受他人贿赂共计133.9万元；利用职务之便，侵吞公款17万元；王秀春退休后，利用其曾担任检察长的职位及职权便利，接受请托，收受贿赂2万元。2015年4月，内蒙古自治区巴彦淖尔市中级人民法院以受贿、贪污、利用影响力受贿、徇私枉法、滥用职权罪一审判处王秀春有期徒刑18年，没收其违法所得。

3. 管理监督不力，制度有缺失

执行制度不力，监督不到位，也是导致个别检察人员职务犯罪的原因之一。当前，我国的监督制度分为党内监督、人大监督、法律监督、政协民主监督、社会舆论监督等多种形式。这些监督机构之间职责权限不清，缺少沟通和协调，严重影响了监督机构的威信，弱化了我国监督机制的功能。再加上有些规定、措施流于形式，造成权力失察、失管、失控，自身免疫力减弱，丧失了拒腐防变的能力。如辽宁省沈阳市检察院原检察长张东阳涉嫌受贿案。张东阳拥有法学硕士学历，曾在沈阳市公安系统工作18年，在侦破刘涌案件中立过一等功。2013年，张东阳当选为沈阳市人民检察院检察长。张东阳在担任辽中县委书记和沈阳市人民检察院检察长期间，利用本人职务或地位便利，通过本人或者其他国家工作人员职务上的便利，为他人谋取岗位调整、工程承揽、承诺在案件处理上给予关照等利益，先后收受6人款物合计人民币986.96万元、美元6万元。因涉嫌受贿罪，张东阳于2014年8月1日被逮捕。2015年1月，张东阳被辽宁省丹东市中级人民法院判处无期徒刑，剥夺政治权利终身，并处没收个人全部财产。

（三）检察人员执行职务犯罪的预防对策

1. 加强思想教育，补"精神"之钙

检察机关作为法律监督机关，具有惩治和预防职务犯罪的法定职责，检察人员贪污贿赂犯罪具有很强的社会危害性，因此，必须加大对检察人员贪污贿赂犯罪的打击力度，维护检察机关良好的社会形象。减少检察干警违法犯罪的重要途径之一就是加强对检察干警的思想教育。正如2014年1月20日习近平总书记在党的群众路线教育实践活动第一批总结暨第二批部署会议上强调的，"理想信念是共产党人的精神之'钙'，必须加强思想政治建设，解决好世界观、人生观、价值观这个'总开关'问题"。应当深化检察干警社会主义法治理念教育，增强办案工作政治敏感性，确保广大检察干警始终坚持正确的政治方向。要教育检察干警树立理性、平和、文明执法理念，增强干警为人民服务的宗旨意识和事业心、责任感，提高检察干警职业素养，培育检察干警优良作风，教育干警要经得起考验、守得住本色。要强化警示教育，可不定期地组织干警到监狱、看守所参观，并充分利用典型案例现身说法，使其从中吸取深刻教训，做到防微杜渐，警钟长鸣。此外，还应当对检察干警进行长期性、规范性、系统性的法律知识教育，提高其法律知识水平和公正执法、依法履行职责的自觉性。许多官员的堕落表面上看只是生活和经济问题，但实质上则是人生观和价值观问题，而人生观和价值观一旦出现偏差和扭曲，就丧失了理想信念。

2. 树立正确的权力观和利益观

权力是把双刃剑，可以用来为公，也可以用来谋私；可以使人奋进，也能使人堕落；可以使人自律，也能使人放纵；可以使人建功，也能使人犯罪；可以为社会做贡献实现人生价值，也可以因攫取私利而遭到人民唾弃。作为新时期的人民检察官，特别是各级检察长，一定要树立正确的权力观和利益观，把党和人民赋予的检察权用正、用好，用于打击犯罪、保护人民，用于执法为民、维护公平正义；不能让欲望与权力结亲，一定要坚持廉洁用权，切实做到不义之财不取、不法之物不拿、不白之宴不赴、不净之地不到；为了党的检察事业，也为了自己和家人，要在干事中干净，在干净中干事。

3. 强化管理，建立健全监督体系

（1）疏通进出口，严肃查处干警违法违纪案件，对于干警的违法违纪行为要坚决查处，决不姑息，对有犯罪行为的检察人员要辞退和追究刑事责任，坚决遏制检察队伍中的违法违纪问题。

（2）畅通内外部有效的监督机制，把人大监督、新闻舆论监督、群众监督等监督机制有机结合起来，加强主动监督和事前防范，形成良好的监督制约氛围。

（3）充分发挥纪检监察机关的作用，充分发挥其教育、监督、查处、保护四项职能，严格执纪监督，加大腐败问责力度，用正反两方面的典型案例教育警示干部，发挥查办案件的警示功能。

（4）加强对领导干部及部门负责人的监督，加强对决策、执行等重点环节和人、财、物管理等重点部门权力行使的监督，保证权力沿着规范化的轨迹运行。

（5）积极开展检务公开，加强与新闻媒体、人大代表、人民监督员等的联系，通过多种方式和途径，全面、充分、及时、准确地将全部执法流程公示于社会，提高执法透明度，最大限度地落实群众的知情权、参与权和监督权，杜绝"幕后交易"的发生，杜绝暗箱操作的可能性。

4. 强化反腐机制建设

中央强调，反腐工作要加强对权力运行的制约和监督，把权力关进制度的笼子里，形成不敢腐的惩戒机制、不能腐的防范机制、不易腐的保障机制。制约和监督必须要有可依靠的良好制度和对制度的强化落实。防止检察人员贪污犯罪行为的发生，要强化已有制度的落实，继续深入落实中央八项规定精神，持之以恒地纠正"四风"，巩固和扩大"纠风"成果，贯彻实施好《党政机关厉行节约反对浪费条例》《检察机关领导干部"十个严禁"要求》，以及中央和最高人民检察院的各项反腐规定，纠正并杜绝检察人员特别是领导干部利用婚丧喜庆、乔迁履新、就医出国等名义，收受下属以及有利害关系单位和个人的礼金等违法违纪行为甚至犯罪行为的发生。要注意及时发现检察机关腐败新动向，总结研究其特点、规律，制定应对措施，坚持靠制度管人管事管权，把新出现的腐败行为扼杀在萌芽状态，维护检察队伍清廉公正形象。再次要善于将行之有效的制度措施及时推广，在广度和深度上推动检察机关反腐倡廉建设，遏制消极腐败现象的蔓延，推动反腐倡廉工作法制化。最后要强化重点岗位定期轮换制度，缩小长期在同一工作岗位工作形成的"关系网"，斩断利益链条，保持队伍的活力，去掉安于现状的暮气。

思考题：

1. 如何理解检察官职业道德？
2. 检察官职业道德基本准则包括哪些内容？如何理解这些基本准则？
3. 对检察官执行职务中违纪行为的处分有哪些？
4. 检察官执行职务中哪些违纪行为可以免予处分与不予处分？

拓展阅读

测试题及参考答案

第四章

律师职业道德

第一节 律师与律师制度

一、律师执业许可条件

律师是为当事人提供法律服务的执业人员。律师作为一种职业，必须具备一定的执业条件。关于律师执业条件，各国法律都有规定，概括起来有两种：一是法律职业资格与律师执业资格合一，即取得法律职业资格的同时便获得了以律师身份执业的资格和许可；二是法律职业资格与律师执业资格相分离，即取得职业资格并不意味着能够直接以律师身份从事法律事务，还须符合法律规定的其他条件。我国现行的律师执业许可条件属于后者。

根据《律师法》第 5 条的规定，申请律师执业，应当具备以下四个条件。

（一）拥护中华人民共和国宪法

宪法是一国的根本大法，是治国安邦的总章程，是全国人民的根本活动准则，任何公民都有拥护宪法的义务和责任。对于一个欲成为中华人民共和国律师的人而言，宪法无疑具有极其重要的意义。拥护宪法表明了一个人的政治态度和爱国情怀，因此，只有拥护宪法并把宪法作为最高的行为准则，才能确保律师执业的正确方向。此外，我国港、澳、台地区居民也可以参加国家统一法律职业资格考试，同样，他们也必须拥护中华人民共和国宪法，这是一个最起码也是最根本的要求。

（二）通过国家统一法律职业资格考试取得法律职业资格

如果说申请律师执业必须拥护中华人民共和国宪法是政治性要求的话，那么，通过国家统一法律职业资格考试则是专业性要求，是衡量一个申请律师执业的人的法律知识和专业水平的一把重要标尺。

党的十一届三中全会之后，在我国律师制度的恢复初期，为了满足社会对律师的需求,曾通过考核的方式授予符合一定条件的人员以律师资格。这种方式的积极作用在于,有利于迅速建立一支律师队伍以满足当时社会的需要。但是,行政机关的考核方式主观随意性强,不利于保证律师队伍整体素质和质量以及发挥律师"维护当事人合法权益,维护法律正确实施,维护社会公平和正义"的作用。① 从1986年开始,司法部决定实行全国律师资格统一考试,通过考核授予律师资格的制度继续实行。1986年9月27日、28日,我国首次举办全国律师资格统一考试,至2000年,共举行了12次考试,150多万人次参加考试,通过人数达20万人左右。全国律师资格统一考试制度的建立,在选拔人才、提高律师从业水平、推动全国普法工作、促进法学教育发展以及树立我国依法治国形象等很多方面,都起到了重要的作用。②

2001年6月和12月,第九届全国人大常委会分别修改了《法官法》和《检察官法》③,其中规定"国家对初任法官、检察官和取得律师资格实行统一的司法考试制度"。同年11月23日,司法部会同最高人民法院、最高人民检察院制定并发布了《国家司法考试实施办法(试行)》。该办法规定,自2002年起,国家对初任法官、初任检察官和取得律师资格实行统一的司法考试制度。至此,司法考试完全取代了过去实行的初任法官资格考试、初任检察官资格考试和律师资格考试,成为统一的法律职业资格考试。

2015年12月20日,中共中央办公厅、国务院办公厅发布《关于完善国家统一法律职业资格制度的意见》,确定将现有的司法考试制度调整为国家统一法律职业资格考试制度。实行国家统一法律职业资格考试制度是我国司法体制改革的一项重大举措,是法官、检察官、律师、公证员等法律职业人员的准入制度,对于全面提高法官、检察官、律师、公证员的专业素质和水平,促进司法公正,提高司法效率,维护司法权威,进而推动依法治国的进程具有十分重要的意义。

根据2018年《国家统一法律职业资格考试实施办法》的规定,只有符合以下条件的人员,方可报名参加国家统一法律职业资格考试:(1)具有中华人民共和国国籍;(2)拥护中华人民共和国宪法,享有选举权和被选举权;(3)具有良好的政治、业务素质和道德品行;(4)具有完全民事行为能力;(5)具备全日制普通高等学校法学类本科学历并获得学士及以上学位,全日制普通高等学校非法学类本科及以上学历并获得法律硕士、法学硕士及以上学位,全日制普通高等学校非法学类本科及以上学历并获得相应学位且从事法律工作满3年。

有下列情形之一的人员,不得报名参加国家统一法律职业资格考试:(1)因故意犯罪受过刑事处罚的;(2)曾被开除公职或者曾被吊销律师执业证书、公证员执业证书的;(3)被吊销法律职业资格证书的;(4)被给予2年内不得报名参加国家统一法律职业资格考试处理期限未满或者被给予终身不得报名参加国家统一法律职业资格考试处理的;(5)因严重失信行为被国家有关单位确定为失信联合惩戒对象并纳入国家信用信息共享平台的;(6)因其他情形被给予终身禁止从事法律职业处理的。有上述规定情形之一的人员,已经办理报名手续的,报名无效;已经参加考试的,考试成绩无效。

---

① 何悦主编:《律师法学》,法律出版社2011年版,第84页。
② 陈卫东主编:《中国律师学》,中国人民大学出版社2014年版,第78页。
③ 此后,这两部法律又均分别于2017年、2019年进行了两次修订。

国家统一法律职业资格考试实行全国统一组织、统一命题、统一标准、统一录取的考试方式，考题范围以司法部制定并公布的《国家统一法律职业资格考试大纲》为准。考试内容主要包括中国特色社会主义法治理论、理论法学、应用法学、现行法律规定、法律实务和法律职业道德，着重考查宪法法律知识、法治思维和法治能力，以案例分析、法律方法检验考生在法律适用和事实认定等方面的法治实践水平。考试以案例题为主，每年更新相当比例的案例，并提高案例题的分值。国家法律职业资格考试每年度的通过数额及合格分数线由司法部商最高人民法院、最高人民检察院后公布。通过国家法律职业资格考试的人员，由司法部颁发《中华人民共和国法律职业资格证书》。

（三）在律师事务所实习满1年

由于律师工作不仅是简单的法律叙述和记忆，还涉及复杂的法律运用问题，此外，律师执业不仅关系到委托人、当事人的利益，也关系到国家法律尊严的维护，稍有不慎，就会酿成重大后果。因此，在律师事务所进行一段时间的实习和培训是必不可少的，这有利于实习人员全面运用和系统掌握法律专业知识，进一步加深对法律法规的理解和认识，做到融会贯通、运用自如。

从世界范围来看，绝大多数国家都把业务实习作为从事律师职业的必经阶段。实习时间少则1年，多则2年、3年，甚至可以延长至4年、5年。我国《律师法》规定申请律师执业须实习满1年，与其他国家相比，时间相对较短。

（四）品行良好

良好的品行是申请律师执业的重要条件之一，也是律师为当事人提供优质法律服务、维护当事人合法权益的内在要求，同时还是律师在执业过程中正确理解法律、维护法律权威和尊严的重要保证。因此，申请律师执业的人，应当具有爱国守法、明礼诚信、团结友善、勤奋自强、敬业奉献、忠诚服务、礼貌待人、严于律己、谨言慎行的良好品行。

二、申请律师执业许可的程序

根据《律师法》和司法部颁布的《律师执业管理办法》的规定，申请律师执业许可应当按照以下程序进行。

（一）申请

申请律师执业，应当向社区的市级或者直辖市的区（县）司法行政机关提出申请，并提交下列材料：（1）执业申请书；（2）法律执业资格证书或者律师资格证书；（3）律师协会出具的申请人实习考核合格的材料；（4）申请人的身份证明；（5）律师事务所出具的同意接收申请人的证明。

申请人申请兼职律师执业的，除提交上述材料外，还应当提交下列材料：（1）在高等学校、科研机构从事法学教育、研究工作的经历及证明材料；（2）所在单位同意申请人兼职律师执业的证明。

（二）受理

设区的市级或者直辖市的区（县）司法行政机关对申请人提出的律师执业申请，应当根据下列情况分别作出处理：(1) 申请材料齐全、符合法定形式的，应当受理。(2) 申请材料不齐全或者不符合法定形式的，应当当场或者自收到申请材料之日起 5 日内一次告知申请人需要补正的全部内容。申请人按要求补正的，予以受理；逾期不告知的，自收到申请材料之日起即为受理。(3) 申请事项明显不符合法定条件或者申请人拒绝补正、无法补正有关材料的，不予受理，并向申请人书面说明情况。

（三）审查

受理申请的司法行政机关应当自决定受理之日起 20 日内完成对申请材料的审查。在审查过程中，可以征求申请执业地的县级司法行政机关的意见；对于需要调查核实有关情况的，可以要求申请人提供有关的证明材料，也可以委托县级司法行政机关进行核实。经审查，应当对申请人是否符合法定条件、提交的材料是否真实齐全出具审查意见，并将审查意见和全部申请材料报送省、自治区、直辖市司法行政机关。

（四）审核颁证

省、自治区、直辖市司法行政机关应当自收到受理申请机关报送的审查意见和全部申请材料之日起 10 日内予以审核，作出是否准予执业的决定。准予执业的，应当自决定之日起 10 日内向申请人颁发律师执业证书；不准予执业的，应当向申请人书面说明理由。申请人对司法机关不准予执业的决定不服的，可以依照《行政许可法》《行政复议法》和《行政诉讼法》的规定，依法提起行政复议或者行政诉讼。此外，根据《律师法》第 7 条的规定，申请人有下列情形之一的，不予颁发律师执业证书：(1) 无民事行为能力或者限制民事行为能力的；(2) 受过刑事处罚的，但过失犯罪的除外；(3) 被开除公职或者被吊销律师、公证员执业证书的。

另外，取得我国法律职业资格的香港、澳门居民在内地申请律师执业的，应当依照《律师法》和司法部制定的《律师执业管理办法》的规定，向拟聘其执业的内地律师事务所住所地设区的市级或者直辖市区（县）司法行政机关提出申请，由其出具审查意见后报省级司法行政机关审核，作出是否准予申请人在内地执业的决定。省级司法行政机关经审核予以颁发律师执业证的，应当自颁证之日起 30 日内将获准在内地执业的香港、澳门居民名单及执业登记材料报司法部备案。

我国台湾地区居民在大陆申请律师执业的，由设区的市级或者直辖市区（县）司法行政机关受理申请，并进行初审，报省、自治区、直辖市司法行政机关审核，作出是否准予执业的决定。具体许可程序，根据《律师法》和《律师执业管理办法》的规定办理。我国台湾地区居民获准在大陆执业的，由准予其执业的省、自治区、直辖市司法行政机关自颁发律师执业证书之日起 30 日内，将准予执业的决定及相关材料报司法部备案。

三、律师宣誓制度

有些国家将宣誓作为取得律师资格或正式执业的必要条件或必经程序。例如,在英国,考试合格者需要向法院提交宣誓书、交纳手续费,并将其姓名和履历张贴在律师学院的大厅或学院监督的住处等地方约四五天的时间,以便接受审查,并在规定日期进行宣誓,然后才能正式授予律师资格。在美国,取得律师资格的人员必须在法院宣誓后才能正式执业,取得律师资格后两年不履行宣誓的,律师资格将自动失效,以后想当律师必须重新进行考试。各国关于宣誓誓词内容的规定不尽相同,但一般表达的是应认真、公平、正直地履行律师职责。如法国律师宣誓的誓词为:"我谨以一个律师的名义起誓,我一定严肃认真、公平正直地执行职务。"意大利律师宣誓的誓词为:"我宣誓,为了实现公平正义和维护国家利益,我一定公正无私,认真努力地履行我的职责。"希腊律师宣誓的誓词与国家公务员宣誓的誓词相同:"我宣誓忠于国家,遵守宪法和法律,并认真履行我的职责。"在要求律师宣誓的国家,有的还对宣誓的时间、场所和程序等作了规定。

需要说明的是,我国《律师法》中没有关于律师宣誓的规定。本书认为,我国也应将宣誓作为律师从业的必经程序。设立律师宣誓制度的意义在于,它有利于增强从业律师的责任感,有利于律师业健康、有序地运行。在我国建立律师宣誓制度,涉及宣誓的时间、场所、程序等问题。就时间而言,可于律师实习开始时向司法行政机关或律师协会递交宣誓书,并于被批准正式执业时进行口头宣誓;关于宣誓的场所,可定于司法行政机关或律师协会等;关于宣誓的程序,应由主持机关向宣誓人宣读有关规则,由宣誓人向主持机关组成的专门委员会进行口头宣誓,并可录音、录像;关于誓词,可拟为:"我宣誓,我一定忠于国家,遵守宪法和法律,恪尽职守,认真履行律师职责。"

四、律师的业务范围

根据我国《律师法》第28条的规定,我国律师可以从事下列业务:(1)接受自然人、法人或者其他组织的委托,担任法律顾问;(2)接受民事案件、行政案件当事人的委托,担任代理人,参加诉讼;(3)接受刑事案件犯罪嫌疑人、被告人的委托或者依法接受法律援助机构的指派,担任辩护人,接受自诉案件自诉人、公诉案件被害人或者其近亲属的委托,担任代理人,参加诉讼;(4)接受委托,代理各类诉讼案件的申诉;(5)接受委托,参加调解、仲裁活动;(6)接受委托,提供非诉讼法律服务;(7)解答有关法律的询问、代写诉讼文书和有关法律事务的其他文书。

我国《律师法》对律师业务的概括是十分全面的,既包括诉讼业务,也包括非诉讼业务。传统上,律师以诉讼业务为主,但近年来非诉讼业务发展较快,在律师业务中占据越来越大的比重。律师业务的范围不断扩大,也说明了律师参与社会生活的广度和深度正在不断加强。

此外,我国《律师法》还对律师开展不同业务规定了具体职责。《律师法》第29条规定:"律师担任法律顾问的,应当按照约定为委托人就有关法律问题提供意见,草拟、审查法律文书,代理参加诉讼、调解或者仲裁活动,办理委托的其他法律事务,维护委托人的合法权益。"第 30 条规定:"律师担任诉讼法律事务代理人或者非诉讼法律事务代理人的,应当在受委托的权限内,维护委托人的合法权益。"第 31 条规定:"律师担任辩护人的,应当根据事实和法律,提出犯罪嫌疑人、被告人无罪、罪轻或者减轻、免除其刑事责任的材料和意见,维护犯罪嫌疑人、被告人的诉讼权利和其他合法权益。"

五、律师的权利和义务

(一) 律师的权利

律师的权利,是指律师在执行职务过程中依法享有的权利,主要包括律师依法实施一定行为的可能性,律师依法请求他人为一定行为或者不为一定行为,以及律师对其权益受侵犯时请求有关机关保护的可能性三项内容。从本质上说,律师权利属于职务性权利,即律师以法律执业人员身份向社会提供法律服务时所享有的特殊权利,在其不从事业务活动时则不得行使。从种类上而言,律师权利包括法定权利和继受权利,前者是律师享有的由法律赋予的权利,后者则是律师享有的由当事人授予的权利。由于法定权利是确定的,而继受权利具有不确定性,因而本书主要阐述律师的法定权利。

在我国,有关律师权利的内容主要规定在《律师法》第一章"总则"和第四章"律师的业务和权利、义务"两部分。此外,三大诉讼法及其司法解释也规定了律师在刑事诉讼、民事诉讼和行政诉讼中开展辩护或者代理活动时所享有的一系列具体权利。根据上述规定,我国律师在执业中享有以下权利。

1. 调查取证权

调查取证权是指律师办理法律事务时,有权向有关单位、个人进行调查,了解有关情况,收集有关证据的权利。对于律师办案来说,调查取证权的行使至关重要。因为律师的所有工作都以掌握事实为基础,而事实需要通过调查取证获得,因此,律师只有有了调查取证权,才能掌握与案件有关的事实情况,从而维护当事人的合法权益。尤其是在诉讼活动中,证据关系到案件事实能否确定、当事人的主张能否成立,最终关系到当事人的利益和命运。从这个意义上说,调查取证权是律师工作中最基本的一项权利。

对此,《律师法》第 35 条规定,受委托的律师根据案情的需要,可以申请人民检察院、人民法院收集、调取证据或者申请人民法院通知证人出庭作证;律师自行调查取证的,凭律师执业证书和律师事务所证明,可以向有关单位或者个人调查与承办法律事务有关的情况。此外,我国的诉讼法律也对律师享有调查取证权作出了规定。《刑事诉讼法》第 43 条规定,辩护律师经证人或者其他有关单位和个人同意,可以向他们收集与本案有关的材料,也可以申请人民检察院、人民法院收集、调取证据,或者申请人民法院通知证人出庭作证;辩护律师经人民检察院或者人民法院许可,并且经被害人或者其近亲属、被害人提供的证人同意,可以向他们收集与本案有关的材料。《民事诉讼法》第 61 条规定,代理诉讼的律师有权调查收集证据。《行政诉讼法》第 32 条也规定,代理诉讼的律师可以向有关组织和公民调查、收集与本案有关的证据。

2. 阅卷权

阅卷权是指律师在办理诉讼案件的过程中,有权查阅办案机关制作或者掌握的与办理案件有关的卷宗材料。律师享有阅卷权，是律师顺利开展辩护和代理活动的必要手段。通过查阅案卷，可以达到掌握案件事实和证据、熟悉和了解案情的目的。尤其在刑事诉讼中，律师行使阅卷权更为重要。原因在于，作为控方的检察机关会将侦查中取得的证据与侦查结果全部归入案卷，而其中有许多证据，律师是无法或者很难通过自己调查取证获得的。正因如此，有学者认为，"控方制作的案卷对于律师开展刑事辩护而言，意义较之在其他诉讼中更加重要"。①

对此，《律师法》第 34 条规定，"律师担任辩护人的，自人民检察院对案件审查起诉之日起，有权查阅、摘抄、复制本案的卷宗材料。"由此可见，《律师法》明确规定了律师享有查阅案卷的权利。另外，我国的诉讼法律也对律师享有查阅案卷权作出了规定。例如，《刑事诉讼法》第 40 条规定，辩护律师自人民检察院对案件审查起诉之日起，可以查阅、摘抄、复制本案的案卷材料。《民事诉讼法》第 61 条规定，代理诉讼的律师可以查阅本案有关材料。《行政诉讼法》第 32 条也规定，代理诉讼的律师可以依照规定查阅本案有关材料。

3. 刑事辩护中的会见权和通信权

刑事诉讼中的犯罪嫌疑人与被告人经常会被采取强制措施而失去人身自由，律师与他们之间也就不能自由地进行交流，而犯罪嫌疑人、被告人作为刑事案件中律师的重要工作对象，律师需要与其进行充分、自由的交流与沟通，以便了解案件有关情况，核实有关证据，回答有关法律问题。因此，在刑事辩护工作中，律师与当事人之间的会见权和通信权就成为刑事辩护权的重要组成部分，并在各国的刑事诉讼立法中得到重要体现。

对此，《律师法》第 33 条规定，律师担任辩护人的，有权持律师执业证书、律师事务所证明和委托书或者法律援助公函，依照《刑事诉讼法》的规定会见在押或者被监视居住的犯罪嫌疑人、被告人。《刑事诉讼法》第 39 条第 1、2、3、4 款规定，辩护律师可以同在押的犯罪嫌疑人、被告人会见和通信。其他辩护人经人民法院、人民检察院许可，也可以同在押的犯罪嫌疑人、被告人会见和通信。辩护律师持律师执业证书、律师事务所证明和委托书或者法律援助公函要求会见在押的犯罪嫌疑人、被告人的，看守所应当及时安排会见，至迟不得超过 48 小时。危害国家安全犯罪、恐怖活动犯罪案件，在侦查期间辩护律师会见在押的犯罪嫌疑人，应当经侦查机关许可。上述案件，侦查机关应当事先通知看守所。辩护律师会见在押的犯罪嫌疑人、被告人，可以了解案件有关情况，提供法律咨询等；自案件移送审查起诉之日起，可以向犯罪嫌疑人、被告人核实有关证据。辩护律师会见犯罪嫌疑人、被告人时不被监听。

律师会见在押犯罪嫌疑人、被告人时，应当遵守看管场所的有关规定，严防犯罪嫌疑人、被告人逃跑、行凶、自杀等事件的发生。会见时，律师不能向犯罪嫌疑人、被告人作任何违反法律和政策的约定或承诺，不能对犯罪嫌疑人、被告人指供或诱供。会见时，若犯罪嫌疑人、被告人揭发他人犯罪或提供重大案件的侦破线索，或者犯罪嫌疑人、被告人表现出极度反常的情绪的，应及时告知有关司法机关，但在会见时知悉的国家机密或个人隐私，则应当予以保密。会见结束后，要按看管场所规定的手续，将犯罪嫌疑人、被告人交看管人员收监。

---

① 陈卫东主编：《中国律师学》，中国人民大学出版社 2014 年版，第 41 页。

对于辩护律师同犯罪嫌疑人、被告人的往来信件，看守所应当及时传递。看守所可以对信件进行必要的检查，但不得截留、复制、删改信件，不得向办案机关提供信件内容，但信件内容涉及危害国家安全、公共安全，严重危害他人人身安全，以及涉嫌串供、毁灭证据等情形的除外。

4. 拒绝辩护或代理权

按照律师职业道德的要求，律师一旦接受委托，就应当尽力为当事人提供法律服务，无正当理由不得拒绝辩护或代理。但在例外情况下，继续提供法律服务将违反法律、严重违背律师执业规则和职业道德而威胁司法公正或者损害社会利益，或者事实上律师难以继续提供服务的，应当准许律师拒绝辩护或代理，这也体现了律师的独立性。对此，《律师法》第32条第2款规定，律师接受委托后，无正当理由的，不得拒绝辩护或者代理；但是，委托事项违法、委托人利用律师提供的服务从事违法活动或者委托人故意隐瞒与案件有关的重要事实的，律师有权拒绝辩护或者代理。由此可见，律师的拒绝辩护或代理权必须在特殊情况下才可行使。这些特殊情况包括：（1）委托事项违法，即当事人委托律师为其处理的法律事务或者提供的法律服务是违法的；（2）委托人利用律师提供的服务从事违法活动，即委托人以律师提供的法律服务作为其从事违法行为的手段；（3）委托人隐瞒事实，即委托人出于某种目的，故意对律师隐瞒事实真相，使律师陷入被动、尴尬的境地。另外，委托人严重侮辱律师人格、侵害律师人身权利的，律师也可以行使拒绝辩护、代理权。

律师拒绝辩护或者代理的，应当经律师事务所主任批准，因为委托人与律师事务所之间存在委托合同关系。人民法院指定的辩护人拒绝辩护的，应当经人民法院同意。

5. 获得人民法院开庭通知的权利

律师出庭参加诉讼，应有较充裕的时间做好出庭前的准备工作，否则在未认真了解案情并研究法律适用问题的情况下仓促出庭，必然导致庭上的活动流于形式，难以保证办案质量，影响当事人合法权益的维护。因此，人民法院确定案件开庭日期时，应当为律师出庭预留必要的准备时间并书面通知律师。律师因开庭日期冲突等正当理由申请变更开庭日期的，在不影响案件审理期限的情况下，人民法院应当予以考虑并调整日期；决定调整日期的，应当及时通知律师。

6. 法庭审理中的权利

法庭审理是整个诉讼活动的核心阶段，也是律师执行业务的关键环节，因此，法律规定律师在法庭审理中享有多项权利。《律师法》第36条规定："律师担任诉讼代理人或者辩护人的，其辩论或者辩护的权利依法受到保障。"根据我国三大诉讼法及其他相关规定，在法庭审理中，律师享有的权利主要包括：

第一，发问权。在法庭审理过程中，经审判长准许，律师可以向当事人、证人、鉴定人、勘验人和有专门知识的人发问。只要发问的内容正当、必要，法庭就应当准许，不得擅自限制或制止；律师发问的内容必须与案件有关，否则法庭有权制止，被发问人也有权拒绝回答；对于律师提出的询问，被发问人有义务据实回答；法庭对于律师发问的情况应当记录在卷。

第二，质证与辩论权。在法庭审理过程中，律师可以就证据的真实性、合法性、关联性，从证明目的、证明效果、证明标准、证明过程等方面展开质证和相关辩论；可以就案件事实、证据和适用法律等问题进行法庭辩论。审判人员应当尊重和保障律师依法进行质证与辩论的权利，不得随意限制律师质证与辩论发言的时间，更不得违法责令律师退出法庭。

第三，提出新证据、申请法庭收集调取证据和申请保全证据的权利。在法庭审理过程中，律师可以提出新的证据，有权申请通知新的证人、有专门知识的人到庭，申请调取新的物证，申请重新鉴定或者勘验、检查。在证据可能灭失或者以后难以取得的情况下，可以向人民法院申请保全证据。

第四，拒绝回答法庭不当询问的权利。人民法院审理案件，对于代理律师或辩护律师，均不得询问其姓名、年龄、籍贯、住址和职业等。否则，律师有权拒绝回答。

第五，申请休庭权。在法庭审理过程中，有下列情形之一的，律师可以向法庭申请休庭：一是辩护律师因法定情形拒绝为被告人辩护的；二是被告人拒绝辩护律师为其辩护的；三是需要对新的证据作辩护准备的；四是其他严重影响庭审正常进行的情形。

7. 在法庭上发表的代理、辩护意见不受法律追究的权利

根据《律师法》第 37 条第 2 款的规定，律师在法庭上发表的代理、辩护意见不受法律追究。这实际上是对律师在法庭上的代理或辩护的免责规定，也称辩论或辩护豁免权。这项权利对于解除律师的后顾之忧，使其充分发挥职能作用具有十分重要的意义。当然，为了防止律师滥用这一权利，《律师法》第 37 条第 2 款同时规定了免责的例外情形，即"发表危害国家安全、恶意诽谤他人、严重扰乱法庭秩序的言论除外"。

8. 代行上诉的权利

上诉权是当事人的权利，作为辩护人、代理人的律师不能直接行使，只有经当事人同意或特别授权才能行使。因此，即使一审裁判有误，如果当事人不愿上诉，律师也只能向当事人加以说明，提出建议，不能强迫当事人上诉或直接提起上诉。经当事人同意或特别授权的，律师应当在法律规定的上诉期限内提起上诉。

对此，《刑事诉讼法》第 227 条第 1 款规定，被告人的辩护人"经被告人同意，可以提出上诉"。《民事诉讼法》第 59 条第 2 款规定，诉讼代理人提起上诉，"必须有委托人的特别授权"。由此可见，律师参加诉讼活动，在认为地方各级人民法院的一审判决、裁定有错误时，经当事人同意或授权，可以代其向上一级人民法院提起上诉，要求对案件进行重新审理。

9. 代理申诉或控告的权利

《律师法》第 28 条第 4 项规定，律师可以"接受委托，代理各类诉讼案件的申诉"。《刑事诉讼法》第 14 条第 2 款规定，诉讼参与人对于审判人员、检察人员和侦查人员侵犯公民诉讼权利和人身侮辱的行为，有权提出控告。第 38 条规定，律师在侦查期间可以代理申诉、控告。据此，律师可以接受当事人的委托，代理其对已生效但确有错误的刑事、民事和行政裁判，向人民法院或者人民检察院提出申诉，要求按照审判监督程序重新审理；也可以在刑事诉讼过程中接受犯罪嫌疑人、被告人的委托，对审判人员、检察人员和侦查人员侵犯公民诉讼权利和人身侮辱的行为，向有关主管机关提出控告，以维护犯罪嫌疑人、被告人的合法权益。

10. 获取承办案件相关法律文书副本的权利

律师承办诉讼案件，有权获得人民法院的判决书、裁定书、调解书和人民检察院的起

诉书、抗诉书的副本。律师参加仲裁活动，有权获得仲裁机关的裁决书的副本。

11. 为犯罪嫌疑人、被告人申请变更或解除强制措施的权利

为了保证刑事诉讼程序的顺利进行，公安司法机关可以依法对犯罪嫌疑人、被告人采取强制措施。但是，如果滥用强制措施或者超期羁押，就会侵犯犯罪嫌疑人、被告人的人身权利，因此，有必要赋予律师为犯罪嫌疑人、被告人申请变更或者解除强制措施的权利。

对此，《刑事诉讼法》第38条规定，辩护律师在侦查期间可以为犯罪嫌疑人申请变更强制措施。第97条规定，犯罪嫌疑人、被告人及其法定代理人、近亲属或者辩护人有权申请变更强制措施。人民法院、人民检察院和公安机关收到申请后，应当在3日内作出决定；不同意变更强制措施的，应当告知申请人，并说明不同意的理由。第99条还规定，犯罪嫌疑人、被告人及其法定代理人、近亲属或者辩护人对于人民法院、人民检察院或者公安机关采取强制措施法定期限届满的，有权要求解除强制措施。

12. 人身权利

律师作为法律工作者，必然会代表一方的利益与对方进行抗争，律师的职责天然地使得律师和对方产生利益冲突与抗衡。可以说，律师始终处于利益斗争或者矛盾对抗的前沿，律师遭受非法迫害、被阻挠执业的可能性也就大大增加，正因如此，对律师执业时人身权利的保护也就具有非常重要的意义。

对此，《律师法》第37条第1款规定，律师在执业活动中的人身权利不受侵犯。为了更加有效地保护律师在执业活动中的人身权利不受侵犯，《律师法》和有关司法解释规定，律师在参与诉讼活动中涉嫌犯罪的，侦查机关应当及时通知其所在的律师事务所或者所属的律师协会；侦查机关依法对在诉讼活动中涉嫌犯罪的律师采取强制措施后，应当在48小时内通知其所在的律师事务所或者所属的律师协会。这无疑有助于律师事务所和律师协会对涉嫌犯罪的律师采取维权措施。

（二）律师的义务

律师在执行职务过程中享有权利的同时，也要承担相应的义务。律师的义务，是指依照法律法规和律师执业规范、律师职业道德的要求，律师在提供法律服务时应当作出或者不作出一定行为的限制性或者禁止性规定。有关律师义务的规定是确保律师依法履行职务、实现法律职业者使命的根本保障，也是赋予律师执业权利的必然要求。

根据《律师法》的规定，我国律师在执业活动中应当履行以下主要义务。

1. 律师对执业机构的义务

第一，只能在一个律师事务所执业，不得同时在两个以上律师事务所执业。律师的职责是为当事人提供法律服务，如果一名律师同时在两个以上律师事务所执业，当各律师事务所同时指派该律师到不同的地方办理不同的业务时，该律师将无法应付，自然不能履行自己的职责。而且，如果一名律师同时在两个以上律师事务所执业，当该律师因执业违法或者因过错给当事人造成损失时，当事人无法确定应向哪个律师事务所要求赔偿，因而将损害当事人的合法权益。此外，这种情况也不利于律师事务所对该律师进行教育、培训和管理。正因如此，《律师法》第10条第1款规定，律师只能在一个律师事务所执业；律师变更执业机构的，应当申请换发律师执业证书。根据《律师法》第47条的规定，律师

同时在两个以上律师事务所执业的，属于违法行为，有关司法行政机关应给予行政处罚。

第二，不得私自接受委托、收取费用，接受委托人的财物或者其他利益。律师私自接受委托、收取费用，接受委托人的财物或者其他利益，不仅妨碍律师事务所对律师的管理，影响律师事务所的声誉，减少律师事务所的收入，而且会因委托关系不合法、不稳定或容易产生乱收费而给委托人带来损害，同时还会造成税款损失，减少国家的财政收入，最终影响律师行业的正常秩序和健康发展。正因如此，《律师法》第25条第1款规定，律师承办业务，由律师事务所统一接受委托，与委托人签订书面委托合同，按照国家规定统一收取费用并如实入账。《律师法》第40条第1项还规定，律师在执业活动中，不得私自接受委托、收取费用，接受委托人的财物或者其他利益。

2. 律师对当事人的义务

第一，忠实维护当事人的合法权益。律师的主要任务是通过提供法律服务，维护当事人的合法权益。因此，律师无论是担任辩护人、代理人，还是担任法律顾问，都必须依法履行相应的职责，提供各项具体的法律服务，尽力维护好当事人的合法权益。

对此，《律师法》第29条规定，律师担任法律顾问的，应当按照约定为委托人就有关法律问题提供意见，草拟、审查法律文书，代理参加诉讼、调解或者仲裁活动，办理委托的其他法律事务，维护委托人的合法权益。第30条规定，律师担任诉讼法律事务代理人或者非诉讼法律事务代理人的，应当在受委托的权限内，维护委托人的合法权益。第31条规定，律师担任辩护人的，应当根据事实和法律，提出犯罪嫌疑人、被告人无罪、罪轻或者减轻、免除其刑事责任的材料和意见，维护犯罪嫌疑人、被告人的诉讼权利和其他合法权益。

第二，接受委托后不得无故拒绝辩护或代理。律师与委托人之间是一种委托合同关系，律师作为合同的一方当事人，不得任意解除委托合同；否则，不仅违反了自己的职责，也损害了委托人的权益。当然，如果出现了法律规定的"正当理由"时，律师也有权拒绝辩护或者代理。对此，《律师法》第32条第2款规定，律师接受委托后，无正当理由，不得拒绝辩护或者代理。但是，委托事项违法、委托人利用律师提供的服务从事违法活动或者委托人故意隐瞒与案件有关的重要事实的，律师有权拒绝辩护或者代理。

第三，保密义务。律师在接受委托为当事人提供法律服务时，因其身份和工作的特殊性，必然会接触到当事人的部分商业秘密或个人隐私。如果律师泄露当事人的商业秘密或个人隐私，不仅会使当事人的经济利益或人身权益遭受损失，而且会失去当事人的信任。因此，从保护当事人利益和维护律师业的生存出发，律师必须履行这项义务。对此，《律师法》第38条第1款规定，律师应当保守在执业活动中知悉的商业秘密，不得泄露当事人的隐私。

最能体现律师忠诚义务与客观真实严重对立的著名案例之一，当数发生在美国纽约的"快乐湖沉尸案"。该案发生在1973年，Robert Garrow 杀死了露营学生 Philip Domblewski，同时警方怀疑 Garrow 还另外参与了杀死 Daniel Porter、Susan Petz 以及 Hauck 等几位少女的行为。但苦于找不到尸体，案情一直没有突破。在 Garrow 被捕后不久，Frank Armani 与 Francis Belge 两位律师成为此案的辩护人。在他们介入案件约一个月后，委托人 Garrow 向两位律师交代了自己的作案经过。他承认自己杀死了 Porter，强奸并杀害了 Hauck 和 Petz。根据委托人的描述，Armani 和 Belge 两位律师找到并核实了其中两位被害人的尸体，并拍照作为记录。其中一名被害少女 Hauck 的父亲也联系到 Armani，要求其提供关于女儿下落的信息，然而 Armani 依然守口如瓶。数月之后，警方最终找到了 Hauck 和 Petz 的尸体。由于关键证据缺失，警方仍然无法将这两起案件与 Garrow 案合并。直到 1974 年 6 月该案开庭审理，这一事件才有了转机。为了获得患有精神病的辩护理由以减轻刑罚，被告人在庭上公开承认杀害了以上 4 位被害人。两位律师在庭审之后随即召开了新闻发布会，他们坦承早就知道被告人的其他罪行，也知晓尸体的下落。此案细节公之于众后在公众媒体与法律界引起轩然大波，公众和媒体纷纷批评两位律师的做法。①

律师基于忠诚义务而承担对当事人保密的义务，不仅是基于委托合同而产生的私法上的义务，更是公法上的义务。对此，我国《刑事诉讼法》第 48 条规定，辩护律师对在执业活动中知悉的委托人的有关情况和信息，有权予以保密。但是，辩护律师在执业活动中知悉委托人或者其他人，准备或者正在实施危害国家安全、公共安全以及严重危害他人人身安全的犯罪的，应当及时告知司法机关。《刑事诉讼法》将《律师法》中律师的保密义务在刑事案件中进一步提升，"但书"的内容表明辩护律师的保密义务是相对的保密义务而非绝对的保密义务，是对辩护律师真实性义务的伦理要求。辩护律师身上集中了两种价值严重分裂的利益内容，这就形成了律师忠诚义务与真实义务之间的严重对垒。② 我国《刑事诉讼法》为辩护律师在这一矛盾中提供了法律支持，辩护律师不再承担协助司法机关查明案情的角色，而主要为犯罪嫌疑人、被告人提供法律服务的职业法律人。

第四，不得为利益冲突的双方当事人提供法律服务。当事人委托律师代理诉讼的目的在于通过律师提供的法律服务维护自己的合法权益。在同一个案件中，双方当事人的利益往往是对立的。如果律师接受同一案件中双方当事人的委托担任其代理人，将无法同时维护双方当事人的合法权益，维护一方的利益必然会损害另一方的利益。同时，律师负有维护社会公平与正义的使命，因此，对于与本人或者其近亲属有利害冲突的法律事务，律师应当回避，以避免对律师的形象造成损害。因此，《律师法》第 39 条规定，律师不得在同一案件中为双方当事人担任代理人，不得代理与本人或者其近亲属有利益冲突的法律事务。

第五，不得牟取当事人争议的权益或者接受对方当事人的财物。律师执业是为了解决当事人之间的争议并维护当事人的合法权益，如果律师为了牟取当事人争议的权益而提供法律服务，就会利用了解案情、掌握证据之便利和精通法律的优势，欺骗当事人，损害当事人的利益。同时，律师在接受委托后，应当忠实地为当事人服务。如果接受了与当事人有利益冲突的对方当事人的财物或者其他利益，就很容易在服务中背弃自己的职责，从而损害当事人的合法权益。因此，《律师法》第 40 条第 2、3 项规定，律师在执业活动中，不得利用提供法律服务的便利牟取当事人争议的权益，或者接受对方当事人的财物或者其他利益，与对方当事人或者第三人恶意串通，侵害委托人的权益。

3. 律师对司法机关和仲裁机构的义务

第一，不得故意提供虚假证据或者妨碍对方当事人合法取得证据。在诉讼中，人民法院根据证据确定案件事实，并依据法律作出裁判。可以说，证据对于双方当事人都是至关

---

① 王凌皞：《应对道德两难的挑战——儒学对现代法律职业伦理的超越》，载《中外法学》2010 年第 5 期。
② 宋远升：《刑辩律师职业伦理冲突及解决机制》，载《山东社会科学》2015 年第 4 期。

重要的。如果作为辩护人或代理人的律师故意提供虚假证据或者威胁、利诱他人提供虚假证据，或者妨碍对方当事人合法取得证据的，人民法院就不能查明案件事实，也就不能正确适用法律，并作出公正的裁决。因此，《律师法》第 40 条第 6 项规定，律师不得"故意提供虚假证据或者威胁、利诱他人提供虚假证据，妨碍对方当事人合法取得证据"。

第二，不得违反规定会见法官、检察官、仲裁员以及其他有关工作人员，不得向他们行贿或者以其他不正当方式影响其依法办案。律师作为法律工作者，应当努力钻研和掌握执业所应具备的法律知识和专业技能，依靠自己良好的专业素质向当事人提供优质的法律服务，而不能采用法律禁止的手段去影响法官、检察官、仲裁员以及其他有关人员，从而影响案件的公正处理，进而达到委托人所期望的目的。基于此，《律师法》第 40 条第 4、5 项规定，律师在执业活动中，不得违反规定会见法官、检察官、仲裁员以及其他有关工作人员；不得向法官、检察官、仲裁员以及其他有关工作人员行贿，介绍贿赂或者指使、诱导当事人行贿，或者以其他不正当方式影响法官、检察官、仲裁员以及其他有关工作人员依法办理案件。

第三，不得扰乱法庭、仲裁庭秩序，干扰诉讼、仲裁活动的正常进行。律师应当尊重法院、仲裁机构，遵守法庭、仲裁庭秩序，在法官、仲裁员的指引下进行诉讼、仲裁活动，这是各国对律师的普遍要求。对此，《律师法》第 40 条第 8 项规定，律师在执业活动中，不得扰乱法庭、仲裁庭秩序，干扰诉讼、仲裁活动的正常进行。

第四，曾担任法官、检察官的律师在规定期限内不得担任诉讼代理人或者辩护人。曾担任法官、检察官的律师，由于以往的工作岗位，使其与原所在法院、检察院有着特定的联系。为了实现司法公正，避免关系案、人情案的发生，也为了维护律师队伍的声誉，《律师法》第 41 条明确规定，"曾经担任法官、检察官的律师，从人民法院、人民检察院离任后二年内，不得担任诉讼代理人或者辩护人"。应当指出，根据这一规定，这类律师从司法机关离任后二年内只是不得从事诉讼业务，但可以从事非诉讼法律事务，且没有时间上的限制。

4. 律师对同行的义务

律师在执业过程中，必然会与其他律师形成业务竞争关系。律师之间开展公平竞争，可以不断提高律师的业务水平，有力推动律师业的健康发展。但是，律师通过给回扣、支付介绍费、诋毁其他律师等不正当手段来承揽业务，则会破坏公平竞争的秩序，最终损害律师业的生存和发展。因此，从维护全体律师的共同利益和整个律师业的健康发展出发，律师在承揽业务时不应采取不正当的手段。基于此，《律师法》第 26 条明确规定，律师事务所和律师不得以诋毁其他律师事务所、律师或者支付介绍费等不正当手段承揽业务。根据《律师和律师事务所违法行为处罚办法》第 6 条的规定，以不正当手段承揽业务的行为包括：第一，以误导、利诱、威胁或者作虚假承诺等方式承揽业务的；第二，以支付介绍费、给予回扣、许诺提供利益等方式承揽业务的；第三，以对本人及所在律师事务所进行不真实、不适当宣传或者诋毁其他律师、律师事务所声誉等方式承揽业务的；第四，在律师事务所住所以外设立办公室、接待室承揽业务的。

5. 律师对国家的义务

第一，保守国家秘密。律师在接受委托为当事人提供法律服务的过程中，因其身份和工作的特殊性，会接触到一些国家秘密。如果泄露这些信息，将使国家安全和国家利益遭受严重损害。因此,《律师法》第 38 条第 1 款规定,律师应当保守在执业活动中知悉的国家秘密。

第二,提供法律援助。国家建立法律援助制度,旨在为经济困难或特殊案件的当事人提供法律服务,使其合法权益得以维护,进而促进社会稳定和经济发展,实现法律对于公民的平等保护。在我国,法律援助义务主要由律师承担,因此,《律师法》第 42 条规定,"律师、律师事务所应当按照国家规定履行法律援助义务,为受援人提供符合标准的法律服务,维护受援人的合法权益"。《法律援助条例》第 6 条也规定,律师应当依照《律师法》和本条例的规定履行法律援助义务,为受援人提供符合标准的法律服务,依法维护受援人的合法权益,接受律师协会和司法行政部门的监督。

第三,不得扰乱公共秩序、危害公共安全。律师作为法律工作者,肩负着维护当事人合法权益、维护法律正确实施、维护社会公平正义的使命,应当积极引导委托人通过合法的途径、手段主张权利、解决争议,而不能为了迎合当事人的需要,煽动、教唆当事人采取扰乱公共秩序、危害公共安全等非法手段解决争议。因此,《律师法》第 40 条第 7 项明确规定,律师不得"煽动、教唆当事人采取扰乱公共秩序、危害公共安全等非法手段解决争议"。

六、律师执业的基本原则

律师执业的基本原则,是指法律规定的律师在从事业务活动中应当遵循的基本准则。这些基本原则是规范律师执业行为的基本依据,也是律师管理机构对律师执业活动实施管理的基本依据。根据《律师法》第 3 条的规定,律师执业的基本原则包括五项:遵守宪法和法律原则,恪守职业道德和执业纪律原则,"以事实为根据,以法律为准绳"原则,接受国家、社会和当事人的监督原则,以及依法执业受法律保护原则。

(一) 遵守宪法和法律原则

在我国,宪法和法律是各族人民意志和利益的体现,是保护人民、打击敌人、惩罚犯罪、保障我国改革开放和进行社会主义现代化建设的工具。因此,严格遵守宪法和法律是每个公民的义务,更是律师的义务。律师以维护国家法律的正确实施、维护当事人的合法权益为使命,在执业过程中遵守宪法和法律是对律师最基本的要求。

(二) 恪守职业道德和执业纪律原则

律师职业道德,是指律师在执业过程中所应遵守的道德规范的总称,它通常被归纳为简明的宣言或戒律文字,具有原则性、抽象性和概括性。例如律师应当忠于法律,恪守道德;诚实守信,勤勉尽责;注重修养,维护声誉;严守秘密,保守隐私;尊重互助,公平竞争;投身公益,服务社会;依法执业,规范行为;等等。律师职业道德一般属于自律性的管理标准,要求律师自觉遵守,靠律师的内心信念和社会舆论加以约束。律师执业纪律,是指律师在职业过程中应当遵守的行为规则。它是以律师职业道德为依据而制定的执业行为规范,因而比较详细、具体和明确。目前,我国已经建立了由《律师法》《律师和律师事务所违法行为处罚办法》《律师职业道德和执业纪律规范》《律师执业行为规范

（试行）》以及各地司法行政机关和律师协会颁行的规章制度共同组成的，比较完善的律师职业道德和执业纪律规范体系。

（三）"以事实为根据，以法律为准绳"原则

"以事实为根据，以法律为准绳"是一切司法工作均应遵循的一项基本原则，也是我国律师业务工作的基本原则。以事实为根据，是指律师在从事法律业务时，要实事求是，忠实于客观事实。这就要求律师在办案中必须深入调查研究，认真查阅案卷，掌握确实、充分的证据，查明事物的本来面目，弄清事实和情节，并以此为根据处理各种法律问题、诉讼问题或提出解决有关问题的意见。以法律为准绳，是指律师在各项业务活动中，都要严格依法办事，忠实于国家的法律和制度，正确运用法律处理问题或者提出解决问题的意见。

（四）接受国家、社会和当事人的监督原则

国家对律师的监督主要是通过有关国家机关实现的，具体包括：（1）司法行政机关的监督。根据《律师法》的规定，司法行政机关是律师业的管理机关，依法对律师、律师事务所的执业条件和执业行为实施监督，对律师、律师事务所在执业中的违法行为进行处罚。（2）检察机关和公安机关的监督。对于律师在执业活动中有泄露国家秘密、行贿、介绍贿赂或者毁灭证据、伪造证据、妨碍作证行为，情节严重构成犯罪的，由检察机关或公安机关立案侦查，依法追究刑事责任。（3）人民法院的监督。律师作为辩护人或者代理人在刑事诉讼、民事诉讼或行政诉讼中有违法行为的，人民法院可以根据情节轻重予以罚款、拘留，情节严重构成犯罪的，依法追究刑事责任。（4）税务机关的监督。根据《律师法》的规定，律师和律师事务所应当依法纳税。对于律师和律师事务所的偷税、欠税、抗税或者漏税行为，由税务机关按照有关规定进行处罚。

社会对律师的监督包括民主党派、社会团体、群众组织和广大人民群众的监督等。对于律师在执业活动中违反法律、职业道德和职业规范的行为，任何单位和个人都可以直接向该律师提出批评，可以向该律师所在的律师事务所、律师协会或司法行政机关反映，可以在报纸、电视等媒体上予以揭露，还可以向检察机关举报，使其受到刑事法律的制裁。

律师接受当事人的委托或聘请，为其提供法律服务，因此，律师在执业过程中有无违法违纪行为，当事人最为清楚。律师在提供法律服务过程中违反法律法规，不遵守职业道德和执业纪律的，当事人有权向律师所在的律师事务所、律师协会或司法行政机关提出控告，要求依法处理；对于律师违法执业或者因过错给自己造成损失的，当事人有权向人民法院提起诉讼，要求律师所在的律师事务所承担赔偿责任。

（五）依法执业受法律保护原则

律师依法执业受法律保护是世界各国的通识。具体来说，它主要包含三层含义：（1）律师依法独立开展业务活动，任何单位、个人不得非法干涉；（2）律师在业务活动中依法行使权利，任何单位、个人不得限制或剥夺；（3）律师在执业活动中，其人身权利和财产权利受到法律保护，任何单位、个人不得侵犯。

要实现这一原则，律师应当做到以下几点：（1）律师在接受当事人委托后，应当依

照法律规定独立地开展业务活动,对于有关单位和个人的非法干涉,不要惧怕,不能妥协,不受影响。(2) 律师在从事业务活动中,应当充分行使法律赋予的权利,对于有关单位和个人非法限制或剥夺该权利的行为,应当向有关部门反映,由该部门依法予以处理。(3) 律师在从事业务活动中,其人身权利和财产权利受到损害的,应当运用法律手段追究侵权者的责任。

第二节 律师职业道德概述

一、律师职业道德的概念和特征

(一) 律师职业道德的概念

所谓律师职业道德,是指作为律师业务从业人员,在执行律师职务、履行律师职责的过程中所应遵守的道德规范的总称。律师职业道德是法律职业道德的重要组成部分,是指导律师执业行为的基本准则,是判断律师执业行为是否符合律师职业要求的标准,是对违法违规律师及律师事务所追究执业责任的重要依据。

律师是一种重要的法律服务职业,肩负着维护当事人合法权益和维护法律正义的双重任务,是一个国家民主健全和法制完备的象征。但与此同时,律师一直是一种颇受争议的职业,时常处于正义与功利、利益与道德、程序与实体等矛盾体的交织、冲突之中。为了保证律师职业群体能以良好的形象屹立于社会,为了保证社会成员获得高效优质的法律服务,国家除了通过律师法规范律师的行为之外,还颁布了律师的行业道德标准,对律师行为加以指引和规范。乔治·沙司伍德在1854年发表的名著《律师道德论》中曾经写道:"在障碍四伏的黑夜里,能照亮前程的火把就是律师道德,这是唯一可以信赖的安全路标。它就像护卫乐园的天使手中的标枪。"这段话用感性语言描述了律师职业道德的重要意义,实值赞同。

世界各国普遍重视律师职业的道德建设,大多数国家和地区都制定了专门的规范性文件对律师职业道德的基本内容作出规定。在我国,《律师法》第3条第1款明确规定:"律师执业必须遵守宪法和法律,恪守律师职业道德和执业纪律。"据此,1996年10月6日,中华全国律师协会通过了《律师职业道德和执业纪律规范》。2001年11月26日,中华全国律师协会对该规范进行修订,形成了律师职业道德和执业纪律规范体系。2004年3月20日,五届中华全国律师协会第九次常务理事会通过了《律师执业行为规范(试行)》;该文件于2009年12月27日经五届中华全国律师协会第九次常务理事会修改为《律师执业行为规范》,并于2011年11月9日由中华全国律师协会再次修订;《律师执业行为规范修正案》已于2017年1月8日第九届中华全国律师协会常务理事会第二次会议审议通过试行,现为《律师执业行为规范(试行)》。该文件通过对律师执业的基本规范和具体规范作出规定,明确了律师的职业道德规范。

（二）律师职业道德的特征

律师职业道德反映了律师职业的精髓和实质，也是一国法治发展状况的体现。从各国有关律师职业道德的规定来看，律师职业道德具有以下几个方面的特征。

1. 律师职业道德与社会道德之间具有统一性

社会道德是律师职业道德形成的基础和依据，律师职业道德属于社会道德的一部分，是对社会道德的补充，所以，二者的基本精神和宗旨是一致的。同时，律师作为特殊的职业群体，除了应当遵守国家的法律和社会公德之外，还必须履行自己的职责。律师职业道德既是每个律师必须自觉遵守的行为规则，也是社会公众评价律师的客观标准。

2. 律师职业道德是律师执业时应遵守的行为规范

律师职业道德是社会一般道德要求在律师职业生活中的具体体现，也是律师执业时应遵守的行为规则。也就是说，律师职业道德只约束律师，只有律师在执业时才需要遵守，其他人无须遵守。

3. 律师职业道德是具有强制性的行为规范

为了使律师的活动能够符合职业道德的要求，律师职业道德规范已经被律师协会制定的规章所确认，且部分规范被上升到法律规范，使得这些规范具有强制性，对律师形成相当的约束力。当律师的行为违反这些道德规范时，由律师协会依照会员惩戒规则实施处分，情节严重的，由司法行政机关予以处罚。

二、律师职业道德基本准则

律师职业道德基本准则就是律师在执业活动中必须遵守的一般行为准则，它是律师职业道德的灵魂。根据《律师执业行为规范（试行）》的规定，我国律师职业道德的基本准则包括以下几个方面。

（一）忠于宪法和法律，恪守职业道德和执业纪律

宪法和法律是律师从事执业活动的准则和依据，也是律师维护当事人合法权益的根据。离开了宪法和法律的依托，律师执业可能就会偏离正确轨道，使国家利益、社会公共利益和当事人的合法权益受到损害。同时，律师在执业过程中必须按照职业道德规范的要求，处理好与当事人、司法机关、同行、所在律师事务所等相关主体的关系，以彰显律师的职业精神，维护律师的良好形象，促进律师业的健康、持续发展。

在我国现实生活中，有一些实例较好地体现了这一准则。2013年3月26日，浙江省高级人民法院宣判张高平、张辉无罪，在这起冤假错案的纠正过程中，辩护律师朱明勇就是以积极健康的职业道德，与检察官通力合作，堪称律师恪守职业道德和执业纪律之典范。2014年12月15日，内蒙古自治区高级人民法院对呼格吉勒图故意杀人、流氓罪一案作出再审判决，宣告呼格无罪。该案被纠正凝聚了内蒙古自治区高级人民法院呼格吉勒图案封闭复查组副组长萨仁法官与律师的共同努力。

(二) 诚实守信，勤勉尽责

诚实守信是律师的立身之本，是律师在为当事人提供法律服务时应遵循的基本职业道德要求。诚实守信，要求律师本着公平、真诚的精神，以善意的方式，与委托人建立委托代理关系；要求律师在接受当事人委托后应信守诺言，严格履行委托合同，认真完成合同约定的法律事务，维护当事人的合法权益。勤勉尽责，要求律师在办理法律事务时，采取一切合法手段、尽最大努力并迅速有效地为委托人提供服务，全面维护其合法权益，并在此基础上确保法律的正确实施和维护社会的公平正义。

(三) 注重职业修养，自觉维护律师行业声誉

律师的工作不仅关乎律师个人或者某个律师事务所的声誉，而且关乎整个国家法律制度的功能实现，体现了国家法治权威之公共信用。律师的职业素质不仅包括丰富的法律知识和高超的业务技能，而且包括高尚的道德品质、文明的言谈举止和良好的形象气质。这些素质内含于心，外显于行，是需要通过不断地加强学习和自我修养而造就的，需要在执业生涯中时时警醒。因此，律师要注重自身的职业修养。同时，对律师来讲，维护律师业的良性生存和健康发展，也关系到每个律师的根本利益。因此，律师在执业活动中，必须加强修养，勤勉尽责，遵守法纪，高质量地完成当事人委托的法律事务，尽力维护好当事人的合法权益，不因工作中的违规、懈怠和差错给律师业抹黑，同时要坚决反对损害律师业声誉的行为。

(四) 严守秘密，保守隐私

律师在执业过程中，会了解到与案件有关的国家机密、委托人的商业秘密和个人隐私，如果随意泄露这些秘密和隐私，会损害国家利益，给委托人造成损失，破坏了委托人对律师的信任，损害律师业的声誉。因此，律师应当严守国家机密、商业秘密，保守委托人的个人隐私。严守秘密、保守隐私，要求律师在执业过程中，在接触到国家机密、委托人的商业秘密和个人隐私时，必须采取有效措施以防止其泄露；律师在完成法律服务之后，仍然应按照规定和约定保守这些秘密和隐私，不得随意泄露。

(五) 尊重同行，公平竞争，同业互助

在执业活动中，律师与同行之间是竞争与合作的关系，需要按照道德规范处理好这种关系。尊重同行，要求律师不得轻视同行、贬损同行，不得干涉其他律师的执业活动；同业互助，要求律师相互合作、协同办案，彼此交流、共同提高；公平竞争，要求律师之间开展公平竞争、良性竞争，不得采取不正当竞争的手段，以保障律师业的健康、持续发展。

(六) 投身公益，服务社会

律师是社会法律服务人员，不仅要为委托人提供各种有偿的法律服务，维护委托人的合法权益，而且要积极投身社会的各项公益活动，为社会奉献智慧和力量，这样才能尽到社会成员的责任，树立良好的社会形象。投身公益，服务社会，一方面要求律师不仅要接

受当事人委托从事有偿的业务活动,而且要接受法律援助机构委派,为受援人提供法律服务;另一方面要求律师在执业活动之外,积极参与法律咨询、助困募捐等各项社会公益活动,多做善做有益于社会的事情。

我国律师在公益法律服务方面走在世界各国的前列。最突出的事例表现在我国司法部和全国律协、共青团中央共同举办的"1+1"法律援助志愿者服务。该项活动从2009年倡议发起至今,全国各地共有1 000多名志愿者不计个人得失,不畏条件艰苦,在4 000多个老、少、边、穷的无律师和少律师的县、乡,办理了4万多起法律援助案件,化解了上万起民间纠纷,开展了500多场普法宣传和法律讲座,为当地培养了数百名本地法律人才。①

一言以蔽之,关于律师职业道德基本准则的要求,诚如我国老一代律师张思之先生所言:"真正的律师,似澄澈见底的潺湲清流,如通体透明的光泽水晶;是真正的人,表里如一,道德崇高,事事处处体现着人格的完善与优美。真正的律师,必有赤子之心:纯正善良,扶弱济危;决不勾串赃官,奔走豪门,拉拉扯扯,奴颜婢膝;决不见利忘义,礼拜赵公元帅,结缘市侩,徇私舞弊;他自始至终与人民大众走在一起。"②

第三节 律师执业行为规范

律师执业行为主要由《律师法》《律师执业行为规范(试行)》《律师收费管理办法》等法律、法规和行业规则予以规范。

一、律师与委托人关系的行为规范

(一)接受委托的行为规范

委托代理关系从形式上讲是一种合同关系,因此委托代理关系的建立首先来自当事人的委托,委托关系的建立过程其实就是委托人和律师协商达成一致的过程。《律师执业行为规范(试行)》第35条③规定,律师应当与委托人就委托事项范围、内容、权限、费用、期限等进行协商,经协商达成一致后,由律师事务所与委托人签署委托协议。

当然,除当事人的委托外,律师还可以基于有关机构的指定形成委托代理关系。我国《律师法》第42条规定:"律师、律师事务所应当按照国家规定履行法律援助义务,为受援人提供符合标准的法律服务,维护受援人的合法权益。"司法部《关于开展法律援助工作的通知》也就律师承担法律援助义务作了相应的规定。律师承办指定的法律援助案件的,当事人与委托人也构成委托代理关系。

律师需为其当事人利益全力以赴、保持热忱以维护当事人的权利并最大限度发挥律师的能力与学识,可见,律师与委托人之关系,既是契约关系,更是伦理关系;接受委托既

---

① 张勇:《律师职业道德》,法律出版社2015年版,第254页。
② 张思之:《真正的律师与优秀的律师》,载孙国栋主编:《律师文摘》(2002第2辑),时事出版社2002年版。
③ 以下正文中括号内所显示的条款若无特别说明,均指《律师执业行为规范(试行)》。

意味着律师与委托人契约关系之建立，更是契约关系伦理化之起点。① 以契约之角度，在缔约阶段，律师与潜在委托人为缔结契约而接触与协商时，已由普通人之间的关系进入一种特殊的信赖关系，因此，"由于缔约上过失责任所涉及者，并非违反契约有效成立后之给付义务问题，其所违反者，系以缔约当事人为缔结契约而接触磋商之际，因相互信赖所形成之特别结合关系为基础之诚实、照顾、告知、解明、保护等附随义务或其他行为义务"②，此类缔约过程中之附随义务与其他行动义务律师均应一体承担。然而，律师与委托人之间的信赖关系，并非普通合同主体之间的信赖关系，而是一种基于律师制度功能与律师职业基本使命之关系，是一种更为特殊、更为牢固、更具有道德约束力之信赖关系。在律师与委托人为缔结契约而接触与协商时，委托人不仅是合同一方当事人，还是向律师寻求至关重要之法律帮助的弱势者；律师不仅是合同另一方当事人，而且是负有维护基本人权与法治之使命的特殊职业群体。因此，律师在接受委托时，所承担的义务远不限于前述"诚实、照顾、告知、解明、保护等附随义务或其他行为义务"。

律师在与委托人缔结代理合同之际，需要做到以下几点：

1. 律师对委托人的如实说明义务

该义务要求律师在接受委托前，向委托人如实说明案件中之法律问题与法律服务合同相关问题，以便委托人决定是否委托。律师在接受委托前，应听取委托人对案件事实的陈述，尽可能详细询问案件中法律问题的各项因素，并就相关问题对委托人坦诚相告。律师在对委托人进行说明时，应充分尊重委托人的真实意思，不应为了取得委托误导委托人作出不适当的判断或诱导委托人诉讼或仲裁等。

2. 律师对代理事务的选择权

应该承认，律师对是否接受当事人的委托有自主选择的权利，即选择是否代理、如何代理、什么时候代理、代理费的标准及支付方式等。但律师对委托人代理事务的拒绝理由应是可公开的，对公众与同行应有一定说服力。因此，该拒绝不应是任意和随心所欲的，而应经过深思熟虑。同时，不应出于对处于不利地位的弱势委托人的歧视，例如对贫穷或无依无靠的人、残疾人、女性、少数族裔等之歧视而拒绝代理。但委托事项违法、委托人利用律师提供的服务从事违法活动或者委托人故意隐瞒与案件有关的重要事实的，律师有权告知委托人并要求其整改，有权拒绝辩护或者代理、或以其他方式终止委托，并有权就已经履行事务取得律师费（第42条）。

3. 律师接受委托的权限

律师接受委托前，要与委托人明确委托权限。授权委托书必须载明委托事项和权限。诉讼代理人代为承认、放弃、变更诉讼请求，进行和解，提起反诉或者上诉，必须有委托人的特别授权。根据授权委托书载明委托的事项和权限的不同，代理可分为一般代理和特别代理，前者只代委托人行使诉讼权利和履行诉讼义务，后者不仅可代委托人行使诉讼权利和履行诉讼义务，而且可代委托人处分实体权利。接受委托后，律师只能在委托权限内开展执业活动，不得擅自超越委托权限（第41条）。

---

① 袁丁：《律师伦理研究》，武汉大学2013年博士学位论文。
② 王泽鉴：《民法学说与判例研究》（第1册），中国政法大学出版社2005年版，第84页。

(二) 维持委托的行为规范

律师在维持与委托人的代理关系、处理委托事务的过程中，应遵守以下行为规范。

1. 忠诚义务

忠诚义务体现了律师与委托人关系的本质。忠诚于委托人是律师职业的前提，是处理律师与委托人关系的基石，是律师职业道德的核心要素。受人之托，忠人之事，律师必须履行对委托人的忠诚义务，不辜负委托人的信任，完成委托使命。律师不能滥用委托人的信赖为自己或第三人谋取非法利益。律师对委托人的忠诚虽然在相关法律及行业规范中没有明确规定，但这是律师对法律忠诚的应有之义。只有律师对委托人忠诚，当事人才能对律师充分信任，才能将代理事务的全部事实毫无保留地提供给律师，律师才能更好地完成代理事务。

律师不得为建立委托代理关系而对委托人进行误导，不得为谋取代理或辩护业务而向委托人作虚假承诺，接受委托后也不得违背事实和法律规定做出承诺。刑事案件中，律师在接受刑事辩护委托后，应当依据事实和法律提出无罪、罪轻或减轻、免除其刑事责任的辩护意见；刑事辩护证据不足以否认有罪指控，不得承诺经过辩护必然获得无罪的结果。律师根据委托人提供的事实和证据，依据法律规定对案件进行分析后，应向委托人提出预见性、分析性的结论意见，但应当注意避免虚假承诺。但律师的辩护、代理意见未被采纳的，不属于虚假承诺（第45条）。委托人拟委托事项或者要求属于法律或者律师执业规范所禁止时，律师应当告知委托人，并提出修改建议或者予以拒绝。

当然，律师对当事人的忠诚应以不违反法律及相关行业规范为前提，尤其是对涉及国家秘密、商业秘密和个人隐私的相关信息应予以保密，不可任意泄露。

2. 独立执业

律师的独立执业是由律师的法律属性决定的，是律师法律属性的外在表现形式，是律师独立的精神气质，是令人尊敬的职业精神。为此，律师应该做到如下几点。

第一，独立选择实现委托人目的的方案。律师是法律专业人士，有权决定为委托人服务的方式和手段，不需要征得委托人或第三方的同意。

第二，禁止为委托人的犯罪、欺诈和性交易提供服务。律师如果知道或者应当知道委托人从事犯罪、欺诈或者性交易活动，应拒绝提供法律服务。

第三，律师不得参与旨在逃避纳税责任的犯罪或行为。当然，律师为委托人提供税收筹划、省税计划是为委托人进行合理避税，不应视为帮助委托人逃税和抗税。

第四，律师对委托人的代理不构成对委托人观点和行为的赞同。在刑事案件和其他委托事务中，律师为"坏人"辩护，不是为其罪恶开脱，而是为其合法权益（包括有罪无罪、此罪彼罪、罪轻罪重）等进行辩护，使司法机关对其作出公正裁判，以实现法律的正义。

第五，律师应当与委托人保持职业距离。所谓职业距离，就是保持律师身份的距离，以保证律师能够作出正确的职业判断。律师在情感上要把握分寸，防止关系过近使职业判断甚至利益受到影响。

3. 尽职尽责义务

律师的职责是为当事人在人权、自由权、人格权及财产权上争取权益。无论是诉讼案件还是非诉案件，当事人将自由、人格或财产等重要的权利事项托付给律师，律师应恪尽职守为当事人争取最大的权益。为此，律师必须做到以下三个方面。

第一，律师应依据法律及正当程序，尽力维护当事人的合法权益。律师在诉讼案件中一旦接受当事人的委托，即为当事人在该诉讼上的诉讼代理人，代理当事人进行诉讼行为，应竭尽全力在法律规定范围内为当事人争取最大的权益。律师在承办案件过程中，须经合理时间的准备，开庭日期、判决日期或其他重要讯息皆应立即告知当事人；所递交的起诉书、应诉书，收到的对方起诉书与应诉书，以及法院判决书或裁定书等，均应立即告知并交付副本给当事人；勘验时日、准备程序时日及言词辩论时日亦应到场随时维护当事人的权益。当然，律师并非不问是非甚至违反法规为当事人主张权益，维护当事人的权益应以遵守法律及正当程序为前提，既不应为胜诉而违反法律，也不得故意为损害相对人的不适当行为。

第二，律师应正确处理与当事人的关系。律师是法律专业人士，故律师在执行律师业务时应以法律专业知识和技能提供法律服务，而并非完全听命于当事人的指示。也就是说，律师执业时应坚持与当事人独立的原则，以维护法律秩序与社会公共利益为执业的准绳。与当事人独立的原则，要求律师对于受委托事项不应一味迎合委托人的好恶，而不敢将正确的法律意见提供给委托人；也不应以委托人的好恶为准绳，而故意曲解法律法规，误导当事人产生不正确的期待或判断。具体行为上，律师应当正面积极告知，而不是沉默消极应对，否则将导致该当事人作出错误的判断。在积极告知方面，律师也要注意告知的程度，应使当事人充分了解律师的法律意见，从而依据法律和事实作出正确的判断。若当事人的知识程度或理解能力较低，律师更应该强化对当事人的告知，耐心将正确的法律意见告知当事人。事实上，律师本着法律专业和沟通技巧，将正确的法律意见告诉当事人，才是对当事人权益的最大保障，也是律师尽责义务的最佳体现。

但律师毕竟以当事人所付报酬为生，如何在坦诚告知当事人正确法律意见的前提下，又能维系与当事人的关系，是律师要面临的最困难的问题。对于这个问题，德国的做法颇值得借鉴。为落实与当事人独立的原则，德国认为律师并非受雇于当事人，当事人支付律师费的义务并非基于当事人与律师的合约关系，律师是依法对当事人提供法律服务的独立职业，当事人的付款义务是基于联邦律师费用法的规定。德国的制度设计可以在一定程度上降低部分当事人"出钱的是老大"的心态，有助于律师将正确的法律意见坦诚告知当事人，维系律师的专业尊严，落实与当事人独立的原则。另外，律师必须与当事人的利益保持一定的距离，以维持律师的专业与尊严；否则一旦律师在财务上或身份上与当事人的利益有所牵扯，将基于自身利益的考量，难以坚持其专业判断，无法确保当事人的最佳利益。因此，律师远离当事人的利益，也是律师尽责义务中相当重要的一环。

第三，律师就受委托事项不能向当事人做有利结果之担保承诺。不可否认，律师依靠当事人给付的报酬生活，但律师切不可为争取当事人的委托，而就受委托事项担保有利的结果发生。任何诉讼都由法官进行审判，即使律师从受委托事项的背景事实、证据及法律见解方面判断受委托事项将来获得胜诉的可能性非常之高，也不可能预料到诉讼过程中会有何等变化，当然更不可能确信一定产生有利的结果。对于受委托的事项，律师所能做并且应该做的，是将受委托事项对当事人的有利和不利情形都详实地告知当事人，让当事人对进行诉讼、和解或适用其他争端解决机制作出正确的判断。具体而言，律师接受当事人的委托,特别是诉讼案件,应当将诉讼的合法性、请求权基础何在、举证责任属于谁、请求金额如何计算、执行可行性等诉讼上的不确定风险,充分地告知当事人,以协助当事人作出正确的判断。倘若发现诉讼上的不确定风险极高,可建议当事人考虑以诉讼以外的方式,例如和解、调解等解决纷争。因此,律师在受委托事项上不得担保将产生有利结果,并且应将诉讼的不确定风险充分地告知当事人。这样既体现了律师的尽责义务,又促进了纷争的解决。

4. 专业义务

虽然《律师法》并未规定强制进修,但律师仍应根据律师行为规范与时俱进地精研法律法规,充实法律专业知识,持续提供高品质的法律服务。对于承接跨领域的法律事务,律师更应审慎以对,若本身不具有该跨领域的专业知识,应该寻求专业人士协助办案,以确保当事人的最佳利益。为此执业律师必须做到如下几点。

第一,律师应精研法律法规及法律实务案例。律师是以法律专业知识提供法律服务的专业人士,具备法律专业知识是律师最基本的义务。特别是近年来修法比较频繁,《民法通则》《刑法》《民事诉讼法》《刑事诉讼法》等诸多重要法律皆有重大的修订,相关规范、主管机关命令以及司法解释等也有诸多变动。律师应该与时俱进地精研法律法规,充实法律专业知识,持续提供高品质的法律服务。其中,《律师法》第46条第1款第4项就规定,律师协会应当组织律师业务培训和职业道德、执业纪律教育,对律师的执业活动进行考核。中华全国律师协会和各地律师协会每年都会开办许多在职进修的课程,除了将律师集中起来,邀请有关参与起草法律的专家学者进行授课讲解外,还充分利用网络资源开办网络远程班来方便律师学习。律师应当充分利用律师协会的资源,提升专业知识,而不是敷衍了事。律师协会也应当从内容和纪律两方面入手,开展律师感兴趣的业务培训,创新形式,并强化纪律考核,确保业务培训的效果。此外,律师对于法院最新实务见解,也应该有一定程度的掌握。对于所受理的案件,有关法律是如何规定的,对于相关争议点态度如何等,律师承办案件之时都应该检索并详加研读,为当事人提供正确的法律服务。

第二,对于跨领域的法律事务应量力而行。律师虽然不像医生般细分为许多专科,但现在的律师执业也有越来越细致的专业分工趋势,例如有些律师专办知识产权案件,有些律师专办医疗纠纷案件等。这些专办特定领域的律师经年累月处理同一类型的法律事务,不断地在该领域进修,对于该领域的法律规范、主管机关行政命令以及法院司法解释等,自然较其他律师更为熟悉,能为当事人在该领域提供更高品质的法律服务。特别是随着社会的多元化发展,律师所从事的法律服务,除传统的民刑事案件外,更扩及许多跨领域的专业,例如工程法律(包含法律与工程专业)、税务法律(包含法律与税务、会计专业)、医疗法律(包含法律与医疗专业)、知识产权法(包含法律与科技专业)等,都需要法律专业与其他专业的结合。在法律事务精密分工的情况下,少有律师有能力承办各种类型或跨领域的案件。因此,在接案前,律师应衡量自己是否具备该案所需的专业知识和技能。即使自认有能力承接此类跨领域法律服务,仍应努力充实承办该案所必需的法律知识,并作适当的准备,以提供高品质的法律服务;否则就会违反律师的专业义务,违反律师行为规范对律师的专业要求。

（三）结束委托的行为规范

1. 结束委托的事由

我国《律师法》第32条第2款规定："律师接受委托后，无正当理由的，不得拒绝辩护或者代理。但是，委托事项违法、委托人利用律师提供的服务从事违法活动或者委托人故意隐瞒与案件有关的重要事实的，律师有权拒绝辩护或者代理。"我国《律师执业行为规范（试行）》中又有更具体的规定。第59条规定："有下列情形之一的，律师事务所应当终止委托关系：（一）委托人提出终止委托协议的；（二）律师受到吊销执业证书或者停止执业处罚的，经过协商，委托人不同意更换律师的；（三）当发现有本规范第五十一条规定的利益冲突情形的；（四）受委托律师因健康状况不适合继续履行委托协议的，经过协商，委托人不同意更换律师的；（五）继续履行委托协议违反法律、法规、规章或者本规范的。"第60条则规定："有下列情形之一，经提示委托人不纠正的，律师事务所可以解除委托协议：（一）委托人利用律师提供的法律服务从事违法犯罪活动的；（二）委托人要求律师完成无法实现或者不合理的目标的；（三）委托人没有履行委托合同义务的；（四）在事先无法预见的前提下，律师向委托人提供法律服务将会给律师带来不合理的费用负担，或给律师造成难以承受的、不合理的困难的；（五）其他合法的理由的。"当然，如果存在以下两种情形，律师也可以与委托人解除委托：其一，可能使律师"难以保持职业独立性"或有可能损害司法的行为；其二，律师明知委托人是在滥用诉权的。

2. 律师退出委托时的职责

我国《律师执业行为规范（试行）》第61条规定："律师事务所依照本规范第五十九条、第六十条的规定终止代理或者解除委托的，委托人与律师事务所协商解除协议的，委托人单方终止委托代理协议的，律师事务所有权收取已提供服务部分的费用。"第62条规定："律师事务所与委托人解除委托关系后，应当退还当事人提供的资料原件、物证原物、视听资料底版等证据，并可以保留复印件存档。"

3. 禁止非法牟取委托人的利益

律师在执业过程中，不仅有机会接触当事人争议的标的物，还有机会了解委托人对权益争议主张权利的缺陷。在这种情况下，律师不得利用提供法律服务的便利，非法牟取当事人争议的权益。除依照相关规定收取法律服务费用之外，律师不得与委托人就争议的权益产生经济上的联系，不得与委托人约定胜诉后将争议标的物出售给自己；不得委托他人为自己或为自己的近亲属收购、租赁委托人与他人发生争议的诉讼标的物。律师不得向委托人索取财物，不得获得其他不利于委托人的经济利益。非经委托人同意，律师不得运用向委托人提供法律服务时所得到的信息牟取对委托人有害的利益。

4. 律师执业的转委托

作为律师，在委托协议签订后，应当以自己的名义认真办理代理的法律事务，律师没有权利进行转委托。未经委托人同意，律师事务所不得将委托人委托的法律事务转委托其他律师事务所办理。但在紧急情况下，为维护委托人的利益可以转委托，但应当及时告知委托人（第56条）。受委托律师因突患疾病、工作调动等紧急情况不能履行委托协议时，应当及时报告律师事务所，由律师事务所另行指定其他律师继续承办，并及时告知委托人

(第57条)。非经委托人同意,不能因转委托而增加委托人的费用支出(第58条)。

二、律师收费行为规范

律师行业是向社会提供有偿法律服务的行业,有偿服务就涉及合理收费问题。根据《律师服务收费管理办法》的有关规定,律师收费包括律师服务费、代委托人支付的费用和异地办案差旅费。代委托人支付的费用是指律师事务所在提供法律服务过程中代委托人支付的诉讼费、仲裁费、鉴定费、公证费和查档费等,这些费用不属于律师服务费,应由委托人另行支付。律师事务所需要预收异地办案差旅费的,应当向委托人提供费用概算,经协商一致,由双方签字确认。律师服务费、代委托人支付的费用和异地办案差旅费由律师事务所统一收取,律师不得私自向委托人收取任何费用。

(一)律师收费的基本要求

律师费用的收取应当合理。律师事务所和律师应当根据国家行政管理部门、律师协会制定的相关规定合理收费。律师服务收费遵循公开公平、自愿有偿和诚实信用的原则。律师事务所应当便民利民,加强内部管理,降低服务成本,为委托人提供优质高效的法律服务。根据《律师服务收费管理办法》的规定,律师服务收费实行政府指导价和市场调节价。

律师事务所提供下列律师服务时的收费实行政府指导价:一是担任刑事案件犯罪嫌疑人、被告人辩护人以及刑事案件自诉人、被害人的代理人;二是担任请求支付劳动报酬、工伤赔偿,请求给付赡养费、扶养费、抚养费,请求发给抚恤金、救济金,请求给予社会保险待遇或最低生活保障待遇的民事诉讼、行政诉讼的当事人的代理人,以及担任涉及安全事故、环境污染、征地拆迁赔偿等公共利益的群体性诉讼案件代理人;三是担任公民请求国家赔偿案件的代理人。

律师事务所提供其他法律服务的收费实行市场调节价。实行市场调节的律师服务收费,由律师事务所与委托人协商确定。律师事务所与委托人协商律师服务收费时应当考虑以下主要因素:花费的工作时间;法律事务的难易程度;委托人的承受能力;风险和责任大小;律师的工作能力和社会信誉。

(二)律师收费的方式

律师收费可以根据不同的服务内容,采取计件收费、按标的额比例收费和计时收费等方式。计件收费一般适用于不涉及财产关系的法律事务;按标的额比例收费适用于涉及财产关系的法律事务;计时收费可适用于全部法律事务。律师采用计时收费的,应当根据委托人的要求提供工作记录清单。

(三)律师的附条件收费

以诉讼结果或其他法律服务结果作为律师收费依据的,该项收费的支付数额及支付方式应当以协议形式确定,应当明确计付收费的法律服务内容、计付费用的标准与方式等。

《律师服务收费管理办法》规定,实行风险代理收费,律师事务所应当与委托人签订风险代理收费合同,约定双方应承担的风险责任、收费方式、收费数额或比例。实行风险代理收费，最高收费金额不得高于合同约定的标的额的30%。

根据《律师服务收费管理办法》的规定，律师在执业过程中应遵守如下行为规范：

第一，律师服务收费应对社会公开，实行"明码标价"的收费制度。可以根据本地区律师服务市场的实际情况，定期公布一个时期内或特定法律事务的律师收费信息。公布律师收费信息应当反映律师收费的实际情况和平均水平，鼓励公平竞争，禁止通过行业相互串通，垄断律师服务价格。

第二，律师事务所就收费标准有对委托人事先告知的义务。律师事务所接受委托前，应当告知委托人收费方式、收费标准、计算方式和可能向当事人收取的垫付费用。计时收费还应当注明结算的有效工作时间。委托人对收费提出费用概算要求的，律师事务所应当提供。

第三，律师事务所与委托人签订的委托协议，应当包括服务费的收费方式、收费标准或收费总额、付款方式等条款。

第四，律师事务所可以向委托人预收全部或部分服务费和办案费。律师事务所预收费用，应当在委托协议中明确规定，并向委托人出具预收收据。律师个人不得收取任何预收费用，除预收费用外，律师事务所不得在提供服务后收取任何形式的办案费。

第五，律师事务所在办理法律事务过程中，因案情变化可能导致工作量明显增加，需要增加服务费的，应当及时通知委托人，并在公平合理的基础上进行协商。

第六，律师事务所应当统一向委托人收取服务费和办案费，并如实入账。严禁承办律师以各种形式私自收费。律师事务所收取服务费，应当向委托人出具由税务部门印制的律师服务收费统一发票。律师事务所以计时方式收费的，结算时应当向委托人提供服务费清单，如委托人要求详细注明，律师事务所应当提供律师工作时间记录单。律师事务所向委托人收取办案费的，应当在结案后或者在办理法律事务过程中分阶段与委托人据实结算，多退少补。结算时应当向委托人提供费用清单和有关原始发票凭证，不能提供费用清单或发票凭证的，应当退还相应费用。

律师在执业过程中，违反收费程序和合理标准的，当事人可以向律师协会投诉，律师协会在调查清楚的前提下作出妥当的处理。

三、律师的保密义务

（一）保守执业秘密是律师的基本义务

保守执业秘密是律师应当遵循的道德和法律上的义务，这一义务来源于当事人的隐私权、商业秘密权和国家机关的国家秘密保守要求。律师遵守保密义务也是其取得当事人信任的重要前提。我国《律师法》第38条第1款规定："律师应当保守在执业活动中知悉的国家秘密、商业秘密，不得泄露当事人的隐私。"

（二）律师保密义务的范围

律师保密义务既是委托人获得有效辩护的必要条件，也是律师与委托人信任关系之基础。

在普通法系律师行为规范中，律师保密范围涵盖了"秘密"和"机密"两种。其中的"秘密"是指证据法下受到律师——当事人作证特权保护的信息,律师行为规范禁止律师在法庭上提及律师与当事人之间的交流,除非当事人放弃该特权或法庭发现该信息不受律师——当事人特权的保护。①

同时,律师保密义务与社会公众普遍道德观念之冲突亦不可忽视。保守秘密可能使一些犯罪者逃避法律追究。这主要包括两种情形:其一,在律师发现委托人正在实施犯罪时,保密义务可能限制律师去阻止犯罪,特别是委托人正在实施迫在眉睫的死亡或重大伤害的犯罪行为时。其二,在情节恶劣、后果严重的暴力案件以及存有再犯可能的案件中,律师严守保密义务将致使罪犯被轻纵,其他无辜者的安全将来可能会受威胁。因此,如果存在上述情形,律师则没有保密的义务,而有向相关机关检举揭发的权利。

律师的保密义务有以下例外:其一,已获得委托人允许或者为了委托人的利益所必须。其二,为社会公益所必须。其三,为了律师自己的利益所必须。其四,法律规定的其他情形。我国《律师法》第38条第2款规定,律师对在执业活动中知悉的委托人和其他人不愿泄露的有关情况和信息,应当予以保密。但是,委托人或者其他人准备或者正在实施危害国家安全、公共安全以及严重危害他人人身安全的犯罪事实和信息除外。

(三)律师履行保密义务的方式

律师履行保密义务的主要方式有:(1)律师不得就履行职业过程中所获知的保密信息作证。(2)律师应避免与其他人谈论和散布委托人的保密信息。(3)律师应避免将一个委托人的保密信息泄露给另一个委托人。(4)律师对包含有保密信息的文书、资料,应采取合理必要的预防措施避免其泄露。与委托人口头或书面交流时,也应采取合理必要的措施、方式制止保密信息的泄露。(5)律师不得为自己利益或者其他委托人、第三人利益,而利用这些保密信息。

律师对在执业活动中知悉的委托人和其他人不愿泄露的情况和信息,应当予以保密。但是,对于委托人或者其他人准备或者正在实施的危害国家安全、公共安全以及其他严重危害他人人身、财产安全的犯罪事实和信息,律师不仅没有保密义务,而且应采取有效措施,防范危害的发生。我国《律师执业行为规范(试行)》第9条规定与《律师法》第38条完全相同。

律师在代理案件的过程中,经常接触到案件审理过程中法院或者公安机关、检察机关所掌握的案件信息。这些信息是律师处理案件所必须了解的,但是是否以及如何向案件当事人之家属透露信息范围,则需要谨慎对待,避免泄露不应该透露的信息。不属于国家保密相关法律法规所规定的信息,可以透露给当事人的家属。

四、利益冲突行为规范

(一)利益冲突的概念

利益冲突是指受托人基于对第三人的义务或个人利益,不能为了自身所代表的委托人

---

① 袁丁:《律师伦理研究》,武汉大学2013年博士学位论文。

的最大利益服务时所处的状态，表现为个人义务或利益与委托人利益间的抵触与碰撞。[①]

律师的利益冲突可能存在于以下几种情形中：（1）同时作为利益有明显冲突的双方当事人的代理人，这既可能存在于同一案件，也可能存在于不同案件中。这种现象是最常见也最明显的利益冲突，这种类型的利益冲突比较容易判断。（2）一方当事人律师与对方当事人或同一序列的其他原告或被告的当事人有利害关系，而不管这种关系是否有利于自己的委托代理人。（3）律师与前委托人存在利益冲突。（4）在同一案件中，一方当事人的代理律师与对方当事人的代理律师之间存在利益关系或其他利害关系。

（二）律师利益冲突的危害

1. 损害律师独立的职业判断

"律师不仅拥有作为知识的各种法律的信息，而且养成了从法律角度进行思考的能力。"[②] 这种独立思考的能力为律师职业的存在提供了合理性，但是当律师在利益冲突下代理案件，尤其是涉及律师本人与委托人之间的利益冲突时，他对案件事实和法律性质的判断就不可避免地要受到自身利益的干扰，这是利益冲突对律师职业道德的内在影响，而这种影响在具体案件中极可能外化为对委托人忠诚的减损，既影响律师的职业声誉，又损害当事人的权益。

2. 威胁委托人的合法权益

利益冲突的核心特征是委托人利益面临受损危险，而这种危险是很难甚至不能通过律师高超的执业技巧避免的。律师在利益冲突下代理案件，很可能因为其他利益的诱惑而背弃了对委托人的忠诚义务，也可能出于职业的本能泄露委托人的秘密，甚至为了维护一个委托人的利益而损害另一个委托人的利益。因此，一旦出现利益冲突，受到直接不利影响的就是委托人的合法权益。

3. 干扰司法制度的有效运行

在法律体系越来越精深、法律程序越来越复杂的今天，律师代理制度就像一根拐杖，帮助那些不谙熟法律的当事人走进法庭。而在利益冲突的情况下，这根拐杖随时都可能变成挥向委托人的大棒，若如此，法庭的诉讼平衡便无从谈起。

（三）利益冲突的类型

1. 同时性利益冲突和连续性利益冲突

这种分类以是否涉及律师的前委托人及先前职责为标准。同时性利益冲突不涉及前委托人，是现任委托人之间或者现任委托人与律师自身、第三人之间存在冲突，比如，对多个现任委托人的同时代理，律师的近亲属或同一律师事务所的律师是代理事项的对立方当事人，律师自身与委托人发生了交易关系等。连续性利益冲突是指律师对其前委托人负有的连续性职责会影响对现任委托人的代理活动，冲突发生在前委托人和现任委托人之间。

2. 直接利益冲突和间接利益冲突

以冲突的性质和程度为标准，可将利益冲突分为直接利益冲突和间接利益冲突。直接

[①] 唐诗、高江瑜、魏露露：《律师行业利益冲突成因理论初探》，载《黑龙江省政法管理干部学院学报》2011年第2期。

[②] ［日］谷口安平：《程序的正义与诉讼》，王亚新、刘荣军译，中国政法大学出版社1996年版，第78页。

利益冲突是指在各主体之间发生利益冲突是必然的，而间接利益冲突则是或然的，仅存在冲突的可能性。

3. 对抗性案件中的利益冲突与非对抗性案件中的利益冲突

对抗性案件具体指诉讼和仲裁案件；非对抗性案件具体指非诉案件，其利益冲突的可能性和程度要明显小于诉讼和仲裁案件，对二者的处理方法也不尽相同。

4. 单一关系利益冲突和复合关系利益冲突

这是根据利益冲突的主体关系所作的分类。单一关系利益冲突是指律师与委托人之间直接的利益冲突，如律师利用自己法律服务的优势不正当谋求当事人的利益。复合关系利益冲突是指复杂的法律关系主体所引起的利益冲突，如律师作为同一案件双方当事人的代理人的情形。

（四）律师执业利益冲突的一般规则

1. 执业利益冲突的认定规则

第一，准确识别委托人。对于不同类型的委托人，律师承担的责任种类和程度是不同的，由此可能引发的利益冲突也不同。因此，在建立委托关系时，律师应当清楚地认识到委托的性质、内容和可能的法律后果，明确与委托人的关系、委托人的种类和律师应当承担的责任。

律师在识别委托关系是否建立时需要注意以下几个因素：（1）律师是否与所谓的委托人进行了直接的来往；（2）所谓的委托人是否秘密地向律师传达了有关信息；（3）所谓的委托人是否从律师那里寻求了法律建议；（4）律师是否向其提供了法律建议；（5）律师是否以书面形式明确表示律师不同意对该人进行代理。

第二，确定利益冲突是否存在。利益冲突是否存在应根据律师与委托人间的具体情形和事态的发展来确定，以具体情况下律师对委托人或第三人的职责或义务是否会受到不利的实质性影响为判断标准。

第三，判定利益冲突的性质。存在利益冲突的情况下，应当对利益冲突的具体情况和可能造成的影响进行分析，判定利益冲突属于何种性质和种类，可能会对律师行为产生怎样的影响和限制，律师是否仍可以经同意而代理。如果多个委托人彼此之间存在的利益冲突绝对禁止律师代理，不能因为委托人的同意而豁免。委托关系已经建立的，应及时终结委托代理合同；委托关系尚未建立的，应拒绝接受委托。

第四，豁免应获得委托人的书面明确同意。如果利益冲突可以经过委托人同意而豁免的，律师应与每一个受到影响的委托人进行磋商，告知委托人基本事实与代理可能产生的后果，尽早获得该委托人书面的明确同意。

2. 执业利益冲突回避规则

（1）执业利益冲突回避的一般规则。

第一，律师不得接受两个或两个以上存在利益冲突或有明显冲突风险的当事人的委托。如果委托关系已经建立，则应退出代理，及时终结委托关系；如果委托关系尚未建立，则应拒绝签署委托代理合同。《律师法》第39条规定，律师不得在同一案件中为双方当事人担任代理人。

第二，若一项法律事务与律师及亲属有着利益冲突关系，则该律师或同一律师事务所的其他律师不应接受该项法律事务的委托。《律师法》第 39 条规定，律师不得代理与本人或者其近亲属有利益冲突的法律事务。

第三，律师不应办理其担任法官、检察官或其他公职人员时曾经处理过的案件，也不应办理其依仲裁程序以仲裁员身份曾经处理过的案件。

第四，律师在接受案件一方当事人的咨询时，知悉当事人有关法律事项的情况，并提供一定的法律意见的，虽没有形成委托关系，律师也不应接受与当事人有利益冲突的另一方当事人的委托担任诉讼代理人。

第五，如果经委托人书面明确同意，利益冲突规则允许放弃，在委托人合理理解具体情况并作出书面同意之前，律师不应当采取任何行动。

第六，在存在利益冲突推断的情况下，律师事务所应当向委托人告知，并建议委托人寻找其他律师事务所担任代理。律师事务所获得了委托人的书面明确同意的豁免的，可以进行代理，但是应对无资格代理的律师进行必要的屏蔽，即经手业务的律师要避免与同一律师事务所内有利害冲突的律师、对方当事人的律师进行同一案件的交流和有关案件信息的披露。

（2）执业利益冲突回避的个别规则。

第一，直接利益冲突。对于直接利益冲突，律师事务所及律师一般不得接受对方或双方委托人的委托，除非特殊情况下律师事务所及律师取得了各方委托人书面明确的豁免函，方可谨慎接受代理，但法律明文禁止的除外。

第二，间接利益冲突。出现间接的执业利益冲突，律师事务所及律师在事先取得对方或双方委托人对利益冲突的书面豁免后，可以接受对方或双方委托人的委托；否则，就应当谨慎从事，妥善处理。

第三，同时性利益冲突。如果同时性利益冲突在代理开始之前就存在，律师必须拒绝代理委托人，除非符合豁免要求并获得委托人书面确认的明确同意；在代理开始以后出现的，律师通常必须退出一方的代理，除非获得委托人的明确同意。如果涉及多个委托人，则律师应当根据对其他委托人承担义务的情况来决定是否可以继续代理其他委托人。如果涉及律师自身利益，除非获得委托人的明确同意，律师通常必须退出代理。

第四，连续性利益冲突。律师不得代理在同一事务或有实质联系的事务中存在与前委托人有重大利益冲突的他人，除非得到前委托人书面确认的明确同意。如果律师在以前的代理中获知前委托人的保密信息，新的委托有可能或者不可避免地披露或利用已知的前委托人的保密信息，那么即便有各方委托人的书面豁免，律师事务所及其律师也不得接受该项委托。律师在发现对当前委托人的代理可能会背叛先前委托人的保密义务时，应当马上退出该事务；或者根据案件的性质、委托人的性质等因素，在存在利益冲突的情形下允许委托人在各自所能接受的范围内协商同意，前提是获得前委托人的明确同意。

第五，与潜在委托人间的利益冲突。如果从潜在委托人那里知悉的有关信息有可能对该委托人造成严重损害，则律师不得在同一或有实质联系的案件中代理与该委托人有严重利益冲突的委托人。一般情况下，该律师所在的律师事务所的任何律师均不得在明知的情况下代理该事务，除非受到影响的委托人和潜在委托人书面作出了明确同意，或者采取合理措施避免了知悉那些未确定是否代理该潜在委托人所合理必需的有关无资格代理的信息之外的信息，同时对无资格代理律师被采取屏蔽措施的情况向潜在委托人迅速进行了书面通知。

（五）律师执业利益冲突豁免及其保障制度

律师执业利益冲突是律师执业过程中经常发生的十分普遍的事情，且发生的原因又十分复杂。在某些情况下，尽管存在着利益冲突，仍然可以允许某一律师接受当事人的委托，但是这种接受应该有一定的前提，即律师必须取得双方当事人的正式豁免，这种行为就是律师执业利益冲突豁免。所谓利益冲突豁免，就是指在律师与当事人之间发生利益冲突行为时，双方当事人或对方当事人以书面豁免函的方式，允许律师担任对方当事人或双方当事人的代理人的行为。[①]

利益冲突豁免必须由当事人在理性状态下自愿地作出。所谓理性，就是作出利益冲突豁免的当事人明知自己的豁免行为会给自己必然地或可能地带来不利后果仍然去做的一种精神状态；自愿是指利益冲突豁免的作出是当事人真实意志的体现，是当事人在没有受到任何物质或者精神的威胁、压迫之下的自由行为。

利益冲突豁免涉及当事人对自己利益的处分，因此应当以书面的形式作出，以示慎重。

鉴于当事人与律师之间的委托代理关系属于民法调整的范围，对于何种利益冲突可以豁免应当遵循私法自治原则，由当事人和律师自主约定，但在自主约定时应当坚持一定的原则。对于直接利益冲突以禁止代理为原则，以豁免为例外；对于间接利益冲突可以采用豁免，但在豁免后律师应当承担勤勉、谨慎从事义务，律师必须在维护一方当事人利益或双方当事人利益时，尽可能地减少、避免损害他方的利益。

对于律师与潜在的委托人因代理前磋商而导致的利益冲突的豁免，可以由律师在同当事人会谈时设定一定的信息范围，当事人必须超出范围告知律师有关信息的，律师必须先取得准当事人的豁免，即该准当事人必须明确地以书面形式同意该磋商过程中所披露的信息不得作为禁止该律师在同一法律事务中代理对方当事人的委托人或代理人的事由，甚至还可以协议约定在某些情况下使用该信息。但无论在何种利益冲突豁免情况下，律师都必须遵守保密义务，即不能以利益冲突豁免来免除律师的保密义务。也就是说，律师事务所及其律师在接受新的委托业务时将不可避免地或可能披露或利用他以前代理中获得的某些与当事人有关的保密信息时，即使有各方当事人的书面豁免，也不得违反对前当事人的保密义务而接受该项委托。这一原则可被称为保密义务优于利益冲突豁免原则，利益冲突豁免必须在保密义务之外进行，不能对保密义务约定豁免。

五、保管财产的行为规范

（一）律师保管财产的情形

律师原则上应当迅速地把委托人或者第三人有权收到的任何资金或者其他财产交给委托人或者第三人。

---

① 吕继东：《关于律师执业利益冲突的法律思考》，载《律师世界》2003年第9期。

(二) 律师的谨慎保管义务

谨慎保管义务首先要求律师事务所受委托保管委托人财产时，应当将委托人财产与律师事务所的财产、律师个人财产严格分离，同时要求妥善保管委托人财产。我国《律师执业行为规范（试行）》第54条规定："律师事务所可以与委托人签订书面保管协议，妥善保管委托人财产，严格履行保管协议。"

(三) 尊重委托人的财产权利

律师对委托人财产权之尊重体现在如下两方面：一是及时通知，即将律师保管的委托人的财产情况，包括名称、数量、规格、品质、处所等内容，及时通知委托人，使委托人知晓。二是及时返还，即时间已到或委托事项完结之时律师应将委托人的财产及时返还给委托人。

六、司法程序中的律师行为规范

(一) 发现真实的义务

在具体的司法程序中，律师不得故意阻碍真实发现之义务，不得故意向法庭提供虚假或误导性的信息，不得伪造变造证据、教唆伪证或为其他刻意阻碍真实发现之行为。同时，律师对审判程序中出现的虚假陈述与事实还应当采取补救措施。《律师法》第40条第6项规定，律师不得故意提供虚假证据或者威胁、利诱他人提供虚假证据，妨碍对方当事人合法取得证据。《律师执业行为规范（试行）》第64条规定："律师不得向司法机关或者仲裁机构提交明知是虚假的证据。"律师发现真实的义务具体包括如下几个方面。

1. 与证人接触的行为规范

律师不得教唆证人作伪证及为虚假陈述。不得教唆作伪证及虚假陈述，亦应理解为律师不得默许委托人或其他人教唆证人作伪证及虚假陈述。所谓虚假陈述，应包括全部不真实或不完全真实的证言。律师不应在明知证人作伪证及虚假陈述的情形下，提交该证言或引用该证言作为支持己方请求的证据。律师还负有不得妨碍证人作证的义务。不得妨碍证人作证的义务，既包括不得阻止或限制证人就其知道的事实作证，也包括不得以不当方法影响其证词。

2. 提交证据与陈述事实的行为规范

律师不得伪造、毁灭、隐匿证据，也不得为委托人或其他人伪造、毁灭、隐匿证据提供咨询或帮助；不得提交明知为虚假的证据，或者作出明知为虚假的关于事实的陈述。

(二) 提出有价值的法律意见的义务

律师应当向法庭提出有价值的法律意见和观点，不得故意提出错误的法律意见误导法庭。律师在法律程序中应尽力实现己方委托人利益，但同时负有不得滥用法律程序与协助法庭正确理解与适用法律的义务。该义务具体包括如下内容。

1. 全面清晰地展示法律

律师应当向法庭全面清晰地展示其知晓的法律规定与判例，而不论该法律观点与判例对己方是否有利，否则就对法庭隐瞒了其所知晓的法律规定。

2. 不得就法律问题故意误导法庭

律师不得故意就法律规定向法庭作虚假陈述，以误导法庭。

3. 只提出其内心信服的法律观点

律师只能够提出其内心信服的法律观点与意见，不得提出自己都不认可与接受的法律意见和观点。①

（三）尊重司法权义务

律师作为法律职业群体，负有尊重和服从司法权的义务。这种对司法权的尊重和服从，要求律师尊重司法官员和遵守审判程序与法庭秩序。该义务具体包括如下内容。

1. 协助法庭维持秩序

律师不仅自己应遵守审判秩序和法庭纪律，还应引导与劝服委托人和己方证人遵守审判秩序和法庭纪律。因此，律师应当作出有助于委托人理解和遵守法庭程序和纪律的建议，并应劝说和约束委托人和己方证人遵守法庭程序和纪律，不得干扰法庭程序的进行。我国《律师执业行为规范（试行）》第66条规定："律师应当遵守法庭、仲裁庭纪律……"第67条则规定："在开庭审理过程中，律师应当尊重法庭、仲裁庭。"

2. 尊重法庭规定的时间与期限，不得故意拖延诉讼

律师应尊重法庭规定的时间与期限，尽量按合理必要的审理时间推进诉讼，而不得故意拖延诉讼。常见的旨在推迟诉讼的行为有在缺少依据的情形下提起管辖权异议、要求延长举证期限、延期审理、提起不必要的上诉等。我国《律师执业行为规范（试行）》第66条规定，律师应当遵守出庭时间、举证时限、提交法律文书期限及其他程序性规定。

3. 不得利用程序瑕疵实现诉讼目的

律师不得利用审判程序的瑕疵实现自己的诉讼目的。在审判程序中，有的律师对诉讼过程中出现的瑕疵听之任之而不向法庭提出，甚至刻意诱发和利用程序中的瑕疵以达至自己的诉讼目的，该类行为构成对司法程序的不尊重与破坏。

4. 不得损害法庭威信或司法权威

在法庭内外，律师都不得有损害法庭威信或司法权威的言行，更不得诋毁司法人员或司法机关。

5. 不得不当影响司法人员

该项义务在各国律师行为规范中常体现为如下两方面：第一，关于场合的限制。审判过程中，律师不得与司法人员私下单独交流，以避免律师在公开程序之外对司法人员暗中施加影响。第二，关于方式的限制。律师不得以馈赠、借款或者利用私人关系等不正当方式影响司法人员。

我国《律师法》第40条第4项规定，律师不得违反规定会见法官、检察官、仲裁员以及其他有关工作人员；第5项规定，不得向法官、检察官、仲裁员以及其他有关工作人

---

① 袁丁：《律师伦理研究》，武汉大学2013年博士学位论文。

员行贿，介绍贿赂或者指使、诱导当事人行贿，或者以其他不正当方式影响法官、检察官、仲裁员以及其他有关工作人员依法办理案件。在此基础上，《律师执业行为规范（试行）》第68条规定，"律师在执业过程中，因对事实真假、证据真伪及法律适用是否正确而与诉讼相对方意见不一致的，或者为了向案件承办人提交新证据的，与案件承办人接触和交换意见应当在司法机关内指定的场所。"第69条规定："律师在办案过程中，不得与所承办案件有关的司法、仲裁人员私下接触。"第70条规定："律师不得贿赂司法机关和仲裁机构人员，不得以许诺回报或者提供其他利益（包括物质利益和非物质形态的利益）等方式，与承办案件的司法、仲裁人员进行交易。律师不得介绍贿赂或者指使、诱导当事人行贿。"

6. 遵守法庭礼仪、语言礼貌、着装得体

律师对司法权的尊重，不仅是表面的，更应当是发自内心的，这要求律师真诚遵守司法礼仪；与司法人员交谈时，举止应平心静气、庄重礼貌，不可莽撞粗鲁、轻浮简慢；出庭时衣着应得体大方，不得着奇装异服。我国《律师执业行为规范（试行）》第71条规定，律师担任辩护人、代理人参加法庭、仲裁庭审理，应当按照规定穿着律师出庭服装，佩戴律师出庭徽章，注重律师职业形象。第72条规定，律师在法庭或仲裁庭发言时应当举止庄重、大方，用词文明、得体。

（四）尊重和公平对待对方当事人及其律师、证人义务

1. 尊重和公平对待对方当事人

律师在带有对抗性的案件中作为代理人，通常会与对方当事人、律师、证人发生争执，对抗性策略与激烈言辞在法庭上均在所难免。即使如此，以尖刻言辞诋毁与伤害对方当事人及其律师、证人，也有悖律师伦理。诉讼的对抗性并不免除律师在审判程序中尊重与公平对待其他人的义务。因此，律师在案件审理过程中，不得有损害案件对立方名誉和尊严的言行，不得进行人身攻击，除非律师掌握了确切的证据，不应明示或暗示对方当事人、律师或证人有罪，有欺诈或者其他不端行为。

2. 尊重和公平对待对方律师

对待对方律师既涉及律师在司法活动中的伦理，更涉及律师对待同行的伦理。委托人之间的对抗，不应演变成律师之间的相互贬损和攻击，因此律师应始终对对方律师保持尊重、友善和礼貌，既应符合人际交往的通常礼仪，更应兼顾同行之谊。我国《律师执业行为规范（试行）》第74条规定在庭审或者谈判过程中各方律师应当互相尊重，不得使用挖苦、讽刺或者侮辱性的语言。律师职业行为和角色与其作为普通人的基本人格平等和尊严并不冲突，只要所有律师都能明白并遵守律师职业伦理要求，正所谓"己所不欲，勿施于人"，就会明白尊重和公平对待对方律师亦是自己获得尊重和公平对待的前提。

3. 尊重和公平对待对方证人

律师对待正接受询问的对方证人应有适当的尊重。在向对方的证人提问时，不得仅为中伤、诽谤、侮辱或者搅扰证人而提出问题；除非已经在询问中给证人对该指责进行回答的机会，不得对证人突然袭击，在陈述意见时不得以武断的方式攻击该证人。

（五）谨慎评论相关案件的义务

律师行为规范中对律师公开评论案件的限制，实际上是对律师言论自由的合理限制。

目前，在我国引发普遍争论的律师庭审直播微博情形，同样存在律师对审理未决事项公开评论的争议。如在开庭前或开庭后，通过微博传播开庭时间、地点、法官等案件基本信息，而不涉及律师对案件中的事实或者争点的个人意见的，并不违反公开审理的原则。但若在庭审过程中发微博，则可能有损律师代理与辩护工作的专注性，并构成对审判程序的不尊重。若微博内容还涉及对司法人员的评论以及对案件中未决事项的个人意见，则更有律师伦理上之可争议性，应当有所节制。在互联网技术条件下，律师在谨慎评论未决案件方面，更要慎思明辨。

七、律师广告宣传行为规范

（一）对律师广告内容的限制

各国律师行为规范对律师广告施加了颇多限制。这类限制遵循如下两个原则：其一，律师广告作为广告的一种，本身应符合广告伦理道德，不得违背与广告有关的商业道德；其二，律师广告应当与律师职业应有的尊严与声誉相适应，不得损害公众对律师职业的信任。

我国《律师执业行为规范（试行）》对律师广告和律师宣传在内容方面的限制，主要有如下几个方面：律师发布广告应当遵守国家法律、法规、规章和本规范（第24条）。律师发布广告应当具有可识别性，应当能够使社会公众辨明是律师广告（第25条）。律师和律师事务所不得以有悖律师使命、有损律师形象的方式制作广告，不得采用一般商业广告的艺术夸张手段制作广告（第30条）。律师广告中不得出现违反所属律师协会有关律师广告管理规定的内容（第31条）。律师和律师事务所不得进行歪曲事实和法律，或者可能使公众对律师产生不合理期望的宣传（第32条）。律师和律师事务所可以宣传所从事的某一专业法律服务领域，但不得自我声明或者暗示其被公认或者证明为某一专业领域的权威或专家（第33条）。律师和律师事务所不得进行律师之间或者律师事务所之间的比较宣传（第34条）。

（二）对律师广告信息范围的限制

我国《律师执业行为规范（试行）》对个人广告与律师事务所广告规定了不同的可发布信息范围。律师广告可以以律师个人名义发布，也可以以律师事务所名义发布；以律师个人名义发布的律师广告应当注明律师个人所任职的执业机构名称，应当载明律师执业证号（第26条）。律师个人广告的内容，应当限于律师的姓名、肖像、年龄、性别、学历、学位、专业、律师执业许可日期、所任职律师事务所名称、在所任职律师事务所的执业期限、收费标准、联系方法；依法能够向社会提供的法律服务业务范围；执业业绩（第28条）。律师事务所广告的内容应当限于律师事务所名称、住所、电话号码、传真号码、邮政编码、电子信箱、网址；所属律师协会；所内执业律师及依法能够向社会提供的法律服务业务范围简介；执业业绩（第29条）。

(三) 对律师广告形式的限制

我国《律师执业行为规范（试行）》关于律师业务的推广规定了数种特别的推广途径。律师和律师事务所应当通过提高自身综合素质、提高法律服务质量、加强自身业务竞争能力的途径，开展、推广律师业务（第17条）。律师和律师事务所可以通过发表学术论文、案例分析、专题解答、授课、普及法律等活动，宣传自己的专业领域（第19条）。律师和律师事务所可以通过举办或者参加各种形式的专题、专业研讨会，宣传自己的专业特长（第20条）。律师可以以自己或者所任职的律师事务所名义参加各种社会公益活动（第21条）。事实上，由于律师并不仅限于通过以上途径进行广告宣传，故这类规范只是倡导性的，并未实际涵盖律师进行广告宣传的形式。

因此，只要市场宣传行为不造成社会危害性，不误导当事人作出错误判断，律师以及律师事务所都可以合理方式向社会提供业务推广信息。

八、律师的同行关系和社会责任行为规范

(一) 律师的同行关系规范

1. 律师必须尊重同行

相互尊重是处理律师同行之间关系的前提，是律师之间相互协作的基础。律师之间相互尊重，不仅有利于形成良好的律师执业秩序，防止律师之间的不正当竞争，而且能够促进律师自身素质、水平的提升和执业声誉的形成。尊重同行，要求律师不得怠慢、诽谤同行，不得故意抬高和标榜自己、贬损和诋毁其他律师，更不得用不正当手段损害对方律师的威望和名誉；在法庭审判或执业过程中要对同行保持礼貌，不得使用挖苦、讽刺或者侮辱性的语言或表情。

2. 律师之间应该相互合作

任何一种行业的兴盛都离不开行业内部成员之间的彼此友善和协作，律师是一个团队、一个群体，律师之间应该是团结协作的关系。因为，所有的律师以律协为"大家"，以律师事务所为"小家"，同行之间是无血缘关系的兄弟姐妹，这种大的职业背景要求律师尊重同行，具有友爱协作、讲究团队意识的协作精神。因此，应通过律协和全体执业律师的共同努力，促进同行之间的沟通和交流，彼此合作、共享、互利、协调，改善律师在公众心目中的整体形象，从而推动这一行业不断进步和发展，打造律师团队的整体魅力。

在同一案件中，律师不得阻挠或者拒绝委托人再委托其他律师参与代理，不能妨碍和干扰委托人委托其他律师正常执行职务。当多个律师共同处理同一法律事务时，彼此之间应当明确分工，密切协作，相互配合。律师之间意见不一致时要及时通报委托人决定。

3. 律师之间不得不正当竞争

根据我国《律师执业行为规范（试行）》第79条的规定，律师之间不得采取如下形式的竞争：诋毁、诽谤其他律师或者律师事务所信誉、声誉；无正当理由，以低于同地区同行业收费标准为条件争揽业务，或者采用承诺给予客户、中介人、推荐人回扣、金钱、财物或者其他利益等方式争揽业务；故意在委托人与其代理律师之间制造纠纷；向委托人

明示或者暗示自己或者所属的律师事务所与司法机关、政府机关、社会团体及其工作人员具有特殊关系；就法律服务结果或者诉讼结果作出虚假承诺；明示或者暗示可以帮助委托人达到不正当目的，或者以不正当的方式、手段达到委托人的目的。

4. 律师应妥善解决涉及律师业务竞争关系的争端

律师基于自身原因对同行提起民事或刑事诉讼之前，应先通知律师协会。律师相互间因案件代理等所生之争议，应向所属律师协会请求调处。

（二）律师的社会责任行为规范

1. 谨言慎行，为社会之表率

谨言慎行，指言论行为应当谨慎，即言论行为不能轻率、怠慢，或者不严谨、不慎重。谨言慎行义务具有如下特点：其一，该义务既指向职业活动，也指向职业活动以外的日常生活。其二，该义务要求律师的言行既符合律师职业的专业与知识水准，也符合社会普遍公德与律师伦理规范。其三，该义务所要求的律师言行，既包括对委托人、同行与社会公众的言行，也具有高度自律的"慎独"成分。其四，律师一言一行均可能具有法律与道德意义，故在发表言论与采取行动前，需全面掌握与该言行有关的各种信息，适当评估该言行对相关人及公众的潜在影响，细加思辨该言行是否与律师的专业水准与职业声誉相适合。

我国《律师执业行为规范（试行）》第8条规定："律师应当注重职业修养，自觉维护律师行业声誉。""谨言慎行"要求律师具有某种内在的德行和内在气质，要求律师的言行具有高于社会普通人的道德水准，满足法律人作为社会表率之要求，发挥端正社会风气之作用。

2. 自觉维护公益

作为社会法律服务人员，律师不仅要为委托人提供各种有偿法律服务，维护委托人的合法权益，还要有一定的社会责任感，服务社会，积极投身社会的各项公益活动。律师应努力参加、实践与使命相符的公益活动。与律师使命相符之公益活动，主要是法律援助与法律宣传两类。美国律师协会《律师职业行为示范规则》（2013版）第6.1条规定每个律师都有为无力支付律师费的人群提供法律服务的职责。律师应当力求每年提供不少于50小时的公益性法律服务。我国律师亦通过法律援助方式维护公共利益和帮助贫弱者获得法律救济。律师提供法律援助之方式，首先是律师为不能支付律师费的人提供免费法律服务。其次，律师独立开展或者与高校、政府司法部门合作开展公益法律咨询和普法宣传活动。这不仅可以帮助公众知法懂法用法，有助于培养公众对法治和法律制度的尊重和信任。如果公众不尊重司法体制，司法体制就不会有效发挥功能。为了培养公众对司法的尊重，律师必须坚持不懈地履行这一职能。

3. 正确处理与法官、检察官、公安干警和仲裁员的关系

在法治发达的国家，虽然也有律师、检察官和法官等职业之分，但他们互成一体，构成了一种高度职业化或专业化的完整的法律职业共同体。一方面，他们有一扇共同的进入之门；另一方面，他们在专业认识上是相通的。如此构建的法律职业共同体，其成员必定注重以学识的共同价值标准对待事物或处理问题，他们会有相同的思维方法并运用共同的评价体系，因而相互之间很容易有一种合理的期待和强烈的认同感，并把赢得职业同行的

赞赏作为衡量自己成就的重要标准。结果是，他们不仅相互间结合为一个精神上高度统一的职业共同体，而且在社会上构成一个专门的法律家阶层，他们是法律秩序的载体，是法律价值的卫士，是法治社会中一种最不足惧却最为强劲的力量。一般来说，一个社会对法官、检察官、警察的尊重程度表明了法治的程度。相同的道理，法官、检察官、警察对律师的尊重程度，则表明了这个社会的公正程度。《律师法》为律师应如何处理与法官、检察官或者仲裁员的关系划出了警戒线：律师不得在不当场合会见法官、仲裁员、检察官，不得为谋取当事人的利益向裁判人员行贿或者指使当事人向裁判人员行贿。这就要求，律师为当事人维权必须是依法维权，对于当事人不当或者过分的请求，应当给予耐心的说服开导，使其放弃不当的请求。

为当事人维权要以事实为根据，以法律为准绳，依法收集对当事人有利的证据，研读法条，找出对当事人有利的依据维权，而不是要求裁判人员通过不当处理案件维权。虽然不得向裁判人员请客行贿，但与裁判人员的沟通还是必不可少的。当裁判人员的观点可能与法律规定不符时，应当有理有据地陈述。在开庭审理后，对于疑难或者有争议的案件，应在办公场所与裁判人员充分沟通，以取得裁判人员的理解与认同。若裁判人员明显倾向于对方当事人且观点明显错误时，要以对方能够接受的方法去表达，争辩而不争吵，对火候的把握尤为重要，必要时可与具有裁判监督职能的人员交流沟通，以求案件在规定的时间内获得较公正的结果。

九、律师与律师事务所的关系规范

根据我国《律师法》第14条的规定，律师事务所是律师的执业机构。律师事务所对本所执业律师负有教育、管理和监督的职责。

根据《律师法》和《律师执业行为规范（试行）》的规定，律师在执业机构中应当遵守的行为规范有：

第一，律师应当遵守律师事务所的执业管理、利益冲突审查、收费与财务管理、投诉查处、年度考核、档案管理、劳动合同管理等制度。

第二，律师承办业务，应由律师事务所统一接受委托，与委托人签订书面委托合同，并由律师事务所按照国家规定统一收费。

第三，律师及律师事务所必须依法纳税。

第四，律师应当接受律师事务所定期组织开展的政治、业务学习，总结交流执业经验，提高律师执业水平。

第五，律师和律师事务所不得从事法律服务以外的经营活动。

第六，律师和律师事务所应当按照国家规定履行法律援助义务，为受援人提供法律服务，维护受援人合法权益。

第七，律师及律师实习人员应当接受律师事务所在业务及职业道德方面的管理。

十、律师与律师协会的关系规范

司法行政机关的行政管理和律师协会的行业管理相结合，是我国当前律师管理体制的主要特色。在这种体制下，律师既要接受律师协会的行业管理和服务，也要接受司法行政机关的行政管理。律师在执业活动中应当遵守以下规范：

第一，律师执业应当接受律师协会的管理。律师和律师事务所应当遵守律师协会制定的行业规范和规则。律师和律师事务所享有法律和律师协会章程规定的权利，也应承担法律和律师协会章程规定的义务，并按时缴纳会费。

第二，律师应当积极参与律师协会组织的活动。律师和律师事务所应当参加律师协会组织的律师业务研究活动，完成律师协会布置的业务研究任务，参加律师协会安排的公益活动，并完成律师协会组织的业务学习及考核。

第三，律师应履行执业活动中重大事项的报告义务。律师和律师事务所参加国际性律师组织或其他组织并成为其会员的，应当提前报律师协会批准。律师以中国律师身份参加境外国际性组织的，应当报律师协会备案。律师和律师事务所因执业成为民事被告或被确定为犯罪嫌疑人或受到行政机关调查和处罚的，应当向律师协会作出书面报告。

第四，律师应当自觉接受调解处理。律师应当妥善处理律师执业中发生的纠纷，履行经律师协会调解达成的调解协议。律师应当接受律师协会依照法律、法规、规章及律师协会章程作出的处分决定。

思考题：

1. 什么是律师职业道德？它有哪些特点？
2. 如何理解律师职业道德基本准则的内容？
3. 在网络时代执业律师如何在享有言论自由时不违反律师职业伦理？
4. 律师执业利益冲突时的一般处理规则是什么？
5. 律师如何科学恰当地营销自己？
6. 律师协会对律师的管理职能有哪些？如何实现？
7. 律师协会对律师的服务职能有哪些？如何实现？

拓展阅读

测试题及参考答案

第五章 公证员职业道德

第一节 公证员与公证制度

公证员是指符合法定条件，在公证机构从事公证业务的执业人员。公证是我国法律职业共同体中的重要职业之一。

一、公证的概念与特征

（一）公证的概念

公证是相对于私证而言的，私证以私人身份证明某一事实或现象的真实性；而公证是指公证机构根据自然人、法人或其他组织的申请，依照法定程序对民事法律行为、有法律意义的事实和文书的真实性、合法性给予证明的活动。

在公证活动中，公证的主体是代表国家行使证明职能的公证机构和申请公证的当事人。公证的客体是民事法律行为、具有法律意义的事实和文书。公证的种类主要有合同、遗嘱、分割共有财产协议、招标投标、提存等。公证的内容是证明对象的真实性与合法性。所谓真实性，是指公证所证明的对象必须是客观存在的事实，并且该事实的内容与证明内容是一致的；所谓合法性，是指待证事项从内容到成立方式都必须符合法律、法规和规章的规定，也不违反政策及社会公序良俗。公证必须依照一定的程序和方式进行，为了保证公证活动的公正性，公证法规定了严格的程序，公证机构和公证当事人违反了规定的程序，可能导致公证行为无效。由此可见，公证有别于其他法律制度，在我国司法活动中发挥着特定的职能。

（二）公证的特征

公证的特征是由公证的本质和固有属性决定的，是公证活动区别于其他活动的标志。其特征主要有：

1. 公证主体的特定性

我国国家机构发出的证件或证明很多,如公安机构颁发的护照、居民身份证,房屋管理部门颁发的房屋产权证,市场监督管理部门颁发的企业营业执照等。但这些都不是公证,只有公证机构按照法律规定的程序出具的证明才称为"公证"。根据我国法律规定,公证职能只能由国家专门设立的司法证明机构即公证机构统一行使。公证机构以国家名义进行公证证明活动,其出具的公证文书不但在法律上具有特定的效力、普遍的法律约束力,而且具有广泛性、通用性、可靠性、权威性等特点。公证文书不受行业、国籍、职业、地域、行政级别的限制,在国际国内都能使用,这是其他机构的证明所不具备的。公证员是公证机构中负责办理公证事务的法律专业人员,代表公证机构进行公证证明活动并出具公证文书。其他机构和人员不能从事公证证明活动。

2. 公证对象和内容的特定性

公证对象是没有争议的民事法律行为、有法律意义的事实和文书;公证的内容指证明公证对象的真实性和合法性。民事法律行为是指自然人、法人或者其他组织设立、变更、终止法律上的权利义务关系的行为,如收养子女、签订合同、设立遗嘱、继承、赠与、委托、提存、认领亲子等。有法律意义的事实和文书是指除法律行为以外的法律事件和其他能引起一定法律后果的事实和文书,如用于诉讼的证据材料,婚姻状况、亲属关系、学历、经历,需要保全的物证和书证,健康状况、出生、死亡,文书的副本、节本、译本、影印本与原本相符,文件上的签名属实等。"以事实为根据,以法律为准绳"是我国社会主义法制的基本原则,也是公证活动必须遵循的基本准则。

3. 公证效力的特殊性

根据我国法律规定,公证机构出具的公证文书具有证据效力、执行效力、法律行为成立的形式要件效力,这是其他证明所不具备的。证据效力又称证据能力,指其在法律上的证明资格。《民事诉讼法》第69条规定:"经过法定程序公证证明的法律事实和文书,人民法院应当作为认定事实的根据,但有相反证据足以推翻公证证明的除外。"公证书的执行效力是指它的强制执行力,目前限于认为无异议的追偿债款、物品的债权文书,并非所有文书。经过公证证明有强制执行效力的债权文书,一方当事人不按文书规定履行时,对方当事人可以向有管辖权的基层人民法院申请执行。法律行为成立的形式要件效力指某些法律行为只有经过公证证明后才成立并生效,如收养子女、中国公民同外国人办理婚姻登记等行为。

4. 公证程序的法定性

公证是为保证实体法正确实施而设立的一种程序性法律制度。作为国家司法制度的一部分,公证与其他司法活动一样,要按照法律规定的程序进行,并接受社会和公证当事人的监督。为保证公证程序的正确执行,司法部2002年颁布、2006年修订的《公证程序规则》,对办理公证的原则、公证当事人的条件和权利义务、公证管辖、回避、申请与受理、申请公证事项的审查、出证、公证期限、终止与拒绝公证、特别程序、申诉与复议等作出了明确规定。

5. 公证活动的非诉讼性

公证制度属于国家司法制度的范畴。许多国家的公证机构归属于司法机关,如西班牙等国的公证机构归属于法院,英国的公证机构归属于"特许法院",法国的公证机构归属于检察机关，日本的公证机构归属于法务省，我国公证事务也曾由法院兼办，并一直作为人民司法工作的组成部分。因此，公证活动不是行政行为，而是一种司法活动，公证书是一种司法文书。司法活动可分为诉讼活动与非诉讼司法活动。公证属于非诉讼性质的预防性司法活动。公证的这一特征，可通过与民事诉讼、行政行为的比较体现出来。我国的司法制度从不同角度保护公民、法人的合法权益，维护社会主义民主与法制。其主要方法有两种：一种是诉讼，另一种是非诉讼。公证制度是预防性的法律制度，其活动宗旨是通过公证活动预防纠纷，消除纠纷隐患，避免不法行为的发生，减少诉讼，平衡当事人之间的利害冲突，保障国家法律的正确实施。因此，公证制度是非诉讼法律制度，是社会主义法制不可缺少的组成部分。

二、公证制度的历史发展

（一）国外公证制度历史发展的概况

公证是一种古老的法律制度，最早出现在古罗马共和国末期，起源于古罗马的民事法律制度。早在古罗马时期，罗马就存在一些被称为 scribas 或者 scribes 的公职人员。这些人具备专业知识，经常介入公共事务中，后来逐渐分化为两种类型的人：一部分人成为附属于议会和法庭的永久性公职人员，职责是记录公共事务程序、转录国家文件、向治安法官提供法律意见和记录判决和法令；另一部分人则主要介入私人行为，成为专门为奴隶起草各种文书、契约的 notarius（翻译为"诺达里"），这些"诺达里"是自由人或者是受雇抄写文件、记录简短的指令和其他从属性任务的奴隶。后来，为了适应罗马居民办理法律事务的需要，产生了一批专门提供法律服务的"达比伦"（代书人，tabelliones）专职代写法律文书。"达比伦"除提供法律服务外，还在代写的文书上签字作证，可向当事人索取一定数目的酬金。而后，"达比伦"渐渐取代了"诺达里"，这种代书制度被公认为现代公证制度的萌芽。到了君士坦丁时代，当时的教皇、大主教、主教等教会的最高统治者都配有自己的书记人，即公证人，专门负责教会的一般书写工作，包括交谈、会谈记录和拟定各种文件等任务。这标志着公证制度的正式形成。

到了 15 世纪，由于封建社会的发展，在欧洲大陆逐渐出现公证人制度。公证人在国家机构体系中具有了独立的位置，成为由国家最高权力机关或封建主任命的公职人员。他们不仅拟定法律文书和证明契约、遗嘱，还直接参加有关审判及行政管理事项，地位随之提高。1802 年，法国首先颁布了《公证人法》，这是世界历史上第一部系统的公证法律。公证人组织地位的确定，为公证制度的发展奠定了良好的基础。1804 年，拿破仑又颁布了《拿破仑法典》即《法国民法典》，对公证又作了相应规定。其后，德、意、日、英等国都先后采用了公证制度。

到了 20 世纪，世界各国出现了多种类型的公证制度。法国于 1945 年 11 月 2 日颁布命令，确定了公证制度的专业结构，并且成立了公证方面的高级理事会。法国目前的专业公证体系是根据 1945 年 12 月 19 日颁布的法令建立起来的。法国公证制度在世界公证制度中较有特色。法国把争议事务管辖权与非争议事务管辖权截然分开。对争议事务的管辖由法院负责，对非争议事务的管辖权属于公证机关。可见，公证人在国家事务管理中占有重要的地位。公证事务所统一受理公证业务，公证人由司法部部长任命，在公证事务所办理公证业务。

（二）我国公证制度的演进

1. 古代的私证制度

我国的公证制度是从古代私证制度演化而来的。"私证"在封建社会相当普遍。西汉时期，从土地以至布袍、长裤买卖的"券书"，都有证人参加。唐代买卖奴婢、牛、马等物品时，应立"市券"。立券时由卖方出立契券，由文书代写后，再由当事人画押，在场的中证人也必须在契券上签名画押。清代以后统一把中证人称为"中人"，意思是居中见证，属于第三者。买卖时有"中人"介入后，当事人双方就不能在事后随意更改契券内容，起到了预防纠纷的作用。但古代的"中人"只证明文书所载明的内容存在，至于事实自身的合法性，则不属"中人"过问的范围。因此，这种私证制度也难以保护买卖双方的合法利益。而后，"私证"逐渐被公证所取代。我国最早的公证机构出现在宋代，称为"书铺"，它代理各种公证业务，如证明当事人供状、验地产契约、证明婚姻、为参加铨试者办理验审手续等。"书铺"的出现，增强了证据效力，与私证相比有了较大的进步。

2. 中华民国时期的公证制度

我国历史上真正意义上的公证制度出现在中华民国时期。1920年，为了澄清讼源，山东省特区法院首先推行了公证制度。1935年7月，经司法院拟定，由司法行政部颁布了《公证暂行规则》。规定由地方法院设公证处，指定推事专办公证事务，也可兼办。如果有必要，可在辖区内适当之处设立公证分处。1936年，司法行政部又颁布了《公证暂行规则实施细则》《公证费用规则》。1943年3月，国民政府颁布了《公证法》，同年12月25日又颁布了《公证法实施细则》。这样，公证在民国时期基本上得到了确立。

3. 新中国成立至今的公证制度

公证制度是世界各国通行的一项重要法律制度。我国公证业务在新中国成立初期是由各市和县法院组织办理的。1951年《人民法院暂行组织条例》对公证工作作出了规定。1956年年初，司法部向国务院报送了《关于开展公证工作的请示报告》，经国务院批准在地方设立由司法行政机关主管的公证处。1959年，司法部被撤，公证工作又划归人民法院管理。这一时期，除基于国际惯例办理的少量涉外公证外，国内公证业务基本处于停滞状态。1979年，司法部重建，即着手推动公证制度的复建与发展工作。1980年3月，司法部发出《关于公证处设置和管理体制问题的通知》，规定直辖市、省辖市、县设立公证处，统一划归司法行政机关领导，代表国家办理公证业务。1982年，国务院制定了新中国第一部公证法规——《公证暂行条例》，将公证处定位为国家证明机构，隶属于司法部，把公证制度以法律的形式确立下来，公证制度成为中国法律制度的重要组成部分。之后，《民事诉讼法》《继承法》等法律、法规和司法解释对公证的职能、业务领域、法律效力等相继作出了规定。2000年7月，国务院批准了司法部《关于深化公证工作改革的方案》，标志着中国公证改革进入了实质性阶段。2006年3月1日施行的《公证法》对我国公证制度的各方面，如公证机构、公证员、公证程序、公证效力、法律责任等，都作了明确的规定；2017年9月1日第十二届全国人民代表大会常务委员会第二十九次会议对其进行了第二次修正。

(三) 我国的公证管理体制

公证管理体制是有关公证机关的管理制度及其管理权限。根据我国《公证法》的规定，各级人民政府通过它的职能部门——司法行政机关对其所属的公证处的机构设置、人员配备和任免、思想和业务工作、经费管理等方面，实行直接的领导和管理。各地公证处受同级司法行政机关领导。司法部是全国最高的司法行政机关，它通过各省、自治区、直辖市的司法厅（局）对全国的公证工作实行总的领导和监督。根据法律规定，我国实行司法行政机关行政管理与公证协会行业管理相结合的公证管理体制。这种二元管理体制是国际较为通行的公证管理模式。

1. 司法行政机关的行政管理

《公证法》第5条规定，司法行政部门依照法律规定对公证机构、公证员和公证协会进行监督、指导。根据《公证法》的规定，司法行政机关对公证机构和公证员的行政管理具体包括以下内容：（1）按照规定程序批准公证机构的设立，颁发公证机构执业证书；（2）按照统筹规范、合理布局的原则，依法对公证机构的执业区域、外部管理体制等进行调整和规范，实现公证资源的优化配置；（3）对推选产生的公证机构负责人予以核准和备案；（4）对公证员进行考核、任免；（5）对公证协会进行监督、指导；（6）会同有关部门制定公证收费标准；（7）对公证机构和公证员的执业活动进行监督指导，并对其违法行为进行处罚。司法部于2006年2月23日发布了《公证机构执业管理办法》，于2006年3月14日发布了《公证员执业管理办法》，于2006年5月18日发布了《公证程序规则》，对公证机构、公证员和公证协会进行监督、指导；还制定了《遗嘱公证细则》（2000年7月1日实施）、《公证机构办理抵押登记办法》（2002年2月20日实施）等规章。

2. 公证协会的行业管理

《公证法》第4条规定："全国设立中国公证协会，省、自治区、直辖市设立地方公证协会。中国公证协会和地方公证协会是社会团体法人。中国公证协会章程由会员代表大会制定，报国务院司法行政部门备案。公证协会是公证业的自律性组织，依据章程开展活动，对公证机构、公证员的执业活动进行监督。"

中国公证员协会于1990年3月在北京成立，2006年3月依据《公证法》规定更名为中国公证协会。中国公证协会由司法部主管，是由公证员、公证机构、公证管理人员及其他与公证事业有关的专业人员、机构组成的全国性的社会团体法人。中国公证协会是全国性公证行业组织；地方公证协会是地区性公证行业组织，接受中国公证协会的指导。《中国公证协会章程》第5条规定了协会的职责：（1）依照本章程对公证机构和公证员的执业活动进行监督；（2）协助政府主管部门管理、指导全国的公证工作，指导地方公证协会工作；（3）制定行业规范；（4）维护会员的合法权益，保障会员依法履行职责；（5）举办会员福利事业；（6）对会员进行职业道德、执业纪律教育，协助司法行政机关查处会员的违纪行为；（7）负责会员的培训，组织会员开展学术研讨和工作经验交流；（8）负责全国公证赔偿基金的使用管理工作，对地方公证协会管理使用的公证赔偿基金进行指导和监督；（9）负责公证宣传工作，主办公证刊物；（10）负责与国外和中国港、澳、台地区开展有关公证事宜的研讨、交流与合作活动；（11）负责海峡两岸公证书的查证和公证书副本的寄送工作；（12）负责公证专用水印纸的联系生产、调配，协助行政主管部门作好管理工作；（13）对外提供公证法律咨询等服务；（14）履行法律法规规定的其他职责，完成司法部委托的事务。中国公证协会制定了《公证员职业道德基本准则》（2002年3月3日公布，2010年12月28日修订）等规范性文件，对公证业进行行业管理。

三、公证机构

（一）公证机构的设立依据

公证机构即公证处，是指国家依法设立的，统一行使公证职能，进行证明活动的专门机构。根据我国《公证法》第二章第6条的规定，公证机构是依法设立，不以营利为目的，依法独立行使公证职能、承担民事责任的证明机构。《公证法》第7条规定："公证机构按照统筹规划、合理布局的原则，可以在县、不设区的市、设区的市、直辖市或者市辖区设立；在设区的市、直辖市可以设立一个或者若干个公证机构。公证机构不按行政区划层层设立。"

（二）公证机构设立的条件和程序

1. 公证机构设立的条件

根据我国《公证法》第8条的规定，设立公证机构，应当具备下列条件：（1）有自己的名称；（2）有固定的场所；（3）有2名以上公证员；（4）有开展公证业务所必需的资金。

2. 公证机构设立的程序

公证机构由所在地司法行政机关组建，逐级报省、自治区、直辖市司法行政机关审批。申请设立公证机构，应提交下列材料：（1）设立公证机构的申请和组建报告；（2）拟采用的公证机构名称；（3）拟任公证员名单、简历、居民身份证复印件和符合担任公证员条件的证明材料；（4）拟推选的公证机构负责人的情况说明；（5）开办资金证明；（6）办公场所证明；（7）其他需要提交的材料。

省、自治区、直辖市人民政府司法行政部门在审批时，应当依法审查如下内容：（1）该公证机构的设立是否符合统筹规划、合理布局的原则；（2）该公证机构的设立是否符合公证机构设立的规则，即《公证法》第7条的规定；（3）该公证机构是否已经具备了《公证法》所要求的4项条件；（4）报送的主体是否正确，即是否由所在地的司法行政部门逐级报送审批。

省、自治区、直辖市司法行政机关应当自收到申请材料之日起30日内，完成审核，作出批准设立或者不予批准设立的决定。对于准予设立的，颁发公证机构执业证书；对于不准予设立的，应当在决定中告知不予批准的理由。批准设立公证机构的决定，应当报司法部备案。

公证机构执业证书是公证机构享有公证证明权的标志，没有公证机构执业证书，不得以公证机构的名义从事公证证明活动。公证机构应当按照公证机构执业证书载明的权限办理公证事项，不得逾越此范围。

四、公证机构业务范围和公证程序

(一) 公证机构业务范围

公证机构业务范围,又称为公证机构主管,是指公证机构根据当事人的申请,依据法律规定,能够办理的公证事项和其他相关法律事务。公证机构的业务范围解决的是公证机构可以对哪些事项进行公证的问题,它是我国公证法律制度的重要组成部分。①

公证机构的业务范围即公证机关根据法律规定,办理公证法律事务的职业权限。根据我国《公证法》第11条的规定,根据自然人、法人或者其他组织的申请,公证机构办理下列公证事项: (1) 合同; (2) 继承; (3) 委托、声明、赠与、遗嘱; (4) 财产分割; (5) 招标投标、拍卖; (6) 婚姻状况、亲属关系、收养关系; (7) 出生、生存、死亡、身份、经历、学历、学位、职务、职称、有无违法犯罪记录; (8) 公司章程; (9) 保全证据; (10) 文书上的签名、印鉴、日期、文书的副本、影印本与原本相符; (11) 自然人、法人或者其他组织自愿申请办理的其他公证事项。法律、行政法规规定应当公证的事项,有关自然人、法人或者其他组织应当向公证机构申请办理公证。《公证法》第12条规定,根据自然人、法人或者其他组织的申请,公证机构可以办理下列事务: (1) 法律、行政法规规定由公证机构登记的事务; (2) 提存; (3) 保管遗嘱、遗产或者其他与公证事项有关的财产、物品、文书; (4) 代写与公证事项有关的法律事务文书; (5) 提供公证法律咨询。

(二) 公证程序

公证程序,是指公证机构和公证当事人在进行公证活动时应当遵守的基本步骤和规则。严格按照公证程序进行公证活动,可以从程序上保证公证的质量,确保公证文书的真实性与合法性。公证程序包括公证的一般程序、特别程序和复议程序。

根据《公证法》和《公证程序规则》的规定,公证的一般程序由申请与受理、审查、出具公证书(出证)三个基本环节构成;此外,还包括办理公证的原则、公证的管辖、公证期限、公证收费、终止公证、拒绝公证、公证的特别程序、公证档案、公证的复议和申诉等内容。

1. 申请

申请是指公民、法人向公证机关提出办理公证的请求的行为。公民、法人向公证机关提出的公证申请标志着公证活动的开始。

(1) 公证机关的选择。《公证法》第25条规定,自然人、法人或者其他组织申请办理公证,可以向住所地、经常居住地、行为地或者事实发生地的公证机构提出。申请办理涉及不动产的公证,应当向不动产所在地的公证机构提出;申请办理涉及不动产的委托、声明、赠与、遗嘱的公证,可以适用前款规定。

(2) 提供真实、合法、充分的证明材料。《公证法》第27条第1款规定,申请办理

---

① 王进喜主编:《律师与公证制度》,中国人民大学出版社2013年版,第231页。

公证的当事人应当向公证机构如实说明申请公证的事项的有关情况，提供真实、合法、充分的证明材料；提供的证明材料不充分的，公证机构可以要求补充。

2. 受理

受理是指公证处接受公民、法人的公证申请，并同意给予办理的行为。受理标志着公证处公证行为的开始。《公证法》第27条第2款规定，公证机构受理公证申请后，应当告知当事人申请公证事项的法律意义和可能产生的法律后果，并将告知内容记录存档。公证处受理后，要在公证登记簿上登记；公证事项的承办人应制作受理通知单发给当事人，收取公证费，并开始建立公证卷宗。公证处还可以应当事人的请求，帮助当事人起草、修改、拟定法律文书。

3. 审查

公证审查是指公证机构受理当事人的申请后，在制作公证书之前，对当事人申请公证的事项及提供的有关证明材料从法律和事实两个方面所进行的调查、核实工作。公证审查是公证活动中最重要的阶段，是确保公证质量的关键环节。根据《公证法》第28条的规定，公证机构办理公证，应当根据不同公证事项的办证规则，分别审查下列事项：（1）当事人的身份、申请办理该项公证的资格以及相应的权利；（2）提供的文书内容是否完备，含义是否清晰，签名、印鉴是否齐全；（3）提供的证明材料是否真实、合法、充分；（4）申请公证的事项是否真实、合法。《公证法》第29条也规定，公证机构对申请公证的事项以及当事人提供的证明材料，按照有关办证规则需要核实或者对其有疑义的，应当进行核实，或者委托异地公证机构代为核实，有关单位或者个人应当依法予以协助。根据《公证程序规则》的规定，公证机构主要通过以下方式进行审查：（1）询问当事人、公证事项的利害关系人和证人；（2）调查；（3）现场勘验；（4）鉴定、检验检测、翻译。

公证机构委托异地公证机构核实公证事项及其有关证明材料的，应当出具委托核实函，对需要核实的事项及内容提出明确的要求。受委托的公证机构收到委托函后，应当在1个月内完成核实。因故不能完成或者无法核实的，应当在上述期限内函告委托核实的公证机构。此外，公证机构在审查中，认为申请公证的文书内容不完备、表达不准确的，应当指导当事人补正或者修改。当事人拒绝补正、修改的，应当在工作记录中注明。

4. 出具公证书

出具公证书，简称"出证"，是指公证机构根据审查的结果，对符合公证条件的公证事项，按照法定程序审批、制作、出具、送达公证书的活动。出具公证书是公证一般程序中的最终环节。公证书中的当事人姓名要真实，有特殊要求的，必须认真审查核实后再予证明。当事人的姓名一律采用简体字。在外文译文中，要使用汉语拼音。为便于当事人使用公证书，对有曾用名的，经有效证明，应在公证书上同时证明。《公证程序规则》第35条规定："公证机构经审查，认为申请公证的事项符合《公证法》、本规则及有关办证规则规定的，应当自受理之日起十五个工作日内向当事人出具公证书。因不可抗力、补充证明材料或者需要核实有关情况的，所需时间不计算在前款规定的期限内，并应当及时告知当事人。"

5. 不予办理公证和终止公证

不予办理公证，是指在办理公证的过程中，公证机构发现证明对象不真实、不合法或者当事人有妨害公证活动的行为时,拒绝给予办理公证。其情形主要包括:(1)无民事行为能力人或者限制民事行为能力人没有监护人代理申请办理公证的;(2)当事人与申请公证的事项没有利害关系的;(3)申请公证的事项属专业技术鉴定、评估事项的;(4)当事人之间对申请公证的事项有争议的;(5)当事人虚构、隐瞒事实,或者提供虚假证明材料的;(6)当事人提供的证明材料不充分又无法补充,或者拒绝补充证明材料的;(7)申请公证的事项不真实、不合法的;(8)申请公证的事项违背社会公德的;(9)当事人拒绝按照规定支付公证费的。不予办理公证的,由承办公证员写出书面报告,报公证机构负责人批准。不予办理公证的决定应当书面通知当事人或其代理人。同时,公证机构应当根据不予办理的原因及责任,酌情退还部分或者全部收取的公证费。

终止公证,是指受理公证申请后,在办理公证的过程中,由于出现法定事由致使公证事项不能继续办理,或者继续办理已无意义的,作出停止公证程序的决定。终止公证是公证程序中一种特殊的结束方式。《公证程序规则》第50条规定:"公证事项有下列情形之一的,公证机构应当终止公证:(一)因当事人的原因致使该公证事项在六个月内不能办结的;(二)公证书出具前当事人撤回公证申请的;(三)因申请公证的自然人死亡、法人或者其他组织终止,不能继续办理公证或者继续办理公证已无意义的;(四)当事人阻挠、妨碍公证机构及承办公证员按规定的程序、期限办理公证的;(五)其他应当终止的情形。"第51条规定:"终止公证的,由承办公证员写出书面报告,报公证机构负责人审批。终止公证的决定应当书面通知当事人或其代理人。终止公证的,公证机构应当根据终止的原因及责任,酌情退还部分收取的公证费。"

6. 公证登记和业务归档

(1)公证登记。《公证程序规则》第57条规定:"公证机构办理公证,应当填写公证登记簿,建立分类登记制度。登记事项包括:公证事项类别、当事人姓名(名称)、代理人(代表人)姓名、受理日期、承办人、审批人(签发人)、结案方式、办结日期、公证书编号等。公证登记簿按年度建档,应当永久保存。"

(2)业务归档。《公证程序规则》第58条规定:"公证机构在出具公证书后或者作出不予办理公证、终止公证的决定后,应当依照司法部、国家档案局制定的有关公证文书立卷归档和公证档案管理的规定,由承办公证员将公证文书和相关材料,在三个月内完成汇总整理、分类立卷、移交归档。"第59条规定:"公证机构受理公证申请后,承办公证员即应当着手立卷的准备工作,开始收集有关的证明材料,整理询问笔录和核实情况的有关材料等。对不能附卷的证明原件或者实物证据,应当按照规定将其原件复印件(复制件)、物证照片及文字描述记载留存附卷。"第60条规定:"公证案卷应当根据公证事项的类别、内容,划分为普通卷、密卷,分类归档保存。公证案卷应当根据公证事项的类别、用途及其证据价值确定保管期限。保管期限分短期、长期、永久三种。涉及国家秘密、遗嘱的公证事项,列为密卷。立遗嘱人死亡后,遗嘱公证案卷转为普通卷保存。公证机构内部对公证事项的讨论意见和有关请示、批复等材料,应当装订成副卷,与正卷一起保存。"

7. 公证特别程序

公证特别程序,是指公证机构在办理某些特殊类别的公证事项时,依法所适用的程序。它区别于普通程序,但仍是公证程序的组成部分。由于它只适用于法律规定的特定公证事项，在办理公证事务时，依据特别法优于普通法的法律原则，就应当优先适用特别程序；没有特别程序规定的，才适用普通程序。

依照法律规定，公证特别程序适用于招标投标、拍卖和开奖公证，保全证据公证，出具执行证书，以及公证调解等。《公证程序规则》第52条规定："公证机构办理招标投标、拍卖、开奖等现场监督类公证，应当由二人共同办理。承办公证员应当依照有关规定，通过事前审查、现场监督，对其真实性、合法性予以证明，现场宣读公证证词，并在宣读后七日内将公证书发送当事人。该公证书自宣读公证证词之日起生效。办理现场监督类公证，承办公证员发现当事人有弄虚作假、徇私舞弊、违反活动规则、违反国家法律和有关规定行为的，应当即时要求当事人改正；当事人拒不改正的，应当不予办理公证。"

8. 公证的效力

公证的效力，是指公证证明在法律上所起的效用和约束力。公证作为一种证明制度，其证明结果的直接表现是公证机构出具的公证书。因此，公证的效力又称为公证书的效力。公证书是公证效力的物质载体和具体的表现形式，具有普遍的证明效力。公证书在法律上具有直接证明公证确认的法律行为、有法律意义的文书和事实是真实的、合法的效力。

公证有三种基本的法律效力：（1）证据效力。证据效力指公证书是一种可靠的证据，具有证明公证对象真实、合法的证明力，可直接作为认定事实的根据。而且，公证证明的法律效力高于一般自然人、法人或其他组织对同一事项所出具证明的效力。《公证法》第36条规定，经公证的民事法律行为、有法律意义的事实和文书，应当作为认定事实的根据，但有相反证据足以推翻该项公证的除外。《民事诉讼法》第67条规定，对有关单位和个人提出的证明文书，人民法院应当辨别真伪，审查确定其证明效力。《民事诉讼法》第69条规定，经过法定程序公证证明的法律事实和文书，人民法院应当作为认定事实的根据，但有相反证据足以推翻公证证明的除外。（2）法律行为生效的效力。法律行为生效的效力，是指依照法律规定或者当事人约定，某项法律行为只有经过公证证明后才发生法律效力，反之则不发生法律效力。我国《公证法》第11条第2款规定："法律、行政法规规定应当公证的事项，有关自然人、法人或者其他组织应当向公证机构申请办理公证。第38条规定，法律、行政法规规定未经公证的事项不具有法律效力的，依照其规定。（3）强制执行的效力。强制执行的效力是指对于公证机构依法赋予强制执行效力的债权文书，债务人不履行义务时，债权人可以直接向有管辖权的人民法院申请强制执行，不再经过诉讼程序，人民法院应当采取强制执行措施。《公证法》第37条第1款规定，对经公证的以给付为内容并载明债务人愿意接受强制执行承诺的债权文书，债务人不履行或者履行不适当的，债权人可以依法向有管辖权的人民法院申请执行。《公证程序规则》第39条规定："具有强制执行效力的债权文书的公证，应当符合下列条件：（一）债权文书以给付货币、物品或者有价证券为内容；（二）债权债务关系明确，债权人和债务人对债权文书有关给付内容无疑义；（三）债权文书中载明当债务人不履行或者不适当履行义务时，债务人愿意接受强制执行的承诺；（四）《公证法》规定的其他条件。"

9. 公证的救济

公证的救济是指当事人或者公证事项的利害关系人在其合法权益受到或者可能受到公证活动的侵害时，可依法请求纠正公证行为、赔偿损失。公证救济主要包括公证机构复查、向公证协会投诉、向人民法院提起民事诉讼三种途径。

第一，公证机构复查。《公证程序规则》第 61 条规定："当事人认为公证书有错误的，可以在收到公证书之日起一年内，向出具该公证书的公证机构提出复查。公证事项的利害关系人认为公证书有错误的，可以自知道或者应当知道该项公证之日起一年内向出具该公证书的公证机构提出复查，但能证明自己不知道的除外。提出复查的期限自公证书出具之日起最长不得超过二十年。复查申请应当以书面形式提出，载明申请人认为公证书存在的错误及其理由，提出撤销或者更正公证书的具体要求，并提供相关证明材料。"第 62 条规定："公证机构收到复查申请后，应当指派原承办公证员之外的公证员进行复查。复查结论及处理意见，应当报公证机构的负责人审批。"公证机构进行复查，应当对申请人提出的公证书的错误及其理由进行审查、核实，区别不同情况作出处理。《公证程序规则》第 64 条规定："公证机构应当自收到复查申请之日起三十日内完成复查，作出复查处理决定，发给申请人。需要对公证书作撤销或者更正、补正处理的，应当在作出复查处理决定后十日内完成。复查处理决定及处理后的公证书，应当存入原公证案卷。公证机构办理复查，因不可抗力、补充证明材料或者需要核实有关情况的，所需时间不计算在前款规定的期限内，但补充证明材料或者需要核实有关情况的，最长不得超过六个月。"

第二，向公证协会投诉。《公证程序规则》第 67 条规定："当事人、公证事项的利害关系人对公证机构作出的撤销或者不予撤销公证书的决定有异议的，可以向地方公证协会投诉。投诉的处理办法，由中国公证协会制定。"

第三，向人民法院提起民事诉讼。《公证程序规则》第 68 条规定："当事人、公证事项的利害关系人对公证书涉及当事人之间或者当事人与公证事项的利害关系人之间实体权利义务的内容有争议的，公证机构应当告知其可以就该争议向人民法院提起民事诉讼。"第 69 条规定："公证机构及其公证员因过错给当事人、公证事项的利害关系人造成损失的，由公证机构承担相应的赔偿责任；公证机构赔偿后，可以向有故意或者重大过失的公证员追偿。当事人、公证事项的利害关系人与公证机构因过错责任和赔偿数额发生争议，协商不成的，可以向人民法院提起民事诉讼，也可以申请地方公证协会调解。"

五、公证员的基本条件

《公证法》第 18 条规定："担任公证员，应当具备下列条件：（一）具有中华人民共和国国籍；（二）年龄二十五周岁以上六十五周岁以下；（三）公道正派，遵纪守法，品行良好；（四）通过国家统一法律职业资格考试取得法律职业资格；（五）在公证机构实习二年以上或者具有三年以上其他法律职业经历并在公证机构实习一年以上，经考核合格。"从该法条来分析，我国公证员应具备如下基本条件。

（一）国籍条件

我国的公证员必须是中华人民共和国公民，即需要有中国国籍，外国人、无国籍人不得在我国从事公证职业。这主要是因为我国公证法律制度是国家司法制度的一个重要方面，关系到国家司法权的行使，公证的效力远远超出一般私证的效力，特别是在诉讼过程中的证明效力。公证权的行使与国家主权之间有着千丝万缕的联系，因此我国的公证权必须掌握在中国公民手中。

（二）年龄条件

我国《公证法》第18条明确规定公证员年龄在25周岁以上65周岁以下，这一规定主要是出于对公证工作的特殊性考虑。公证员是在公证机构独立办理事务的法律专业人员，公证业务涉及社会生活的各个方面，这就要求公证员具有较为丰富的法律知会角色，所以，《公证法》将公证员的任职年龄从原来的18周岁提高到现在的25周岁，而且年龄必须在65周岁以下，这样才能承受公证工作的辛劳，也有利于公证员系统在人员上的新老交替。

（三）品德条件

由于公证员是在行使具有公信力的证明权，并为社会提供法律服务，其职务行为从某种意义上说关系到整个公证行业的形象，这就要求公证员有良好的道德品质，高尚的思想情操，廉洁公正，以事实为根据，以法律为准绳，客观公正地办理公证事务，维护公证机构的形象及公证文书的权威。

（四）业务条件

公证员的业务条件由两个方面构成：（1）通过国家统一法律职业资格考试，取得法律职业资格；（2）在公证机构实习2年以上或者具有3年以上其他法律职业经历并在公证机构实习1年以上，经考核合格。

国家通过立法提高了公证员准入的门槛，旨在提高公证从业人员的素质。与律师队伍相比，目前我国公证员队伍学历普遍偏低，知识结构不尽合理，缺乏高层次人才，职业道德素质良莠不齐。在全国注册的公证员中，大学本科以上学历的公证员比例很低。为了维护公证的公信力，公证员应该从受过系统法学知识教育同时又是国家统一法律职业资格考试合格者的群体中挑选。只有这样，才能造就一支符合市场需求的高素质的公证队伍，为公证取信于社会提供人才支撑。

此外，公证员职业具有极强的实务性和操作性，除了扎实的法学知识功底外，娴熟的业务技能和丰富的经验也是一名合格公证员必备的条件。《公证法》规定担任公证员必须有在公证机构的实习经历，就是为了保证公证员在任职前掌握从事公证职业所必备的法律技巧，从而避免公证员因缺乏实践经验给当事人的合法权益造成损害。

六、公证员的权利和义务

（一）公证员的权利

公证员的权利，是指依法设定的、为保障公证员执行职务而赋予公证员的各项权利。作为公证员，在公证活动过程中，依法享有一定的权利，有利于公证员更好地履行职责。《公证法》第22条第2款明确规定了公证员享有的权利包括：获得劳动报酬，享受保险和福利待遇的权利；提出辞职、申诉或者控告的权利；非因法定事由和非经法定程序，不被免职或者处罚的权利。

1. 获得劳动报酬，享受保险和福利待遇的权利

根据《宪法》有关规定，中华人民共和国公民有劳动的权利和义务。劳动者有权获得报酬，享受福利待遇和保险。公证员作为法律工作者，既然在公证活动中付出了一定的脑力劳动和体力劳动，就有权获得报酬，享受保险和福利待遇。公证员的报酬并不是直接由当事人交给承办业务的公证员，而是按照收费标准，公证机构对于办理的公证业务合理收取费用后，再分配给公证员。

2. 提出辞职、申诉或者控告的权利

《宪法》第41条第1款规定，中华人民共和国公民对于任何国家机关和国家工作人员的违法失职行为，有向有关国家机关提出申诉、控告或者检举的权利。可见，公证员享有申诉、控告权利是《宪法》关于公民基本权利的规定在《公证法》中的体现和落实。此外，公证员作为自由职业者，有权自由决定是否继续在某公证机构工作，也有权决定是否继续从事公证事业。任何机关、机构、个人都应当尊重这种选择的自由。当然，对于企图利用辞职掩盖自己违法行为逃避惩罚的，应当严格依照有关规定进行处罚。

3. 非因法定事由和非经法定程序，不被免职或者处罚的权利

这是为保障公证员依法独立执业、排除其他组织和个人的非法干预而规定的。公证的性质和宗旨决定了公证员只服从于法律，其只有违反了法律才应受到制裁，任何组织和个人不得在法律规定的事由和程序之外，凭自身意志对公证员进行处罚。由于公证员是经过严格的遴选程序最终由司法部任命的，所以公证员的免职、处罚也必须经过法定程序由法定机关作出。

需要说明的是，"法定事由"和"法定程序"中的"法"并不限于法律和行政法规，国务院司法行政部门作为行政主管机关，中国公证协会作为行业自律组织，在不违背《公证法》规定的前提下制定的部门规章和行业规范，也属于公证员应当遵循之"法"，国务院司法行政部门和中国公证协会可依之对违反者给予行政处罚或行业惩戒。

（二）公证员的义务

公证员的义务是指法律规定的，公证员在办理公证业务中应当履行一定行为或不应当为一定行为的范围或权限。对公证员的义务，《公证法》第22条第1款作出了明确的规定。

1. 遵纪守法

公证员在公证活动中，必须遵守国家各项法律的规定和行业纪律。这里的法律，应作广义理解，不仅包括全国人大及其常务委员会制定或修改的法律，还包括行政法规、地方性法规、部门规章等具有法律效力的规范性文件。行业纪律主要是指中国公证协会和地方公证协会制定的章程和各种行为规范。遵纪守法，要求公证员必须严格依照法定条件和法定程序，办理公证业务。

2. 恪守职业道德

公证员的职业道德，是社会一般道德和司法职业道德在公证活动范围的特殊体现，是社会主义司法道德的重要组成部分，是公证员必须遵循的职业行为准则。公证员职业道德建设是公证队伍建设的重要组成部分，是提高公证员队伍整体素质的重要内容。它对于公

证员认真履行职责,恪守执业纪律,提高工作效率,充分发挥公证的职能有着重要意义。

3. 依法履行公证职责

(1)公证员应当按照权限履行职责。公证员只能在法律规定的范围内行使职权,不得超越法律的规定活动,否则就属于滥用职权。公证证明的对象很多,而且随着社会的发展,新的公证事项会不断出现,所以该权限不能理解为"法律没有明文规定可予以公证的就不能公证",而是指不能行使应当由其他机关或组织行使的职权,如纠纷裁判权、专业鉴定权等。

(2)公证员应当依照规定的程序履行职责。程序正义是实体正义的保障,公开、公正的程序能够使得实体的权利、义务得到公平的体现,有利于更好地维护公众的合法权益,所以公证员应当按照规定的程序办理公证。

(3)公证员应当正确适用实体法。实体法是以确认权利义务关系和法律责任为主要内容的法律,是判断公证对象是否合法的依据。公证员在办理公证过程中,必须正确适用公证事项所涉及的实体法,以保障该事项主体适格、当事人意思表示真实、标的物确定(或可能)、不违反社会公益,真正发挥预防纠纷的作用。

(4)公证员应当认真履行职责。一是公证员应当亲自履行职责,不得委托他人履行;二是公证员应当坚守工作岗位,不得擅离职守;三是公证员应当努力提高工作效率和工作质量,反对"官老爷"作风。

4. 保守执业秘密

由于工作原因,公证员易于接触到国家、当事人的秘密和隐私。因此,《公证法》特别规定,公证员对于执业活动中知道的国家秘密和商业秘密、个人隐私,负有保密义务。如遗嘱公证,应作为密卷进行保存;招标投标公证,对于评标过程应严格保密,公证员对此必须守口如瓶。另外,公证员还应当保守公证工作秘密,对于办证过程中形成的内部意见、内部材料和不应当透露的其他与公证工作有关的信息,一律不得泄露。

七、公证员的执业禁止行为

公证员的执业禁止行为,是指公证员在公证活动中不能从事的行为,即"行为禁区",公证员一旦从事该行为,就要承担法律责任。禁止行为如下:

(一)不得同时在两个以上公证机构执业

如果允许公证员同时在两个以上的公证机构执业,将导致公证机构和司法行政部门的管理、监督工作目标指向不明,陷入混乱、无序的状态。

(二)不得从事有报酬的其他职业

公证的价值和功效要求公证员持一种中立性态度,对各方当事人所追求的利益进行衡平。如允许公证员从事有报酬的其他职业,公证员与某些当事人之间将不可避免地产生利益交错,在办理有利害关系的公证事项时容易徇私枉法、滋生腐败,此时公证将失去其中立性和衡平作用。所以,公证员从事有报酬的其他职业的,由司法行政部门给予相应行政处罚。除此之外,《公证员职业道德基本准则》第20条还规定,公证员不得从事有报酬的其他职业和与公证员职务、身份不相符的活动。

在大陆法系的一些国家，如德国，公证人经监管人允许可以从事其他有报酬的职业。在我国《公证法》审议过程中，也有意见认为可以适当允许公证员从事其他职业，只要该职业不影响公证执业即可。《公证法》没有采取这一主张，因为：（1）我国的监管体系还不完善，如允许公证员从事其他有报酬的职业，容易导致监管失控；（2）我国的公证员队伍职业道德素养尚待提高，允许其从事其他有报酬的职业可能导致本末倒置和"寻租"行为；（3）公证员行使的是专属性的具有公信力的证明权，他们从事其他有报酬的职业不能为民众的情感所认可；（4）在德国等国家，允许公证人从事其他有报酬的职业也仅仅属于例外情形。

所谓"从事有报酬的其他职业"，是指与其他组织或个人形成可为公务员法、劳动法等调整的身份关系、占据一定工作岗位、承担相关岗位职责、领取货币等具有经济价值的报酬的行为。该行为包括：（1）兼任党政机关、立法机关和政协组织中领取报酬的职务；（2）兼任法官、检察官、律师；（3）兼任企业、事业单位的职务；（4）个人投资开办公司、个人独资企业、合伙企业、个体工商户；（5）从事有偿的其他中介活动等。对于已经从事上述有关职业的人员，如果要任命其为公证员，该人员必须退出该职业；如果一名公证员要从事上述有关职业，则应当依照《公证法》的有关规定提出辞职或者依照法律规定的程序免除其职务。

应该说明的是，从事有报酬的其他职业与从事有报酬的其他行为并非同一概念，公证员作为客座教授、客座研究员、仲裁员、陪审员也会领取一定的报酬，但客座教授、客座研究员、仲裁员、陪审员并不构成一种职业，故公证员就此领取报酬并不违反《公证法》的规定。另外，利用自有资金进行投资运作并不完全等同于从事其他有报酬的职业，公证员以个人名义将自有资金投入证券市场并无不妥，只要其不成为控股股东、不参与公司日常经营即可。

（三）不得为本人及近亲属办理公证或者办理与本人及近亲属有利害关系的公证

回避制度是现代诉讼和非诉讼法律活动中的一项重要程序制度，在公证活动中，公证员对于与自己或自己的近亲属有某种利害关系的公证事项不享有公证权力。这是由公证的性质和任务决定的。公证员在公证活动中必须秉公办证、公正无私、清正廉洁，一旦允许公证员在其中追求私益，则公正将无法实现。从各国公证立法来看，对公证员回避制度的规定是普遍的，均将之视为公证文书合法性和真实性的保障。根据我国《公证法》第41条第5项规定，公证员违反回避制度的，由司法行政部门给予相应行政处罚。除《公证法》之外，《公证程序规则》第23条对公证员回避也作出了规定；《公证员惩戒规则（试行）》第13条第6项规定公证员违反回避规定的，给予严重警告。

（四）不得私自出具公证书

我国公证实行机构本位主义，公证机构对公证员的执业行为需要承担民事责任，根据权利义务相一致的原则，公证员出具公证书应当经由所在公证机构同意。《公证法》第22条第1款规定，公证员应当依法履行公证职责，这包括依照法定程序办理公证。《公证程序规则》第40条规定："符合《公证法》、本规则及有关办证规则规定条件的公证事项，由承办公证员拟制公证书,连同被证明的文书、当事人提供的证明材料及核实情况的材料、公证审查意见,报公证机构的负责人或其指定的公证员审批。但按规定不需要审批的公证事项除外。公证机构的负责人或者被指定负责审批的公证员不得审批自己承办的公证事项。"《公证法》没有规定审批程序,考虑到机构本位主义和保障公证质量,审批程序将会通过部门规章在一定时期内继续存在,违反审批程序出证即视为私自出具公证书,应根据《公证法》第42条第1款第1项的规定予以处罚。

(五) 不得为不真实、不合法的事项出具公证书

真实、合法是公证活动的基本原则,是建立公证和保持公信力的核心所在,各国立法均严厉禁止对不真实、不合法的事项进行公证,《公证法》第2条、第42条第1款第2项正是这两大原则的体现,《公证员职业道德基本准则》《公证员惩戒规则(试行)》等也有相关规定。一个事项只有同时符合真实、合法两个条件,才能予以公证。不真实、不合法的情况包括:(1)事项违反法律。当事人主体资格不当、意思表示瑕疵、标的物受限、有悖于社会公益均可导致违反法律。(2)事项虽不违法,也是真实的,但是没有法律意义。(3)事项不真实。真实分为事实真实和法律真实,有些公证事项应当达到事实真实,如身份;有些公证事项要达到法律真实,如遗嘱。(4)事项既不真实又不合法。

(六) 不得侵占、挪用公证费或者侵占、盗窃公证专用物品

我国《宪法》规定,公共财产神圣不可侵犯。我国公证实行机构本位主义,公证费、公证专用物品是公证机构正常开展业务的经济保障,是公证机构的公共财产,侵占、挪用公证费或者侵占、盗窃公证专用物品均属于侵犯公证机构公共财产的行为。公证机构向当事人收取的报酬和由此增值、衍生的金钱都属于公证费,上级机关为支持公证事业而划拨的资金也视为公证费,公证机构所接受的馈赠和所监管的资金、提存资金不属于公证费。公证专用物品是指公证专用水印纸、公证员签名印章、公证机构公章和钢印、公证票证、公证档案等不可替代的特定物,复印纸张、打印机等可替代的种类物不属于公证专用物品,但有些种类物可经特定化而成为公证专用物品,如保存公证信息资料的电脑。公证员实施上述禁止之行为的,应当承担如下法律责任:(1)依据《公证法》第42条第1款第3项的规定给予行政处罚;(2)依据《公证员惩戒规则(试行)》给予行业惩戒;(3)构成犯罪的,依照《刑法》的有关规定处以刑罚;(4)向公证机构返还财产或赔偿损失。

(七) 不得毁损、篡改公证文书或者公证档案

公证文书是指公证机构就其办理的公证事项出具的法律文书或公证机构出具的其他法律文书。公证文书包括公证书和由公证机构出具的其他法律文书,如法律意见书、拒绝或终止公证的决定书、撤销或维持公证书的决定书等。其中,公证书的内容包括公证词和公证证明的文书。公证文书属于司法文书,对当事人、其他个人和组织具有法律规定的效力。毁损、篡改生效的公证文书,一方面规避了公证程序的控制,容易出现错证、假证;另一方面也使得公证文书的效力处于不稳定甚至互相冲突的状态,损害公证的严肃性和权威性。公证文书如有错误,应当依照法定程序收回、修正或撤销,不能擅自毁损、篡改。

公证档案是司法业务档案，是公证机构在办理公证过程中所实施的所有法律活动的真实记录，体现了公证机构的基本职能。公证档案不少涉及国家秘密、商业秘密或者当事人隐私，是公证机构出具公证文书的依托，反映了一个时期社会生活的特点和不同时期的社会变迁。这是其他材料所不可代替的，公证员因此被称为"书写历史的人"，所以绝不容许对公证档案予以毁损、篡改。公证档案应当依照《公证法》《公证程序规则》《公证文书立卷归档办法》《公证档案管理办法》的规定进行管理，违反规定致使原始立卷材料部分或全部灭失的，即为毁损公证档案；对原始立卷材料进行调换或作文字改动的，即为篡改公证档案。应当指出的是，公证卷宗归档之后，如发现公证文书错误而需要进行修正的，公证档案也应随之修正，这种修正行为不属于毁损、篡改公证档案。

（八）不得泄露在执业活动中知悉的国家秘密、商业秘密或者个人隐私

《公证法》第 22 条第 1 款规定，公证员应当保守执业秘密。执业秘密包括国家秘密、当事人的商业秘密或者个人隐私以及公证机构的内部秘密。《公证法》第 42 条第 1 款第 5 项规定，公证员泄露国家秘密、商业秘密或者个人隐私的，由司法行政部门给予相应行政处罚，构成犯罪的，依法追究刑事责任。

（九）法律、法规、国务院司法行政部门规定禁止的其他行为

"其他行为"主要是指以上 8 项行为之外的其他不应有的行为。《公证法》第 23 条规定的禁止性行为，多数与公证员履行职务行为有关，具有较强的针对性，但并不是说其禁止性行为只有 8 项。公证员首先是作为一个公民存在的，以《刑法》为代表的国家法律所作的对于一般公民的禁止性规定对公证员同样适用；《公证法》虽然没有对公证员的身份属性作出明确定位，但公证员行使的是中立的证明权这一点是毋庸置疑的，所以公证员仍然属于法律职业人，法律职业人应普遍遵守的规则，公证员也应遵守。

第二节　公证员职业道德概述

一、公证员职业道德的概念

公证员职业道德指公证员在办理公证事务、履行公证职责的过程中或者从事与之相关的活动时所应遵守的道德规范。公证员职业道德是调整公证人员之间关系以及公证人员与社会之间关系的行为准则，是评价公证人员职业行为的善恶、荣辱的标准。公证员的职业道德，在内容上，不仅包括行为规范，也包括职业道德观念；就适用对象而言，不仅包括依法取得资格的执业公证员，也包括办理公证的辅助人员和其他工作人员。公证人员职业道德建设对公证业的发展具有重大意义，关系到公证业的健康发展，高尚的职业道德情操是公证员提供高效优质法律服务并赢得社会信赖的根本保障，也是发展高素质公证员队伍的重要途径。

二、公证员职业道德的依据

为了提高公证员职业道德,2002年3月3日颁布了《公证员职业道德基本准则》,其后又于2003年12月29日公布了《公证行业自律公约》,2003年12月24日通过了《公证员惩戒规则(试行)》,2005年8月28日通过了《中华人民共和国公证法》,2006年5月10日通过了《公证程序规则》,以上法律、法规以及行业规范是公证员职业道德的基本依据。

新中国的公证制度是借鉴苏联的公证制度创立、形成和发展起来的,并走过了一段曲折的发展历程。20世纪50年代,除基于国际惯例办理的少量涉外公证外,国内公证业务基本处于停滞状态。"文化大革命"期间,我国公证工作几近取消。改革开放以来,这一法律服务工作开始恢复。1979年,司法部重建之后,即着手推动公证制度的复建与发展工作。1982年,国务院制定了新中国第一部公证法规——《公证暂行条例》,该条例共6章30条。该条例规定,公证是国家公证机关根据当事人的申请,依法证明法律行为、有法律意义的文书和事实的真实性、合法性,以保护公共财产,保护公民身份上、财产上的权利和合法利益的活动;公证处是国家公证机关;公证处应当通过公证活动,教育公民遵守法律,维护社会主义法制。该条例还对公证处的业务、公证处的组织和领导、管辖、办理公证的程序等分别作了规定。

改革开放给社会生活带来了巨大的变化,随着市场经济体制的确立和中国加入世界贸易组织,《公证暂行条例》便显得落伍,跟不上时代的步伐,公证实践已经远远突破了《公证暂行条例》的内容,其中的很多规定和当前的公证内容脱节,一些新型公证的出现给公证制度的研究提出了新的课题。

《公证法》出台前,公证员整体素质不高,加上监督机制的缺乏,造成少数公证员职业道德失范、执业纪律松懈、违规办证等。这些,虽然是部分公证员的行为,但损害了公证行业的形象。这主要表现在:个别公证处乱设办证点的现象时有发生;有的公证处和公证人员利用压价竞争、诋毁同行等不正当手段抢揽证源;个别公证处和公证人员违规办证的问题比较突出,如公证员不履行亲自办证职责,让助理以公证员名义办证;个别公证处和公证人员片面追求经济效益,忽视公证质量、服务质量和诚信建设;采取单一的业务收费与个人收入挂钩模式;有的公证处短期行为严重,缺乏积累和保障。公证业务的不正当竞争,扰乱了正常的公证服务秩序,损害了公证行业的整体利益;违规办证,直接侵害了当事人的合法权益,并带来公证执业活动的巨大风险;不正确的利益导向,助长了公证市场化倾向,削弱了公证工作的社会效益。这些问题持续存在和蔓延,不仅严重影响公证业务的健康发展,制约公证职能作用的发挥,还损害公证队伍的信誉和形象。为推进公证员队伍建设,提高公证员的职业道德水平,维护公证员的良好职业形象,中国公证协会于2002年颁布了《公证员职业道德基本准则》,该文件从职业精神、执业规范、同业竞争、自身修养及公证人与司法行政机关和公证协会之间的关系等方面对公证人应当遵守的职业道德提出了明确要求,是中国公证员职业道德规范的基本文件。它的实施是建设高素质公证员队伍的重要措施,是进一步深化公证改革、推进公证事业发展的重要环节。它规定公证人员行使证明权,其证明的效力高于一般的公民、法人和其他组织,公证证明可以被法院直接作为认定事实的根据,对某些特定事项的公证还赋予强制执行的效力。因此,该准则对公证行业的职业道德提出了较高的要求。但该准则较抽象,操作性不强。

2003年12月29日,中国公证协会公布《公证行业自律公约》。该文件对公证机构、公证人及其他从事公证业务的辅助人员的执业纪律进行了明确规范,规定了公证处、公证人员在执业过程中必须禁止的8种行为,但是只针对公证员的不正当竞争行为。

为了加强行业的自律,2003年年底,中国公证协会通过了《公证员惩戒规则(试行)》。该规则规定了惩戒委员会的组成、职责,惩戒措施和惩戒程序。该文件对行业惩戒制度进行了系统的规范,对违反公证职业道德和执业纪律的行为规定了对应的惩戒措施。通过对违规公证员的惩戒,实现规范公证法律服务、规范公证人员行为的目的,从而达到"以惩为戒"的目标。

2005年8月28日,第十届全国人大常委会第十七次会议通过了《中华人民共和国公证法》,该法共7章47条。《公证法》是新中国第一部有关公证工作的法律,是50多年来我国公证事业改革发展的重要法制成果。它确立了中国特色社会主义公证制度的基本框架,为优化公证资源配置、加强公证队伍建设、提升公证管理水平、强化公证执业监督提供了法律依据,为公证事业的发展奠定了坚实的法制基础。

2006年5月10日,司法部通过了《公证程序规则》,自2006年7月1日起施行,2002年6月18日发布的《公证程序规则》同时废止。

2010年12月,中国公证协会对《公证员职业道德基本准则》进行了修订。修订后的《公证员职业道德基本准则》共29条,确定了"忠于法律、尽职履责,爱岗敬业、规范服务,加强修养、提高素质,廉洁自律、尊重同行"的32字准则,并在导语中特别增加了维护和增强公证公信力的重要内容,强调始终维护和不断增强公证公信力是公证制度的本质属性和公证人的职责使命,加强公证员职业道德建设,是为社会提供优质高效公证法律服务,始终维护和不断增强公证公信力的根本保障。

2015年4月24日,全国人大常委会修改通过《中华人民共和国公证法》,自公布之日起施行;2017年9月1日,第十二届全国人大常委会第二次修正《中华人民共和国公证法》,2018年1月1日生效。

三、公证员职业道德的内容

(一)忠于法律、尽职履责

其具体要求是:公证员应当忠于宪法和法律,自觉践行社会主义法治理念。公证员应当政治坚定、业务精通、维护公正、恪守诚信,坚定不移地做中国特色社会主义事业的建设者、捍卫者。公证员应当依法办理公证事项,恪守客观、公正的原则,做到以事实为根据、以法律为准绳。公证员应当自觉遵守法定回避制度,不得为本人及近亲属办理公证或者办理与本人及近亲属有利害关系的公证。公证员应当自觉履行执业保密义务,不得泄露在执业中知悉的国家秘密、商业秘密或个人隐私,更不能利用知悉的秘密为自己或他人谋取利益。公证员在履行职责时,对发现的违法、违规或违反社会公德的行为,应当按照法律规定的权限,积极采取措施予以纠正、制止。

（二）爱岗敬业、规范服务

其具体要求是：公证员应当珍惜职业荣誉，强化服务意识，勤勉敬业、恪尽职守，为当事人提供优质高效的公证法律服务。公证员在履行职责时，应当告知当事人、代理人和参与人相关权利与义务，并就权利和义务的真实意思和可能产生的法律后果作出明确解释，避免形式上的简单告知。公证员在执行职务时，应当平等、热情地对待当事人、代理人和参与人，要注重其民族、种族、国籍、宗教信仰、性别、年龄、健康状况、职业的差别，避免言行不慎使对方产生歧义。公证员应当严格按照规定的程序和期限办理公证事项，注重提高办证质量和效率，杜绝疏忽大意、敷衍塞责和延误办证的行为。公证员应当注重礼仪，做到着装规范、举止文明，维护职业形象；现场宣读公证词时，应当语言规范、吐字清晰，避免使用可能引起他人反感的语言表达方式。公证员发现已生效的公证文书存在问题或其他公证员有违法、违规行为的，应当及时向有关部门反映。公证员不得利用媒体或采用其他方式，对正在办理或已办结的公证事项发表不当评论，更不得发表有损公证严肃性和权威性的言论。

（三）加强修养、提高素质

其具体要求是：公证员应当牢固树立社会主义荣辱观，遵守社会公德，倡导良好社会风尚。公证员应当道德高尚、诚实信用、谦虚谨慎，具有良好的个人修养和品行。公证员应当忠于职守、不徇私情、弘扬正义，自觉维护社会公平和公众利益。公证员应当热爱集体，团结协作，相互支持、相互配合、相互监督，共同营造健康、有序、和谐的工作环境。公证员应当不断提高自身的业务能力和职业素养，保证自己的执业品质和专业技能满足正确履行职责的需要。公证员应当树立终身学习理念，勤勉进取，努力钻研，不断提高职业素质和执业水平。

（四）廉洁自律、尊重同行

其具体要求是：公证员应当树立廉洁自律意识，遵守职业道德和执业纪律，不得从事有报酬的其他职业和与公证员职务、身份不相符的活动。公证员应当妥善处理个人事务，不得利用公证员的身份和职务为自己、亲属或他人谋取利益。公证员不得索取或接受当事人及其代理人、利害关系人的答谢款待、馈赠财物或其他利益。公证员应当相互尊重，与同行保持良好的合作关系，公平竞争，同业互助，共谋发展。公证员不得以不正当方式或途径对其他公证员正在办理的公证事项进行干预或施加影响。公证员不得从事以下不正当竞争行为：（1）利用媒体或其他手段炫耀自己，贬损他人，排斥同行，为自己招揽业务；（2）以支付介绍费、给予回扣、许诺提供利益等方式承揽业务；（3）利用与行政机关、社会团体的特殊关系进行业务垄断；（4）其他不正当竞争行为。公证人员在办理公证时不得为下列不当行为：（1）利用媒体或者其他方式进行夸大、虚假宣传，误导当事人；（2）利用职务之便谋取不当利益；（3）在名片上印有曾经担任过的行政职务、荣誉职务、专业技术职务或者其他头衔；（4）采用不正当方式垄断公证业务；（5）故意诋毁、贬损其他公证处或者公证人员的声誉；（6）干扰其他公证处或者公证人员正常的公证业务；（7）给付或者承诺给付回扣或者其他利益。此外，公证处未经有管理权限的司法行政部门同意，不得擅自设立办事机构或者分支机构。

第三节 公证员职业责任

公证职业责任，是指公证机构和公证员在公证活动中，因违反有关公证的法律、法规和职业道德规范所应承担的责任。公证机构办理公证，应当遵守法律和职业道德规范，坚持客观、公正的原则。公证机构及其公证员办理公证业务时违反相关的法律规定或职业道德规范，违反客观、公正的公证原则，从事了法律或职业道德规范所禁止的行为的，就应当承担相应的职业责任。

公证员承担职业责任必须同时具备以下条件：(1) 公证员在办理公证过程中有违反公证法律、法规、规章、行业规范或职业道德规范的行为；(2) 公证员主观上有过错，包括故意和重大过失；(3) 公证员的违法行为造成了危害结果，并且行为和结果之间存在着因果关系。

公证员职业责任是公证机构和公证员的违法行为造成的，它是一种由特定执业范围决定的行业责任，是对公证职业的一种特殊的法律要求。明确公证员的职业责任，有利于维护公证机构正常的工作秩序，预防和减少公证活动中的违法行为；有利于确保办理公证事项当事人的合法权益，加强公证人员的事业心和责任感；有利于提高公证的质量和效益，提高公证机构在群众中的声誉。

一、公证员的纪律责任

公证员的纪律责任，又称公证员的惩戒、公证员纪律处分，是指公证协会对公证员违反职业纪律和职业道德规范的行为所给予的处分。对此，《公证员惩戒规则（试行）》有以下规定：

1. 公证员有下列行为之一的，予以警告：(1) 无正当理由，不接受指定的公益性公证事项的；(2) 无正当理由，不按期出具公证书的；(3) 在媒体上或者利用其他手段提供虚假信息，对本公证机构或者本公证机构的公证员进行夸大、虚假宣传，误导当事人、公众或者社会舆论的；(4) 违反规定减免公证收费的；(5) 在公证员名片上印有曾担任过的行政职务、荣誉职务、专业技术职务或者其他头衔的；(6) 采用不正当方式垄断公证业务的；(7) 公证书经常出现质量问题的；(8) 实施其他损害公证行业利益的行为，但后果尚不严重的。

2. 公证员有下列行为之一的，予以严重警告：(1) 刁难当事人，服务态度恶劣，造成不良影响的；(2) 对应当受理的公证事项，无故推诿不予受理的；(3) 故意诋毁、贬损其他公证机构或公证人员声誉的；(4) 利用非法手段诱使公证当事人，干扰其他公证机构或者公证人员正常的公证业务的；(5) 给付公证当事人回扣或者其他利益的；(6) 违反回避规定的；(7) 违反公证程序，降低受理、出证标准的；(8) 违反职业道德和执业纪律的；(9) 一年内连续出现 2 件以内错误公证文书的；(10) 受理警告惩戒后，6 个月内又有应予警告惩戒行为的。

3. 公证员有下列行为之一的，予以记过处分：(1) 一年内连续出现 3 件以上 5 件以下错误公证文书的；（2）违反公证法规、规章规定的；（3）违反公证管辖办理公证的；（4）违反职业道德和执业纪律，拒不改正的；（5）受到严重警告惩戒后，6个月内又有应予严重警告惩戒行为的；（6）其他损害公证行业利益的行为，后果较为严重的。

4. 公证员有下列行为之一的，予以暂停公证员协会会员资格，并建议司法行政机关给予暂停执业的行政处罚：（1）利用职务之便牟取或收受不当利益的；（2）违反职业道德和执业纪律，情节严重的；（3）一年内连续出现6件以上错误公证文书的；（4）受到记过惩戒后，6个月内又有应予记过惩戒行为的；（5）其他损害公证行业利益的行为，后果严重的。

5. 公证员有下列行为之一的，予以取消公证员协会会员资格，并建议司法行政机关给予吊销执业证的行政处罚：（1）泄露国家机密、商业秘密和个人隐私，给国家或者公证当事人造成重大损失或者产生恶劣社会影响的；（2）故意出具错误公证书的；（3）制作假公证书的；（4）受刑事处罚的，但非职务的过失犯罪除外；（5）违反公证法规、规章规定，后果严重的；（6）对投诉人、举报人、证人等有关人员打击报复的；（7）案发后订立攻守同盟或隐匿、销毁证据，阻挠调查的；（8）违反职业道德和执业纪律，情节特别严重的；（9）受到暂停会员资格惩戒，恢复会员资格后12个月内，又有应予暂停会员资格惩戒行为的；（10）其他违法违纪或者损害公证行业利益的行为，后果特别严重的。

二、公证职业行政责任

公证职业行政责任，是指公证机构和公证员对其违反有关公证管理的法律、法规和规章的行为所应承担的法律后果，具体表现为司法行政部门所给予的行政处罚。

第一，我国《公证法》第41条规定，公证机构及其公证员有下列行为之一的，由省、自治区、直辖市或者设区的市人民政府司法行政部门给予警告；情节严重的，对公证机构处1万元以上5万元以下罚款，对公证员处1 000元以上5 000元以下罚款，并可以给予3个月以上6个月以下停止执业的处罚；有违法所得的，没收违法所得：（1）以诋毁其他公证机构、公证员或者支付回扣、佣金等不正当手段争揽公证业务的；（2）违反规定的收费标准收取公证费的；（3）同时在两个以上公证机构执业的；（4）从事有报酬的其他职业的；（5）为本人及近亲属办理公证或者办理与本人及近亲属有利害关系的公证的；（6）依照法律、行政法规的规定，应当给予处罚的其他行为。上述规定的第6项是一项兜底条款，随着公证业务的发展，《公证法》或者其他相关法律、行政法规还有可能规定应当给予处罚的其他行为。但该项中的"应当给予处罚的其他行为"必须由法律、行政法规作出明确规定，司法行政部门不得任意解释，更不得以此扩大自己的行政处罚权。另外，以上六种情形只涉及行政责任，不涉及民事责任和刑事责任。

第二，我国《公证法》第42条第1、2款规定，公证机构及其公证员有下列行为之一的，由省、自治区、直辖市或者设区的市人民政府司法行政部门对公证机构给予警告，并处2万元以上10万元以下罚款，并可以给予1个月以上3个月以下停业整顿的处罚；对公证员给予警告，并处2 000元以上1万元以下罚款，并可以给予3个月以上12个月以下停止执业的处罚；有违法所得的，没收违法所得；情节严重的，由省、自治区、直辖市人民政府司法行政部门吊销公证员执业证书；构成犯罪的，依法追究刑事责任：（1）私自出具公证书的；（2）为不真实、不合法的事项出具公证书的；（3）侵占、挪用公证费或者侵占、盗窃公证专用物品的；（4）毁损、篡改公证文书或者公证档案的；（5）泄露在执业活动中知悉的国家秘密、商业秘密或者个人隐私的；（6）依照法律、行政法规的规定，应当给予处罚的其他行为。因故意犯罪或者职务过失犯罪受刑事处罚的，应当吊销公证员执业证书。

三、公证职业民事责任

所谓公证职业民事责任，是指公证机构及其公证员因其过错行为给当事人、公证事项的利害关系人造成损失，而由公证机构依法承担的赔偿责任。

公证是公证机构根据自然人、法人或者其他组织的申请，依照法定程序对民事法律行为、有法律意义的事实和文书的真实性、合法性予以证明的活动。真实性、合法性是公证活动所应遵循的基本原则。若公证机构对不真实、不合法的法律行为、不具法律意义的事实或文书予以公证，就会产生错误公证的问题。错误公证可能给公证当事人、公证事项的利害关系人带来经济损失。

公证赔偿的特点在于：在公证赔偿的外部法律关系上，赔偿责任的具体承担者仅是公证机构而非公证员，公证机构和公证员并非连带或者补充责任关系。对于公证机构而言，公证机构的责任类似民法中关于雇主责任的特殊侵权责任。在责任承担上，公证机构要对公证当事人及公证事项的利害关系人的损失承担相应的赔偿责任；公证机构赔偿后，可以向具体的侵权行为人即有故意或者重大过失行为的公证员追偿。

四、公证职业刑事责任

公证职业刑事责任是指公证员因职业行为构成犯罪依法应当承担的刑事责任。关于公证职业刑事责任承担的内容，在上文关于公证职业行政责任部分已经涉及，即《公证法》第42条所规定的几种情况，具体罪名可涉及职务侵占罪、挪用资金罪、泄露国家秘密罪、侵犯商业秘密罪等。

第四节 公证员职业道德的培育

公证员职业道德问题关系公证行业的发展和前途。做好公证员职业道德培育工作需要进行多方面的努力。在当前的形势下，做好公证员职业道德的培育，有以下方面的工作需着重加强。

一、注意公证员职业自律意识的培育

当前我国公证行业存在的种种不尽如人意的问题，主要源自公证机构之间的无序竞争和现行公证制度存在的诸多弊端。但这些都应属于外在的原因，而从业人员的道德水准和

业务素质水平才是最为根本的原因。"我们写的就是法律",这是国际拉丁公证联盟徽志上的一句铭文。国际拉丁公证联盟前主席安贝尔托·卡波拉也曾说:"无论过去、现在还是将来,任何其他的法律制度都不能像公证制度那样,对个人和国家提供如此的实利和安全保证。"然而,在公证这样一个神圣的行业里,却有人为小利而丧失良知,无视职业道德,违反公证程序,与违法者沆瀣一气,或办理公证疏于查证,流于形式,既葬送了自身的前程,也损坏了公证行业的形象和声誉。西安"宝马"彩票事件的出现虽然仅是极个别现象,但就是这样一个极个别的现象,就有可能在旦夕之间摧毁整个公证行业的信誉,而信誉损伤对公证行业是致命的。如果整个公证行业赖以生存的信誉基础缺失了,那整个公证行业的从业环境将不复存在。麦金泰尔在《追求美德》一书中提到:"只有那些具有正义德性的人才有可能知道怎样运用法律。"没有人相信一个道德水准低下的公证员作出的公证证明是值得信赖的。公证活动不仅需要法律的规范与支持,还需要道德的大力支持。在当前情况下,市场经济和法制建设的发展,对我国公证员的基本素质要求愈来愈高,公证员要适应国际化、专业化、信息化的挑战,加强自身职业道德建设,就必须与时俱进,勤奋学习,努力钻研,自重、自省、自警、自励,不断提高自身的道德素养和业务素质,保持高尚的道德情操,保证自己的执业品质和专业技能不断满足正确履行职责的需要,为公证事业的发展开创更广阔的空间。只有每位公证员都从自身做起,从点滴做起,约束自己,注重职业操守,爱惜公证行业,珍惜公证员称号,不给行业抹黑,做行业信誉的维护者,在履行公证职责中锤炼职业品德,使公证职业道德在为人民服务和自觉接受人民群众监督的过程中得到提高、完善和发展,树立起"政治合格、品德高尚、纪律严明、作风过硬、业务精通、群众满意"的公证队伍良好形象,才能把我国公证员的职业道德水平提高到一个新阶段,为公证事业的发展夯实前进的基础,为公证工作创造一个良好的执业氛围。

二、吸引高质量人才加入公证员职业队伍

把高质量人才吸引到公证员职业队伍,提高公证职业准入门槛,是做好公证员职业培育工作的基础之一。在公证行业恢复重建的初期,由于对公证员的学历和文化素质要求较低,公证改革滞后于律师等行业,公证行业很难吸引并且留住高素质的人才,一段时间以来,甚至出现了业务骨干流失严重的情况。为此,《公证法》对公证员的法律知识、专业能力、业务表现、职业操守等都提出了一定的要求,规定公证员必须在具有本科学历并通过国家统一法律职业资格考试的人员中选拔录用,由具有专门职业素养的人担任。同时,考虑到当前公证队伍现状,为吸引素质高、能力强、道德品质过硬的法律专业人士进入公证队伍,还规定从事法学教学、研究工作,具有高级职称的人员,或者具有本科以上学历,从事审判、检察、法制工作、法律服务满10年的公务员、律师,已经离开原工作岗位,经考核合格的,也可以担任公证员。司法部同时还提出,公证员每年必须接受40小时的业务培训。这些措施有利于提高公证员的整体素质。

三、完善公证员职业道德规范

公证员职业道德规范是调整公证职业内部关系以及约束公证员行为的基本准则，它对公证员职业行为起到的是规范、指引和约束的作用。建立和完善公证员职业道德规范，是公证工作反腐倡廉、提高信誉、壮大队伍，推进公证员职业道德建设，规范公证员职业道德行为，提高公证员职业道德水平，维护公证员职业形象的现实需要。当前，公证员职业道德规范体系的框架已经基本建立，但在实践中得到认真遵行和普遍遵守还有待时日，但至少可以在以下方面发挥积极的作用：（1）示范性作用，这是公证员职业道德的客观必然属性。执行良好的公证员职业道德行为规范，不仅在一般司法官等专职从事法律职业的专业人员之间互为示范，也及至广大公务员和广大民众，即公证员职业道德的示范性作用对于改善和提高全民道德内容和水准也是十分重要的。（2）规范性作用。通过系统地规范舆论、良心的外在、内在形式，可促使公证员时刻注意检视自身的行为，注重社会舆论对自身的评价，具备良好的法律职业道德行为准则，规范自己的法律行为。（3）约束性作用。所有的法律职业道德规范都具有一定的约束性，公证员职业道德规范也是如此。这种约束性通过社会舆论、传统习惯、行业内制裁、同行谴责以及自我良心谴责等多角度、多层次地加以体现。

四、建立健全公证员职业保障体系

建立健全公证员职业保障体系，规定非因法定事由和非经法定程序，公证员不被免职或处罚。这是公证员严守职业道德规范要求，依法独立执业、排除其他组织和个人的非法干预的有效保障。公证的性质和宗旨决定了公证员只服从于法律，其只有违反了法律才应受到制裁，任何组织和个人不得在法律规定的事由和程序之外，凭自身意志对公证员进行处罚。在职业有保障的情况下，公证员队伍才不会出现人员频繁流动的现象。一支相对稳定的队伍更容易培养起公证员共同的职业伦理和职业尊荣感，同时从制度上满足公证员物质和精神方面的需要。

五、加强公证机构对公证员职业行为的监督机制，建立职业过错责任追究制度

在公证机构对公证员职业行为的监督问题上，世界各国因公证制度的不同而有不同规定。在我国，公证行业一直以"机构"为本位，公证员只是公证机构内具有执业资格的工作人员，是符合法律规定的条件、在公证机构从事公证业务的执业人员。公证员的执业活动直接关系到当事人或利害相关者的利益，关系到公证机构的信誉和公信力，因此，公证员任何违反职业道德规范的行为，都可能会给公证机构造成不良后果。因此，对所属公证员的执业活动进行监督，是公证机构应有的职责。为此，2006年5月颁布的《公证程序规则》强调，公证机构应当建立、健全公证业务管理制度和公证质量管理制度，对公证员的执业行为进行监督。公证机构对公证员职业行为的监督不同于行业协会及政府主管

部门的监督，更不是随机的、可有可无的、边界不清奖罚不明的，而是制度化的、必须严格执行和各级负责人分工负责的、边界清晰奖惩分明的有效监督。任何一个法人机构，都必须建立相应的内部管理制度。加强公证机构的业务管理制度，是公证机构履行对公证员职业监督行为、确保其执行职业道德规范要求职能的有效途径，其目的就在于强化内部业务管理，提高工作效率和办证质量，增强公证员责任意识，为社会提供优质高效的公证法律服务，具体可包括建立、规范证据收集审核制度，建立、规范业务审批制度，建立适当的公示制度等。

公证员执业过错是指由于公证员的主客观原因，造成其出具的公证法律文件为假证、错证，或因工作失误给当事人及公证事项的利害关系人造成损失的情况。公证员的执业过错不论是否给当事人及公证事项的利害关系人造成损失，都应当予以纠正并追究责任。这是加强公证员遵守职业道德规范自觉性的重要途径，促使其在承办、审批公证事项时严格按照职业道德规范要求自己，增强公证员的法律意识、责任意识、服务意识，并最终达到提高办证质量和工作水平的目的。

六、探索建立公证工作"两结合"管理体制，提高公证员的业务素质和道德修养

司法行政机关依照《公证法》和《公证程序规则》的规定，对公证机构和公证员的执业活动和遵守程序规则的情况进行监督、指导。公证协会是公证业的行业管理组织，负责对公证机构和公证员的执业活动进行监督，包括制定行业规范，推动公证业务研究、发展和完善，对公证员的违纪行为进行调查并给予相应的纪律处分，提高公证员的业务素质和道德修养，广泛开展对外交流，及时总结国内外公证行业的经验，面向社会宣传公证等。其具体管理职能可包括：制定行业规范；对公证机构公证员进行行业惩戒；配合司法行政部门指导公证机构的业务工作等。美国著名思想家赫胥黎曾说："人们之所以这样做而不那样做，并不是出于对法律的畏惧，而是出于对同伴舆论的畏惧。"这句话虽然不尽全面，却从另一个角度说明了行业监督的重要性。公证协会对公证机构、公证员的执业活动进行监督是《公证法》第4条赋予公证协会的法定职责。《公证员执业管理办法》第32条进一步明确规定："公证协会依据章程和有关行业规范，对公证员违反职业道德和执业纪律的行为，视其情节轻重，给予相应的行业处分。公证协会在查处公证员违反职业道德和执业纪律行为的过程中，发现有依据《公证法》的规定应当给予行政处罚情形的，应当提交有管辖权的司法行政机关处理。"

因此，发挥司法行政机关和公证行业协会两方面管理职能的作用和优势，探索行政管理与行业管理职能的合理配置，注重发挥公证行业协会的自律职能，加强对公证行业和公证队伍的管理、领导和监督，健全奖惩制度，惩治腐败，弘扬美德，从加强行为自律和提高惩戒力度入手，重点在解决公证行为较为突出的压价、给回扣和乱设办证点等不正当竞争问题上下功夫；积极引导公证人员牢固树立对法律负责、对人民负责、对社会负责的观念，切实承担起应有的社会责任，包括积极引导公证机构和公证人员在为政府、企业、社会提供服务的过程中，着眼于预防和化解社会矛盾，引导群众依法正确表达诉求，将各类可能发生的矛盾纠纷控制在萌芽状态，减少不和谐因素，维护社会稳定，密切关注扩大就

业、完善社会保障、安全生产等方面的热点、难点问题,关注弱势群体,在群众最关心、最直接、最现实的利益问题上,充分发挥公证职能作用,切实维护人民群众的合法权益,维护社会的公平和正义等。以上这些,从外部监督方面,为公证员遵守职业道德提供了保障。

七、建立公证执业责任保险制度

公证执业责任保险是公证机构在依法履行公证职务时,因工作过错给当事人或利害关系人造成直接经济损失,依法应当承担公证赔偿责任的,在公证执业责任保险合同规定的范围内,由保险人对公证机构应当承担的民事赔偿金及有关费用予以支付的法律制度。实行公证责任保险制度,可以有效地增强公证业的抗风险能力,增强公证机构承担责任的能力,提高公证机构的信誉,使公证业成为一个更有信誉、更负责任的行业,使公证员更有信心严格依照职业道德规范的要求从事公证职业活动,使公证机构得以健康、持续地发展。

八、建立公证投诉制度

公证投诉制度,是指公证行业制定的,公证当事人认为公证机构或公证人员有违法乱纪行为,或者违反职业道德行为,抑或认为公证机构出具错证、假证的,依法向公证机构或司法行政机关反映,并提出依法处理的要求,公证机构应依法处理的制度。一般而言,公证投诉的范围包括:刁难当事人,服务态度恶劣,造成不良影响的;无故推诿,对应当受理的公证事项不予受理的;利用职务之便谋取私利,贪污索贿、受贿的;故意出具虚假公证书或因工作失误造成错证,致使当事人的合法权益受到侵害的;泄露国家秘密或当事人隐私的;未按国家规定标准收取公证费或巧立名目滥收公证费的;其他侵害或妨碍当事人合法权益实现的行为。公证投诉制度有利于从当事人的角度,加强对公证员遵守法律和职业道德规范情况的监督。

思考题:

1. 公证员职业道德建设的重要意义有哪些?
2. 公证员职业道德的核心内容有哪些?
3. 公证员职业道德责任的追究机制应怎样规定?

拓展阅读

测试题及参考答案

第六章

监察官职业道德

第一节 监察制度概述

一、监察制度的概念

监察制度指对国家机关及工作人员运用公权力的情况进行监督处理的规范和组织方面的制度。其构成要素应包括：(1) 建立和运行遵循的原理；(2) 基本功能；(3) 相应的组织载体；(4) 监察权；(5) 运行程序；(6) 在国家基本制度中的地位等。

与"监察制度"相关的还有"监察体制"与"监察权"问题。监察体制是监察机关与相关规范的结合。其中，监察机关即国家机关中依法享有和行使监察权力的组织，相关规范包括监察机关的组织规范、程序规范等。"监察权"指监察机关享有的对国家机关和公务人员执行和遵守法律的行为进行查验、督促、检举，并依法给予处理或制裁，具有强制力特征的一种监督权。监察制度与监察体制、监察权之间是包含与被包含关系，是从宏观到具体的过程。监察制度解决的是构成要素问题，监察体制是监察制度的表现形式，监察权是监察制度的核心。

我国的监察制度，是指人民代表大会制度中有关监察机关的设置以及如何对其他国家机关公职人员在行使权力过程中的违法失职行为进行督促、考察以及处理制裁的各项制度的总称。

二、监察权的特征

(一) 独立性

监察权具有相对独立性的特征。首先，监察权是一项独立的国家权力。《宪法》和《监察法》明确规定，监察机关应该独立地行使监察权，不受任何的机关、团体或个人非法的干涉。这意味着，监察权不受行政权和司法权的干扰，是与行政权和司法权相并列的权力。其次，监察机关是独立的国家机关。国家监察机关由同级人大产生，对其负责，受其监督。同时，同级的国家监察机关与国家行政机关和国家司法机关应该是并列的关系，行政机关和司法机关无权干涉监察机关。

需要注意的是，监察权虽然是独立的，但是监察权的独立是在党的领导下的独立，这种独立具有相对性。中国共产党作为执政党，必须坚持对各项工作的领导，其中包括对监察工作的政治领导。但是，党领导监察，是党对监察工作的间接指导，而不是党对监察工作的直接干预。具体而言，党对监察工作的领导，是党通过领导立法的方式将党有关的执政理念、执政政策、执政意图、执政目标转化为国家的法律，为党领导国家监察机关提供立法保障。这也就意味着，党不会直接参与到监察工作中，不会对监察个案进行干涉。除此之外，从国家监察机关的产生来看，国家监察机关由同级人大产生，对其负责，受其监督。在此机制之下，国家监察机关也会受到国家同级权力机关的领导和监督。

（二）复合性

监察权最为突出的特征是具有复合性。复合性是指兼具两个或者两个以上的事物特性，并表现出多事物的综合性特征。监察权的复合性是指监察权兼具多元化权力的特征，并且表现出优于各项权力独有的功效，使多项权力结合成监察权，发挥出更好的效果。

监察权的复合性主要表现在两个方面：其一，机构合一，即国家监察机关由监察委员会和纪律检查委员会合署办公。这一点，从中共中央办公厅印发的《关于在北京市、山西省、浙江省开展国家监察体制改革试点方案》中可以看出，即党的纪律检查委员会、监察委员会合署办公，建立健全监察委员会组织架构，明确监察委员会职能职责，建立监察委员会与司法机关的协调衔接机制，强化对监察委员会自身的监督制约。其二，内容合一，即监察权兼具行政权内容和司法权内容。《全国人大常委会关于在北京市、山西省、浙江省开展国家监察体制改革试点工作的决定》（下称《决定》）第1条以及第2条已经明确指出，要将试点地区人民政府的监察厅（局）、预防腐败局及人民检察院查处贪污贿赂、失职渎职以及预防职务犯罪等部门的相关职能整合至国家监察机关（监察委员会）。将原属于监察厅（局）和检察院的管理权限范围内的事务划分至国家监察机关管理的范围内，原来政府的职能部门监察厅（局）和检察院的部分职能由国家监察机关统一行使。

（三）权威性

监察权的重要特征之一是具有权威性。权威是指使人服从和认可的力量，本质是内在的认同。权力以服从的结果为指向，强调的是外在强制力下的实际控制效果。而权威建立在正当性与合法性上，以内在的、自发的意愿为前提，以过程为导向，以达成共同的价值理念和认同方式为目标。因此，权力的权威性来自权力的正当性。

首先，宪法规定是监察权正当性的基本来源。《宪法》序言规定："本宪法以法律的形式确认了中国各族人民奋斗的成果，规定了国家的根本制度和根本任务，是国家的根本法，具有最高的法律效力。"中国是一个法治国家，坚持依法治国首先要坚持依宪治国。由此看来，对于这一重大的宪政改革，宪法为监察权的设立提供了法律基础，使得监察权具有宪法上的正当性。

其次，监察权本身的独立性是监察权正当性的特殊重要来源。从国家监察机关和人员产生的方式上来看，国家监察委员会由本级人民代表大会产生，监察委员会主任由本级人民代表大会选举产生；监察委员会副主任、委员，由监察委员会主任提请本级人民代表大会常务委员会任免。从职能上来看，根据《决定》规定，其他法律规定由行政监察机关行使的监察职责，一并调整由监察委员会行使。因此，监察权独立于行政权和司法权，在行使范围上有更大的主动权，从而具有了权威性。

最后，监察权"监察"的功能是监察权正当性的特殊来源。在为我国构建高效有力的反腐机制方面，监察权有两方面的重要功能：其一，监督作用，即监督公职人员是否依据法律履行职责。《决定》中提到的监察委员会的管理权限包括：对本地区所有行使公权力的公职人员依法实施监察；履行监督、调查、处置职责，监督检查公职人员依法履职、秉公用权、廉洁从政以及道德操守情况，调查涉嫌贪污贿赂、滥用职权、玩忽职守、权力寻租、利益输送、徇私舞弊以及浪费国家资财等职务违法和职务犯罪行为并作出处置决定，对涉嫌职务犯罪的，移送检察机关依法提起公诉。其二，监察权也可以对包括行政权在内的其他国家权力进行有效监督，防止权力滥用。

由此可知，监察权具有的权威性的特征是在其正当性的基础之上的。

（四）规范性

监察权具有规范性。规范性概念就其本质而言，始终与某种约束性力量相联系，形式上往往体现为具有规范性内容的命题或陈述。规范性概念有两个基本特征：（1）义务性；（2）超时空性。首先，监察权本质上是一种约束性力量。《决定》规定："试点地区监察委员会按照管理权限，对本地区所有行使公权力的公职人员依法实施监察"；其次，监察权的规范性在形式上表现为其程序性。《决定》规定，监察委员会可以采取谈话、讯问、询问等措施。

因此，监察权的规范性来源于其义务性和超时空性。一方面，监察权来源于宪法和相关监察立法的规定，宪法和法律的规范性必然导致监察权具有相应的规范性，具体表现在监察权本身所蕴含的各种义务。监察者需要依法实施监察，注重程序公正和保障人权；被监察者需要依法履职、秉公用权。只有在遵循这些规范的前提下，才能实现宪法秩序下监察秩序的良性运行，为社会发展提供良好的法治与政治环境。

另一方面，监察权的规范性在于其超时空性。国家监察机关的设立是我国宪政体制的重大改革和探索，影响深远，其打击贪腐、维护廉政、促进公正的目的不只适用于当下，还必然深刻规划未来。当然，超时空性有时只具有相对的意义，具体的规范有时是可错的和可废止的。[1] 有权力必有监督，只要其他权力存在，监察权就必然不会消失。监察立法的相关具体规范也会随着社会的发展变化而不断修改。

---

[1] Jonathan Knowles, Norms, Naturalism and Epistemology, *The Case for Science without Norms*, New York: Palgrave Macmillan, 2003, pp. 8—13.

三、监察制度历史沿革

(一) 服务于皇权的封建御史制度

御史早在春秋时期就已经出现,至秦代,御史大夫与丞相、太尉并称"三公",负责纠察百官不当行为。汉承秦制,御史逐渐发展为国家专职的监察机构。

1. 中央监察体制

(1) 御史机关与其他国家机构的关系。秦代御史大夫是国家最高监察机关,其下设有派驻中央监察百官的侍御史。东汉时,御史台为最高御史机关,以御史中丞为最高长官。

魏晋南北朝时,设于中央监察百官的监察官员仍为各类侍御史。

唐代,御史台长官仍称御史大夫,其所属机构最终明晰化为三院:台院设侍御史,负责纠察百僚违法;殿院设殿中侍御史,于殿廷朝会时纠察违纪以维护礼仪,察院设监察御史,分别巡察地方。

宋承唐制,但从未实际任命御史大夫。台院侍御史为副职,不再负责纠察中央百官;殿院侍御史仍主纠察朝会;察院由监察御史掌管,分察中央百官,不再负责监察地方。地方由中央派出的转运使司、提举常平使司等各路监司负责。

元代御史台恢复了御史大夫之任,但取消了三院中的台院,对中央百官的纠察由侍御史与治书侍御史分掌,将殿院改为殿中司。

明代改御史台为都察院,在御史之下,仅设13道监察御史,分巡13省地方官吏及法律指定的中央机关。

清代将明代直属皇帝的监察系统——六科给事中并入都察院,与监察各地方的15道监察御史并称"科道"。科道之外,都察院还设有五城察院、宗室御史处、稽查内务府御史处。

(2) 御史机关内部领导体制。秦至西汉时期,中央御史机关以长官之名名之,可说明机关内实行长官负责制。

唐以后,御史大夫或中丞仅为御史机关的行政首长,御史台内侍御史、御史独立行使监察权而无须其批准。宋、元、明、清各代因之。

2. 地方监察体制

秦设有巡视地方各郡的监御史,县官由郡守监察,监御史不负责。汉武帝将全国分为13个监察区,设刺史于各部,县官依然由郡守监察。

隋的地方监察机关与御史台平行单列,称为"司隶台",分掌东都与京师;设刺史14人,分察京外各州。唐将司隶台并入御史台为察院,察院先后下设10道、15道监察御史,监察所属州县。

宋代御史系统不派设地方监察御史,对地方监察由御史以外的两套专门监察系统——路级监司系统与府(州、军、监)通判系统进行。

元代因版图极大,在地方设有监察派出机构:全国设两大行御史台——江南诸道行御史台与陕西诸道行御史台,简称"行台"。前者亦称南行台或南台,统辖江浙、江西、湖广3省共10道；后者亦称西行台或西台，统辖陕西、甘肃、四川和云南4个行省共4道；大都（北京）地区及其他行省共8道由御史台直接监察。各道设肃政廉访使，监察所属各路、府、州、县。

明代地方分13省，各省设按察使司，与布政使司、都指挥使司合称"三司"，由中央派出，负责对各省行政与司法事务的监察。中央对地方的监察主要由都察院所属之13道监察御史通过巡回视察进行，因而称为"巡按御史"。监察御史名义上属都察院，但仅属都察院考核而已，其职权行使完全独立。明代中后期中央政府还向地方派有巡抚、总督等监察官员，虽然也带都察院都御史衔，但仅为兼职，而且后期有成为地方实体政权的趋势。

清代增为15道，各道御史除监察本监察区内的官吏外，还负责稽察法定之中央机关的事务，并掌核本省刑名。各道对相应中央机关的稽察与六科给事中的稽察交叉进行，因而中央各机关要接受"科""道"的双重稽察。

3. 首都监察体制

自汉代起，各朝在中央与地方御史机构之外还设有专门的首都监察体制，隋以后，此类首都监察机构基本属于御史系列。

汉武帝时期，西汉设独立于御史的司隶校尉，察举京城地区及周边7郡吏民违法。魏晋时期，司隶校尉的监察权更加扩大到中央百官及首都地区的其他地方，终于在西晋惠帝元康年间爆发了司隶校尉傅咸与御史中丞解结之间的职权之争。鉴于双方监察职权的重叠，东晋至南朝取消了该职，但北朝依然保留。

隋代继承的是北周制度，将北周的司隶校尉改为司隶台，纳入御史台之下，掌畿内外监察。唐宋两朝首都地区监察机关无专设，元代对大都地区的监察直隶御史台。明亦无专设，清于御史台下专设五城察院。

（二）南京临时政府时期的监察体制

根据《中华民国临时约法》的规定，在三权分立的政府体制之下，由参议院行使监察权，主要包括：弹劾权，弹劾对象限于大总统及国务员；查办权，查办政府一切官员纳贿违法的行为；质问权，对于行政部门的措施，有疑问时，得以口头或书面提出问题，并要求相应官员予以回答。

（三）北洋政府时期的监察制度

北洋政府继续推行三权分立制衡的监察体制，同时试图将前清都察院弹劾官员的传统职能融入公务员惩戒和行政诉讼制度中。

北洋政府时期的监察机构为袁世凯当政时所设，是仿效清政府的都察院开设的监察纠弹机构，叫平政院。1914年3月，北洋政府颁布《平政院编制令》，成立平政院，负责审理行政官吏的违法不正行为，并就行政诉讼及纠弹事件行使审判权。平政院下设肃政厅，对国务卿、各部总长及一般官员行使弹劾之权，由平政院审理，或由有关惩戒机关惩处之。同年7月公布《纠弹法》，从规定来看，北洋政府平政院及肃政厅对最高统治者没有监察权，并且在对其他官员纠弹时，也仍然受制于最高统治者。

（四）广州、武汉国民政府时期的监察制度

该时期设监察院负责监督官员，内部由五局和一个政治宣传科组成，分别执掌总务、吏治、纠弹、审计、邮电、运输、税务和货币、宣传等，并承担密查或检查职务。其特点是：受双重领导，既对国民党中央政治委员会负责，又受国民政府的指令；权能广泛，监察院不但具有纠弹和行政诉讼的职能，而且具有检察机关和法院的部分职能，是监察机构中所罕见的。

（五）南京国民政府时期的监察制度

1. 训政时期的监察院

1931年监察院宣告成立，同年4月颁布了《监察院审查规则》，该时期的监察体系基本建立。监察院一成立，就将全国划分为14个监察区，按规定由监察院长提请国民政府派监察使，分赴全国各监察区。监察区的划分及监察使的设置，是受中国古代监察制度影响的体现。

后监察院增加纠举权和建议权。纠举由监察委员或监察使单独为之，只需经院长审核后，即可径送其上级予以行政处分，比较简易快捷。建议权指监察使就公务人员的不当行为书面提出建议或意见，并送交其主管机关或上级机关。

总的来说，训政时期监察院的职权主要有：行使监察权和纠举权，享有建议权，仍掌审计权，拥有考试权。

2. 宪政时期的监察制度

国民党政府在弥留之际颁发《中华民国宪法》，但宪法所载监察条例未完全付诸实施。在此期间，《中华民国宪法》赋予了监察院"同意权"，即对总统提名之司法院正副院长、大法官、考试院正副院长、考试委员会委员等任命之前，先提请监察院予以同意。

四、监察制度的内容

（一）监察制度的宏观架构

国家监察权体制改革，通过全国人大授权，由各级人大设立监察委员会行使独立的国家监察权。监察委员会由人民代表大会产生，并对产生其的人民代表大会负责，接受人民代表大会监督，从而形成了中央层面、地方层面与政府、法院、检察院平行的一种新的国家机构，国家机构的横向权力配置由原来的"一府两院"变为"一府一委两院"，即人民政府、监察委员会、人民法院、人民检察院。

通过宪法、法律规范确立监察制度的宏观架构。我国2018年、《宪法修正案》规定，中华人民共和国各级监察委员会是国家的监察机关，全国人大有权选举产生、罢免国家监察委员会主任，国家监察委员会对全国人民代表大会和全国人民代表大会常务委员会负责。同时，《监察法》第8、9条规定，国家监察委员会由全国人民代表大会产生，国家监察委员会对全国人民代表大会及其常务委员会负责，并接受其监督；地方各级监察委员会由本级人民代表大会产生，地方各级监察委员会对本级人民代表大会及其常务委员会和

上一级监察委员会负责,并接受其监督。

(二) 监察制度的微观权力配置

1. 调查权

《监察法》第3条规定,各级监察委员会是行使国家监察职能的专责机关,依照本法对所有行使公权力的公职人员进行监察,调查职务违法和职务犯罪。因此,监察委员会的调查权可以分为职务违法调查和职务犯罪调查。职务违法调查是指监察官有权调取一切与案件有关的信息资料,有权询问与案件有关的一切人员,并可以到有关机关进行实地调查,查找和搜寻案件证据,有关的国家机关、社会团体、企业事业组织和公民有义务配合。当然,监察官在行使调查权时也应遵循法律程序,以求调查工作的公平、公正、公开。职务犯罪调查权是主要针对职务犯罪的调查权,主要包括:(1) 对涉嫌腐败犯罪的立案权;(2) 适用法定特别调查措施(12种)的决定权;(3) 对腐败案件涉嫌人员提请检察机关批准刑事拘留决定权;(4) 对涉嫌腐败具有逃跑、自杀、行凶报复、毁证灭据、潜逃境外等情形之一的,提请公安(安全)机关采用特殊形式秘密技术侦查措施的提请权;(5) 提请逮捕决定权;(6) 延长羁押期限的提请权;(7) 撤销案件决定权;(8) 不移送检察机关审查起诉的决定权;(9) 撤回移送检察机关审查起诉的决定权;(10) 移送检察机关起诉的决定权;(11) 涉案赃款赃物随案移交检察机关审查、依法发还当事人、公开拍卖或上交国库的决定权;(12) 反腐败调查人员出席刑事诉讼庭前会议权;(13) 以证人身份出席法庭作证义务。

2. 监察处置权

《监察法》第45条规定,监察机关根据监督、调查结果,依法作出如下处置:(1) 对有职务违法行为但情节较轻的公职人员,按照管理权限,直接或者委托有关机关、人员,进行谈话提醒、批评教育、责令检查,或者予以诫勉;(2) 对违法的公职人员依照法定程序作出警告、记过、记大过、降级、撤职、开除等政务处分决定;(3) 对不履行或者不正确履行职责负有责任的领导人员,按照管理权限对其直接作出问责决定,或者向有权作出问责决定的机关提出问责建议;(4) 对涉嫌职务犯罪的,监察机关经调查认为犯罪事实清楚,证据确实、充分的,制作起诉意见书,连同案卷材料、证据一并移送人民检察院依法审查、提起公诉;(5) 对监察对象所在单位廉政建设和履行职责存在的问题等提出监察建议。因此,国家监察委员会作为监督机构,应有权对国家与地方公共权力机关、国有机构、企业、公益组织及其受委托从事公务的组织及人员,违反国家监察法律法规规定、党内法规,触犯了监察纪律与处罚规定尚不构成刑事法律规范处罚的行为,依照国家监察处罚程序履行监察处罚职责,对违法、违纪的行政人员给予警告、记过、记大过、降级、撤职和开除等行政处分。

3. 教育预防权

《监察法》第5、6条规定,国家监察工作惩戒与教育相结合,宽严相济;加强法治教育和道德教育,弘扬中华优秀传统文化,构建不敢腐、不能腐、不想腐的长效机制。由此看出,国家监察委员会的设立既是为了整合反腐败资源力量,形成集中统一、权威高效的反腐败体制,也强调反腐败思想教育的重要性。反腐教育是反腐治理的治本之策,侧重于"防患于未然"和"防微杜渐",能够起到帮助人们提高觉悟、净化心灵的作用,是整个惩防体系的首要环节。① "一个官员如果道德堕落，良心泯灭，失去是非界限，那么再严密的体制、再严厉的惩治、再精美的说教也防不住，他总会千方百计地钻空子、找漏洞。"② 在反腐败斗争中，既需要制度管理和约束官员，使他们的行为符合法律规范，也需要通过教化使官员手中的权力审慎行使，防止他们以权谋私，损害国家、集体、人民利益。因此，监察制度的一项重要内容是对掌权者进行思想教育，通过不断教育，激发人性中"善"的一面，并树立和巩固正确的权力观。在腐败治理过程中，若只依赖制度的强制性，将会导致实际掌权者在思想上、行为上只是被动地认可和服从，应付国家监察委员会的监察甚至造成对立局面。所以，应对国家机关人员、国有企业管理人员与公办的教育、科研、文化、医疗卫生、体育等单位中从事管理的人员、基层群众性自治组织中从事管理的人员、其他依法履行公职的人员，进行国家反腐败教育，使全社会、全体公民形成尊法护法、守法用法、崇尚廉洁、政治清明的意识。

五、监察制度的意义

新设立的监察制度具有显著的优越性和科学性，更符合外部监督的要求。与原来的监察制度相比，新设立的监察制度在治理结构上属于"党、政"性质的治理主体，在治理功能体系上属于监管的性质，在治理制度体系上属于法制的部分，在治理方法体系上归于法律、行政的范围，在治理运行体系上涉及由上而下、横向互动两大方式。监察制度在解决原有的监督组织和力量分散的问题的基础上，重新进行资源的调配与组合，运用外部力量对国家权力的运用进行进一步的规范与制约。

具体而言，新设立的监察机关对其他国家权力的运行有监督作用。由人大产生、向人大负责、接受人大监督的监察委员会所有的组织和活动，都要遵守宪法和法律关于监察委员会的规定。因此，这种监督，起到的是发现错误、纠正错误的促进作用，旨在保证其他权力机关依据宪法和法律赋予的职能行使权力，而不是干预、替代其他权力机关行使权力。所以，新监察机关的设立也是适应新时期法治国家建设的必然要求。

第二节 监察官职业道德概述

一、监察官的概念

探讨监察官职业道德就要明晰何谓监察官。"倘若没有法律定义，（专业）术语的使用者就必须对概念的含义取得一致"③，《监察法》第 14 条仅就监察官制度作了原则性规定，明确国家实行监察官制度，但并未对监察官作出明确具体的定义。"任何概念都拥有

---

① 李秋芳主编：《反腐败思考与对策——中国社会科学院惩治和预防腐败体系理论研究论文集》，中国方正出版社 2005 年版，第 2 页。
② 季正矩：《通往廉洁之路：中外反腐败的经验与教训研究》，中央编译出版社 2005 年版，第 188 页。
③ ［德］伯恩·魏德士：《法理学》，丁晓春、吴越译，法律出版社 2013 年版，第 90 页。

自己的历史，它们不能抵抗时代的变化"①，在法律没有明确规定的情况下，就需要通过历史视角和比较法视角结合我国实际来提出监察官的定义。

我国古代并没有名为"监察官"的官职，但有实际上行使监察职能的官员。行使监察职能的官职源于先秦时期，周代的小宰"掌建邦之宫刑，以理王宫之政令，凡宫之纠禁又其任也"②。秦代进一步完善了监察制度，中央设御史大夫、御史中丞，地方设监御史巡视各县，"今且令人案行之，举劾不从令者，致以律，论及令、丞"③。汉代延续御史大夫和御史中丞的官制，并另设司隶校尉和隶属于御史中丞的刺史行监察之职。唐代监察机构——御史台"掌以刑法典章，纠正百官至罪恶"④，其中官员分别为侍御史、殿中御史和监察御史，依据"六察法"行使监察职能，另有各道常设按察使来监察地方官员。宋代监察沿袭唐制，谏官受命于皇帝，由皇帝亲自任命。明代改御史台为都察院，设左右都御史、监察御史、六科给事中、巡按御史等监察百官。清代在明代基础上在京师另设隶属都察院的五城察院，其官职名曰巡城御史，兼顾治安与监察。

由此可见，我国行使监察职能的官职自先秦时期就存在，随着监察制度的完善数易其名，但本质没有变化，都是行使由最高统治者赋予的监察权来监察官员的行为、能力和操守等情况，并向皇帝谏言献策，作出处分或给予奖赏。中国古代监察权来自最高权力——皇权，并由法律固定下来。由于监察权性质的特殊性，我国古代监察官通常品阶较低、"以小宪大"、位卑权重，但不能限制皇权。

在古代西方，斯巴达和古罗马也有监察官制。在斯巴达，"监察官是拥有较高政治地位的、代表平民利益的特殊官职。监察官的职权以监督和司法为主"⑤。斯巴达的监察官与国王、元老院地位平等，甚至略高于国王，"监察官对国王具有较大的制约作用，国王每次率军出征都有两位监察官跟随监督，同时国王出使他国亦有监察官相随"⑥。这是因为斯巴达的监察官是由公民大会从贵族中选举的，其监察权力来源于公民，代表平民利益，可以对国王形成制约。斯巴达监察官的监察范围较为多元复杂，既包括监察官员的行为，也包括一些立法监察和司法监察等。古罗马共和国的监察官由百人团大会选举产生，地位略次于独裁官。古罗马监察官同样代表平民利益，"公元前339年，一项《关于建立平民监察官的普布利利亚和菲罗尼法》规定两位监察官之一必须为平民，从此平民获得了担任监察官的法定地位"⑦。古罗马共和国时期，监察官职权不断扩大，由最初的负责人口普查，扩大至监督指导公民道德以及管理国有财产和公共工程⑧，逐渐成为"极其有威信和受到尊敬的高级官吏"⑨。

瑞典是现代最清廉的国家之一，在历年的全球清廉指数（Corruption Perceptions Index）排行榜中瑞典都名列前茅。瑞典也建立了监察官制度，与我国一样，瑞典的监察

---

① ［德］伯恩·魏德士：《法理学》，丁晓春、吴越译，法律出版社2013年版，第81页。
② 《通典卷二十四·职官六》。
③ 《睡虎地秦墓竹简·语书》。
④ 《唐六典》。
⑤ 祝宏俊：《斯巴达"监察官"与政治分权》，载《世界历史》2007年第4期。
⑥ 祝宏俊：《斯巴达"监察官"与政治分权》，载《世界历史》2007年第4期。
⑦ 李阳华：《古罗马监察官制度及其评析》，载《辽宁行政学院学报》2008年第4期。
⑧ 连佳：《浅议古罗马共和宪政下监察官制度及其启示》，载《现代交际》2016年第14期。
⑨ ［苏联］科瓦略夫：《古代罗马史》，王以铸译，生活·读书·新知三联书店1957年版，第141页。

官也不隶属于司法机关。依据其任命主体，瑞典监察官可分为议会监察官、政府任命监察官、新闻监察官。① 议会监察官监察行使公权力的瑞典国家工作人员（议员除外）。政府任命监察官分为四种：竞争监察官监察商业竞争，消费者监察官监察商业销售活动，平等监察官主要工作是反性别歧视和监察平等就业情况，反种族歧视监察官则是针对种族歧视这一特定情况而任命的。新闻监察官主要监察新闻业的道德情况。由此可见，与我国监察官权责最为相近的是议会监察官。瑞典的议会监察官由议会选举产生，有权监察瑞典的政府、法院、监狱等机关的廉洁情况和守法情况。

综上所述，古今中外的监察官都是行使监察权的职业群体。我国古代监察官的监察权来自皇权，监察百官。西方的监察官之所以能够监察王权，是因为其代表平民利益，权力来自议会。在我国，监察委员会受中国共产党领导，由人民代表大会产生，对人民代表大会负责②，受人民代表大会监督。《监察法》第4条规定，"监察委员会依照法律规定独立行使监察权，不受行政机关、社会团体和个人的干涉"。因此，监察官是指在党的领导下依法行使国家监察权的监察人员，包括国家监察委员会和地方各级监察委员会的主任、副主任、委员和其他依法行使国家监察权的监察人员。是否纳入监察官的范围，必须以是否依法行使监察权为判断标准，不行使监察权、仅从事辅助性工作的监察委员会工作人员不宜纳入监察官范围。监察官的监察对象是公职人员，监察官在监察委员会的组织下依法监督检查公职人员的依法履职、秉公用权、廉洁从政从业以及道德操守情况，依法调查公职人员的职务违法和职务犯罪行为，依法对涉嫌违纪违法的公职人员作出处理。监察权的权力来源是人民代表大会，因此，监察官应当由本级人民代表大会任命，这样才能保障落实上述《监察法》第4条规定的监察权独立行使之内容。由于《监察法》尚未明确规定监察官的概念，未来制定《监察官法》时应明确监察官的范围和职责。

二、监察官职业道德的概念

职业伦理和职业道德在大多数情况下是没有实质性差别的，本章的监察官职业道德亦可称为监察官职业伦理。"职业伦理是随着职业的出现而产生和逐步发展的，是社会道德在职业领域的具体体现"③，是"因人们特定的职业而形成的道德规范及准则的总和"④，是职业群体在职业实践中所形成并应当遵守的伦理原则和规范，包括职业信仰、职业精神、职业追求、职业原则等方面。与一般伦理规范相比，职业伦理最大的特点就是职业性，即基于职业特点、工作内容和职业规律所形成的本职业群体应遵守的伦理规范。

监察官职业道德，即在党的领导下依法行使国家监察权的监察人员所应当遵守的职业道德准则，是社会道德伦理观念在监察领域结合监察实践的具体体现，是监察官依法履职的基本遵循。监察官职业道德形成于监察实践中，并受到监察文化的影响，约束监察官的业内和业外行为，反映监察官整体的职业信仰、职业精神、职业追求、职业原则、职业文化、职业修养、职业风貌，保障监察官依法行使国家监察权。监察官职业道德由监察职业

---

① 陈泽宪：《瑞典的监察官》，载《法学译丛》1992年第4期。
② 笔者注：地方监察委员会还需要对上级监察委员会负责。
③ 李本森主编：《法律职业道德概论》，高等教育出版社2015年版，第4页。
④ 张陆庆：《论法律职业伦理的价值取向》，载《道德与文明》2011年第6期。

特点、监察工作内容和监察职业规律决定。

监察官职业道德的主体具有特定性，即在党的领导下依法行使国家监察权的监察人员，内容主要包含监察职业理想、监察职业荣誉、监察职业态度、监察职业纪律等方面。监察职业理想即监察官对监察职业工作的向往和追求；监察职业荣誉即对监察官所为的监察行为的社会评价和自我评价；监察职业态度即监察官对自身监察职业行为抱有的看法和采取的行动；监察职业纪律就是监察官必须遵守的行为规范要求。违反监察官职业道德的监察官须承担相应的道德责任、纪律责任和法律责任。监察官职业道德的本质是一种反映监察职业特有属性的意识形态和行为规范。监察职业具有政治性、法律性、专业性、监督性。监察职业受党的绝对领导，服从于国家的政治要求，满足国家的政治需要，且目前监察委员会与党的纪律检查委员会是"一套人马两块牌子"，故其具有政治性；监察权由法律规定，监察官依法行使监察权，故其具有法律性；监察职业工作内容要求监察官具有较高的政治素质和法律素质，故其具有专业性；监察官所行使监察权的内容是监督检查公职人员，故其具有监督性。监察官职业道德也具有监察职业的这四个特点。

三、监察官职业道德的渊源

监察官职业道德的渊源即监察官职业道德的来源和源头。监察官职业道德的形成来源和表现形式包括规范性的形式（效力）渊源和非规范性的监察文化渊源两部分。而欲探讨现代中国监察官职业道德的渊源，首先要解析监察官职业的特点。

（一）监察官职业的特点

1. 监察官与党的纪检干部的关系

目前，各级监察委员会与党的纪律检查委员会采取合署办公的模式，监察委员会委务会同纪律检查委员会常委会合并召开，监察委员会不设党组，主任、副主任一般由同级党的纪律检查机关书记、副书记担任。① 中共中央纪律检查委员会副书记、国家监察委员会副主任肖培在新闻发布会上曾解释，国家监委与中纪委的关系就是"一套人马两块牌子"。② 监察委员会与党的纪律检查委员会合署办公是出于集中监察力量的现实考量，尽管二者在监督主体、对象、手段、依据、内容上都有所区别，但其监督的本质是相同的，且国家公职人员中有相当一部分是党员干部，"我国80%的公务员、95%以上的领导干部是共产党员"③，合署办公能够有效加强对于党员干部和国家公职人员的党纪国法双重监督，具有现实必要性。类比监察委员会和党的纪律检查委员会的关系，目前监察实践中的监察官也同样是党的纪律检查干部，两种职业在人员构成上具有包容重合的关系，且党的纪检干部的外延大于监察官。

本书认为，既然监察官与党的纪律检查干部在人员构成上具有包容重合的特点，就不能人为地割裂阻断这种联系，片面地看待监察官的职业人员构成，而应充分利用这种联

---

① 笔者注：国家监察委员会除外，目前国家监察委员会主任由中纪委副书记担任。
② 参见《肖培诠释国家监察委员会与中纪委关系："一套人马两块牌子"》，载中国共产党新闻网 http://fanfu.people.com.cn/n1/2017/0109/c64371-29009575.html，访问日期：2018年11月25日。
③ 陈雍：《在净化政治生态中充分发挥监察委员会政治机关的职能作用》，载《中国纪检监察》2018年第6期。

系,提高监察官遵守职业道德的要求。伦理道德是自律与他律相结合的行为规范,以自律为主、他律为辅,作为监督者的监察官理应以更高标准要求自己。党规党纪严于国家法律,同时作为党的纪检干部的监察官,具有执法与执纪双重职责,应当是模范遵守党规党纪的职业群体。因此,党的纪检干部职业道德也应当成为监察官职业道德的渊源之一。

2. 政治性与法律性

监察官职业兼具政治性与法律性。其理由有如下三点:

一是监察工作具有政治性。监察官与党的纪检干部在人员构成上具有包容重合的关系,监察官是党的纪检干部,党的纪检干部必然是党员,共产党员必须讲政治。习近平在党的十八届四中全会第二次全体会议上的讲话中强调"共产党不讲政治还叫共产党吗?",同时作为党的纪检干部的监察官必须旗帜鲜明地讲政治。监察官的工作内容也具有很强的政治性,《监察法》第6条规定,"国家监察工作坚持标本兼治、综合治理,强化监督问责,严厉惩治腐败;深化改革、健全法治,有效制约和监督权力;加强法治教育和道德教育,弘扬中华优秀传统文化,构建不敢腐、不能腐、不想腐的长效机制"。这表明监察官从事监察工作除了要依法监督问责惩治腐败外,还要达到惩前毖后治病救人的效果,通过开展思想政治工作进行理想信念宗旨教育,使国家公职人员达到不想腐的理想廉政状态,本质上具有政治工作的特点。

二是监察机关具有政治属性,所以监察官职业具有政治性。监察委员会设立之初,学界对监察委员会的定位多有探讨。针对这些争论,《中国纪检监察报》发文指明"监察委员会是实现党和国家自我监督的政治机关,其性质和地位不同于行政机关、司法机关"①,原重庆市监委主任陈雍也认为"监察委员会是实现党和国家自我监督的政治机关,其性质和地位不同于行政机关、司法机关"②,他们的理由主要是监察权不同于执法、司法权;纪律检查委员会是党的政治机关,与监察委员会合署办公;监察委员会设立的根本目的是集中反腐力量加强党对反腐败工作的集中统一领导。但本书认为,将监察委员会直接定义为政治机关似有不妥。党的十九大报告指出,"坚持全面依法治国。全面依法治国是中国特色社会主义的本质要求和重要保障"③。"全面"二字要求将依法治国贯彻到方方面面,国家监察体制改革是于法有据的重大政治改革,也是推进全面依法治国与促进国家治理法治化、现代化的重大制度改革。现行《宪法》明确规定"中华人民共和国各级监察委员会是国家的监察机关",将之定义为政治机关于宪无据。提高国家法治化程度是国家监察体制改革的目的之一,尽管监察委员会与纪律检查委员会合署办公,"但纪检委作为政治机关,其法治化的道路走得要比军队中的政治机关曲折得多,这一曲折性放到法治大背景下便显得尤其突出"④,将监察委员会称为政治机关不利于提高国家监察的法治化程度。因此,本书认为较为妥当的说法是将监察委员会定位为具有政治属性的国家监察机关,政治属性只是监察机关的一个特点,既于宪有据,又不否认其政治属性的客观存在。所以,国家监察机关中行使国家监察权的监察官职业当然具有政治性。

---

① 闫鸣:《监察委员会是政治机关》,载《中国纪检监察报》2018年3月8日。
② 陈雍:《在净化政治生态中充分发挥监察委员会政治机关的职能作用》,载《中国纪检监察》2018年第6期。
③ 《中国共产党第十九次全国代表大会文件汇编》,人民出版社2017年版,第18页。
④ 朱程斌、李龙:《新时代的国家监察委:通过党内法规的政治机关法治化路径初探》,载《广西社会科学》2018年第3期。

三是监察官职业是法律职业的一种,具有法律性。现行《宪法》规定"监察委员会依照法律规定独立行使监察权,不受行政机关、社会团体和个人的干涉",即表明监察委员会依法设立,监察权来自宪法和法律的规定,监察工作必须于法有据,且"依法"二字在《监察法》中总计出现32次,分布在各章节中,足见在立法层面已经确定了监察机关和监察工作的法律性。"职业主义话语强调,同质性是职业的基本属性。这种同质性表现为从事同一职业的人们在职业意识、思维方式、话语系统、职业道德等方面具有共同性"①,监察官职业具有法律职业的诸多特点,是法律职业的一种,监察官职业与法律职业就具有职业道德上的同质性。"法律训练的同质化造就了一定程度的有关职业问题的共识"②,这也启示我们,监察官准入制度应当与法律职业准入制度同步,以通过法律职业资格考试为门槛,通过法律训练提高监察官的法律素养和法律职业认同度,从而使依法监察在监察官制度上得到保障。

综上,探讨监察官职业道德,应当着重把握监察官职业政治性与法律性的辩证关系,监察官既是党的纪检干部也是"法律人",监察官职业道德渊源既包括党的纪检干部职业道德也包括法律职业道德。

3. 专业性与监督性

监察官职业的专业性与监督性紧密相关,是监察官成为一个独立职业的基础。监察官依法履职过程中行使的监察权不是传统的司法权和行政权,从法的运行角度来说,法的运行包括立法、执法、司法、守法、法律监督五个环节。其中,法律监督是对政治权力的运行,监督主体依法行使职权,以确保国家权力在正常的轨道上运行。监察权属于广义上法律监督的权力,监察官的监察工作属于法律监督环节,监督行使公权力的国家公职人员,具有监督性。监察工作在性质上与立法、执法、司法、党的纪律检查工作有较大差异:与立法工作相比较,监察工作并不能"造法",而是严格依法履职;与执法工作相比,监察工作的对象并不是整个社会,而仅仅是行使公权力的国家公职人员;与司法工作的被动性相比,监察工作不能"不告不理",而要依法主动监察履职;与党的纪律检查工作相比,监察官开展监察工作的依据和手段有着明显不同。因此,监察官职业具有高度专业性,要求兼具较高的政治水平和法律水平,具备丰富的法律监督工作经验。

依据监察官职业的专业性与监督性,监察官作为一个"新生"的职业,监察官职业道德必然有其不同于党的纪检干部职业道德和立法、执法、司法职业道德之处,且监察官职业道德的形成必然会受到源远流长、博大精深的监察文化影响。

(二)监察官职业道德的形式(效力)渊源

监察官职业道德的形式(效力)渊源,即监察官职业道德效力的直接来源。其包含两方面的要素:一是监察官职业道德渊源与效力的直接联系,二是现行规范性文件在监察官职业道德方面的表现形式,二者缺一不可。探究监察官职业道德的形式(效力)渊源,一是可以从外部观察其结构是否合理,有利于完善监察官职业道德的形式结构;二是可以从规范性文件内部概括监察官职业道德的状况,抽象出监察官职业道德的原则和规则;三

---

① 黄文艺:《中国法律发展的法哲学反思》,法律出版社2010年版,第132页。
② [美] 理查德·A. 波斯纳:《超越法律》,苏力译,中国政法大学出版社2001年版,第66页。

是有利于维护监察官职业道德的统一性，消除其中的效力冲突；四是有利于通过监察官职业道德的形式（效力）渊源规范监察官的行为，提升监察官职业道德水平。我国监察官职业道德的形式（效力）渊源主要由宪法、法律、监察规章、行业规范、党内法规、国际公约、道德规范组成。

1. 宪法

宪法是国家的根本大法，规定国家结构形式和政权组织形式，调整根本性质的社会关系，具有最高法律效力，是制定其他所有法律的依据，因此也被称为"万法之母"。《宪法》涉及"监察"的规定高达31处之多，第三章第七节"监察委员会"更是专门详细规定了监察委员会的组织形式和基本运行形式，《宪法》中关于"监察"的规定都是监察官职业道德的最高效力来源和根本依据。其中，第126条"国家监察委员会对全国人民代表大会和全国人民代表大会常务委员会负责。地方各级监察委员会对产生它的国家权力机关和上一级监察委员会负责"和第127条第1款"监察委员会依照法律规定独立行使监察权，不受行政机关、社会团体和个人的干涉"的规定是监察官职业道德的直接效力来源和宪法依据，说明监察官在依法履职的过程中应服从领导并依法独立行使监察权。

2. 法律

"法律规范必然要吸收伦理道德规范，这是法律与道德的天然关系的结果。伦理规范中的核心内容或最高层次的内容往往被法律所吸收，上升为法律规范"[1]，"社会主义法把道德原则具体化，把遵守某些重要道德规范确认为公民特别是官员的法律义务"[2]，我国《监察法》也规定了监察官职业道德的内容，是监察官职业道德的重要形式渊源。《监察法》第55条规定，"监察机关通过设立内部专门的监督机构等方式，加强对监察人员执行职务和遵守法律情况的监督，建设忠诚、干净、担当的监察队伍"。第56条规定，"监察人员必须模范遵守宪法和法律，忠于职守、秉公执法、清正廉洁、保守秘密；必须具有良好的政治素质，熟悉监察业务，具备运用法律、法规、政策和调查取证等能力，自觉接受监督"。这两条明确要求监察官要忠诚、干净、担当，要兼具政治素质和法律素质，具体要做到忠于职守、秉公执法，清正廉洁、保守秘密。除了这两条比较明确集中的规定外，《监察法》中还散见体现监察官职业道德的其他规定。目前，监察官职业道德的形式（效力）渊源以《监察法》为主，其他法律如《刑事诉讼法》也有所涉及，未来的《监察官法》和《国家监察委员会组织法》应当作出集中详细的规定。

3. 监察规章

监察规章是指监察委员会制定的内部规章制度。由于目前监察委员会刚刚成立不久，相关监察规章只有中央纪委和国家监委制定的《国家监察委员会特约监察员工作办法》，其中主要涉及国家监察委员会特约监察员的职业道德，尚不能算作监察官职业道德的形式（效力）渊源。未来国家监察委员会制定的与监察官职业道德相关的监察规章应当是监察官职业道德的形式（效力）渊源之一。

4. 行业规范

行业规范是指本行业的行业道德规范，通常由本行业的协会或管理机关作出。由于我

---

[1] 李本森主编：《法律职业道德概论》，高等教育出版社2015年版，第6页。
[2] 张文显主编：《法理学》，高等教育出版社、北京大学出版社2011年版，第321页。

国目前尚未成立监察官协会，国家监察委员会也尚未就监察官职业制定任何行业规范，此方面尚属空白，未来应予以完善充实，以发挥行业规范对监察官职业道德的建设作用。

5. 党内法规

党内法规是党的中央组织及中央纪律检查委员会、中央各部门和省、自治区、直辖市党委制定的规范党组织的工作、活动和党员行为的党内规章制度的总称。如上文所述，由于监察官和党的纪检干部在人员构成上的包容重合，党内法规也应当成为监察官职业道德的形式（效力）渊源。党内法规可划分为党章、准则、条例、规则、规定、办法、细则 7 类名称。其中，《中国共产党章程》是效力最高的党内法规，其中对中国共产党党员的要求也是监察官职业道德的形式（效力）渊源。其他比较重要的党内法规有《中国共产党章程》《中国共产党纪律处分条例》《中国共产党廉洁自律准则》《中国共产党党内监督条例》《中国共产党纪律检查机关监督执纪工作规则》等。

6. 国际公约

国际公约是指我国加入的与监察官和反腐败相关的具有约束力的国际公约。《监察法》第 50 条规定，"国家监察委员会统筹协调与其他国家、地区、国际组织开展的反腐败国际交流、合作，组织反腐败国际条约实施工作"。该规定为国际公约成为监察官职业道德的形式（效力）渊源提供了法律依据。"中央纪委和国家监察部已与 80 多个国家和地区的反腐败机构开展了友好交往，与 68 个国家和地区签署了 106 项各类司法协助条约"①，其中，最重要也是最具代表性的是《联合国反腐败公约》。《联合国反腐败公约》自 2006 年 2 月 12 日起对我国生效，是一个重要且全面的国际反腐败公约，其中涉及的法律监督的内容，也是我国监察官职业道德的形式（效力）渊源。

7. 道德规范

监察官职业道德的形式（效力）渊源还包括一般规定社会伦理道德规范的规范性文件。监察官职业群体也是众多社会职业群体之一，对社会大众具有普遍约束力的伦理道德规范也应当对监察官具有约束力。比较重要的是党和国家制定的有关职业道德的规范性文件和其他规范性文件中与职业道德相关的内容，如党的十四届六中全会通过的《中共中央关于加强社会主义精神文明建设若干重要问题的决定》、中共中央于 2001 年发布的《公民道德建设实施纲要》以及社会主义核心价值观、"八荣八耻"等。

（三）监察官职业道德的文化渊源

监察官职业道德属于监察文化的一部分，监察文化"广义上是指纪检监察工作者在长期实践过程中形成和发展起来的职业意识，并在这种意识驱动下所创造的一切积极成果；狭义上是指纪检监察工作者在实践中培育形成并共同遵守的积极的价值观念、行为方式、团队精神和制度规范等的总称"②，监察官职业道德属于狭义的监察文化。监察官职业道德的文化渊源即监察官职业文化，是形成监察官职业道德的文化基础，包括古今中外监察文化中监察官的价值观念、行为方式、职业精神和制度规范等。

---

① 《揭秘中国国际反腐：加入多个国际反腐合作条约》，载人民网 http://politics.people.com.cn/n/2014/1117/c70731-26035253.html，访问日期：2018 年 11 月 26 日。

② 赵雪雁：《推进纪检监察文化建设的思考》，载《发展》2011 年第 10 期。

"'法律'……是一个现实的文化形式，该文化形式占有且构造了法律世界的现象"①，任何规则和规范的形成都离不开文化形式和文化渊源的影响和作用，文化解释论是阐释规范形成的一种必要方式，正如马克思所言，"权利决不能超出社会的经济结构以及由经济结构制约的社会的文化发展"②。因此，建构现代我国监察官职业道德体系，就必须探寻监察官职业道德的文化渊源，博览中外，贯通古今，在实践中形成有中国特色的现代监察官职业道德文化，并对监察官职业道德制度的构建产生良好的促进作用。

1. 我国历史上的监察官职业文化

以史为鉴，可以知兴替。习近平指出，"要注意研究我国古代法制传统和成败得失，挖掘和传承中华法律文化精华，汲取营养、择善而用"③。"中国古代监察制度产生于中华民族文化土壤上，是土生土长的，其发展历程充分体现了中华民族的智慧与创造力"④，自先秦时期至今，三千余年的监察史中孕育着源远流长的中国监察官职业文化，涌现出一大批忠于职守、不畏权贵、刚正不阿、秉正担当的监察官。监察官职业道德被作为选拔监察官的首要条件，"历代选拔监察官的条件，首先是道德品质，刚正廉洁，忠于职守，不徇私情，敢于触犯贵族高官"⑤，从选拔到履职，中国历史上的监察官形成了独特的监察官职业文化，具体来看，有如下六点：

（1）以身作则，严于律己。"己所不欲，勿施于人"⑥，以身作则、严于律己是监察官职业文化之首，也是监察官能够履职服众的伦理哲学基础。"盖执法之臣，将以纠奸绳恶，以肃中外，以正纪纲，自律不严，何以服众？"⑦，元代著名御史张养浩就将"自律第一"作为其著名监察理论文章《风宪忠告》的第一个部分，他自己也在践行着严于律己的职业文化。《元史·张养浩列传》记载："一日病，不忽木亲至其家问疾，四顾壁立，叹曰：'此真台掾也'。"张养浩家中朴实无华、别无长物，说明张养浩作为御史严于律己，"人所趋者不敢趋，人所乐者不敢乐，人所私者不敢私"⑧。监察官身处特殊地位，行监督检查之权，必须对自己有着更为严格的要求，这也是监察官安身立命之本。明代御史李骥曾因为抓捕了监守自盗的军士高祥而被诬蔑贪赃受贿，刑部侍郎施礼要判处李骥死罪，正是因为李骥平日以身作则、严于律己，能够禁得起怀疑和检查，上书明宣宗陈明情况，才得到了宣宗的信任继而能够保全自己。现代中国监察官也应当做到以身作则、严于律己，才能保障正确履职。

（2）刚正不阿，不畏权贵。从古至今，监察权的主要对象都是掌握权力的人，因此，行使监察权往往会损害权贵的利益，监察官职业常常与权贵发生正面或侧面的冲突，为了有效地纠举腐败、惩治贪官，刚正不阿、不畏权贵就成了古今监察官职业文化中的重要部分。中国古代有许多刚正不阿、不畏权贵的监察官，如汉代的鲍宣，曾因丞相孔光的马车

---

① ［德］古斯塔夫·拉德布鲁赫：《法哲学》，王朴译，法律出版社2013年版，第99页。
② 《马克思恩格斯选集》第3卷，人民出版社1995年版，第305页。
③ 《习近平谈治国理政》第2卷，外文出版社2017年版，第118页。
④ 张晋藩：《中国监察体制改革的历史文化渊源》，载《人民法治》2018年第5期。
⑤ 张晋藩：《中国监察体制改革的历史文化渊源》，载《人民法治》2018年第5期。
⑥ 《论语》。
⑦ （元）张养浩：《风宪忠告》。
⑧ （元）张养浩：《风宪忠告》。

在道路上横冲直撞而将其从官拘捕、车马充公，孔光是汉哀帝的宠臣，汉哀帝不问缘由便将鲍宣下狱定罪，鲍宣不畏权贵、秉公执法的事情获得了不少清明之士的敬佩，经他们竭力营救，鲍宣终得以免死。当然，也有监察官因刚正不阿而被佞臣报复，明代谏臣杨继盛就因检举弹劾严嵩父子而被其报复杀害，杨继盛在《言志诗》中写道："饮酒读书四十年，乌纱头上有青天。男儿欲上凌烟阁，第一功名不爱钱。"尽显刚正不阿、不畏权贵的高古气节，流传为千古佳话。

（3）正直敢言，秉笔直书。监察官在古代也被称为"言官""谏官"，真实地向皇帝汇报监察情况是古代言官履职的手段，因此，正直敢言、秉笔直书是古代监察官履职的必要素养，也是中国古代监察官职业文化的重要组成部分。古代监察官甚至敢于秉笔直书批评皇帝。明代的大理寺评事雒于仁曾上书皇帝："皇上之恙，病在酒色财气也。夫纵酒则溃胃，好色则耗精，贪财则乱神，尚气则损肝"①，直接抨击皇帝沉溺于酒色。这种敢于直接揭露事情本质的精神和正直敢言、秉笔直书的行为也为古今志士仁人所称赞。现代我国监察官尽管不再需要通过"奏折"等方式监督检查，但直面问题的精神仍应被现代我国监察官职业文化所吸收。

（4）廉洁奉公，忠诚爱民。监察官行使监察权的目的是让国家政治清明，使百姓安居乐业。我国历史上不乏爱民如子的监察官，元代御史张养浩曾被派到陕西赈济百姓，"临行前，他散尽家产，沿途看到饥民便赈之粮食，遇到死者便赐以棺木。到任后即刻开仓放粮。白天则赈济灾民，晚上便筹略赈灾计划，4个月未曾回家食宿，终于心力交瘁，染疾卒于任所，关中百姓悲痛欲绝"②。现代我国监察官职业文化的最终目的也是提高人民群众的安全感、幸福感、获得感，廉洁奉公、忠诚爱民的精神与现代我国以人民为中心的发展思想有一致之处。

（5）访察精审，弹举必当。"访察精审，弹举必当，为纠正之最"③，监察官行使的监察权决定着官员的前途命运甚至生杀予夺，要求监察官必须审慎行使监察权，不能滥用权力。唐代确立了监察官工作应当访察精审、弹举必当，后世在此基础上又确定了"功疑惟重，罪疑惟轻"、据实监察等具体监察工作规则，"如康熙初年圣谕中强调'至于都察院科道官员，职司风纪，于国家应行要务，即应直陈，一切奸弊，即据实指参'"④，这些工作原则和规则经过历代发展已经融入了我国监察官职业文化。在全面依法治国的今天，访察精审、弹举必当要求监察官必须依法行使监察权，以事实为根据，以法律为准绳，坚持疑罪从无的原则进行监察。

（6）秉节持重，砥名励节。我国古代十分看重"气节"，监察官更是如此，"故节义者，天下之大闲，臣子之盛德。不荡于富贵，不蹙于贫贱，不摇于威武。道之所在，死生以之"⑤，这种儒家的"气节"观念要求古代监察官保守气节、捍卫节义、秉节持重、砥名砺节，在生活中严格要求自己，在危难时敢于为节赴死。古代监察官的"气节"观念也是我国历史上监察官职业文化的重要部分，在此种观念下，无数监察官一生恪守气节，

---

① （明）雒于仁：《酒色财气四箴疏》。
② 闫光亮：《严以律身　勇于担当——读张养浩〈风宪忠告〉有感》，载《前进》2015年第2期。
③ 《新唐书·百官志一》。
④ 张晋藩：《中国监察体制改革的历史文化渊源》，载《人民法治》2018年第5期。
⑤ （元）张养浩：《风宪忠告》。

最终为之慷慨殉道。尽管现代我国社会观念已不再推崇古代儒家的"气节"观念，但监察官职业文化仍应当吸取其中有益的部分，如约束监察官业外活动、敢于向强权腐败亮剑等。

2. 可参考的外国监察官职业文化

随着经济全球化的不断发展，法律文化的全球化是大势所趋，大工业经济全球化"使各文明国家里发生的一切必然影响到其余各国"①，因此，我们探究作为法律文化一部分的现代我国监察官职业文化就必须考虑外国监察官职业文化的影响。探究外国监察官职业文化有利于用比较法的视角看待我国监察官职业文化的优势与不足，在文化互相影响的趋势下完善我国监察官职业文化，为构建监察官职业道德提供世界文化根基。"但是，学习借鉴不等于简单的拿来主义，必须坚持以我为主、为我所用，认真鉴别、合理吸收，不能搞'全盘西化'，不能搞'全面移植'，不能照搬照抄。"② 所以，看待外国监察官职业文化应当以马克思主义文化观加以审视，注意甄别其中与我国文化传统和体制根本冲突的文化因素，总结其中可供发展我国监察官职业文化参考的部分。

从制度层面讲，世界上很多国家都有关于各类公职人员职业道德的法律法规等规范性文件，如美国的《廉政法》《政府道德法》《道德改革法》《行政部门雇员道德行为准则》，德国的"廉政合约"制度，法国的《政治家生活资金透明度法》等。职业道德要求明确而具体，在上述国家，监察官违反职业道德所承担的责任要重于一般公务员，以此来约束监察官。但从法经济学的视角看，仅仅对监察官违反职业道德课以重罚尚不足以建立完整的职业道德制度体系，因为这不符合"成本—收益"的法经济学行为模型，因此，还需要从制度上对监察官的福利予以保障。埃及是个并不富裕的国家，但埃及的监察官拥有很高的福利，他们的工资待遇比政府普通雇员高几倍，几乎是埃及公职人员中工资待遇最好的职业。埃及监察官拥有优良的办公条件，每位监察官都配备公务用车，监察署内部的修理厂专门负责公务用车维修。埃及监察署还建立了内部医院，监察官的家属可以免费看病，监察署还有内部的厨房和餐厅，总之监察官的办公环境和福利待遇远远优于其他工作人员。因此，结合合法高福利和违法重惩罚，埃及监察官违反职业伦理的成本远远高于收益，其在行为模式上就会选择遵守职业伦理，从而有利于职业伦理的建设和遵守。

从意识层面讲，"监察官入职宣誓"是一个很好的培养监察官职业道德意识的方法。新加坡、芬兰、德国等国家都有相关的宣誓仪式，所有公职人员入职前都要进行宣誓仪式，誓词内容因工作不同而有所差别。宣誓仪式意味着一种承诺和担当，通过宣誓仪式的举行有利于增强监察官的责任感和职业道德意识。在监察官职业文化的培育和宣传方面，不局限于在监察官内部，而是向全社会积极宣传职业文化，让全社会了解监察官职业文化。如乌拉圭《反腐败法》明确要求各级教育机构都要向全社会普及关于《反腐败法》的课程和内容，这样做有利于普及社会关于职业道德的认识，从而增强舆论监督和社会监督的针对性，也有利于在全社会形成风清气正的社会环境，让腐败没有滋生的空间，从而推动自觉遵守职业伦理。韩国还专门建立了景福宫国立民俗博物馆，其中陈列了韩国发展过程中公职人员违反职业道德的相关文献和文物，也包括监察人员违反职业道德的教训。

---

① 《马克思恩格斯选集》第1卷，人民出版社1995年版，第234页。
② 《习近平谈治国理政》第2卷，外文出版社2017年版，第118页。

日本的"耻感文化"是他们建立职业道德的文化基础,"耻感文化"认为违反职业道德是一件非常羞耻的事情,会令家庭蒙羞。与之相近,瑞典文化中也认为违反职业道德是与偷盗、抢劫等类似的不齿行径。

综上,现代我国监察官职业道德的文化渊源包括我国历史上监察官职业文化和可参考的外国监察官职业文化两部分。我国历史上的监察官职业文化包括以身作则、严于律己,刚正不阿、不畏权贵,正直敢言、秉笔直书,廉洁奉公、忠诚爱民,访察精审、弹举必当,秉节持重、砥名励节等;可参考的外国监察官职业文化包括制度和意识两个层面,但要注意取其精华、去其糟粕,洋为中用、以我为本,其中不符合我国现实的制度和意识不能机械地照抄照搬。

四、监察官职业道德的内容

监察官职业道德的内容是指我国现代监察官所应遵守的职业道德的具体表现,是基于监察官职业道德的概念和渊源所形成的现代我国监察官职业道德的核心观念,具体包括监察官职业道德的原则、规则、具体规范三部分。本书仅讨论现代我国监察官职业道德的原则和规则,监察官职业道德的具体规范是根据监察官职业道德的原则和规则由有权机关制定的,如未来需要制定的《监察官法》《国家监察委员会组织法》《监察官职业道德条例》等,不在本书的探讨范围之内,但本书能够为下一步有权机关制定监察官职业道德的具体规范提供学理上的支持。

(一) 监察官职业道德的原则

如果把监察官职业道德视为一种规范体系的话,那么监察官职业道德原则在监察官职业道德体系中的地位就类似法律原则在法律体系中的地位。"存在一些法律原则,它们比其他的法律规章具有更高的效力,以至于只要哪个法律与它们相悖,那么这个法律就失去其有效性了,人们把这些法律原则称为自然法或者理性法。"① 监察官职业道德的原则也是如此,监察官职业道德原则的效力高于监察官职业道德的规则和具体规范,任何监察官职业道德的规则和具体规范都不得与之相违背。监察官职业道德的原则是监察官职业道德的正当性来源,也是监察官职业的最根本遵循。具体来讲,监察官职业道德的原则包含四个:坚持党的绝对领导原则、以人民为中心原则、依法治国与依规治党原则和主动监督原则。

1. 坚持党的绝对领导原则

"党政军民学,东西南北中,党是领导一切的。"② 坚持党的绝对领导是监察官职业道德的首要原则,在监察官职业道德的原则中居于最高的地位。坚持党的绝对领导,要求监察官时刻牢记对党绝对忠诚,服从党的指挥,提高政治站位,增强政治责任感,把监察工作当作一项政治工作和政治任务来完成。

坚持党的绝对领导是由监察官的身份和监察工作的政治性决定的。如上文所述,监察

---

① [德] 古斯塔夫·拉德布鲁赫:《法哲学》,王朴译,法律出版社 2013 年版,第 253 页。
② 《中国共产党第十九次全国代表大会文件汇编》,人民出版社 2017 年版,第 16 页。

官同样也是党的纪律检查干部,党章作为"党内宪法",对党的干部具有最高效力,党章要求党员"自觉遵守党的纪律,首先是党的政治纪律和政治规矩,模范遵守国家的法律法规,严格保守党和国家的秘密,执行党的决定,服从组织分配,积极完成党的任务"①。纪检干部职业道德同样是监察官职业道德的渊源,党的纪检干部职业道德同样要求坚持党的绝对领导,"纪检监察干部维护党纪政纪……就要求纪检监察干部在工作中,在履行自己职责的时候,在调整与服务对象关系时,在道德上应确立党和人民利益高于一切的原则"②,所以,无论是监察官还是纪检监察干部都"必须自觉做到为党的利益,竭尽全力,尽忠职守"③。监察工作具有很强的政治性,满足政治需求、净化政治环境、坚持党对监察工作的绝对领导是保证政治工作不走歪路的前提,脱离了党的绝对领导,监察工作就会丧失方向。

坚持党的绝对领导是宪法和法律对监察官的要求。《宪法》规定"中国共产党领导是中国特色社会主义最本质的特征"。国家监察体制作为中国特色社会主义政治体制的一部分,其最本质特征也是中国共产党的领导。为体现党对监察工作的领导,落实宪法的精神,《监察法》第2条就规定:"坚持中国共产党对国家监察工作的领导,以马克思列宁主义、毛泽东思想、邓小平理论、'三个代表'重要思想、科学发展观、习近平新时代中国特色社会主义思想为指导,构建集中统一、权威高效的中国特色国家监察体制。"因此,坚持党的绝对领导作为监察官职业道德的原则是具有法律依据的。

2. 以人民为中心原则

以人民为中心原则要求监察官必须服务于最广大人民群众,以是否符合最广大人民群众的利益作为对自身要求和评价的标准,以人民为中心原则也是坚持党的绝对领导原则的必然要求。为人民服务是党的根本宗旨,党的十九大报告指出:"人民是历史的创造者,是决定党和国家前途命运的根本力量。"④ 监察官只有坚持以人民为中心,落实监察为民,依靠最广大人民群众的支持,才有可能做好监察工作。监察工作的根本目的就是推进国家治理体系和治理能力的现代化,从而提高人民的安全感、幸福感、获得感,实现人民群众对美好生活的向往,因此,监察官只有坚持以人民为中心的原则才有利于实现监察工作的根本目的。

以人民为中心原则是对人民主体地位的确认和强调,监察权的最终来源是人民,监察官是人民的监察官。《宪法》第2条第1款规定:"中华人民共和国的一切权力属于人民。"监察权作为国家权力的一种,其来源和归属也是人民,监察官代表人民和国家的意志依法行使监察权;"人民行使国家权力的机关是全国人民代表大会和地方各级人民代表大会",根据《宪法》和《监察法》的相关规定,监察委员会由人大产生,对人大负责,受人大监督。在未来制定《监察官法》时,应当确认监察官的任免由同级人民代表大会决定,以维护宪法权威,进一步确立以人民为中心原则。

---

① 《中国共产党第十九次全国代表大会文件汇编》,人民出版社2017年版,第80页。
② 中共中央纪律检查委员会、中华人民共和国监察部编:《纪检监察干部职业道德》,新华出版社、广西人民出版社1997年版,第25—26页。
③ 中共中央纪律检查委员会、中华人民共和国监察部编:《纪检监察干部职业道德》,新华出版社、广西人民出版社1997年版,第46页。
④ 《中国共产党第十九次全国代表大会文件汇编》,人民出版社2017年版,第17页。

以人民为中心的原则是对监察官和党的纪检干部职业道德的双重要求。坚持以人民为中心是我们党治国理政的价值引领，"我们党来自人民、植根人民、服务人民，党的根基在人民、血脉在人民、力量在人民。失去了人民拥护和支持，党的事业和工作就无从谈起"①。纪检干部负责党的纪律检查工作，通过调整党和纪检监察对象的关系、纪检行业和其他行业的关系来最终实现调整党和人民群众的关系，维护党在人民群众中的形象。"因此，纪检监察干部职业道德，必须以与人民群众保持血肉联系为基本原则。并以此为基准，确立自己相应的道德规范"②。监察官也是党的纪检干部，也应当执行党的群众路线，遵守以人民为中心的职业道德原则。

3. 依法治国与依规治党原则

党的十九大报告指出，要坚持"依法治国和依规治党有机统一"③。监察工作就是依法治国与依规治党有机统一的具体体现，监察官就是落实依法治国与依规治党有机统一的主体。依法治国与依规治党原则是监察官职业道德中的重要原则，也是由监察官职业特点和工作内容决定的。监察官依法行使监察权，而监察权中的调查权包括党纪调查、政纪调查、刑事调查④。其中党纪调查依据的是党内法规，政纪调查与刑事调查依据的是《监察法》《刑事诉讼法》等法律，因此，监察官行使监察权必须兼顾依法治国与依规治党原则。

依法治国原则要求监察官必须严格遵守权力法定原则，依法行使监察权。依法治国是我国治国理政的根本原则，监察官是新时代治国理政的重要力量，因此监察官必须严格遵守依法治国原则。依法治国原则在《监察法》中有具体明确的要求，《监察法》第5条规定，"国家监察工作严格遵照宪法和法律，以事实为根据，以法律为准绳；在适用法律上一律平等，保障当事人的合法权益；权责对等，严格监督；惩戒与教育相结合，宽严相济"。该条规定将依法治国原则与监察工作实践相结合，细化依法治国原则为四项分原则：以事实为根据，以法律为准绳原则；平等原则；权责一致原则；宽严相济原则。同时，监察官落实依法治国原则，还应注意依法治国的内在逻辑含义："依法"是"治国"的必要手段，"治国"是"依法"的最终目的，应合理运用监察权达到治国目的，切不可机械地执行法律。

依规治党原则要求监察官在进行党纪调查时必须严格依照党内法规，不得滥用党纪调查权。由于监察官同样也是党的纪律检查干部，双重身份使得其既要监察公职人员也要监察党员干部，监察工作既是国家的权力监督工作也是党的一项政治工作。依据《中国共产党纪律处分条例》第4条的规定，依规治党原则可细分为五项具体分原则：党要管党、全面从严治党原则；党纪面前一律平等原则；实事求是原则；民主集中制原则；惩前毖后、治病救人原则。依规治党原则也是纪检监察干部的职业道德要求，纪检监察干部要"站在人民的立场上，以对党、对人民高度负责的精神，公正、准确地执行纪律，坚定不

---

① 中共中央文献研究室、中央党的群众路线教育实践活动领导小组办公室编：《习近平关于党的群众路线教育实践活动论述摘编》，党建读物出版社、中央文献出版社2014年版，第3页。

② 中共中央纪律检查委员会、中华人民共和国监察部编：《纪检监察干部职业道德》，新华出版社、广西人民出版社1997年版，第26页。

③ 《中国共产党第十九次全国代表大会文件汇编》，人民出版社2017年版，第18页。

④ 陈瑞华：《论监察委员会的调查权》，载《中国人民大学学报》2018年第4期。

移地维护党纪、政纪、国家法令法规的严肃性,坚决惩治腐败分子"①。

基于监察官的双重身份和双重职责,监察官肩负着衔接和执行党纪与国法的重任,因此监察官必须坚持依法治国与依规治党原则,将依法治国与依规治党在监察工作中有机统一起来,最终达到治国理政的目的。当依法治国原则与依规治党原则发生冲突时,监察官还要根据具体情况合理选择适用规范,基本原则是国法高于党纪,党纪严于国法,但不能机械地比较适用,应当根据具体案情综合合理运用党纪国法,维护党纪国法在根本目的上的统一性。

4. 主动监督原则

主动监督原则是监察机关区别于司法机关的鲜明特点。这是由监察权的性质决定的。监察权不同于司法权,它是监督政治权力运行的一种权力,要取得良好的监察效果,就要"防患于未然",要在问题大规模出现之前实行监督,因此需要主动介入监督。主动监督是由监察官的主要工作内容决定的。根据《监察法》总则相关条款,监察工作很大一部分是反腐败工作,而腐败往往具有极高的隐秘性和隐蔽性,且发生在握有公权力的公职人员之间,一般公民难以发现腐败的线索。这就需要监察官主动监督,深入权力运行的各个过程履职监督,而不能像审判机关那样"不告不理"。

主动监督原则也是为《监察法》所承认的原则。《监察法》从两方面规定了监察官履职发现案件线索的方式:一是接受举报,"被动"发现线索。《监察法》第35条规定:"监察机关对于报案或者举报,应当接受并按照有关规定处理。对于不属于本机关管辖的,应当移送主管机关处理。"二是派驻或者派出监察机构、监察专员,主动监察,积极履职。《监察法》第12条规定:"各级监察委员会可以向本级中国共产党机关、国家机关、法律法规授权或者委托管理公共事务的组织和单位以及所管辖的行政区域、国有企业等派驻或者派出监察机构、监察专员。监察机构、监察专员对派驻或者派出它的监察委员会负责。"二者相结合,要求监察官主动监督,积极履职,从而较好地完成监察任务。

(二) 监察官职业道德的规则

监察官职业道德的规则是指监察官职业道德中最基本最核心的行为准则,它是由监察官职业道德的原则推演出来的具体规则,其正当性来自监察官职业道德的原则,但它更加具体,可适用性强。监察官职业道德的规则又不同于具体规范,法哲学家凯尔森认为,立法者创制的是规范,法律科学表述的却是规则,前者是规定性的,后者是叙述性的。② 监察官职业道德的规则不是由有权机关创制的,但它能够指导具体规范的设置,它是原则的具体化和规范的抽象化。研究监察官职业道德的规则,有利于丰富监察官职业道德体系,并为下一步制定具体规范提供理论上的指导和支持。

1. 忠诚规则

忠诚规则是监察官职业道德的首要规则,也是监察官职业道德有别于其他法律职业道德之处,《监察法》第55条也把忠诚作为监察官的首要素质。忠诚规则是由坚持党的绝

---

① 中共中央纪律检查委员会、中华人民共和国监察部编:《纪检监察干部职业道德》,新华出版社、广西人民出版社1997年版,第56—57页。

② [奥] 凯尔森:《法与国家的一般理论》,沈宗灵译,中国大百科全书出版社1996年版,第48页。

对领导原则、以人民为中心原则、依法治国与依规治党原则衍生而来的。忠诚规则包含四层逻辑含义：一是监察官要保证对党绝对忠诚，这是对监察官的政治要求；二是监察官要对人民忠诚，这是做好监察工作的前提；三是监察官要对党纪国法忠诚，这是做好监察工作的保证；四是监察官要对国家监察事业忠诚，这是监察官的职责所在。

所谓"忠"，即忠实、忠心；所谓"诚"，即诚实、诚信。忠诚规则要求监察官始终牢牢记住忠于党、忠于国家、忠于人民、忠于宪法和法律，始终牢牢记住以忠实诚信的态度对待工作。忠诚规则是监察官履职的根本，要体现在监察官的每一项工作中。监察官违反了忠诚规则，轻则承担道德责任，重则可能承担纪律责任甚至法律责任。党的十八大以来，全面从严治党向纵深推进，查处了一大批对党不忠诚的干部，其中也有一些是党的纪检干部，他们违反党的政治纪律和政治规矩，欺上瞒下，企图蒙蔽党和国家，违反了忠诚规则，最终走向违纪违法甚至犯罪的深渊。在监察工作中，忠诚规则还意味着服从，服从党的领导和指挥，服从于国家政治大局的需要，甚至为监察工作作出必要的牺牲。

2. 独立规则

独立规则是指监察官依照法律法规独立行使监察权，不受行政机关、社会团体和个人的干涉。独立规则要求监察官在履职中不能受到他人不正当的干涉。独立规则是监察官正常履职的保证，监察官在办理案件的过程中要坚持独立思考、自主判断，敢于坚持正确的意见，抵制涉案人员及案外人的请托说情，并依法依纪严肃处理。监察权中存在着对人身自由和私有财产的限制手段，因此监察官在依法行使监察权时应当审慎，不得有任何偏私，也不得有任何形式的歧视。国家法律法规应当对监察官独立履职予以充分的保障，《宪法》和《监察法》都明确规定，监察委员会依照法律规定独立行使监察权，不受行政机关、社会团体和个人的干涉。未来制定《监察官法》及相关法律法规时，也应当充分考虑监察官职业道德的独立规则：一是在物质上保障监察官独立履职，给予监察官充分的物质生活条件保障。二是在制度上确保监察官能够独立履职，进一步明确《监察法》的相关规定，建立"案件过问存档制度"等。三是在精神上鼓励监察官独立履职，建立相关的奖励和惩戒制度，并确保监察官依法行使监察权不受外界社会及舆论的干预。

3. 清廉规则

清廉，即清正廉洁。清廉规则是指监察官应当在工作和生活中廉洁自律、洁身自好、淡泊名利，不接受一丝一毫的不正当利益，也不为他人谋取一分一厘不正当利益。"不要人夸好颜色，只留清气满乾坤"，从古至今，清廉正直都是监察官最受人敬佩的品质。清廉是监察官应有的素质和应尽的义务，作为国家监察官，《监察法》明确规定监察队伍要"干净"。"干净"一词含义较为复杂，在此处主要指监察官应当清廉。党的纪检监察干部职业道德也要求遵守清廉规则，"作为党和政府重要组成部分的纪检监察机关，不仅要求纪检监察干部廉洁奉公，同时，还应保持其工作和生活清廉艰苦的特点；此外还要继承和发扬我党艰苦奋斗的光荣传统"[①]。清廉规则要求监察官不得接受案件相关人任何形式的请客送礼，不接受任何不正当的物质利益和精神利益，更不能行贿受贿触犯刑律。监察官还要自觉约束业外活动，抵制社会上的各类诱惑，在任何时候都不能做违反法律法规和公

---

① 中共中央纪律检查委员会、中华人民共和国监察部编：《纪检监察干部职业道德》，新华出版社、广西人民出版社1997年版，第89页。

序良俗的事情。要确保监察官遵守清廉规则，就要从内部养成和外部规制两个角度做到：一是完善监察官惩戒制度，对监察官违反清廉规则的行为科以明确的道德、纪律、法律责任，并应当严格于一般国家工作人员。二是完善对监察官的监督制度，"一切有权力的人都容易滥用权力，这是万古不易的一条经验"①，而防止监察官滥用权力导致腐败的方法就是完善对监察官的监督制度，以目前的人大监督和监察委员会监督为主，辅之以司法监督、社会监督等方式。三是加强对监察官的清廉教育，促进在监察官内心养成清廉规则的道德确信。

4. 保密规则

"保密就是要求特定的人员在一定的期限和范围内以一定的手段保守特定信息和资讯，不公之于众"②。监察官能否很好地遵守保密规则，事关监察工作能否顺利开展。保密规则不仅是监察官职业道德的重要内容，也是法律职业道德和纪检干部职业道德的重要内容。监察工作主要是反腐败工作，而腐败往往发生在隐秘之处，发生在手握权力的公职人员之间，监察官如果不能在特定的阶段保守秘密，就很可能导致反腐败工作无法有效开展。保密规则可以分为两方面：一是保守与案件直接相关的秘密，监察官不得以任何形式故意或过失泄露与案件直接相关的秘密，如涉案人员的相关信息、涉案金额、案件具体情节等。二是保守与案件没有直接关联的其他秘密。《监察法》规定"监察机关及其工作人员对监督、调查过程中知悉的国家秘密、商业秘密、个人隐私，应当保密"，如果监察官在履职过程中获悉了他人的秘密和隐私，应当严格履行保密义务，否则就应当承担泄密的相关责任。我国《监察法》对监察官离职后的保密义务也作了具体规定："监察机关涉密人员离岗离职后，应当遵守脱密期管理规定，严格履行保密义务，不得泄露相关秘密。"保密规则应当被进一步细化在相关监察官职业道德具体规范中，如监察官不得同亲友提及相关案情、不得在电话中讨论案情、不得将案件相关档案信息带离办公区等。

5. 坚韧规则

坚韧规则是监察官的核心素养之一，也是监察官相较于其他职业所更加需要的素养。监察官的反腐败工作需要坚韧的精神，党的十九大报告指出，"只有以反腐败永远在路上的坚韧和执着，深化标本兼治，保证干部清正、政府清廉、政治清明，才能跳出历史周期率，确保党和国家长治久安"③。"古之立大事者，不惟有超世之才，亦必有坚忍不拔之志"④，监察官的反腐败工作常常需要与强权作斗争，受到各种形式的打压甚至是胁迫，这就要求监察官具有不忘初心、坚韧不拔的素质，在履职过程中做到勤勉履职、坚贞不屈。勤勉是中华民族的优良传统，也是监察官的必备素质，监察工作任务繁重，监察官必须保持勤勉才可能将监察工作保质保量地做好。监察官践行勤勉规则，有利于提高监察效率，降低监察成本，达到更好的监察效果。监察权中有限制人身、财产自由的手段，如果不对其加以程序上的限制，使其无限扩大限制人身、财产的权限，就会增加监察的成本，甚至恣意滥用监察权。因此，《监察法》中有很多关于期限的规定，要求监察官必须及时完成相关工作，不能超越期限，否则就可能导致巨大的损失。确保监察官勤勉履职，要从

---

① ［法］C.L.孟德斯鸠：《论法的精神》，彭盛译，当代世界出版社2008年版，第76页。
② 李本森主编：《法律职业道德概论》，高等教育出版社2015年版，第56页。
③ 《中国共产党第十九次全国代表大会文件汇编》，人民出版社2017年版，第53—54页。
④ （宋）苏轼：《晁错论》。

两方面来考量：从内化养成角度讲，应当对监察官定期进行理想信念教育，促进监察官勤勉履职；从外部制度规范角度讲，应当规定监察官违反勤勉规则所应承担的责任。

在遵守勤勉规则的同时，也应当保障监察官的身体健康。监察工作是一项高强度、高压力的工作，监察官遵守勤勉规则，必须有良好的身体和心理素质，监察机关应当通过定期组织监察官体检等方式保障监察官身心健康。坚韧不拔、坚贞不屈要求监察官具有较强的抗压能力，"千磨万击还坚劲，任尔东西南北风"①，监察官在进行监察工作的过程中一定会承受来自各方的压力，甚至是批评和误解，这就要求监察官保持住自己的初心和本心，冷静思考、沉着应对，对于批评，有则改之无则加勉，不能被压力所击倒；特别是在涉及监察位高权重者时更要牢记使命，坚贞不屈，不为强权所胁迫，保证依法依纪行使监察权。培育监察官坚韧不拔的素质，要在监察工作中不断锻炼和考验监察官，使年轻的监察官在监察实践中不断成长，逐步形成核心职业素养；也要允许监察官"犯错"，"人非圣贤，孰能无过"②，对于监察官在依法履职过程中由于工作能力或其他客观原因所犯的"错误"，只要不是违法违纪行为或违反监察官职业道德的行为，就应当视情况正确处理监察官的"错误"，以批评教育为主，帮助监察官在实践中完善自我、超越自我。

6. 礼仪规则

礼仪，即礼节和仪式，礼仪规则是指监察官在履职和生活中所应当注意的言行方式。监察官代表国家行使监察权，必须注意自身的形象和素质，在履职和生活中时刻牢记以自身言行维护监察官职业的整体形象。在监察履职过程中，监察官的礼仪规则与监察的正当程序有关，恰当的礼仪有利于取得相关当事人的信任，从而推进监察工作的展开。在生活中，监察官的礼仪代表了监察官职业群体的形象，礼仪规则要求监察官形象整洁、行为严谨，除了应当模范遵守党纪国法，提高自身道德修养外，还应当避免过度奢侈和奇异的生活方式，因为这会引起其他人对监察官合理的怀疑，不利于维护监察官形象。在日常工作中，礼仪规则要求监察官处理好三个关系：一是监察官同人民群众的关系。要密切联系群众，维护监察官形象，不得冷横硬推、敷衍了事。二是监察官同法官、检察官等其他机关公职人员之间的关系。沟通交流要依法依纪、有理有据，不得以权压人、回避责任。三是监察官内部的关系。要团结同志、互相帮助，不得追名逐利、互相算计。礼仪规则的遵守有利于其他方面监察官职业道德的养成，应当在制定相关法律法规时给予足够的重视。如设立初任监察官宣誓制度，要求所有初次担任监察官的人员向国家宣誓，这种仪式就是礼仪规则的体现，有利于增强监察官的职业荣誉感和职业责任感。监察官还应当有统一规范的着装制度要求，明确在何种场合应当着监察官制式服装，以利于树立监察官外在形象，提高监察官职业责任感和履职庄严感。

思考题：

1. 如何理解监察官职业道德？
2. 如何理解监察官职业的政治性与法律性？

---

① （清）郑燮：《竹石》。
② 《左传·宣公二年》。

3. 如何理解监察官职业的专业性与监督性?
4. 如何理解监察官以人民为中心原则?

测试题及参考答案

第七章

其他法律职业人员职业道德

第一节 法律顾问职业道德

一、法律顾问职业道德的概念

（一）法律顾问概述

1. 法律顾问的概念

法律顾问是指具有从业资格的人员依法接受自然人、法人或者其他组织的委托，运用法律专业知识和专业技能为委托方提供全面法律服务的活动。"法律顾问"一词，既可以指法律服务活动，也可以指从事该活动的人员，本书在两种意义上使用。法律顾问在社会发展中越来越受到重视，我国已经明确法律顾问的法律地位，国家鼓励个人、单位委托法律顾问，要求政府机构、国有企业设置或者委托法律顾问。

法律顾问活动是个人、单位行为的必要组成部分，其专业性可以弥补委托方在法律适用上的不足。法律顾问不仅可以在微观上规范行为、规避法律风险、避免决策失误、减少讼累，在宏观上也可以为个人、单位制定发展规划把握正确的方向或者提供有益的参考。

2. 法律顾问的类型

根据不同的分类标准，可以把法律顾问分为不同的类型，不同类型的法律顾问活动具有不同的工作内容和特点。

（1）根据服务对象可以把法律顾问分为个人法律顾问、单位法律顾问、政府法律顾问。个人法律顾问是指自然人参与社会活动、处理私人事务时委托法律顾问提供法律服务的活动。随着个人法治意识的提高和社会活动的增多，其对法律服务的需求也不断加大，同时，为了妥善处理私人事务，也需要专业的法律服务，个人委托法律顾问正成为一种趋势。

单位法律顾问是指公司、企业、事业单位、社会团体等为了保障单位行为的合法性而委托法律顾问提供法律服务的活动。有些单位行为必须有法律意见，比如公司上市、融资行为等，单位委托法律顾问在我国较为普遍。

政府法律顾问是指行政机关委托法律顾问为其决策、管理提供法律服务的活动。建设法治国家首先要依法行政。政府委托法律顾问作为一项制度正在建设中，对于提高执法水平、提升政府公信力具有重要意义。

（2）根据服务内容可以把法律顾问分为项目法律顾问和长期法律顾问。项目法律顾问是指为了某一具体项目委托法律顾问提供法律服务的活动。项目法律顾问多产生于单位及行政机关中，服务活动贯穿项目论证、实施、评估、总结的全过程，服务内容相对集中。典型的项目法律顾问有公司设立、公司变更、企业改制、公司上市、融资融券、破产清算或者具体的工程建设等。单位为某个具体的诉讼案件委托律师参加诉讼的行为不属于法律顾问活动范围。

长期法律顾问，也称常年法律顾问，是指长期委托法律顾问提供法律服务的活动。实践中，双方在签订法律顾问协议时一般以一年为服务期限，在服务期限届满后双方可以根据具体情况决定是否续签。

（3）根据提供法律顾问服务的主体可以把法律顾问分为职业法律顾问和非职业法律顾问。职业法律顾问是指社会律师接受顾问方的委托提供法律服务的活动。职业法律顾问一般是社会律师，与委托方签订委托协议，明确约定服务内容。

非职业法律顾问是指不具有律师资格的人或者虽然具有律师资格但同时与顾问单位具有人事关系或者劳动合同关系的人提供法律服务的活动。政府机关的公职律师或者法制部门的工作人员以及其他单位从事法律事务的职工有时候也是单位的法律顾问，他们和职业法律顾问的不同在于其与顾问单位具有人事关系或者劳动合同关系，其顾问身份非因委托产生，其从事的法律服务活动是职务或者业务行为，属于单位行为；而职业法律顾问的行为不属于顾问单位的行为（对外行为除外）。

职业法律顾问一般由社会律师担任，因职务而担任行政机关法律顾问的律师一般称为公职律师，公司律师专指在国有企事业单位因职务而担任法律顾问的律师。

3. 法律顾问职业资格

国家统一法律职业资格制度实施后，党政机关拟担任法律顾问的人员应当具有法律职业资格或者律师资格。但在党政机关已担任法律顾问但未取得法律职业资格或者律师资格的人员，可以继续履行法律顾问职责。国家统一法律职业资格制度实施后，国有企业拟担任法律顾问的工作人员或者外聘的其他人员，应当具有法律职业资格或者律师资格，但外聘其他国有企业现任法律顾问的除外。在国有企业已担任法律顾问但未取得法律职业资格或者律师资格的人员，可以继续履行法律顾问职责。少数偏远地方国有企业难以聘任到具有法律职业资格或者律师资格的法律顾问的，可以沿用现行聘任法律顾问的做法。法律顾问的辅助人员可不具有法律职业资格或者律师资格。律师可以接受自然人、法人或者其他组织的委托，担任法律顾问。未取得律师资格者，不得以律师名义担任法律顾问。

（二）法律顾问职业道德的概念

法律顾问职业道德属于法律职业道德的范畴，是职业道德的一种，它在法律顾问的职业活动中扮演着十分重要的角色。法律顾问职业道德主要以法律顾问为调整对象，无论是党政机关、人民团体、国有企事业单位的专职法律顾问,还是兼职法律顾问,都应当树立高尚的职业道德,带头遵守公民基本道德规范。遵守法律顾问职业道德是履行法律顾问职责的必然要求。

二、法律顾问职业道德的内容

法律顾问职业道德既包括法律职业道德的普遍性要求,也包括法律顾问这一职业群体自身的特殊要求。我国法律顾问职业道德规范分散在《律师法》,中共中央办公厅、国务院办公厅印发的《关于推行法律顾问制度和公职律师公司律师制度的意见》,司法部印发的《关于律师担任政府法律顾问的若干规定》,国务院国有资产监督管理委员会印发的《国有企业法律顾问管理办法》,以及中华全国律师协会制定的《律师法律顾问工作规则》这几个规范中。根据上述法律法规和规范性文件,法律顾问职业道德主要包括以下几方面内容。[①]

(一) 忠诚法律

法律顾问应当忠于宪法和法律,以事实为根据,以法律为准绳,恪守律师职业道德和执业纪律。凡涉及党政机关、人民团体、国有企事业单位的合法权益,法律顾问应尽心尽责地提供法律服务;但对于涉嫌违法的行为,法律顾问必须及时提出法律意见,不能不顾原则地为之服务。律师事务所及其指派的顾问律师,有权拒绝聘方要求为其违法行为及违背事实、违背律师职业道德等的事项提供服务,有权拒绝任何单位、个人的非法干预。

法律顾问在履行职责时,必须严格依法办事,不能为了维护党政机关、人民团体、国有企事业单位的利益而采取非法手段损害国家、集体或他人的利益。严格依法办事与维护党政机关、人民团体、国有企事业单位的利益并不是互相冲突的,维护合法利益是目的,依法办事则是手段。只有严格依法履行职责,才能真正促进和推动党政机关、人民团体、国有企事业单位合法决策、依法办事。

法律顾问在履行工作职责的过程中,不得实施任何有损顾问单位合法权益的行为;不得利用在工作期间获得的非公开信息或者便利条件,为本人及其亲友谋取利益;不得以法律顾问的身份从事商业活动以及与法律顾问职责无关的活动。

(二) 保持独立

法律顾问在提供法律服务过程中不受他人意志的干扰,仅仅依照法律的规定或者依照法律的精神对事实作出合乎价值的判断。国有资产监督管理机构的工作人员违法干预企业法律顾问工作,侵犯所出资企业和企业法律顾问合法权益的,应当受到处罚。法律顾问不得接受其他当事人委托,办理与顾问单位有利益冲突的法律事务。法律顾问与所承办的业务有利害关系、可能影响公正履行职责的,应当回避。

[①] 以社会律师身份担任法律顾问的,其职业道德内容参照第四章第二节"律师职业道德概述",此处介绍党政机关、人民团体、国有企事业单位法律顾问职业道德内容。

(三) 保守秘密

法律顾问在执业活动中有权获得与履行职责相关的信息、文件等资料，会了解到很多秘密或隐私信息等。法律顾问应当遵守保密原则，不得泄露党和国家的秘密、工作秘密、商业秘密以及其他不应当公开的信息，不得擅自对外透露所承担的工作内容。法律顾问对这些信息的使用仅限于职责所需，除此之外必须严格保密，不得利用这些信息从事商业或其他活动。

三、法律顾问职业责任

法律顾问职业责任是指法律顾问由于违反法律和职业道德规范所应承担的责任，包括惩戒处分、行政法律责任、民事法律责任和刑事法律责任。

公职律师不得从事有偿法律服务，不得在律师事务所等法律服务机构兼职，不得以律师身份办理所在单位以外的诉讼或者非诉讼法律事务。党政机关法律顾问玩忽职守、徇私舞弊的，依法依纪处理；属于外聘法律顾问的，予以解聘，并记入法律顾问工作档案和个人诚信档案，通报律师协会或者所在单位，依法追究责任。

国有企业法律顾问对企业经营管理行为的合法合规性负有监督职责，对企业违法违规行为提出意见，督促整改。法律顾问明知企业存在违法违规行为，不警示、不制止的，承担相应责任。

公司律师不得从事有偿法律服务，不得在律师事务所等法律服务机构兼职，不得以律师身份办理所在单位以外的诉讼或者非诉讼法律事务。企业法律顾问和总法律顾问玩忽职守、滥用职权、谋取私利，给企业造成较大损失的，应当依法追究其法律责任，并可同时依照有关规定，由其所在企业报请管理机关暂停执业或者吊销其企业法律顾问职业资格证书；有犯罪嫌疑的，依法移送司法机关处理。

第二节 仲裁员职业道德

仲裁员职业道德建设是法律职业道德建设的重要方面，需要探讨如何构建仲裁员职业道德基本准则体系、如何提升仲裁公信力、如何加强对仲裁员的多元监督等问题。

一、仲裁员职业道德基本准则体系的构建

构建我国仲裁员职业道德基本准则体系，首先必须找出它的特色，以区别于其他相关职业道德，特别是找准其和法官、检察官职业道德的不同。《法官职业道德基本准则》规定，我国法官职业道德的核心是公正、廉洁、为民，基本要求是忠诚司法事业、保证司法公正、确保司法廉洁、坚持司法为民、维护司法形象。2016年12月，最高人民检察院第十二届检察委员会第五十七次会议通过《中华人民共和国检察官职业道德基本准则》。该《准则》共有5条："第1条为坚持忠诚品格，永葆政治本色。第2条为坚持为民宗旨，保障人民权益。第3条为坚持担当精神，强化法律监督。第4条为坚持公正理念，维护法

制统一。第5条为坚持廉洁操守,自觉接受监督。检察官职业道德的基本要求是忠诚、为民、担当、公正、廉洁。本书认为,我国仲裁员职业道德的基本准则应当是公正、诚信、独立、文明。①

(一) 公正

党的十九大报告以及十八届四中全会通过的《中共中央关于全面推进依法治国若干重大问题的决定》强调,努力让人民群众在每一个司法案件中感受到公平正义。仲裁公正是指仲裁构成之公正,即仲裁过程的公正和仲裁结果的公正两方面的有机结合,也就是程序公正和实体公正的结合。仲裁过程的公正即仲裁程序的公正或正当,仲裁结果的公正也就是裁决公正、实体公正。

仲裁公正对仲裁活动具有基石作用,对实体法律正义具有保障作用,对仲裁员形象具有提升作用,对市场经济秩序具有维系作用,对社会风气具有引导作用。所以,应把仲裁公正作为仲裁员职业道德的首要准则加以确立。

(二) 诚信

我国仲裁事业经过艰苦创业已获得长足发展,成为构建和谐社会、解决民商事纠纷的一项重要的、不可或缺的法律制度。仲裁作为非诉讼救济方式越来越受到人们的重视,全国仲裁受理案件的数量和标的总额保持连续多年增长,但制约仲裁工作发展的瓶颈性问题仍然存在,其中之一就是仲裁诚信问题。

"诚"的本义是心意真诚。《易经·乾卦》载:"修辞立诚。"由真诚引申为忠实。《管子·乘马》载:"是故非诚贾不得食于贾……"由忠实又引申为说到做到的意思;同时,还被引申为副词:果真,的确;还可引申为表假设,假如真的,例如"诚然"。"信"字在古代有许多意思:表真实、不虚伪,如《老子》载:"信言不美,美言不信";相信,信任,如《史记·苏武传》载:"且单于信女";守信用,如《荀子·富国》载:"已诺不信则兵弱";信约,盟约,如《左传·襄公元年》载:"以继好结信"等。不难看出,无论是"诚"字还是"信"字,都与真实、守信用、重承诺等相关联。"诚信"二字从古至今的意思基本一致。

诚信最初是作为一项道德要求被提出来的,目的是通过追求善良风俗,追求公平、平衡,追求公共秩序,实现人与人、人与社会间的公平最大化。随着易物交换所带来的商品经济的发展,以及社会生产分工的日益细化和私有制的壮大,各种交易也应运而生。诚信作为交易的一般规范性原则和日常行为道德准则,正式形成并被广为接受,成为经济活动和社会生活中的行为规范。在法律上最早实现道德法律化的是罗马法中的诚信契约和诚信诉讼。诚信原则自引入法律领域起便成为实体法和程序法的共同准则。

加强仲裁员职业道德建设,提高仲裁公信力,必须防止虚假仲裁。实践中,存在着少数当事人通过恶意申请仲裁或"手拉手"虚假仲裁方式,损害案外人合法权益的现象。

---

① 关于仲裁员职业道德基本准则体系的构建,石先钰在2018年上海国际仲裁周高峰论坛武仲分论坛上进行了演讲,参见张维:《"仲裁公信力建设与仲裁员"论坛提出仲裁员要专业化国际化职业化》,载《法制日报》2018年3月18日。

例如，两方当事人合谋以虚假仲裁的方式，将本属于案外人的财产裁决给一方当事人。如果对虚假仲裁的裁决予以强制执行，不仅损害案外人的合法权益，也会严重损害仲裁与司法的公信力。虚假仲裁与虚假诉讼非常类似。对于虚假诉讼，《民事诉讼法》规定了第三人撤销之诉制度。但对于虚假仲裁，权益受损的案外人却暂无明确的救济途径。《民事诉讼法》对于虚假仲裁和虚假诉讼的态度是一致的，强调均应予以遏制和制裁。①

（三）独立

《仲裁法》第 14 条规定："仲裁委员会独立于行政机关，与行政机关没有隶属关系。仲裁委员会之间也没有隶属关系。"仲裁员的独立性起源于古老的自然公正原则，即"任何人不得担任自己案件的法官"，或者仲裁员（或法官）与案件不得存有利益冲突。国际律师协会（IBA）在 1987 年制定的《国际仲裁员道德守则》（IBA 守则）中将"不独立"定义为"不具备独立性的仲裁员与一方当事人之间，或与该当事人有密切联系的人之间存在某种关系。"与公正性相比，独立性具有外部性的特征，可以通过客观标准来判定。独立性侧重于仲裁员与当事人之间的关系，即仲裁员与当事人或其代理律师之间不存在影响仲裁员独立裁决的密切关系，这种关系可以是金钱的、职业的、商业的或家庭的等。缺乏独立性不仅可以表现为对一方当事人的偏袒，或者和一方当事人有友好密切关系；也可以表现为对一方当事人存有歧视，或者与一方当事人有过节或存在敌意关系。②

仲裁机构独立行使仲裁权是现代民主政治的最基本要求。那么，如何强化仲裁独立呢？

第一，全面准确理解仲裁独立。根据《世界司法独立宣言》和《国际律师协会关于司法独立最低限度标准的规则》确立的且为世界各国普遍承认的"司法独立最低标准"，完整的仲裁独立概念应包括实质独立、身份独立、集体独立、内部独立。这四个方面的内容又可归纳为两类，即作为整体的仲裁机构独立与作为个体的仲裁员独立。

第二，严格落实《仲裁法》的规定，彻底根除地方保护主义。树立法制统一的思想，维护法律的尊严，从维护社会主义市场经济秩序的高度克服狭隘的地方保护主义。

第三，严格选任资格与制度，大力提高仲裁员素质。全国人大常委会 2017 年 9 月《关于修改〈中华人民共和国法官法〉等八部法律的决定》③，对《仲裁法》作出修改，将第 13 条第 2 款第 1 项修改为"（一）通过国家统一法律职业资格考试取得法律职业资格，从事仲裁工作满八年的"；将第 3 项修改为"（三）曾任法官满八年的"。修改后，《仲裁法》第 13 条第 1、2 款规定："仲裁委员会应当从公道正派的人员中聘任仲裁员。仲裁员应当符合下列条件之一：（一）通过国家统一法律职业资格考试取得法律职业资格，从事仲裁工作满八年的；（二）从事律师工作满八年的；（三）曾任法官满八年的；（四）从事法律研究、教学工作并具有高级职称的；（五）具有法律知识、从事经济贸易等专业工作并具有高级职称或者具有同等专业水平的。"因此，要严格掌握通过国家统一法律职业资格考试取得法律职业资格这一要求，通过严把入口关，大力提高仲裁员素质。

---

① 万学忠：《虚假仲裁受害人保护机制研讨会举行》，载《法制日报》2018 年 3 月 7 日。
② 吴淑美：《论仲裁员的公正性与独立性》，厦门大学 2018 年硕士学位论文。
③ 《全国人大常委会关于修改〈中华人民共和国法官法〉等八部法律的决定》，载《人民日报》2017 年 9 月 2 日。

第四，保障办案经费，提高仲裁员报酬。高薪制是十分必要的：其一，可以通过高薪吸引优秀的法律人才，提高仲裁员的整体素质。其二，高薪制度会让仲裁员提高工作的积极性，严于律己，公正执法。其三，通过丰厚的待遇可以让仲裁员免除生活的后顾之忧，能够抵挡住金钱的诱惑，做到洁身自好。

（四）文明

尚书《舜典》的疏解对"文明"一词的解释是："经天纬地曰文，照临四方曰明。"此说最能揭示文明的真谛。中国古代先民创造"文明"一词本是借用自然界的现象来说明人类社会的理想与追求。我们今天所说的文明固然不是指自然文明，但是人类的"文明"一词显然是受到自然文明的启发借鉴而来的，并在此基础上使文明概念至少包括了三层含义：一是文明的创新力，人类自己的创造与大自然相比，尽管微不足道，但也弥足珍贵，应当为之自豪；二是文明的变化性，文明的行为不仅改变了自然，也改变了人类自身和人类生活的环境，包括社会环境；三是文明的进步性，文明能够给人带来幸福，带来利益和安全，从而推动人类社会进步。

文明是仲裁员良好职业道德素质、职业纪律观念和职业形象的综合展现，是仲裁员职业道德的重要准则之一。

仲裁员职业道德的文明准则具有亲和性、良好的沟通性、平等性等特点。

第一，亲和性。廉、正、谦、和是仲裁员的道德形象，也是仲裁员的道德义务。仲裁员要做"道德人"，不做"经济人"。与职业法官不同，仲裁员不履行仲裁员职责的时候可能从事各种职业。许多仲裁员本身就是律师或企业家，可以在职业活动当中以不损害他人利益为前提合理地追求自己利益的最大化。但是仲裁员一旦开始履行仲裁员义务，"经济人假说"便不能适用。履行仲裁员义务的仲裁员应当在一定程度上具备所谓的"道德人"的思想境界。仲裁员不应当利用仲裁员身份或仲裁活动为自己的业务或职业寻求好处。仲裁员只有在自认为没有利害关系并且自己有能力及时处理该案件时才可以接受指定。仲裁员应当廉洁，不崇尚奢华，尽可能避免多方应酬。仲裁员仲裁过程中及结案后，都不得为自己和亲友从当事人及其关联人处获得任何物质的或非物质的"友情利益"。

仲裁员尤其是首席仲裁员要谦虚谨慎、从善如流，具有亲和力、凝聚力。在仲裁过程中，由于人们的经历、职业不同，看问题的方法、角度不同，对证据判断、事实认定、法律适用有分歧是正常现象。仲裁员要培养虚心听取他人意见的气度，听得进来自各方面的意见，切忌主观武断、盛气凌人，始终注意营造仲裁的和谐融洽气氛。总之，仲裁员应该按照仲裁法的要求，认真学习，严于律己，切实履行职责；严格依法办案，做到公正、廉洁、高效，依法维护当事人的合法权益，为促进市场经济的健康发展，构建和谐社会作出贡献。

第二，良好的沟通性。许多仲裁案件的当事人在签订仲裁条款的时候对仲裁并不知晓，更谈不上了解，在发生纠纷后，往往是受律师或法院的指点才来到仲裁机构的。对这些当事人来说，仲裁机构、仲裁员乃至仲裁的一切都是新鲜的。仲裁员在办理案件的过程中要关注当事人，使仲裁为当事人所了解、接受和欢迎，让每一个当事人成为仲裁制度的正面宣传员，因为当事人是仲裁之树常青的土壤，没有当事人也就没有仲裁。可亲才可信，仲裁员一旦在当事人心目中树立起良好的可信形象，他们会心悦诚服地听从劝解，案件的顺利解决也就有了基础。

第三，平等性。仲裁员要平等地对待双方当事人，不代表、不偏袒、不歧视、不压制任何一方当事人。无论当事人的民族、职业、身份、社会地位、资产状况、企业性质、所在地域及案件争议标的等情况有何区别，均应确保双方当事人在仲裁中的法律地位平等，确保双方当事人平等地行使各项仲裁权利，确保双方当事人有平等地进行举证、质证、辩论的机会。

通过以上分析可以得出结论，我国仲裁员职业道德的基本准则就是公正、诚信、独立、文明。其中，公正是核心准则，诚信和独立是基础准则，文明是形象准则。这四个准则是具有内在逻辑联系、密不可分的统一整体。

二、提升仲裁公信力的道德对策

关于公信力，《现代汉语词典》的解释是"使公众信任的力量"，是指在社会公共生活中，公共权力面对公众所表现出的一种公平、正义、效率、责任的信任力，是一种社会的系统信任。习近平在十九大报告中两次提到公信力建设[①]，一是增强政府公信力和执行力，二是提高新闻舆论传播力、引导力、影响力、公信力。由此引申，凡是有公共权力运行的地方，都有公信力建设的问题，公共权力包括行政权力、执法权力、司法权力，甚至包括话语权等，所有具有公共管理、公共服务等职能的部门都应当加强公信力建设，包括政府公信力、媒体公信力、司法公信力、企业公信力、社会公信力等。仲裁机构拥有仲裁权，无疑应当加强仲裁公信力建设，党的十八届四中全会强调"完善仲裁制度，提升仲裁公信力"。仲裁公信力就是让仲裁当事人信任、信服，让社会安定的力量。

提升仲裁公信力的路径有多种，分类标准不同，思路各异，如政治路径和经济路径、法律路径和道德路径、外部路径和内部路径等。此处从道德对策进行思考，探讨加强仲裁员职业道德建设、提升仲裁公信力。具体而言，可以采取如下三大对策：构建仲裁员职业道德基本准则体系，强化仲裁员的廉洁自律，加强对仲裁员的多元监督。

三、加强对仲裁员的多元监督

仲裁是一种古老的民间纠纷解决方式，现在已经被世界上很多国家的国内立法以及一些国际条约所确认，成为现代社会解决纠纷的重要手段。所谓仲裁，是指依据当事人所达成的合意，把基于一定法律关系而发生或将来可能发生的纠纷的处理，委托给法院以外的第三方进行裁决的纠纷解决方法或制度。[②] 仲裁具有准司法的性质和强制性的特征，并且仲裁实行一裁终局的原则，仲裁员的权力极易被滥用，因而构建对仲裁员的多元监督体制尤为重要。现阶段，有关对仲裁员的监督制度已经呈现多元化的发展趋势，根据监督主体的不同，主要包括对仲裁员的司法监督、行业监督、内部监督和当事人对仲裁员的监督四

---

① 习近平：《决胜全面建成小康社会 夺取新时代中国特色社会主义伟大胜利——在中国共产党第十九次全国代表大会上的报告》，载《人民日报》2017年10月28日。

② 范愉：《非诉讼纠纷解决机制研究》，中国人民大学出版社2000年版，第192页。

种形式。

完善对仲裁员的多元监督制度,应当把握好如下几个方面。

第一,合理控制对仲裁员的司法监督的力度。仲裁制度的健康发展,不能缺少法院的监督。然而,法院不能过度地干预和控制仲裁制度本身的发展,不得过分干预仲裁员的仲裁行为,这种监督和干预必须是适当的,是基于法律规定进行的。法院对仲裁进行适度的司法监督,主要包括以下三个方面:一是承认仲裁一裁终局;二是原则上法院只控制仲裁的程序性事项,而不审查或者严格限制审查仲裁裁决的实体内容,即只对仲裁的自然正义与合法性进行司法审查,而不审查裁决的是非曲直;三是在仲裁程序中,法院的司法监督以支持和协助仲裁为主导,并且法院介入仲裁的权限以当事人或者仲裁庭的申请为前提,介入的范围也以当事人或者仲裁庭的申请为限。此外,人民法院对仲裁行使司法监督权的活动与整个仲裁制度关系密切,因此,建议人民法院在审理撤销仲裁裁决的申请案件和作出裁定之前,合理地听取仲裁员的意见,让仲裁员参加到司法监督活动中来,这样可以有效避免因审判人员个人欠缺仲裁经验而作出错误的裁定,影响我国仲裁制度的发展,也符合程序公正的基本要求。

第二,加快完善对仲裁员的行业监督机制。我国《仲裁法》虽然明确规定了仲裁协会的地位、性质,但是我国的仲裁协会仍然未建立。仲裁协会的缺失,使得各仲裁机构各行其是,区域间的协调发展受到制约。因此,有必要建立起自律性的仲裁协会,消除上述负面影响。当然,我国的仲裁协会理应履行相应的职责:(1)建立符合我国国情的统一的评判标准,用于评价各仲裁机构和仲裁员的行为,促使仲裁员积极履行职责;(2)运用仲裁规则合理协调和约束各仲裁机构之间的权利和义务,为仲裁员的仲裁行为提供公平合理的制度环境;(3)对仲裁员和仲裁机构进行定期培训和业务宣传,组织仲裁员交流经验,推动仲裁制度发展;(4)对违法乱纪的成员进行惩戒,维护仲裁协会的权威。

第三,加快完善对仲裁员的内部监督机制。我国对仲裁员的内部监督机制基本上适应了我国仲裁事业的发展,但是随着仲裁事业的逐渐推进,有必要对仲裁的内部监督制度予以完善。具体包括:(1)在具体的仲裁案件中,裁决应当按照多数仲裁员的意见作出,少数仲裁员的意见可以记入笔录。仲裁庭不能形成多数意见时,裁决应当按照首席仲裁员的意见作出。对此,法律的规定有待改进,应当将首席仲裁员的意见报仲裁委员会讨论决定。出于对仲裁公正的考虑,对首席仲裁员予以适当的监督是必要的。(2)当符合回避条件的仲裁员没有自行回避,当事人未申请回避时,应当由仲裁委员会主任或者仲裁委员会集体决定回避。(3)应当把仲裁庭秘书纳入回避对象的范围,切实维护当事人的合法权益。(4)增加仲裁员违法责任的规定,仲裁庭的组成人员因为仲裁程序违法累计两次被法院撤销仲裁裁决的,组成该仲裁庭的人员在其任期届满后,仲裁委员会不得再次聘任其为仲裁员,这种责任性规定有利于促使其积极履行职责。

第四,充分保障当事人的意思自治。当事人意思自治是仲裁赖以存在的基础,贯穿于仲裁程序的始终。在仲裁程序中,赋予当事人更多的权利和自由是当今世界各国仲裁立法的发展趋势,只要不违反强制性的法律规范,就应充分尊重当事人在仲裁程序中的意思自治权。我国仲裁制度中所存在的仲裁机构独立性差、当事人的程序决定权不充分以及仲裁程序缺乏灵活性等缺陷,均源自缺乏对仲裁的契约性本质的深刻认识,未能充分尊重当事人意思自治。各国的诉讼法都设立了上诉程序,目的在于通过上级法院的审查纠正下级法院的错误，以使双方当事人获得公正判决，最终实现社会公正。为了使当事人意思自治这一原则在仲裁活动中切实充分地获得体现，我国仲裁法应当承认并尊重当事人选择仲裁程序的自由权，而不应过度限制当事人的意思自治权，这也是各国的普遍做法。当事人的意思自治包含对仲裁员进行监督的内容，当事人意思自治得到保障，自然有助于推动当事人对仲裁员的监督。

第五，构建具有中国特色的对仲裁员的社会监督机制。对仲裁员的社会监督是仲裁监督的最后方式，实际上也是影响范围最广泛的一种监督方式。然而，如何处理好对仲裁员的社会监督和仲裁保密性的问题使得社会监督机制陷入了困境，因此，必须妥善处理两者之间的关系。首先，对仲裁员的社会监督应侧重于仲裁员的言行举止上，避免过度干预仲裁员独立裁决案件，尤其是涉及仲裁专业时，社会公众应当理性回避。涉及当事人双方的私密事项时，仲裁员应当予以保密，社会大众也应避免妄加评论，以免影响双方当事人的正常生活。其次，应当加强仲裁社会监督的宣传力度，提高人们关于社会监督的认知，形成普通大众信任和理解仲裁监督制度的良好氛围。

可见，仲裁作为非讼纠纷解决机制的重要手段，日益受到社会的重视和人民群众的信赖，要使仲裁保持持久的生命力，构建对仲裁员的多元监督机制就显得很有必要。我们应当在现有的对仲裁员的监督机制下，不断改进已有的仲裁监督机制，创新仲裁监督机制，实现对仲裁员的全方位监督，促使仲裁员依法行使职权，保障仲裁的公正。

第三节　从事行政处罚决定审核、行政复议、行政裁决的公务员职业道德

一、从事行政处罚决定审核、行政复议、行政裁决的公务员职业道德概述

行政机关从事行政处罚决定审核、行政复议、行政裁决的三类公务员（下称三类公务员）是行政机关特殊岗位执法群体。这三类公务员职业道德非常特殊，其与个人私德、公共道德、行政道德、法律职业道德、党的纪律既有重合又有区别。

（一）三类公务员职业道德不同于公共道德

公共道德指整个中国社会普通人群共同认同的道德，这部分道德与我国民法体系中所提及的"公序良俗"有重合，公共道德的主体比特定职业道德的主体更加广泛，涉及的社会关系也更加复杂，具有血缘性、身份性、地域性等多元特征。如果把整体社会道德由低到高分为不同的层级，那么公共道德应当属于相对较低层级。社会上绝大部分人都应当履行公共道德的规范。三类公务员职业道德比公共道德的要求更高。如果公务员连公共道德都满足不了，就更无法实现对职业道德的履行。这种高于公共道德的公务员职业道德要求公务员严格地限制自己的社交圈，在公共场所谨言慎行，他们其实是在践行公共道德与职业道德两种道德。

（二）三类公务员职业道德与私人道德有差异

私人道德简称私德，行政执法公务员职业道德之中也会有私德的成分，因为私德会反作用于职业道德，私德是形成职业道德操守的根基，良好的私德对促成职业道德有很大的帮助。私德是我们在家庭教育、基础教育、社会教育中所熏陶、所习得的。改革开放以来，经济发展几乎已经成为整体国民价值导向，我国的"私德"教育是较为欠缺的。

私德的界限是非常灵活多变的，有时具有理想化色彩，例如中国的英雄主义、除暴安良的情怀。但是高尚的私德是不能完全取代行政公务员职业道德的，因为私德中的理想主义色彩、非理性因素或许与法治精神相冲突。我们提倡崇高的私人道德，并鼓励爱岗敬业的行为，但是我们也要防止私德之中不理性的因素，如英雄主义情结往往是注重结果正义的，具有同情弱者或者是劫富济贫思维，这些思维不一定符合法治逻辑。行政执法公务员必须是理性的，无论是在行政处罚审核岗位的公务员，还是在行政复议与裁决岗位的公务员，他们都是克制的，懂得规则与人情的差异，不可完全依据私人道德价值判断进行执法。

（三）三类公务员职业道德不同于司法职业道德、检察职业道德

后二者都是司法运行过程中的法律职业道德准则，这些道德准则必须配合司法的特征与运作过程建立。司法权具有独立裁判属性、被动属性，其积极主动介入纠纷的动力相对较弱。行政机关从事行政处罚决定审核、行政复议、行政裁决的公务员是法治国家行政执法环节的权力行使代表人。行政权具有合法性、程序性、效性率、支配性、强制性与国家意志性。例如，行政处罚权具有积极主动性，行政执法机关可以积极主动介入公民生活，维护社会共同体的安全与秩序，其职业道德准则应当更加严格，这些执法者应具有更强的对国家、对社会、对人民的关怀之情。

（四）三类公务员职业道德标准高于普通行政机关公务员的职业道德

三类公务员职业道德虽与普通公务员职业道德准则有重叠部分，但在标准上高于普通公务员职业道德。普通行政机关公务员所行使的行政权没有严格的对事实与法律进行判断与裁断的要求，只有严格履行行政规范的要求，更加强调严格依据行政规则进行管理与执行的效率与强制力，这些行政行为一经作出就立即生效，如登记注册行为、备案行为、行政许可行为、行政强制措施行为。行政处罚决定审核、行政复议更加强调对执法的合法性审查，行政裁决更加强调且突出执法的公正性。

（五）三类公务员职业道德与法律职业道德相重叠又有不同

法律职业道德内涵之一是执法公正的道德素养，行政处罚决定审核、行政复议、行政裁决与司法公正有相似之处，它们都尊重对案件事实的客观认定，对立法规则的严格遵守，反对行政人员的个体专断，防止处罚审核、复议、裁决受到其他因素的干扰。行政处罚决定审核、行政复议、行政裁决不是普通的行政权力。这三类行政行为与公民的人身权、自由权、财产权利害关系较大，行使这些特殊行政权难度较高，要具有专业法律职业人群的思维方式、思考方式，需要高水平的法学知识作为专业执法的技术储备。

（六）三类公务员职业道德与党纪重叠又有法律专业性

三类公务员中具有党员身份的同志还受到《中国共产党党章》《中国共产党廉洁自律准则》《中国共产党纪律处分条例》等党内法规的调整。这些已经被确立为党内规范条文的职业道德已经具有强制力的"硬道德"（纪律）规范，党员一旦违反规则，就应当承担相应的纪律责任或党内处分。不论是否具有党员身份，三类公务员都必须具备较高的法律职业素养。

（七）三类公务员职业道德培育具有综合性和持久性

这三类行政执法公务员的职业道德培育，可以汲取中华文化的精髓，并结合发达国家成熟的经验。中华文化的先秦典籍大量记载了对为政者的要求。"为政以德""君子喻于义""尊五美摒四恶斯可以从政矣"等都是从事政务的人应当遵行的法则。同时，这些公务员在实现国家的行政功能方面具有较强的技术属性，公共权力的行使必须依赖强大有序的支配性组织，在组织体内要遵行法律法规的约束。现代社会的行政公务员是受公共行为规则持续约束的主体，这是发达国家发展形成的"法理型"规制。

总之，现在我国这三类公务员的行为被控制于法律与道德纪律之内。这种理性公务员制度，通过公务员考试选拔人员，确定严格的货币薪酬制度、严格的考核制度和责任追究制度。从事行政处罚决定审核、行政复议、行政裁决的公务人员具有组织化、专门化的特征。如果不是理性化、技术化、平等化的法理型公务员，必然就会显现旧官僚制度低效、腐败的各种弊端。行政机关组织是典型的等级组织，上级与下级是命令与服从的关系，领导与被领导的关系。等级形式主义过于鲜明会使行政权的行使偏向个体的"人治"色彩而具有专断属性，公务员行使行政处罚决定审核、行政复议、行政裁决时，没有司法审判那样严格的举证、质证和辩论等程序要求，执法监督机制也并不严格，其自由裁量余地比司法权要大得多。行政权行使的误差也较司法权大。由于行政执法具有较大的自由决断主导权，行政公务员会对权力产生崇拜情结，希望其手中权力的专断空间继续不断扩大，因为他们并没有意识到公共权力的来源，并不了解行使国家公共权力的道德价值取向应当是什么。党的十八大以来，采取严厉措施反对官僚主义、反对形式主义、反对腐败等行动，就是要打造风清气正的公务员队伍。

三类行政公务员的道德规范具有一定的实践性和持久性，有一部分职业道德是在行政执法环境之中习得的，实践性强，而有一部分职业道德是在大学专业教育之中习得的。通过在学校的职业道德理论学习和理性思考，养成坚定的信念，以便在进入职业环境后应对多元化的社会需要，坚守职业道德，为社会公众提供高效率和高质量的行政服务。

二、三类公务员职业道德的共同内容

（一）忠于宪法

行政机关从事行政处罚决定审核、行政复议、行政裁决的公务员，首先应当知道自己手中所拥有的执法权力，其诞生基础与来源是宪法。宪法是国家与人民签订的契约。我国国家公务员自正式担任公职那一刻起就承担起了对宪法效忠的法律义务与道德义务。2018年《宪法修正案》正式确立了国家工作人员宪法宣誓制度，宪法宣誓是公务人员正式在公众场所表达忠于宪法的一种仪式，它是"宪法爱国主义"在行政公务员群体中的实现。宪法是维系一个民族、一个国家共同体的基石，唯有宪法才能使国家行政执法得以正常运行，唯有忠诚于宪法，宪法才具有强大的生命力。行政公务员的宪法爱国主义是"强爱国主义"，国家对他们的爱国与忠诚的要求高于普通公民，它并不同于民族主义，也不同于世界主义，更不同于自由主义。忠于宪法将使国家获得强大的力量，使国家机器具有自我批判与自我审视的能力。

（二）服务人民

我国《宪法》规定中华人民共和国一切权力属于人民，公职人员行使权力的目的是服务人民。因此，这三类公务员应时刻牢记服务人民的训诫，戒慎恐惧地履行公共职责，不可掉以轻心；在履行公共职责时，不可以有私心，不能公权私用，以权谋私。

服务人民，首先要求三类行政公务员要有服务意识，真正明白服务型政府理念，将人民的满意作为自己工作的目标。公务员是国家与人民通过公共人才选拔机制挑选的优秀人才，通过选拔与考试只是进入行政公务员系统的第一道关口，只能证明优秀的人才可以获得为人民服务的资格，公务人员并不能因此而自大、膨胀。进入公务员体系就要受到来自公共契约的约束，手中的权力是国家与人民授予的，不享有任何可以擅自逾越立法的特权或者僭越公共契约的权力。

（三）廉政奉公

中国是廉政道德文化的重要发源地，为政清廉从古至今为人称颂，公仆亮节继往开来胜前贤。早在三皇五帝之时，行政统治者就强调后世的官吏要时刻恪守节俭、廉政之道德准则。《虞书·皋陶谟》载有官员之"九德"，即"宽而栗、柔而立、愿而恭、乱而敬、扰而毅、直而温、简而廉、刚而塞、强而义"。它强调行政人员要宽容以待民众，但又不能过于随意而要保持基本的原则，做事实事求是，平衡好人与人之间的利益比例，执法公正，耐心听取民众纷争，作出行政决定的时候严肃且谨慎。这"九德"既可作为我国现代行政官员的道德准则，也可作为现代行政官员的执法技术与艺术。"九德"之中的"简而廉"是现代公务员执法中道德考量的重要一环。

中国早期古文之"廉"者，为棱也，原意为物品突出部分的棱角之状，后人又将"廉"比喻为人的品格、品性。前秦文献将"廉"比喻为政府人员的一种高尚品德。这种高尚品格与贪污腐败相对立，在治国上首先主张精简机构，防止机构臃肿，人心浮躁，穷于内耗；其次反对奢侈，主张节俭；再次主张杜绝他人的贿赂、腐蚀；最后主张执政公开透明，广开言路。"廉"的本意是在取舍之间，取道义，舍邪心，严格自我约束。有了"廉"才可能做到"正"。"正"是遵循公益和道德。廉政既是中华民族共同的价值取向，也是中国人共有的美德。

公生明，廉生威。从事行政处罚决定审核、行政复议、行政裁决的公务员的"廉政"重点在于杜绝滥用执法权、收受贿赂、徇私枉法、枉法审核、枉法裁决等行为。三类行政执法公务员除了恪守"廉政"道德外，还应有"奉公"之心。行政处罚决定审核发挥着监督行政滥权的作用，行政复议、行政裁决发挥着行政公力救济作用。这些公务员对违法行政行为、公民的社会行为有层层监督的作用。他们对行政争议、公民纠纷有化解作用，对合法行为有保障作用，为政府科学决策提供了重要参考。政府应当为行政处罚决定审核、行政复议、行政裁决这三类岗位创造公平正义的法治环境，营造良好的法律职业道德氛围，建立特定的防范制度。

第一，"廉政"建设，防范优于惩治。这三类岗位应分别设置相关的纪律委员会，委员会结合实际制定廉政风险防控管理工作实施方案，严格按照方案规定的时间和步骤开展监督工作。例如，对行政复议、行政裁决现场进行监督与检查，对行政处罚决定审核过程中容易出现的权力滥用风险点进行重点观察与评估，制定特定监督措施，从而使得这三类公职人员依法履职、秉公用权，真正把公权力关进制度的笼子，始终谋福祉于人民。

第二，纪律监督部门提高运用法治思维和法治方式反腐败的能力，充分运用大数据等线下方式推进依法行政、创新社会管理，不断提升政府治理能力和服务水平。依托政府电子政务平台，动员整合各种监督力量，运用系统控制理论和现代信息技术，加强对行政处罚决定审核、行政复议、行政裁决等权力运行重点领域的监管。监控权力运行轨迹，规范权力行使过程，及时化解廉政风险，了解掌握相关部门在廉政建设方面存在的苗头性、倾向性问题，防范在先，关口前移，增强反腐倡廉工作的预见性。

"廉政"之风是国之形象，政风也影响公民素质。"廉政"之风不仅在于外在防范，更在于内心向往。这三类岗位的公务员内心有着清风正气的修养，勤政务实的良好习惯，必能形成引领式的工作作风，从而影响且感染其他公务人员。

三、行政机关中从事行政处罚决定审核公务员的职业道德

（一）行政机关中从事行政处罚决定审核公务员的职业性质

行政机关中从事行政处罚决定审核的公务员是对行政处罚决定进行合法性、合理性、程序性、文明性审查的公务人员。全国人大常委会在2017年修订《行政处罚法》时在该法第38条增加了一款："在行政机关负责人作出决定之前，应当由从事行政处罚决定审核的人员进行审核。"

从事行政处罚决定审核的公务员需具备高水平的专业法律技术，必须通过国家统一法律职业资格考试取得法律职业资格。他们与法官、检察官等法律职业公务员共同遵守法律职业道德。他们的道德要求高于普通行政机关公务员。2017年修订后的《公务员法》增加了对初次从事行政处罚决定审核的公务员实行统一法律职业资格考试制度的规定。

《行政处罚法》对行政处罚作出了分类：（1）警告；（2）罚款；（3）没收违法所得、没收非法财物；（4）责令停产停业；（5）暂扣或者吊销许可证、暂扣或者吊销执照；（6）行政拘留；（7）法律、行政法规规定的其他行政处罚。这些行政处罚中，除了"行政拘留"处罚较为特殊，由公安部门行使外，大部分行政部门都有其他类型的处罚权，每一个行政部门都设有行政处罚决定审核的公务员，根据处罚的运用范围、处罚的轻重幅度配备相应比例的人员。

行政处罚是一种具有"侵益性"① 的具体行政行为，"侵益性"行政行为与"授益性"行政行为相反，它通过特定的法定制裁方式，使该行政行为的过程具有惩罚性目的。这种行政行为容易与公民的自由权、财产权产生较大的冲突，因此行政处罚必须经过严格的调查才能够正式实施。

行政处罚具有"矫正性"，这个原理来源于亚里士多德的"矫正正义"。"矫正性"的行政执法形式是通过处罚对公民行为进行纠错，从而恢复社会正义的正常比例状态。"公正"是法律职业伦理的核心道德观，贯穿于所有法律职业人士从业始终，不同法律职业在不同类型的公正上侧重点会有所区别，亚里士多德认为，矫正的公正会发生的前提是"违反意愿的私人交易"②。现代社会的"矫正正义"已经不止步入私人交易领域，还扩展至国家公共秩序领域。当私人对社会秩序进行破坏时，破坏者应当对所造成的危害有所弥补并受到惩罚，因为他破坏了原有"分配正义"的秩序，这种破坏需要通过行政处罚这样的手段进行强制纠正。行政处罚矫正正义不同于司法矫正正义，司法矫正必须借助双方当事人的质证、辩论、陈词等环节，仪式、程序在司法审判中发展到了极致，行政处罚中几乎没有这些仪式与程序；行政处罚矫正比司法矫正更加高效、直接，目的性更明确。因此，在作出正式的行政处罚之前需要一个严格的行政处罚决定"审核"程序以弥补其专断特征。

（二）正当程序

"正当程序"已经是各国立法、审判、行政的价值之一。"正当程序"不仅包含法定的步骤、顺序，还包含执法者内心对正当程序价值的维护与遵守。"程序公正"是通向"结果公正"的必经之路，是"结果公正"的前提条件。行政处罚决定审核是行政处罚的前置程序，未经行政处罚决定审核，正式的行政处罚就无法进行，行政处罚也就无效。行政处罚决定审核应当与行政处罚进行完美的衔接。审核的内容不仅是处罚类型、幅度，还应审核处罚方式与手段，审核处罚程序的过程。

行政处罚决定审核人员应当对整个执法程序与过程有一个完整且详细的程序性审核。首先，是对行政处罚执行前程序的审核与监督。在处罚前，执行处罚的公务员必须严格依据独立且公开宣誓公职身份程序才可正式进入执法阶段，表明公职身份的过程是对被处罚人员人格尊严的维护，是对公民将要被行政处罚的一种礼节性告知，使被处罚公民对即将承担的不利法律后果有心理预测与准备。行政处罚决定审核人员应当对每一个环节进行监督、提醒且告知执法公务员。

再次，是对处罚决定本身的审核，这是审核的难点与重点。《行政处罚法》第五章规定了"行政处罚决定"的具体步骤：（1）应对处罚合法性进行审查。立法规定应当给予行政处罚法的，行政处罚公务员不得息于行使处罚权；事实不清或者尚未违反行政法的，不得给予行政处罚。（2）应对权利告知等正当程序进行审核。行政处罚公务员应告知行政相对人根据行政法享有何种权利。（3）应对当事人是否进行了有效陈述和申辩作审查，相对人进行陈述和申辩不得对其进行加重行政处罚。

---

① 江国华编著：《中国行政法（总论）》，武汉大学出版社 2012 年版，第 271 页。
② ［古希腊］亚里士多德：《尼各马可伦理学》，廖申白译注，商务印书馆 2003 年版，第 137 页。

最后，在处罚决定实施整个过程中，行政处罚决定审核人员有义务监督当事人陈述与辩解是否被认真倾听。《行政处罚法》第 32 条第 1 款规定，当事人有权进行陈述与申辩。行政机关工作人员在作出处罚决定之前，应当充分收集当事人的违法证据材料，并严格调查相关违法事实。这些事实可以对当事人进行展示与告知。在处罚决定告知当事人之后，处罚决定审核人员应专门建立小组，认真倾听被处罚当事人的陈述与辩解。

（三）文明执法

中国是历史悠久的文明礼仪之邦，拥有优美的语言、文字，礼俗传统，祖先们为我们留下了大量的文明、道德财富。文明执法首先强调 "以人为本" "以民为本"。

执法人员向公民告知公职身份之前，需行礼示意。在行政处罚过程中，保持健康、阳光的精神状态，容貌严整，处罚举止端庄。使用普通话文明对话，不骄不躁，冷静处理现场纷争。提前疏通与处罚事项无利害关系的群众，保证其他群众的生命、健康、财产安全。处罚结束之后，保持现场整洁、干净，杜绝暴力执法、野蛮执法、污染执法。

暴力执法时常被媒体与舆论所诟病，这说明有些执法公务人员在行使处罚权过程中，在方法与手段上并不够谨慎。当进行正式的行政处罚之时，违法公民有可能会抗拒执法，此时行政执法人员还需采取行政强制措施。行政强制措施与行政处罚是两种不同性质的具体行政行为，行政处罚决定审核人员应当对行政处罚过程中强制措施的使用进行流程化监督与审核。

行政处罚应以处罚为主，文明教化与疏导为辅，处罚审核应合法，处罚应符合人文精神与整体社会的可持续发展。处罚结束并不意味着该类违法行为从此隔断，轻微的处罚并不能完全杜绝行为人再次违法，故处罚应当配合教化与疏导，行政处罚公务员可在处罚决定作出之后对行政相对人进行教化、引导，让行政相对人从内心认识到自己作为国家公民应尽的义务。同时更让行政相对人感知到，作为一个合法公民的正面意义，尊法公民会对社会、对国家法治的进程产生积极正能量。教化与疏导可作为行政处罚决定审核的一个奖励环节，从事行政处罚决定审核工作的公务员对这种行为应当给予高度的评价与鼓励。只有道德高尚的执法人员才能以个人魅力感染行政相对人，执法公务员在日常行为中应当保持一身正气，树立公正、伟岸的形象，让国家公民在接受行政执法之时也能受到执法公务员气质的熏陶。

（四）比例与均衡

"公权力不可以炮击雀" 这句话是对行政法经典原则 "比例原则" 的经典表达。比例原则由德国行政法之父奥托·麦耶（Otto Mayer）首创，它是行政执法中的 "黄金原则"。对于行政处罚，该原则的运用旨在兼顾、平衡公共利益、受害人利益与被处罚公民之间的权益，从而实现各方利益的均衡和谐，既能实现行政处罚的社会效果，又能对被处罚公民不造成不必要的侵害。比例原则包括具体的三项下位原则：狭义比例性原则；必要性原则；适当性原则。①

行政处罚行为是侵益性行政行为。著名的功利主义代表人物边沁就认为："所有的惩

---

① 江国华编著：《中国行政法（总论）》，武汉大学出版社 2012 年版，第 85 页。

罚都是损害，所有的惩罚本身都是恶。根据功利原理，如果它应当被允许，那只是因为它有可能排除某种更大的恶。"① 行政处罚的这种侵害与行政相对人对社会造成的危害相当即可，没有必要超过一定的限度。当然，如果处罚太轻，处罚就无法达到国家行使行政职权的目的，惩罚对遏制行政违法行为将全然无效。处罚的比例应当随着违法获得的收益的增加而加重，随着违法行为造成的社会危害的加重而加重。

行政处罚裁断的任意性相比于司法裁判较大。以中国刑事司法裁判为例，虽然刑法与行政法都具有公权属性，但是在裁判尺度上，刑事司法裁判量刑要求要严格许多。刑事司法裁判依据的是国家法，将"数额"作为重要依据，量刑门槛与等级设置非常严格。行政处罚的具体处罚种类、幅度依据的不一定是国家法，有时是国务院部门、委员会制定的规章，或者是地方人民政府制定的规章，处罚幅度不一定实现全国统一，处罚幅度的高低等级差异也较大。现行国家法将处罚裁判尺度的把控技术不仅交给了行政处罚者，更交给了行政处罚决定审核者。这也不难理解为何伯纳德·施瓦茨 Bernard Schwartz 曾将行政法称为"自由裁量权的法"。比例与均衡原则需要执法者洞悉宽严相济的执法宗旨、恶与罚的均衡比例，并且能够运用法社会学、法经济学的原理熟练分析违法成本、执法成本、执法风险等系统性问题。行政管理事务虽然具有复杂性、多元性，但是具有一定的共通性，我国行政处罚种类是法定的，处罚是一种有关处罚种类与幅度的技术，采取任何一种处罚种类都需要讲求经济学分析，对于处罚人员在何时适用罚款，在何时适用拘留，何者的社会经济成本相对较高，都要作详尽的比例比较与分析。

（五）公开透明

"公开"是我国《行政处罚法》第4条明文规定的法定原则，《行政处罚法》第4条最后一款对"公开"原则进行了补充，没有经过公布的有关行政处罚的规定不得作为行政处罚的依据。对行政处罚与审核进行公开的意义在于：首先，行政相对人、社会广大群众对从事行政处罚与行政处罚决定审核人员作出的处罚类型、幅度有知情权。其次，社会群众有权对行政处罚执法人员进行监督、批评。再次，处罚的公布与公开，本身就是一种程序正义，是一种看得见过程的正义。最后，看得见的处罚与审核过程也能使政府在国家与社会中树立公信力与权威。

我国于2017年通过了《政府信息公开条例》（2019年4月3日修订，自2019年5月15日起施行），该条例具有时代意义，标志着我国的权力机关向"开放政府"迈进了一大步。信息公开是社会主义法治建设的重要制度环节，也是全球法治指数的重要评分参数。② 这里的信息公开既包括处罚机关与处罚决定审核机关人员工作流程与处罚进度的公开，也包括这些工作人员作风建设、薪资待遇的公开，最终实现阳光工资、阳光处罚与审核、阳光生活作风。例如，在办公室的设计上采用透明玻璃门，避免执法人员懒政与怠政，处罚过程使用高清视频执法仪，审核流程细节化、透明化。

有时行政处罚结果是正确的、合法的，但是执法公务员使用的方法、手段往往欠妥，这时执法审核人员要提醒行政处罚公务员。处罚决定审核人员应当定期与战斗在第一线的

---

① ［英］边沁：《道德与立法原理导论》，时殷弘译，商务印书馆2000年版，第216页。
② 李蕾：《法治的量化分析——法治指数衡量体系全球经验与中国应用》，载《时代法学》2012年第2期。

行政处罚公务员共同接受培训与授课，同时还应参加专业的技术知识课程，学习借鉴国内外先进的行政处罚经验，定期向行政机关进行汇报、反馈。

虽然行政处罚与司法审判都强调公开、透明，但行政处罚、审核的公开与司法审判公开还是有较大差异的。行政处罚决定下达前审核阶段的具体过程是无法全程展示给行政相对人的，这是一个书面审查的过程，只有处罚结果出来后才会公布、公开。司法裁判的过程全程都会向社会公开，质证、抗辩、答辩、陈述全程受社会监督，而行政处罚、行政处罚决定审核过程是没有旁听席的，没有社会媒体介入。这种差异性在于司法的程序正义仪式感更强，裁判更严谨、精确。但是司法审判耗费的时间成本也是极大的，行政处罚根据公民的违法行为确定，因此它具有随机性、不确定性，行政处罚的数量也远远大于司法刑事处罚的数量。我们不可能期待行政处罚、处罚决定审核与司法程序完全重叠，否则行政执法效率将会极大降低。

正是由于行政处罚和行政处罚决定审核具有部分封闭性，才导致行政相对人对行政处罚与行政处罚决定审核公务员产生不信任，行政相对人拒绝履行行政处罚的情况常常发生。为了体现处罚的程序正义，处罚与审核环节应当全程对行政相对人公开透明，但这还需根据具体情况再选择性地决定对社会公众是否公开、透明。除涉及隐私、未成年人、商业秘密不公开审理外，在司法审判中，大部分的案件都是公开且透明的。行政处罚决定审核过程也应考虑个人隐私、商业秘密、国家秘密等因素选择性地把处罚结果向全社会公开，选择公开的案件一般应具有典型性、重大性，对宣传法治、公民遵纪守法有促进作用，让社会群众有机会得到普法教育。当然公开过程中还要对被处罚者的其他人权，如人格尊严权、名誉权进行保护，例如脸部视频模糊化处理、姓名采取化名、部分违法细节文字概括化处理等，这些方式都体现着一个国家行政处罚公务员的人文修养与文明意识。

行政处罚决定审核人员的素质应当较行政处罚公务员更高，他们还可以学习司法裁判文书公开制度，成立专门的行政处罚审核研究科室，每年总结、归纳当年具有影响力的行政处罚案例、相关大数据案例库，作为其他行政公务员共同的学习材料，也可供广大高校学术机构共同研究，使行政处罚公务员队伍的整体法律职业素养得以普遍提高。

四、行政机关中从事行政复议公务员的职业道德

（一）行政机关中从事行政复议公务员的职业属性

行政复议制度在大陆法系国家的建立已有百年以上的历史，其初衷在于：（1）对具体行政行为进行监督，对错误的具体行政行为进行纠正；（2）为行政相对人提供一种较为高效的救济途径；（3）对具体行政行为所依据的国务院部门规定、县级以上人民政府及工作部门的规定和乡、镇人民政府的规定进行一并审查。各国对"行政复议"的称谓有所不同，在韩国被称为"诉愿"，在日本被称为"行政不服审查"。虽然描述各有不同，但万变不离其宗，它们均属于行政制度体系中的一个内部纠纷解决机制，是一种行政权对内自我监督的机制。

复议机关公务员与被申请复议机关的关系为：（1）复议机关公务员是被申请机关的同级人民政府工作人员；（2）复议机关公务员可以是被申请机关的上级主管部门工作人

员。目前,从事行政复议的公务员基本来自各级政府部门的法制处或法制局,这些"处"或"局"属于政府内设机构。由于复议机构并不独立,在办公经费、办公条件等方面,常受到体制内其他部门的掣肘,致使行政复议人员工作中的独立性受到严重影响。2018年《国务院机构改革方案》颁布后,将司法部门和各级法制办公室的职责整合,重新组建司法部及地方司法部门。这次改革对行政复议机构及其人员的独立性影响如何尚有待观察。

(二)独立、公正

行政复议具有被动特征,其程序的启动需要当事人的积极申请,复议权是立法授予的公共行政权力。复议机关是被复议机关的上一级行政主管机关或被复议机关的本级人民政府。复议程序与普通行政司法程序相同的地方在于二者权力都具有被动性(不告不理)、审理的独立性与公正性。正是由于二者的相同特质,学界有观点认为行政复议行为是一种"行政司法活动"[①]。二者不同的地方在于普通的行政复议并不以公开审理为普遍原则,也不进行口头上的辩论与答辩环节,只有复杂的行政案件才引入听证与辩论程序。行政复议多为书面审查,必要时也会采取听证。为提高行政复议程序的独立性与公正性,立法应当逐步扩大口头答辩式审理的范围,从程序上为行政复议公务员实现公正道德准则提供良好的制度环境。

行政复议还对行政规章以下层级的行政部门与政府规定进行附带性审查,即使这些行政部门与政府规定的法律效力位阶层级非常低,调整范围非常窄,行政复议附带性审查也会让这些违反宪法的规定失去效力,从而及时地阻止危害的继续扩大。虽然名为"合法性审查",其实行政复议机关对抽象行政行为的合法性审查,也应当纳入国家"合宪性审查"[②]制度的框架之内,这样更能体现行政复议公务人员手中权力的重要性、权威性。这说明行政复议的难度高,要求复议工作人员具备广博的法律知识储备。该职位更能检验行政复议公务员的公正素养。虽然行政复议公务员代表国家行政权力一方,但是在复议过程中必须依照公平、公正的原则,既不能受上级领导的干涉,也不受下级行政机关的干扰,还不受社会媒体舆论的影响。

行政复议公正性的实践过程在于行政复议公务员既兼顾对具体行政行为合法性、合理性的审查,对行政部门规定的合法性审查,又兼顾对行政相对人所主张的权利救济进行审查。行政复议公务员居于被复议机关与行政相对人之间的中立地位,行政复议不同于行政处罚,它不具有"侵益性",它最终实现的目标是解决被复议机关与行政相对人之间的纷争,对被复议机关进行监督与纠错。行政复议公务员必须熟悉宪法宗旨、原则与具体行政立法的规则,对被申请人所作出的具体行政行为属性进行准确判断,对合法的行政行为予以确认和肯定,对违法的行政行为予以撤销或进行违法确认,对违背比例原则的不合理行政行为进行修正。

独立性对于行政复议来说尤为重要。长期以来,大众都有一种较为一致的看法,即行

---

① 方世荣主编:《行政复议法学》,中国法制出版社2000年版,第4页。
② 党的十九大报告提出"推进合宪性审查工作"。我国学者林来梵教授主张,合宪性审查应当吸纳合法性审查,参见林来梵:《合宪性审查的宪法政策论思考》,载《法律科学(西北政法大学学报)》2018年第2期。

政权具有天然的优势和强势，普通人在它面前一般处于弱势并值得同情，而且普通民众寻求行政复议耗费较多时间、精神的成本支出，也使人们想当然地对提起复议申请并主张权利的普通人给予充分理解和支持。这种大众先入为主的偏见对于作为被申请人的行政机关来说并不公平。网络舆论有时也会将行政复议机关的行为评价为"官官相护"。行政复议人员必须排除各种干扰，严禁掺杂个人恩怨或有不正当不适当的利益关联。一旦存在可能影响公正公平裁断的情形，行政复议人员就应当退出当前的行政纠纷解决程序，以避免偏颇，或使当事人怀疑其存在偏颇。

（三）高效、便民

所谓高效，在经济学上的表达就是收益与成本之间的比例问题，政府纠纷解决部门的建立还应当控制行政复议申请人权利救济的时间成本。经济分析代表波斯纳认为"正义"的第二层次含义就是"效率"。资源稀缺、时间宝贵是我们整个经济社会的特征，权利的行使不能浪费过多的物质、过多的劳动力、过多的时间，否则复议申请权将是一种成本较高的配置，浪费资源即将形成另一种类型的不正义。法律谚语有云："迟来的正义即非正义"（Justice delayed is justice denied），即使行政复议的结果是公正的，但是如果过于延迟作出决定，行政相对人与被复议行政机关的权利义务关系长期处于未确定状态，不利于行政相对人继续有计划地进行接下来的生产、生活，这也是一种不公平。行政复议制度建立的缘由之一就是对经济效率的考虑。《行政诉讼法》规定行政相对人提起行政复议的期限是自知道具体行政行为之日起60日内，不同于普通行政诉讼的时效规定。普通行政诉讼时效相对较长，《行政诉讼法》规定行政相对人在知道具体行政行为之日起的6个月内可以提出起诉。行政复议从正式受理申请到作出行政复议的时间仅为60日，行政诉讼的法院判决时间长达6个月。

在工商业日益高速发展的今天，效率、成本在处理行政事务中的重要地位日益突出，国家如果在处理行政监督事务上耗费过多的精力，当事人怠于行使自己的救济权，行政体系就会陷入慵懒、低效的恶性循环之中。行政复议涵盖很多国民经济等事务，低效也会拖累国家经济的健康、持续发展。

当然，高效并不能以非严谨、非公正为代价。行政复议机关人员要积极为当事人行使程序性权利（如阅卷、听证、辩论、陈述等）创造条件，一扫因消极被动遵守而产生的程序僵硬和程序冰冷印象；并逐渐通过与公民的互动发展出受公众信服的行政复议文化，如建立行政复议反馈、回访制度，创新行政复议工作方式方法，灵活运用书面审查、实地调查、公开听证等方式审查行政复议案件。

从社会普遍存在的行政争议的数量来看，我国行政复议的功效和作用还远远没有发挥出来。在正常情况下，在国家解决行政纠纷体系中，行政复议应该是公民的首选途径。然而，现实却并非如此。很多公民宁可选择层层上访、越级上访，也不愿意选择把案件交给行政复议机关处理。这种情况与行政复议机关没有履行宣传、告知义务有关，普通公民对行政复议制度并不熟悉。行政复议机关要健全行政复议权利告知制度，行政复议人员要积极开展行政复议宣传，畅通行政复议申请渠道，配备专人负责接待工作，严格执行首问事项登记制度、首问岗位流程跟踪制度、案件引领告知制度。另外，要加强行政复议信息化建设工作，开通行政复议网上申请平台，使便民措施更加完善；积极受理案件，让审理机制公开透明，简化复议手续。

五、行政机关中从事行政裁决公务员的职业道德

（一）行政机关中从事行政裁决公务员的职业属性

行政裁决是行政机关根据法律授权，对公民之间产生的与行政管理有关的民事、商事纠纷进行审查、认定后，作为居中者进行裁判的行为。"裁决"有时也被表述为"审理""公断"①。行政裁决公务员的职业属性在于：首先，从事行政裁决的公务员行使的是国家行政权力；其次，被行政裁决公务员裁决的内容是平等公民之间的民事纠纷。②

由于行政裁决公务员的居中裁判属性，行政裁决权时常被学者挂上"准司法行为""行政司法"③的标签。这种标签之所以存在，是由于行政裁决具有行政介入私权纠纷的特征，并具有被动性，只有公民提出申请行政裁决程序才能启动。行政裁决公务员有居中、公正属性，这些属性使行政裁决公务员的职业特征与法官部分重叠。

需要说明的是，即使在我国法律条文中出现"裁决"二字，也不一定指代实质意义上的"行政裁决"，而有可能属于其他类型的行政行为。例如，当部门规章之间产生冲突时，由国务院裁决，此时国务院裁决的对象就不是民事纠纷。再如，法律中有"裁决"字样的也可能是一种行政机关人事管理纠纷，由行政机关人事仲裁争议委员会裁决，这属于行政机关内部人事管理行为。我国法律中许多实质意义上的"行政裁决"，时常没有使用"行政裁决"四字，而是使用"裁定""处理"等词语。④ 如《土地管理法》第 16 条第 1 款规定："土地所有权和使用权争议，由当事人协商解决；协商不成的，由人民政府处理。"

行政裁决公务员的分布非常多元化，涉及环境污染、土地资源、食品安全、商标专利、治安管理等。我们将法律中出现且可被行政裁决的民事纠纷分为大致两大类：第一类为权属纠纷，即自然人之间的财产权纠纷，既包括自然资源权属纠纷，也包括商标、专利等无形知识产权的纠纷。第二类为侵权纠纷领域，如交通事故纠纷、治安纠纷。

由于国家民事、商事纠纷数量不断增加，人民调解部门、司法部门不堪重负，未来我国将大力扩大行政裁决公务员的数量。具有专业法律素质与高尚法律职业道德的人才将成为行政裁决公务员的主力军。从事行政裁决的公务员门槛会逐渐抬高。初次从事行政裁决的公务员实践经验与专业知识都非常匮乏，国家对其职业素养要求更加严格，《公务员法》第 25 条第 2 款规定初次从事行政裁决的公务员要进行统一的法律职业资格考试。

（二）居中裁决而宣法于民

行政裁决具有居中性、中立性，行政裁决公务员要有公正裁判的思维。不应当将行政

---

① 应松年主编：《行政法与行政诉讼法》，法律出版社 2005 年版，第 256 页。
② 姜明安主编：《行政法与行政诉讼法》，北京大学出版社、高等教育出版社 2005 年版，第 288 页。
③ 我国学者早在 1986 年就提出了"行政司法"的概念，这种提法在学界争议比较大，有学者提出除了实质意义上的"行政裁决"之外，经常被称为"行政司法"的行政行为还有行政调解、行政仲裁、行政复议。
④ 黄培：《行政裁决辨析》，载胡建淼主编：《公法研究》（第 1 辑），商务印书馆 2002 年版。

裁决权视为普通的行政权力，行政权力之中的"科层"属性不能运用于行政裁决之中；裁决是被动的，行政裁决公务员不能主动介入纠纷的双方，也不可采取劝诱纠纷一方的方式站在纠纷另一方；裁决根据争议的事实进行，依据法律进行裁断，不得根据裁决公务员的主观意志进行裁断。只有具有专业法律知识的人才能胜任行政裁决的岗位。随着现代社会分工日趋精细化，政府在设置行政裁决部门的时候应当适应高度化、专业化的社会分工，如知识产权、环境污染等技术类的行政裁决，在招用人才时应同时注重其技术类知识与法律知识，只有将高水平的专业技术与法律知识有机结合，才能使行政裁决的公正性得以实现，才能使裁决的过程更加科学、客观、严谨。公正不仅是裁决者内心良知的追求，更是行政裁决公务员技术水平的反映。也许裁决人员内心向往公平、公正，但是由于专业技术水平的缺乏，他无法对事实进行准确客观的判断，一颗向善之心往往在高度专业化分工的行政裁决面前事与愿违。我们应当向社会普及公正与专业技术的关系，让更多向往行政裁决公务员岗位的人将专业知识转化为社会公正，让更多的专业人才沉浸于科学技术与法律的钻研之中，使技术与法律在公正那里都不会荒废。良知能够推动公正，技术也能推动公正。

（三）亲民而不失原则

相对于民事诉讼，行政裁决更加高效。民事诉讼程序繁琐，当事人递交诉讼文书与证据的时间过长，诉讼时间也易被拖延。由于民事诉讼对程序正义要求较高，当事人也无法与法官进行接触。行政裁决简化了繁冗的文书与证据审查过程，裁决公务员直接与当事人双方接触，没有拖延，没有过于严格的程序正义控制，只有裁决公务员对纠纷的裁决。

行政裁决的事项属于民事纠纷，裁决场所不是庄严肃穆的审判庭，纠纷当事人不必正襟危坐，也不必使用过于专业化、书面化的言语，只要能阐述清楚重要的案件事实即可。裁决者座位也不用距离纠纷当事人过远，裁决者要用当事人听得懂的语言对专业技术问题与法律问题进行转换，让纠纷当事人明白晦涩难懂的专业技术知识与法律知识。

行政裁决公务员树立亲民的形象不是对纠纷当事人的恻隐之心，不是政治作秀，而是出于他的职业道德素养。裁决过程中，当事人必然会出现负面情绪，裁决者要了解双方当事人所需、所想、所焦虑，居中找到最佳解决方式。行政裁决不仅要考虑公正，还要考虑当事人的具体履行能力、履行效果。

思考题：

1. 如果你是 A 建筑公司的法律顾问，你需要为公司提供哪些法律服务？
2. 你作为 A 建筑公司法律顾问，了解到公司在一项工程建设中使用了不符合质量标准的建筑材料，会怎么做？
3. 假设你担任公职律师，知悉了单位招标信息，而你同学开设的公司正好是竞标单位，你能否在开标前把中标条件告诉你的同学？
4. 如何构建仲裁员职业道德基本准则体系？
5. 如何理解仲裁公信力？
6. 行政机关从事行政处罚决定审核、行政复议、行政裁决的公务员职业道德与司法机关、检察机关工作人员的职业道德有什么不同？

7. 行政机关行使处罚权的正当程序应当是什么？

8. 如何培养行政机关从事行政处罚决定审核、行政复议、行政裁决公务员的职业道德？

拓展阅读

测试题及参考答案

参考文献

一、著作类

1. 《习近平谈治国理政》第1卷，外文出版社2018年版。
2. 《习近平谈治国理政》第2卷，外文出版社2017年版。
3. 《马克思恩格斯全集》第1—3、13、17、20、42、45卷，人民出版社1956、1957、1960、1962、1963、1971、1979、1985年版。
4. 《马克思恩格斯选集》第1—4卷，人民出版社1995年版。
5. 《列宁全集》第28、33、36卷，人民出版社1990年版。
6. 《刘少奇选集》（上卷），人民出版社1981年版。
7. 《邓小平文选》第1—3卷，人民出版社1994年版。
8. 龙静云：《治化之本——市场经济条件下的中国道德建设》，湖南人民出版社1998年版。
9. 张文显主编：《法理学》，高等教育出版社、北京大学出版社2011年版。
10. 张文显、信春鹰、孙谦主编：《司法改革报告：法律职业共同体研究》，法律出版社2003年版。
11. 张文显：《法哲学范畴研究（修订版）》，中国政法大学出版社2001年版。
12. 张文显主编：《中国特色社会主义司法理论体系研究》，法律出版社2014年版。
13. 许身健主编：《法律职业伦理》，北京大学出版社2014年版。
14. 许身健主编：《法律职业伦理案例教程》，北京大学出版社2015年版。
15. 许身健、刘晓兵编著：《电影中的律师职业伦理》，知识产权出版社2009年版。
16. 李本森主编：《法律职业道德概论》，高等教育出版社2015年版。
17. 黄进等：《仲裁法学》，中国政法大学出版社2008年版。
18. 王利明：《司法改革研究》，法律出版社2001年版。
19. 肖扬主编：《当代司法体制》，中国政法大学出版社1998年版。
20. 陈卫东主编：《中国律师学》，中国人民大学出版社2014年版。
21. 曹建明主编：《法官职业道德教程》，法律出版社2003年版。
22. 沈德咏主编：《公正司法在推进依法治国中的功能作用》，人民法院出版社2015年版。
23. 周原冰：《道德问题论集》，上海人民出版社1980年版。
24. 王新清主编：《法律职业道德》，法律出版社2016年版。
25. 高其才、肖建国、胡玉鸿：《司法公正观念源流》，人民法院出版社2003年版。

26. 李春秋主编:《新编伦理学教程》,高等教育出版社 2002 年版。
27. 洪浩:《检察权论》,武汉大学出版社 2001 年版。
28. 苏泽林主编:《法官职业化建设指导与研究》(2004 年第 1 辑),人民法院出版社 2004 年版。
29. 沈忠俊、刘同华编著:《司法职业道德》,中国政法大学出版社 1999 年版。
30. 曹刚:《法律的道德批判》,江西人民出版社 2001 年版。
31. 季正矩:《通往廉洁之路:中外反腐败的经验与教训研究》,中央编译出版社 2005 年版。
32. 范愉:《非诉讼纠纷解决机制研究》,中国人民大学出版社 2000 年版。
33. 江国华编著:《中国行政法(总论)》,武汉大学出版社 2012 年版。
34. 方世荣主编:《行政复议法学》,中国法制出版社 2000 年版。
35. 应松年主编:《行政法与行政诉讼法》,法律出版社 2005 年版。
36. 姜明安主编:《行政法与行政诉讼法》,北京大学出版社、高等教育出版社 2005 年版。
37. 李猛编:《韦伯:法律与价值》,上海人民出版社 2001 年版。
38. 孙笑侠主笔:《法律人之治——法律职业的中国思考》,中国政法大学出版社 2005 年版。
39. 阎志明主编:《中外律师制度》,中国人民公安大学出版社 1998 年版。
40. 胡志民主编:《律师制度与实务》,华东理工大学出版社 2013 年版。
41. 陈瑞华:《司法体制改革导论》,法律出版社 2018 年版。
42. 谭世贵等:《法律职业良性互动研究——以法官、检察官、律师、法学教师为对象》,中国人民大学出版社 2016 年版。
43. 孙佑海主编:《法律职业共同体行为规范研究》,中国法制出版社 2018 年版。
44. 刘正浩、胡克培主编:《法律伦理学》北京大学出版社 2010 年版。
45. 梅萍:《以德治国论》,湖北人民出版社 2003 年版。
46. 怀效锋主编:《法官行为与职业伦理》,法律出版社 2006 年版。
47. 于萍主编:《检察官管理制度教程》,法律出版社 2003 年版。
48. 卢学英:《法律职业共同体引论》,法律出版社 2010 年版。
49. 王进喜主编:《律师与公证制度》,中国人民大学出版社 2013 年版。
50. 何家弘主编:《检察制度比较研究》,中国检察出版社 2008 年版。
51. 何悦主编:《律师法学》,法律出版社 2011 年版。
52. 黄文艺:《中国法律发展的法哲学反思》,法律出版社 2010 年版。
53. 张勇:《律师职业道德》,法律出版社 2015 年版。
54. 中共中央文献研究室编:《习近平关于全面依法治国论述摘编》,中央文献出版社 2015 年版。
55. 中共中央文献研究室、中央党的群众路线教育实践活动领导小组办公室编:《习近平关于党的群众路线教育实践活动论述摘编》,党建读物出版社、中央文献出版社 2014 年版。
56. 《中国共产党第十九次全国代表大会文件汇编》,人民出版社 2017 年版。

57. 最高人民法院司法改革领导小组办公室编:《党的十八大以来人民法院司法体制改革文件汇编》,人民法院出版社 2018 年版。

58. 最高人民法院编写组编:《公正司法的理论与实践探索》,人民法院出版社 2015 年版。

59. 石先钰:《法官道德建设研究》,中国社会科学出版社 2009 年版。

60. 石先钰、李凯等:《检察官职业道德建设研究》,华中师范大学出版社 2014 年版。

61. [法] C. L. 孟德斯鸠:《论法的精神》,彭盛译,当代世界出版社 2008 年版。

62. [法] 爱弥尔·涂尔干:《职业伦理与公民道德》,渠东、付德根译,上海人民出版社 2001 年版。

63. [古希腊] 柏拉图:《法律篇》,张智仁、何勤华译,上海人民出版社 2001 年版。

64. [德] 古斯塔夫·拉德布鲁赫著:《法哲学》,王朴译,法律出版社 2013 年版。

65. [德] 伯恩·魏德士:《法理学》,丁晓春、吴越译,法律出版社 2013 年版。

66. [德] 黑格尔:《法哲学原理》,商务印书馆 2010 年版。

67. [德] 马克斯·韦伯:《新教伦理与资本主义精神》,彭强、黄晓京译,陕西师范大学出版社 2002 年版。

68. [英] 亚当·斯密:《道德情操论》,宋德利译,译林出版社 2011 年版。

69. [英] 弗·培根:《培根论说文集》,水天同译,商务印书馆 1983 年版。

70. [英] 边沁:《道德与立法原理导论》,时殷弘译,商务印书馆 2000 年版。

71. [英] 丹宁勋爵:《法律的正当程序》,李克强、杨百揆、刘庸安译,法律出版社 1999 年版。

72. [美] 约翰·罗尔斯:《正义论》,何怀宏等译,中国社会科学出版社 1988 年版。

73. [美] 戈尔丁:《法律哲学》,齐海滨译,生活·读书·新知三联书店 1987 年版。

74. [美] 理查德·A. 波斯纳:《道德和法律理论的疑问》,苏力译,中国政法大学出版社 2001 年版。

75. [美] 理查德·A. 波斯纳:《超越法律》,苏力译,中国政法大学出版社 2001 年版。

76. [美] 罗伯特·N. 威尔金:《法律职业的精神》,王俊峰译,北京大学出版社 2013 年版。

77. [美] 本杰明·卡多佐:《司法过程的性质》,苏力译,商务印书馆 1998 年版。

78. [美] 戴维·鲁本:《律师与正义——一个伦理学研究》,戴锐译,中国政法大学出版社 2010 年版。

79. [美] 德博拉·L. 罗德、小杰弗瑞·C. 海泽德:《律师职业伦理与行业管理》,许身健等译,知识产权出版社 2015 年版。

80. [美] 威廉·H. 西蒙:《践行正义——一种关于律师职业道德的理论》,王进喜译,中国人民大学出版社 2015 年版。

81. [美] 菲利普·J. 库珀等:《二十一世纪的公共行政——挑战与改革》,王巧玲、李文钊译,中国人民大学出版社 2001 年版。

82. [美] W. 布拉德利·温德尔:《法律人与法律忠诚》,尹超译,中国人民大学出版社 2014 年版。

83. [美] 诺内特、塞尔兹尼克：《转变中的法律与社会迈向回应型法》，张志铭译，中国政法大学出版社 1994 年版。

84. [美] 斯蒂芬·B. 戈尔德堡等：《纠纷解决——谈判、调解和其他机制》，蔡彦敏等译，中国政法大学出版社 2004 年版。

85. [美] 罗·庞德：《通过法律的社会控制 法律的任务》，沈宗灵、董世忠译，商务印书馆 1984 年版。

86. [美] E. 博登海默：《法理学——法哲学及其方法》，邓正来、姬敬武译，华夏出版社 1987 年版。

87. [奥] 凯尔森：《法与国家的一般理论》，沈宗灵译，中国大百科全书出版社 1996 年版。

88. [日] 谷口安平：《程序的正义与诉讼》，王亚新、刘荣军译，中国政法大学出版 1996 年版。

二、论文类

1. 习近平：《决胜全面建成小康社会 夺取新时代中国特色社会主义伟大胜利——在中国共产党第十九次全国代表大会上的报告》，载《人民日报》2017 年 10 月 28 日。

2. 《习近平在中国政法大学考察时强调 立德树人德法兼修抓好法治人才培养 励志勤学刻苦磨炼促进青年成长进步》，载《人民日报》2017 年 5 月 4 日。

3. 习近平：《在纪念马克思诞辰 200 周年大会上的讲话（2018 年 5 月 4 日）》，载《人民日报》2018 年 5 月 5 日。

4. 《习近平在十八届中央纪委三次全会上发表重要讲话》，载《人民日报》2014 年 1 月 14 日。

5. 《习近平出席中央政法工作会议并发表重要讲话》，载《人民日报》2014 年 1 月 9 日。

6. 朱孝清：《中国检察制度的几个问题》，载《中国法学》2007 年第 2 期。

7. 肖扬：《公正与效率：新世纪人民法院的主题》，载《人民司法》2001 年第 1 期。

8. 张晋藩：《中国监察体制改革的历史文化渊源》，载《人民法治》2018 年第 5 期。

9. 陈瑞华：《论监察委员会的调查权》，载《中国人民大学学报》2018 年第 4 期。

10. 万学忠：《虚假仲裁受害人保护机制研讨会举行》，载《法制日报》2018 年 3 月 8 日。

11. 许身健：《律师职业价值的核心在于实现社会正义》，载《中国律师》2007 年第 4 期。

12. 周永坤：《中国司法概念史研究》，载《法治研究》2011 年第 4 期。

13. 苗书梅：《宋代州级属官体制初探》，载《中国史研究》2002 年第 3 期。

14. 霍存福：《宋代法官的职业操守——对府州司理参军、司法参军的履职考察》，载《北方论丛》2016 年第 6 期。

15. 王新明：《法官道德对司法公正的双向协调效应》，载《法学评论》2003 年第 1 期。

16. 王宏、王明华：《法官内部考核机制研究》，载《山东师范大学学报（人文社会科学版）》2006年第1期。

17. 王志华：《解读第六届全俄法官代表大会》，载《法制日报》2005年1月20日。

18. 王凌皞：《应对道德两难的挑战——儒学对现代法律职业伦理的超越》，载《中外法学》2010年第5期。

19. 王永：《法律职业伦理及其行为抉择的法经济学解析》，载《山东社会科学》2011年第9期。

20. 王捷：《秦监察官"执法"的历史启示》，载《环球法律评论》2017年第2期。

21. 李晓波：《美国法官制度》，载《人民法院报》2002年9月5日。

22. 李克杰：《别误读法官弹劾制度》，载《中国青年报》2003年5月30日。

23. 李瑜青：《法治与律师职业的使命》，载《学术界》2005年第4期。

24. 李蕾：《法治的量化分析——法治指数衡量体系全球经验与中国应用》，载《时代法学》2012年第2期。

25. 李阳华：《古罗马监察官制度及其评析》，载《辽宁行政学院学报》2008年第4期。

26. 虞政平：《中国特色社会主义司法制度的"特色"研究》，载《中国法学》2010年第5期。

27. 高憬宏：《法官员额制的制度价值和实现路径》，载《人民法院报》2015年7月15日。

28. 汪栋：《法官的道德自觉与法的确定性》，载《政法论坛（中国政法大学学报）》2013年第5期。

29. 于秀艳：《英国法官"自我警示录"》，载《人民法院报》2001年4月30日。

30. 田玉玺：《英国法官任命制度改革》，载《人民法院报》2005年1月14日。

31. 冯军、刘涛：《德性、知识、理性、经验——法官的素质解读》，载《学习与探索》2004年第1期。

32. 张智辉：《中国特色检察制度的理论探索——检察基础理论研究30年述评》，载《中国法学》2009年第3期。

33. 徐盈雁：《职业道德流淌在每名检察官的血液里——最高检政治部负责人就〈中华人民共和国检察官职业道德基本准则〉答记者问》，载《检察日报》2016年12月6日。

34. 刘长海、杜时忠：《论转型期社会风气与美德培养的关系》，载《当代教育论坛》2006年第5期。

35. 张品泽：《外国刑事回避制度比较研究》，载《比较法研究》2004年第3期。

36. 陈永生：《论检察官的客观义务》，载《人民检察》2001年第9期。

37. 沈晓阳：《论责任的内涵、根据与原则》，载《重庆师院学报（哲学社会科学版）》2002年第1期。

38. 宋远升：《刑辩律师职业伦理冲突及解决机制》，载《山东社会科学》2015年第4期。

39. 唐诗、高江瑜、魏露露：《律师行业利益冲突成因理论初探》，载《黑龙江省政法管理干部学院学报》2011年第2期。

40. 祝宏俊：《斯巴达"监察官"与政治分权》，载《世界历史》2007 年第 4 期。

41. 连佳：《浅议古罗马共和宪政下监察官制度及其启示》，载《现代交际》2016 年第 14 期。

42. 张陆庆：《论法律职业伦理的价值取向》，载《道德与文明》2011 年第 6 期。

43. 朱程斌、李龙：《新时代的国家监察委：通过党内法规的政治机关法治化路径初探》，载《广西社会科学》2018 年第 3 期。

44. 黄培：《行政裁决辨析》，载胡建淼主编：《公法研究》（第 1 辑），商务印书馆 2002 年版。

45. 张元星：《构建科学规范的监察官制度》，载《学习时报》2018 年 8 月 6 日。

46. 张先昌、曲家莹：《隋唐监察法律文化论——以监察官员的管理制度为视角》，载《法学》2013 年第 5 期。

47. 周磊：《中国监察官制度的构建及路径研究》，载《国家行政学院学报》2018 年第 4 期。

48. 陈骏程、张其凡：《宋代对监察官进行监督的特点》，载《广西社会科学》2005 年第 9 期。

49. 蒋来用：《国家监察体制改革的史鉴与对策》，载《国家行政学院学报》2017 年第 2 期。

50. 唐永春：《法律职业伦理的几个基本问题》，载《求是学刊》2003 年第 5 期。

51. 徐鹤喃：《制度内生视角下的中国检察改革》，载《中国法学》2014 年第 2 期。

52. 谭兵：《试论我国的仲裁环境及其优化》，载《法学评论》2006 年第 1 期。

53. 石先钰：《论法官道德需要的激发》，载《中州学刊》2008 年第 4 期。

54. 石先钰：《论法官道德建设的他律与自律》，载《社会主义研究》2006 年第 6 期。

55. 石先钰：《推动"法律职业伦理"学科建设》，载《中国社会科学报》2019 年 3 月 13 日。

56. 石先钰：《秉持清正廉洁　促进司法公正》，载《检察日报》2010 年 5 月 12 日。

57. 石先钰：《论我国法官道德规范体系的建构》，载《华中师范大学学报（人文社会科学版）》2007 年第 6 期。

后 记

习近平指出，"全面推进依法治国，建设一支德才兼备的高素质法治队伍至关重要"，提出了"职业道德""职业良知"约束机制，要求法治队伍要有职业道德，政法机关要有职业良知，广大政法干警要自觉用职业道德约束自己，这是政法干部的"必修课"。研究"法律职业伦理学"就是探讨对"法律人"的道德约束，是法律职业道德建设的重要方面。

本书提纲的确定依据是 2018 年《国家统一法律职业资格考试大纲》，特别是其中关于"司法制度和法律职业道德"的考试要求。本书探讨了法律职业伦理学的研究对象及地位、中国特色社会主义司法制度、法官职业道德、检察官职业道德、律师职业道德、公证员职业道德、其他法律职业人员职业道德等问题。本书读者可与我们联系资料索取事宜，电子邮箱为：1952402043@qq.com。

本书由石先钰、韩桂君、陈光斌担任主编。作者简介及撰写分工如下：

石先钰：华中师范大学法学院教授，撰写绪论、第三章第二节，参加撰写第七章第二节。

武小川：华中师范大学法学院讲师，撰写第一章。

韩桂君：中南财经政法大学法学院教授，撰写第二章。

崔　凯：湖北经济学院法学院副教授，撰写第三章第一节。

彭　博：长江大学法学院讲师，撰写第三章第三节。

杨　瑞：华中农业大学文法学院副教授，撰写第四章第一、二节。

慎先进：三峡大学法学与公共管理学院副教授，撰写第四章第三节。

汤建华：华中农业大学文法学院讲师，撰写第五章第一节。

陈光斌：中南民族大学法学院教授，撰写第五章第二、三、四节，第六章第二节。

李少波：中南民族大学法学院讲师，撰写第六章第一节。

苑立志：湖北文理学院讲师，撰写第七章第一节。

李云龙：华中师范大学法学院讲师，参加撰写第七章第二节。

李　蕾：华中科技大学法学院副教授，撰写第七章第三节。

本书的完成得益于湖北省法学会法学教育研究会的支持，特别感谢陈小君会长作序。高等教育出版社与华中师范大学法学院、本科生院、研究生院等相关职能部门及各位作者所在单位对本书的编写与出版给予了大力支持，在此一并致谢。特别感谢高等教育出版社程传省同志付出的大量劳动。书中参考了大量相关成果，在此对相关作者表示感谢。由于水平所限，疏漏之处在所难免，敬请同行专家及广大读者不吝赐教。

编　者
2019 年 3 月

郑重声明

高等教育出版社依法对本书享有专有出版权。任何未经许可的复制、销售行为均违反《中华人民共和国著作权法》，其行为人将承担相应的民事责任和行政责任；构成犯罪的，将被依法追究刑事责任。为了维护市场秩序，保护读者的合法权益，避免读者误用盗版书造成不良后果，我社将配合行政执法部门和司法机关对违法犯罪的单位和个人进行严厉打击。社会各界人士如发现上述侵权行为，希望及时举报，我社将奖励举报有功人员。

反盗版举报电话　　（010）58581999　58582371

反盗版举报邮箱　　dd@hep.com.cn

通信地址　北京市西城区德外大街4号　高等教育出版社法律事务部

邮政编码　100120